U0616064

丝绸之路经济带发展报告(2018)

ANNUAL REPORT ON SILK ROAD ECONOMIC DEVELOPMENT(2018)

西安电子科技大学丝绸之路经济带发展研究院

西安电子科技大学出版社

内 容 简 介

本书主要介绍了在丝绸之路经济带建设背景下,近年来陕西省、西安市与丝绸之路经济带有关国家在产业互补与合作、贸易潜力、科技交流与合作、汽车产业市场拓展、国际旅游合作等方面的进展、存在的问题和进一步推进的思路及对策建议,还研究了有关国家的工业创新发展战略、商会成员参与西安建设丝绸之路经济带产业创新高地、陕西风险投资等重要问题。

本书适合关注丝绸之路经济带建设的相关专家学者阅读和研究参考,也适合社会各界人士阅读。

图书在版编目(CIP)数据

丝绸之路经济带发展报告.2018/西安电子科技大学丝绸之路经济带发展研究院编. —西安:西安电子科技大学出版社,2018.10
ISBN 978-7-5606-5149-1

Ⅰ. ① 丝… Ⅱ. ① 西… Ⅲ. ① 丝绸之路—经济带—区域经济发展—研究报告—中国—2018 Ⅳ. ① F127

中国版本图书馆 CIP 数据核字(2018)第 241930 号

策划编辑 戚文艳
责任编辑 王军梅 戚文艳
出版发行 西安电子科技大学出版社(西安市太白南路 2 号)
电 话 (029)88242885 88201467 邮 编 710071
网 址 www.xduph.com 电子邮箱 xdupfxb001@163.com
经 销 新华书店
印刷单位 陕西天意印务有限责任公司
版 次 2018 年 10 月第 1 版 2018 年 10 月第 1 次印刷
开 本 787 毫米×960 毫米 1/16 印 张 23
字 数 335 千字
印 数 1～1000 册
定 价 68.00 元
ISBN 978-7-5606-5149-1/F
XDUP 5451001-1
如有印装问题可调换

目　录

建设丝绸之路经济带产业创新高地

——西安"高新区+N"科创大走廊发展研究

杜跃平　段利民　张会新

摘要　中国共产党西安市第十三次代表大会提出,为了实现追赶超越的发展目标,要全力建设以高新区为引领、"高新区+航天基地+沣东新城+大学城+科研院所"等区域为依托的科创大走廊,打造"创新增长极"。这项规划对于实现建成大西安的发展目标具有特别重大的战略意义。如何在规划建设中借鉴国内外的成功经验?如何在建设思路方面更加科学、更加符合西安市的需要和实际?如何厘清建设的基本方向和内容?这些都是加快建设的关键问题。我们课题组根据国内外相关案例的分析,在全面深入西安实际调查研究的基础上,应用创新生态系统的理论和方法,对于建设的基本思路进行了探讨。

关键词　丝绸之路经济带;西安"高新区+N";科创大走廊

一、建设西安"科创大走廊"的要素和产业基础

西安市是中国(陕西)自由贸易试验区的主要板块和核心,是国家"一带一路倡议"向西开放的窗口和枢纽。为抢抓机遇,加速转变经济发展方式和城市发展方式,进一步发挥大西安的引领和辐射作用,西安市政府提出要利用西安市现有科创资源优势,全力建设以高新区为引领、"高新区+航天基地+沣东新城+大学城+科研院所"等区域为依托的科创大走廊,打造"创新增长极"。

(一) 建设科创大走廊的创新主体

企业是科技创新的主导者, 大学和科研机构是知识和技术的提供者, 政府是创新活动的引导和推进者, 投融资机构是创新的资本保障者, 中介机构是创新服务的供给者。

1. 创新型企业

西安高新区已聚集了三星、美光、高通、施耐德、IBM、西门子、壳牌、通用、德州仪器、诺基亚、日本电装以及华为、中兴、陕鼓集团、西电集团、陕西有色金属、法士特集团、延长壳牌、汉江投资等国内外知名高技术企业, 累计注册企业 5 万余家, 包括外资企业 1184 家, 累计认定高新技术企业 1034 家, 小巨人备案企业达到 603 家, 占西安市的 70%, 世界 500 强有 79 家在高新区设立了 170 个独立法人和分支机构。

航天基地有陕西航空产业发展集团、中天引控、隆基、中电投西安太阳能电力、京东、天惠、神光新能源等国内外知名高技术企业。

沣东新城不断加大招商引资力度, 共引进各类重大项目 130 个, 其中包括阿里巴巴菜鸟电商、香港嘉里、瑞典宜家等在内的世界 500 强企业 18 家, 包括中兴深蓝科技、中国华能、华润集团等在内的中国 500 强企业 30 多家, 以及华大基因、软通动力、视源科技等高科技企业 30 多家。

2. 高校和科研机构

《西安市统计年鉴 2016》显示, 西安市共有普通高等学校 63 个, 普通中等专业学校 20 个, 民办高校 16 个, 研究生培养机构 43 个(包括普通高校 22 个, 科研机构 21 个), 科研单位 63 个, 各类科研机构 3000 多家。

长安大学城共有 37 所大学, 其中包括西北工业大学、西安电子科技大学等 4 所国家重点大学, 2 所省级重点大学, 8 所民办院校及职业技术学校, 23 所普通高等院校, 涵盖理工科、文科、艺术、综合等多种类型, 这些学校集聚了大量科研机构, 仅西北工业大学就拥有 8 个国家级重点实验室、2 个国家工程研究中心、3 个国家级国际科技合作基地、1 个国防科技创新中心、3 个国家地方联合创新平台以及 66 个省部级重点实验室和工程中心。

高新区已聚集了包括美国应用材料、美光、高通、IBM, 法国施耐德,德国西门子，英荷壳牌，日本电装以及我国台湾友立资讯、人民银行、华夏人寿、中航大飞机等100多家国内外知名企业投资设立的研发总部，还聚集了各级重点实验室和工程技术中心217个，其中国家级38个。

西安航天基地拥有中国航天科技集团四院、五院西安分院、六院，中国兵器北方通用电子集团，中科院国家授时中心，中国普天西安产业园，中科院遥感与数字地球研究所，西安测绘研究所，中煤航测遥感局等众多足以代表该领域"中国巅峰"的"国家队"研究机构，拥有国家、省、市级工程技术中心(实验室)29家。

3. 中介服务机构

现代服务业是西安特色优势产业之一。据统计，2016年拥有规模以上科技创新中介及服务企业1000多个，其中科技推广和应用服务业企业17个，专业技术服务业企业164个，研究和实验发展企业17个，商业服务业182个，软件和信息技术服务业134个，互联网和相关服务业7个。为实现"三次创业"，高新区全力打造创新创业服务体系，目前已聚集了近400家风险投资机构和300多家中介服务机构。

沣东新城积极推进与京东、中兴、阿里巴巴、海航资本、中国银行等大型企业的合作步伐，以现代服务贸易创新示范园、沣东国际自贸新天地、统筹科技资源改革示范基地、阿里巴巴菜鸟中国智能骨干网西北核心节点、绿地501米超高层"丝路国际中心暨绿地西北总部"等项目着力打造大西安新中心中央商务区，为科技创新活动提供更为方便、周到的商务服务。

(二) 建设科创大走廊的投入要素

西安市科技资源丰富，科技产出能力强，科教综合实力和技术创新能力居全国前列，是"全国十大创新型城市"之一，具备创建科创走廊的良好的资源基础。

1. 科技创新人才

据统计，2016年西安市普通高校拥有教职工7万多人，在校大学生86万人，两院院士60人，各类专业技术人员46万人，科技活动人员16万人。在长安区大学城的西北工业大学、西安电子科技大学、西北大学等大学聚集了一大批优秀的科学研究人才。截至 2016 年年底，西安高新区已累计引进和培养国家"千人计划"53 人，聚集陕西省"百人计划"专家 57 人，西安市"5211 计划"专家 87 人，参与创新创业的两院院士超过 80 名，是我国首批海外高层次人才创新创业基地。航天基地培育创业创新群体 360 余家，集聚各类创业创新人才超过 2000 人。

大学城是高端人才的集聚地和人才培育的摇篮，自从西安的户籍新政实施以来，实施成效明显。2017 年 3 月至 7 月底，全市共迁入落户 116 284 人，其中人才新政落户 63 046 人，占落户总人数的 54%，落户人才总体上学历、素质相对较高。根据有关机构统计，西安市的人才净流入率已跻身全国前四。人才新政的聚才效应正呈放大之势。

2. 技术创新成果

2016 年，西安市拥有科研项目 3 万多个，累计专利申请 29 万个，累计授权专利 10 万多个，授权发明专利 6000 个。2016 年专利申请专利量 46 103 件，专利授权量 38 279 件。高新区区内企业获得国家和省部级科技奖 300 余项，拥有 24 项具有全球影响力的国际标准，国家(国军)标准和行业标准超过 800 项，"十二五"期间累计实现专利申请量达到 12.9 万件，其中授权量超过 4 万件，位居全国高新区第二，仅次于中关村。西安航天基地拥有众多足以代表该领域"中国巅峰"的"国家队"研究机构，是中国航天技术的引领者。2016 年西安科技成果交易额达到 711 亿元，位居全国 15 个副省级城市第一。

3. 资金支持能力

2015 年，西安市全年财政收入 1114.98 亿元，比上年增加 9.3%，科学技术支出 25.44 亿元，增长 88.6%，研发经费内部支出 303.71 亿元。2016 年，西安市全年财政收入 1135.68 亿元，比上年增长 8.5%。5 年来，研究与试验发展(R&D)经费支出持续增长，R&D 投入强度(占 GDP 比重)持续稳定在 5% 以上，2015 年为 5.24%，分别高于全国、全省 3.17 和 3.06 个百分点。

2016 年末全市金融机构本外币存款余额 19 488.38 亿元，比上年末增长 8.0%，其中人民币存款余额 19 073.96 亿元，增长 7.2%。西安列入首批国家服务业综合改革示范典型区域,荣获"全国十大区域性金融中心城市"。2016 年,西安市金融业增加值 724.35 亿元,是 2011 年的 2.5 倍,2012—2016 年年均增长 18.6%,高出第三产业增速 8.1 个百分点,占 GDP 比重 11.5%,比 2011 年提高 3.9 个百分点。截至 2015 年年底,西安市拥有各类银行 1969 个,吸收各项存款约 18 037 亿元,发放贷款约 13 966 亿元,证券经营机构 235 个,期货经纪公司 3 个,上市公司 32 个,上市公司总市值 5818.36 亿元。为实现追赶超越目标,并深度融入"一带一路"建设,西安市全力打造丝路金融中心,充分发挥金融对经济发展的带动、引领作用。2017 年上半年西安金融产业增加值占 GDP 比重达到 12.7%,已成为西安的支柱产业。

西安高新区有效对接金融资本与科技创新,聚集各类金融服务机构和要素平台达到 1272 家,聚集了 200 余家各类金融机构区域总部、近 700 家投资机构和近 90 家私募股权投资机构,设立了股权交易中心、产权交易中心等八大科技金融服务平台,建设了目前全国高新区中规模最大的科技企业信用服务平台,汇集了人民银行西安分行、陕西银监局等金融监管机构,境内外上市上柜企业达到 129 家。2016 年,高新区成功获批国家投贷联动试点,与人民银行西安分行等 4 家银行确定了合作方案,成为了西北地区科技金融机构最密集的区域之一。西安高新区每年社会融资总规模超过 2600 亿元,中小科技企业融资额超过 310 亿元。西安高新区还设立了新兴产业扶持基金,设立了 100 亿元战略性新兴产业扶持引导基金和 1 亿元风险补偿资金。

航天基地先后出台双创工作实施意见和配套实施细则,设立了创业创新专项扶持资金每年 5000 万元,合作成立各类基金 6 支,投资区内外项目 58 个,累计投资金额 14 亿元。2017 年 9 月,航天基地发起设立创业创新联盟,启动 EGO 航天万创空间,为北航众创空间、"北斗＋"众创空间、雷神智能等 11 家众创空间、创业创新企业、众创服务商、第三方服务机构拨付扶持创业创新资金 966.96 万元。

为打造高端服务业产业集群,沣东新城于 2014 年引入了能源金融中心项目,2015 年参与设立西咸互联网金融资产交易中心,2016 年成立互联网金融资产(西咸新区)交易中心,逐步将沣东打造成西部区域金融中心和国际性金融机构区域总部首选地。沣东新城设立了总额 1 亿元的双创投资基金,重点支持各类"双创"示范基地和园区、孵化机构、众创空间发展,还设立了总额 20 亿元的产业发展基金,并出台了一系列优惠政策,最大限度地为入区企业提供资金扶持。

(三) 建设科创大走廊的环境支撑

在"一带一路"战略、国家全面创新改革试验区、国家自主创新示范区、陕西自贸区西安核心区和新一轮西部大开发等国家战略的推进下,西安市将"追赶超越"作为当前最重要的大局,全面深化改革,着力推进创新驱动发展,大力实施"创新能力倍增计划",初步形成了具有西安特色的创新驱动发展体系,大西安的引领和辐射作用进一步强化,法律法规体系不断完善,城市功能显著提升,各项基础设施和公共配套逐步优化,生态环境更加优美,为西安科创大走廊建设创造了良好的环境。

1. 政策环境

为进一步践行"创新驱动"和"追赶超越",西安市不断加大对创新创业的支持力度,将战略性新兴产业作为现代产业体系中的引领性产业并给予重点支持,先后出台了《西安市人民政府关于推进大众创业万众创新的指导意见》、《中共西安市委西安市人民政府关于系统推进全面创新改革试验打造"一带一路"创新中心的实施意见》、《关于全面推进小微企业创业创新基地城市示范支持政策的通知》等一系列文件和政策举措,系统推进全面创新改革,努力营造良好的创新环境,激发全社会创造活力。

西安高新区是 1991 年被国务院首批批准为国家级高新区,也是国家确定要建设世界一流科技园区的六个高新区之一,二十多年来一直是西安甚至西部享有最优政策的区域。为深入对接国家战略,再造政策新优势,再育创新新功能,高新区启动三次创业,立志打造全国一流的创新中心及全球创新网络的重要枢纽。高新区先后颁布了《西安高新区管委会关于支持科技企业小巨人发展的若干政策》、《西安高新区管委会关于加快创新驱动发展的若干政策》、《西安高新区管委会关于促进科技与金融结合的若干政策》等文件，为企业发展提供完善的政策服务支持，以推动企业获得更大发展。

沣东新城也在不断加快区域发展规划，将高新技术产业、现代服务业和总部经济看成重点发展的产业，并出台了一系列优惠政策，最大限度地为入区企业提供资金扶持和政策保障。针对"双创"，沣东新城不断出台相关政策，设立双创投资基金，对非政府投资建设且已运营的孵化器和产业平台按照入孵企业数量和孵化效果进行财政补贴，还引进了拥有丰富创业资源的企业家、天使投资人等担任创业导师，支持各大机构、院校等开展各类与创业相关的培训。

2. 科创平台

2017 年以来，西安市着力构建"5552"创业空间发展格局，大力实施引进高层次人才"5531"计划，为创业创新提供了有力的政策支撑。截至 2017 年 8 月份，全市已累计建成 316 个众创空间，总面积 989.0872 万平方米；42 家科技企业孵化器，面积 136.6147 万平方米；未来，西安市将建成 500 个以上众创空间聚集区和特色区，众创空间面积达到 2000 万平方米以上，全面完成国家小微企业创业创新示范城市建设任务，推动成果转化与创新创业互动融合。同时将打通"研发—孵化—转移—应用—产业化"的渠道，形成"众创空间、孵化器、加速器、创业基地、园区"全链条的创业创新体系。

西安高新区是陕西自贸试验区的核心功能区所在地，承担着"国家自主创新示范区"和建设国家创新改革试验区域的重任，区内有创业园发展中心、国家火炬计划软件产业基地、国家软件产业基地、国家软件出口基地、生产力促进中心、留学人员创业园、国家级西安交大科技产业园、西工大科技产业园、西安电子科技大学科技产业园等众多科创平台。高新区启动建设了增材制造国家创新中心、陕西光电子集成电路先导技术研究院、图像大数据测评应用创新中心以及陕西膜分离技术研究院等一批新型科技和产业化平台等重大科技创新平台。截至 2016 年年底，高新区已经拥有各类孵化器 24 家，其中国家级孵化器 14 家，认定众创空间 29 家，培育中的苗圃项目超过 2000 个，累计孵化企业超过 2300 家，毕业企业超过 580 家，上市企业 133 家，其中新三板上市企业总数超过全省的一半。西安高新区已经成为西安乃至西部地区原始创新的发源地、创新产业的策源地和年轻人向往的创业创新热土。西安高新区的"一带一路"国际技术转移(西安)商学院、亚太经合组织国际技术转移人才培养基地、中美联合众创空间、中意创新创业孵化园的落地，标志着西安高新区在创新创业的国际化方面实现了重要的突破。

西安航天产业新城是陕西省、西安市政府联合中国航天科技集团公司建设的航天技术产业和国家战略性新兴产业聚集区，2010 年被国务院批复为国家级陕西航天经济技术开发区，它盘活引进了北航众创空间、"北斗＋"众创空间、雷神智能等各类特色鲜明的众创空间聚集区和特色区 13 家，并建成载体空间面积 50 万平方米，培育创业创新群体 360 余家。西咸新区沣东新城是经国务院批复的西咸新区渭河南岸的重要组成部分，以建设"西安国际化大都市的主城功能新区和生态田园新城"为目标，建设有统筹科技资源改革示范基地、昆明池文化生态景区、中俄丝绸之路高科技产业园等。

3．基础设施和公共配套环境

西安市"品质西安"建设稳步推进，城市基础设施和公共配套逐步完善，包括航空、铁路、地铁、城市道路、停车、交通管理等在内的综合交通体系初步形成，道路、桥梁、公厕、立交桥、路灯、排水管道、公园、绿地等公共配套方面也在不断完善，市政设施水平持续上升。今后一个时期，大西安立体综合交通将按照"区域间高效畅通、城际间快速通达、城区内高效转换、城乡间便捷连通"的发展要求，以建成高效的综合枢纽体系、完善的对外交通网络、便捷的城市交通系统、智能的管理服务平台为目标，加快建设大西安"345"立体综合交通发展体系。这些都为科创大走廊的发展提供了越来越完善的交通支撑。

高新区自规划建设以来，就把加强配套服务设施建设作为重点工程，高新区一直是西安市创业和生活环境最优的地区。高新区将实施百亿级基础设施提升工程和公共服务优化工程，不断提升产业承载和配套能力，全面推动产城融合，打造"空间结构协调、产业活力强劲、城市品质高端、服务功能完备、市民安居乐业"的城市新区。

沣东新城位于西安市主城区以西，有六条高速公路穿境而过，它的快速干道等各种路网四通八达，虽然开发建设时间短，各种基础设施和公共配套还不完备，但正不断加快以街区综合改造、城市管网集中建设、数字城市设置、城市绿化提升、快速公交体系搭建等重大基础设施建设为突破口，进一步提升城市环境。

4．生态环境

西安市生态环境持续改善，五年来新增城市绿地 2275 万平方米，城区绿化覆盖率提高到 42.6%，新增造林绿化面积 41.21 万亩，成功创建国家森林城市。

高新区生态环境优美，是"中西部首个 ISO14000 环境保护示范区"，拥有绿地总面积 1263 万平方米，其中公共绿地 434 万平方米，公园 9 座，绿地小广场 56 个，绿化覆盖率 41.5%，绿地率 38.15%，人均公共绿地面积 15.62 平方米。

沣东新城地处关中渭河冲积平原，拥有新河、沙河、皂河、太平河等多条河流水系，它们在区内纵横交汇，形成了新区独特的山水田园生态景观，未来将把沣河滨水生态景观带、斗门水利等工程建设为自然环境优美的现代田园都市。

长安大学城拥有樱花广场、时代广场、郭杜公园、森林公园、潏河湿地公园等城市生态功能区域。

(四) 已经形成高水平的产业发展基础

西安市科创资源丰富，近年来坚持以贯彻创新驱动发展战略为重点，以创新型城市建设为己任，大力推进统筹科技资源改革，积极探索具备西安特色的创新发展、转型发展、跨越发展路径，初步形成了以高新技术产业和战略性新兴产业为引领、先进制造业为支撑、现代服务业为主体的西安特色的现代化产业体系。2012—2016 年战略性新兴产业增加值年均增长 16.5%，高于同期 GDP 增速 6.5 个百分点。

1. 科创产业

西安市不断引导和扶持企业科技创新，优化创新环境，加速科技成果转化，构建创新驱动发展新机制，这些举措使得科技创新产业和产业链不断发展和完善，科技创新引领支撑经济社会发展的作用不断彰显。2016年，西安市高新技术产业增加值占GDP比重达到20%以上，科技进步贡献率达到63%以上，高技术产业和战略性新兴产业产值占规模以上工业比重分别达到24.1%和35.0%，新增中兴通讯、隆基股份、陕西星王3户百亿元工业企业。

高新区是西安科创产业的主要集聚区，已经形成了电子信息、先进制造、生物医药、现代服务业四大主导产业和通信、光伏与LED、电子元器件、电力设备、汽车、生物医药、软件与信息服务、创新型服务业等八大产业集群，半导体、智能终端、软件和信息服务、生物医药四个产业已成长为千亿产业集群。2015年西安高新区四大主导产业营业收入8650亿元。

航天基地是中国航天事业发展最重要的地区，卫星以及卫星应用产业全国领先，初步形成了以航天产业为核心，以半导体照明和太阳能光伏为代表的新材料、新能源产业、服务外包产业以及创意产业为主体的特色产业体系。截至2015年，航天基地产值过亿元企业达到20家，过十亿元企业5家，过百亿元企业1家。

沣东新城将产业目光聚焦在处于价值链高端、技术含量高、具有高附加值的高新技术产业、现代服务业和总部经济上，重点发展高新技术研发及企业孵化、商业贸易、体育会展、文化旅游、房地产开发和都市农业等产业，不断做大产业规模，提升产业发展水平。

2. 创新孵化平台

西安高新区是国务院批复的第9个国家自主创新示范区，也是国家创新改革试验区以及中国(陕西)自由贸易试验区。依托西安雄厚的科研资源，高新区大胆创建并持续完善创新孵化体系，是西安市科技创新的引领者和排头兵。

高新区创业园是科技创业孵化链条建设示范单位，已成为西部创新创业的重要策源地，创业孵化全国领先，形成"苗圃—孵化—加速器"全链条式创业孵化体系。创业园拥有各类综合和专业性孵化器30余家，累计在孵及毕业企业超过3000家，吸引和培育了一批高端人才，成为我国首批"海外高层次人才创新创业基地"。高新区创业园获得我国首家"亚洲孵化器奖"及20多项国家级荣誉。"一院一所"(西北有色院、西安光机所)模式中的西安光机所已成为我国专业孵化器翘楚，培育出炬光科技、立芯科技等180多家高科技企业，其中，28家企业市值过亿元。高新区积极发挥市场主导作用，以孵化+投资为抓手，推出精准化、专业化服务，不断完善孵化链条，全力打造全闭环创新创业生态体系和全要素生态圈。

航天基地形成了以孵化器公司、北航科技园、"北斗+"众创空间、陕西省小微企业创业创新园、雷神智能等为主的13个众创空间聚集区和特色区，为广大创新创业者提供全方位、全领域、全过程的科技产业支撑、服务支持以及政策保障，培育了创业创新群体360余家。

沣东新城的自贸产业园是陕西自贸区首个建成的以自贸为主题的产业园，旨在通过"自贸+服贸"创新模式，打造"一带一路"沿线双试联动新高地。

3. 创新服务体系

创新产业的发展离不开创新服务的支持，现代服务业是西安特色现代产业体系的重要组成部分，目前已初步形成了文化、旅游、金融和科技服务等四大支柱性服务业，商贸、物流、会展、信息服务、电子商务、研发设计、教育培训、检验检测、融资租赁、科技金融等服务业也获得了长足的发展，西安市立志将现代服务业打造成第三个万亿级大产业。

高新区是西安市创新服务体系最完善、市场环境最成熟的区域，已初步形成了以金融贸易为核心、以生产性服务业为特色的现代服务业体系。在科研服务方面，高新区与西安交通大学、西安电子科技大学、西安光机所等多家大学和科研机构建立了密切的产学研合作关系，并引进了施耐德、IBM、西门子、壳牌、人民银行、华夏人寿、中航大飞机等100多家大型企业研发总部和100多家大型研发中心机构总部。在金融服务方面，高新区聚集各类金融服务机构和要素平台已达到1272家，设立了股权交易中心、产权交易中心等八大科技金融服务平台，建设了目前全国高新区规模最大的科技企业信用服务平台，还搭建了覆盖科创企业全生命周期股权投资服务体系。通信、软件与信息服务、创新型服务是高新区极具竞争力和重点发展的特色产业集群，也为光伏与 LED、电子元器件、汽车、生物医药等产业的发展提供了配套的服务支持。由西安市科技局和西安高新区管委会共建的科技大市场是技术创新和成果转化的加速器、科技产业发展的助推器、科技资源统筹利用的聚变器，它致力于打造立足西安、服务关中天水经济区、辐射全国、连通国际的科技资源集聚中心和科技服务创新平台。另外，高新区管委会自成立之初就致力于优化创新环境，完善创新服务，并不断强化管理体制机制改革，深入对接国家战略，启动"三次创业"，再造政策新优势，努力提升发展的质量和效益。

航天基地内聚集了航天四院、航天五院西安分院、航天六院、航天九院部分院所，以及中国科学院、中航工业集团、隆基硅等众多科研单位和企业科研机构，也有孵化器公司、北航科技园、"北斗+"众创空间、陕西省小微企业创业创新园等 13 个众创空间聚集区和特色区，为创新创业活动提供全方位、全领域、全过程的科技产业支撑、服务支持以及政策保障。同时，为鼓励"大众创业、万众创新"，基地管委会专门成立了双创领导小组、航天创业创新联盟及 EGO 航天万创空间，推动高质高效的创业资源的引进与整合，促进各类创业创新要素聚集、交流和对接，为创新创业活动提供政策支持和服务保障。

沣东新城全力打造高端服务业产业集群，建立了全新的"开发区+行政区"管理体制，通过高新技术研发及企业孵化、商业贸易、体育会展、文化旅游、房地产开发、都市农业等产业的重点培育完善创新服务链，并以街区综合改造、城市管网集中建设、数字城市设置、城市绿化提升、快速公交体系搭建等重大基础设施建设为突破口，不断提升基础设施水平，打造有利于创新创业的高端配套环境。沣东自贸产业园由西安沣东自贸产业园发展有限公司负责园区长期发展规划、基础设施建设、配套开发、招商引资等工作，产业园积极引进第三方机构，提供投融资、管理咨询、知识产权、人才交流等专业配套服务，并且针对外向型企业提供"一揽子"、国际化、高端化、管家式的全程服务，助力企业与海外项目无缝对接。

（五）建设高水平科创大走廊面临的突出问题

近年来，西安市积极响应"大众创业、万众创新"号召，全面深化改革，不断创新城市发展方式，加快建设具有西安特色的创新驱动发展体系，使西安市科创产业获得了长足的发展。然而，与硅谷、马来西亚多媒体超级走廊、筑波科学城、中关村等国际一流的创新区域相比，西安市仍存在较大的提升空间。

1．高端要素集聚能力不够强

西安是中国著名的科技大市，高等院校及科研院所数量众多，高技术企业数量位于西部地区前列，创新环境也在不断完善。但是，与硅谷、剑桥、班加罗尔、新竹等世界一流科技园区相比，西安现有的科创要素整体水平不高，高端科创要素的集聚能力差，高端、优质的科技资源、创新型企业、创新平台等更是欠缺，因此导致技术创新能力差，高层次创新产出不足。

2．世界一流的高层次科研资源缺乏

硅谷、剑桥拥有世界排名前五的研究型大学和国内一流的科研力量，班加罗尔拥有印度最好的大学和全球 30% 的软件开发人才，新竹也有中国台湾地区最好的大学以及全球顶级的电子信息技术。

西安交通大学和西北工业大学尽管是国家 985 重点院校，但在中国大学排名中也仅仅排在前 20 和前 40 名，单从高等院校竞争力方面还比不上浙江大学。2017 年中国科研院所事业单位名录显示，在 199 个国家级科研院所中仅有 6 个属于陕西省(全部集中在西安市)。马来西亚多媒体超级走廊尽管自身科研资源不足，但政府的大规模投资吸引和培育了众多高端人才和技术。因此，为创建一流科创大走廊，西安需要加大对国内外一流研发机构、大企业研发中心及尖端研发人才的引进力度，同时创新科研管理机制和人才培养模式，为高层次科研资源的引入和培育提供良好的环境保障。

3．高端创新型企业数量及其创新活动不足

位于产业链高端的创新型企业既是产业发展和升级的推动者，也是技

术创新活动的主导者和引领者。硅谷拥有美国十分之一的高科技企业 500 强，全球百分之一的电脑公司 100 强，深圳有华为、中兴、康佳，杭州也有阿里巴巴和淘宝，这些龙头企业带动了高层次的创新活动，主导了产业标准的形成和产业整体的演进。

与之相比，西安本土的法士特、陕鼓、西电集团、隆基股份等企业竞争力弱，创新活力不足，高水平、高层次创新活动欠缺，尚未掌握行业领域内的核心关键技术，在全球价值链分工中参与度不高，无法占据行业高端。尽管通过大规模招商引资吸引了三星、IBM、西门子等世界一流企业的入驻，但是这些企业的高层次、高附加值、核心模块的创新活动仍留在它们本国，转移到西安的仅仅是低层次、附加值低的生产环节，少数研发创新活动也多是处于价值链低端、外围模块的创新。

4．高水平创新平台及孵化能力不足

斯坦福工业园是世界上最早、最具创新活力的区域，它培育和孵化了全球大部分最具知名度的高科技企业。阿里巴巴的存在也是杭州将其科创大走廊设立在城西的最重要的因素之一。

西安高新区是国务院批复的第 9 个国家自主创新示范区，在创新平台建设和创新孵化能力提升方面取得了显著的成绩，但仍存在着创新平台规模小、孵化空间不足、孵化功能缺失、孵化能力弱、孵化体系不健全等一系列问题，与硅谷、中关村等相比，还存在着较大的提升空间。另外，航天基地和沣东新城的创新平台建设和创新创业孵化活动刚刚起步，创新孵化主体缺失，激励不足，孵化体系尚未建立。

5．创新环境需要进一步优化

无论是硅谷、马来西亚还是大沙河或者杭州城西，优美的自然环境、完善的基础设施和生活配套、有力的政策扶持都是其快速健康发展的重要保障。硅谷有美丽的圣克拉拉谷和斯坦福工业园，马来西亚多媒体超级走廊有政府的全力支持和基础设施建设方面的大手笔投资，深圳有大沙河、南山科技园、深圳湾和正在建设中的大沙河生态走廊，杭州有环境优美的西溪湿地以及"一带、三城、多镇"的规划。

与东南沿海发达地区相比，西安市对高端科创资源的吸引力度不够，

环境要素对科技创新的支持保障能力较差。一是政府职能发挥不足、政策支持力度不够，主要表现在发展规划、政策制定、行政管理、法律法规完善、市场机制优化等方面。二是城市建设及创新基础服务不足，内外畅通的立体交通体系尚未建立，健全、便捷的市政基础设施需要强化，便利的生活配套急需优化，中介服务体系及投融资服务需要完善。三是生态环境需要美化，包括雾霾治理、城市绿化、生态景观维护、绿色生态长廊建设等。

6. 高端技术产出能力和效率需要提高

西安市是中国有名的科技大市，科技资源丰富，但高端科技要素不足，对创新要素的整合配置能力较差，导致技术创新水平不高，创新产出能力差，创新绩效低下。尽管在科技创新领域投入了大量的人力、物力和财力，但是由于高端要素缺乏、投入结构不合理、创新链欠缺、创新服务体系不健全等因素导致整体创新水平低下。一是创新投入产出结构不合理。低成本、高效率的创新活动是硅谷、新竹、中关村等世界一流科技园区成功的重要保障。事实证明，合理的投入结构和比例有利于提高创新资源的利用效率，这就使得同样的投入产生更高的创新产出。多项研究证明，西安市在技术创新领域投入了大量的资金和人力，但由于投入结构不合理导致产出水平低下，存在着严重的投入冗余、产出不足的现象，创新绩效低下。一方面，西安市的技术创新活动中政府直接参与过多，未能充分发挥企业的主导作用。政府应变直接参与为间接引导，减少在研发经费支出中的直接投资比例，更多地在政策引导、招商引智、环境优化、法律法规和管理机制完善等方面起支持辅助作用。另一方面，西安市的创新产出更多的是通过高投入、高消耗获得的，这种不当的投入比例造成了资源的严重浪费，降低了产出效率，政府需要转变发展模式，优化投入结构，提高投入资源的利用效率和向产出的转化效率，从而提升创新绩效。二是需求导向的创新链尚未建立。不管是硅谷还是筑波，这些成功的科技园区都拥有一个以创新为纽带，以需求为导向，以高科技企业为核心，包括企业、政府、高校、科研机构、金融机构、中介机构等多个主体共同参与的，开放、共享、协同、高效的创新链。西安高新区经过多年努力已经初步形成了相对健全的、多样化的、具备一定竞争力的创新主体团队，但是仍然存在创新活动与市场需求匹配度差、开放式创新力度不够、共享意识差、分工协同需进一步深化、"政产学研金介用"七位一体的创新体系尚未建立、创新成果转化率低、创新效率有待提高等问题。航天基地、沣东新城两地基本的创新链尚未形成，创新主体数量少、规模小，甚至部分创新主体缺失，政、产、学、研、金、介、用各主体无法实现完美对接和匹配，更不用谈创新链的效率问题。三是创新服务体系不健全。优越的创新服务体系是技术创新活动的重要保障，它可以提升科技资源的利用效率，推动人才的引进与培育，促进资金的筹集和使用以及提供法律法规的保障等。硅谷、慕尼黑、新竹等科技园区的成功都离不开其一体化的完善的服务体系，马来西亚多媒体超级走廊为打造一个超级信息走廊设立了专门的管理机构和行业协会，杭州城西科创大走廊也拥有相对完善的科技服务体系，并且还在不断完善和提升其品质高效的服务功能。西安市虽然已初步形成了服务于科技创新活动的现代服务体系，但是相对创建世界一流的科创大走廊的需求来看，还存在着很大的提升空间。一是缺乏高水平的技术信息服务和技术推广服务体系，需要建立和完善专业化、网络化的技术中介服务体系，以提高技术资源的利用效率和科研成果转化效率。二是人才服务体系不健全，对高端人才的吸引、培育力度不足，对人才的发展、创新创业活动以及生活等领域的激励和保障不够。三是投融资服务体系有待优化，政府资金的使用效率低下，创新创业投融资渠道不足，风险投资体系不健全，缺乏渠道活跃的资本链，对外来资金和社会资金的筹集利用不足。四是法律法规服务体系不健全，尤其是关于知识产权保护、市场竞争等方面的立法和执法需要强化。

7. 产业结构和发展方式需要转型升级

西安市技术创新相关的产业门类众多，但结构不合理，关联性差，布局不合理，发展方式落后，且主导产业规模小，竞争力弱，优势不突出，这些因素使得西安市整体产业发展水平和竞争力不足。

一是产业结构不合理。硅谷因硅和半导体的研究和生产而闻名，经过多年的发展，形成了以计算机系统产业、半导体产业、软件产业和生物医药产业为主导的完整的产业体系。尽管世界各地的科技园、科学城纷纷兴起，但是硅谷仍然是当今电子工业和计算机业的先锋，一直占据全球价值链高端引领地位。可见，产业的一体化、集群化、高端化、国际化是创新能力和竞争力提升的重要路径。相比之下，西安市尽管也初步构建了以战略性新兴产业为引领、先进制造业为支撑、现代服务业为主体的特色产业体系，但在产业结构方面仍然存在很大的改进空间。第一，龙头企业数量少、规模小、自主创新能力弱、国际竞争力和影响力差，对其他企业的带动和引领作用不足。第二，产业结构松散，集群化水平低，产业关联性差，分工协作水平低，产业配套不完善，管理机制不健全，缺乏以需求为导向、以创新为驱动的网络化、一体化的创新产业体系。第三，企业在全球价值链分工中地位低下，高端产业数量和占据产业高端的企业数量少、规模小、增长缓慢，多数处于全球价值链分工中的外围和低端位置，产业升级迫在眉睫。

二是产业布局需要优化。科创大走廊建设要通过政府的协调和引领作用进行统一规划、优化布局、细化分工，要整合区域内科创资源，打造一条开放、共享、协同、创新的科技大走廊。马来西亚以信息通信产业为核心，全力打造了一条能够实现与全球的信息高速公路连接的大型信息走廊，杭州也围绕信息技术产业，在未来网络、云计算、大数据、电子商务、物联网等领域进行了统一规划、精心布局。西安市已经初步形成了"五区一港两基地"的产业布局，要创建以高新区为引领的科创大走廊还需要进一步统筹规划，优化布局。第一，"十二五"期间，高新区已经初步形成了"一心、二轴、三带、五区"的结构模式，但只有原主城区土地利用率和产业集聚程度较高，而其他区域开发利用力度不够，产业集聚程度较低，并且存在着一定的产业优势不明显、相似度高、产业重叠等现象。第二，航天基地和沣东新城由于建区和开发时间较短，发展定位和产业布局还需要进一步细化、明确。第三，缺乏统一的管理机构和高效的管理体制，以统筹区内科技资源形成"定位明确、优势突出、错位发展、资源互补、协调统一"的发展格局。第四，由于区域考核，高新区与经开区、西咸新区、杨凌以及宝鸡、渭南等地也存在着争夺资源、重复建设、盲目投资甚至恶性竞争等现象，这就需要在省市级层面进一步统筹规划以促进不同地区的和谐、有序发展。

三是产业发展方式需要转变。科技创新是引领经济发展的第一驱动力，以往以要素驱动、投资驱动为主导的发展模式正在向创新驱动模式转型。在不断改善的外部环境及各级政府的大力支持下，西安市科创产业以前所未有的速度快速发展，尽管 2012—2016 年战略性新兴产业增加值年均增长 16.5%，高于同期 GDP 增速 6.5 个百分点，然而，产业的增长更多的是由高投入、高消耗带来的数量上的增长，而由结构调整、产业升级、技术创新等引发的质量和效率上的提升空间仍然巨大。由此可见，西安科创产业成长发展速度快，但发展方式落后，技术进步对经济增长的贡献率不够高。其主要原因在于：第一，发展理念落后，过度追求产出能力和总量规模的提高，忽视了发展质量和效益的提升，未能实现速度和质量效益的统一、协调发展；第二，产业体系结构不完善，产业链不健全，创新链欠缺，需要建立和完善合理分工、高效协作的现代产业体系；第三，产学研合作水平不高，"政产学研金介用"七位一体的创新体系尚未建立，技术创新能力弱，创新成果转化率不高。

二、国内外典型科技创新大走廊比较借鉴

科创走廊是在传统科技园、科学城结合工业廊道、经济廊道等理论的基础上演化而来的。传统的科技园或科学城可能是在市场的主导下由大学或科研机构牵头自发形成的，如美国硅谷、英国剑桥科学公园、法国索菲亚科技城等；可能是由政府、大学、中介组织、商业协会等共同创建并主导的，如德国慕尼黑高科技工业园、澳大利亚西澳科技园等；也有可能是由政府创建并主导的，如日本筑波科学城、台湾地区新竹科学工业园等。科创走廊还是新生事物，从现有发展情况来看，科创走廊是通过政府牵线，将原有或新建的多个科技园、产业园、高新区、创新城市、大学城等创新节点通过产业链、服务链、信息链、资金链、创新链等隐形线条以及交通链连接起来，达到串珠成链的效果。因此，科创走廊是政府规划的产物，

其前期必然是以政府为主导的，这也是它与传统科技园区的最大区别。

（一）案例介绍

目前，科创走廊的实践尚处于探索阶段，缺乏成熟的理论体系和实践经验。1995 年马来西亚制订了多媒体超级走廊计划，实施 20 多年以来取得了显著的成效，这可以为西安市科创走廊的规划和建设提供宝贵的经验和借鉴。国内几个主要城市也提出了科创走廊相关规划，如 2008 年深圳提出了大沙河创新走廊规划，2016 年杭州发布了城西科创大走廊规划，2016 年上海松江区提出了构建 G60 科创走廊计划，2017 年上海与杭州、嘉兴两地合作，正式签署了《沪嘉杭 G60 科创走廊建设战略合作协议》，进一步扩大了科创走廊辐射范围。另外，硅谷是世界科技创新、创业的源头和鼻祖，也是各国各地区发展科创产业的标杆，因此，本研究选取美国硅谷、马来西亚多媒体超级走廊、深圳大沙河创新走廊和杭州城西科创大走廊作为典型案例进行研究。

1. 美国硅谷

硅谷(Silicon Valley)是位于美国加利福尼亚州北部、旧金山湾区南部的狭长地带，早期以硅芯片的设计与制造得名。早期的硅谷是指旧金山湾南端沿着 101 公路，从门罗公园、帕拉托经山景城、桑尼维尔到硅谷的中心圣克拉拉，再经坎贝尔直达圣何赛约 100 公里的狭长地带，后来硅谷的范围逐渐扩展，并且随着更多高技术企业的集聚和蓬勃发展，硅谷开始成为全球技术创新和高科技产业的先驱，也是高新技术产业集聚区的代名词。

硅谷的兴起是与斯坦福大学紧密联系在一起的。1891 年，斯坦福大学建于旧金山东南 35 英里的帕洛阿尔托小镇，当时这一带被称为圣克拉拉谷。1950 年，斯坦福大学成立了"应用电子学实验室"，继而建立了"斯坦福大学研究所"，通过"荣誉合作项目"向当地公司开放课堂。1951 年，斯坦福在其校园内创立了世界上第一个专门化的科学研究园——斯坦福研究公园，开启了校企合作和大学科技园建设的先河。斯坦福研究公园不仅集聚了众多世界知名企业和全球一流科技人才，还带动了周边工业和科技水平的整体发展。1971 年，美国的《微电子新闻》首次以"硅谷"来称呼该地区，此后，硅谷开始逐步成为世界一流科技园区的典范和楷模。

2. 马来西亚多媒体超级走廊

"多媒体超级走廊"(Multimedia Super Corridor，MSC)是马来西亚政府唯一的国家科技发展计划，位于吉隆坡以南30公里，从吉隆坡南新国际机场延伸至市区边缘的国油双峰塔，南北长50公里，东西宽15公里，总面积750平方公里。整个廊道用高速公路和高速轻轨将吉隆坡新国际机场、国油双峰塔和两座智慧城市——电子化的新政府行政中心布特拉加亚(Putrajaya)和电子信息城赛博加亚(Cyberjaya)连通起来，不仅交通便捷，还可以通过光纤实现与全球信息高速公路的无缝快速连接。多媒体超级走廊是马来西亚信息通信产业的核心，经过十年多的发展，已成为马来西亚经济发展的重要动力。

1991年初，为促进产业升级，提升国家竞争力，马来西亚政府制定了《2020年宏愿(1991—2020)》的跨世纪发展战略，建立多媒体超级走廊发展信息通信产业是实现这一发展战略的重要举措。1995年8月，马来西亚政府正式宣布多媒体超级走廊计划，并于1996年8月开始实施。该计划从1996年至2020年分成三个阶段实施：第一阶段从1996年至2003年，以美国硅谷为蓝本建立多媒体超级走廊，通过光纤将电子信息城、国际机场、新政府行政中心等大型基建设施连接起来；第二阶段从2003年至2010年，陆续将多媒体超级走廊与国内外其他智能城市相连，创建新的"数字城市"，建立以电子信息城赛博加亚为中心，所有数码城市和数码中心相连的信息走廊；第三阶段是到2020年，将整个马来西亚转型为一个大型信息走廊，实现与全球的信息高速公路连接。

根据规划，建成后的MSC将拥有世界最先进的通信系统，具备能与世界各地进行有效和快速信息传输的功能。MSC将具有世界上最优良的基础设施，其中包括电子化的新政府行政中心、现代化的新国际机场、最先进的信息城、由高速公路和铁路构成的交通系统以及最先进的通信设备；将提供完备的政策和法律、法规体系，以鼓励电子业的发展，推动多媒体的运用，设立多媒体大学和培养专业人才；将建立一条信息输送量高达2.5～10 GB/s数码光纤电缆为骨干的全球性信息通信系统；将注册成立一个"多媒体发展公司"，专门负责"多媒体超级走廊"的建设和招商引资工作。

3. 深圳大沙河创新走廊

深圳大沙河创新走廊是深圳市"十二五"规划的战略性新兴产业发展的重要基地，也是深圳的产业创新高地、人才聚集地和投资创业优选地。该走廊从南山大沙河源头福龙大道起，到滨海大道深圳湾入海口止，包括桃源、西丽、粤海、沙河四个街道办辖区共 96.6 平方公里的范围，集中了深圳 80%以上的创新资源。

2008 年，深圳南山区提出要实施"以西丽大学城、深圳湾高新区和大沙河创新走廊为主体的自主创新核心区"即"大沙河创新走廊"的规划。这个规划是沿深圳南山区大沙河两岸规划的一条经济发展走廊，是一项以企业为中心、政府为主导、全社会共同参与的创新型工程。该规划将使大沙河流域建成产学研结合、高新技术产业聚集、知识服务业发达、文化创意产业繁荣的世界级国际化创新城区。

依照大沙河创新走廊规划的设想，将建立"一条文化中心线"：启动大沙河景观工程，在东岸沿河建造世界上最长(6000 多米)的"大沙河文化长廊"，使之成为深圳的城市名片；"三个创新核心区"：上游——大学城科教园区、中游——西丽高端产业园区和下游——深圳湾高新园区；"三个创新服务区"：前海深港合作现代服务业示范区、后海国际金融与超级总部基地、蛇口互联网和文化创意产业基地；"三个产业辐射区"：留仙洞产业辐射区、百旺产业辐射区和侨城北产业辐射区。

深圳南山区还提出了以大沙河创新走廊为依托，强化企业自主创新主体地位，将企业、科研院校、创业园区、公共研发平台作为人才聚集基地，借助腾讯、网域等领军企业的现有优势，扶持软件和信息服务领域的龙头企业占领技术高端，力将大沙河创新走廊建设成为全国性的风投和创投企业的聚集高地。

4. 杭州城西科创大走廊

杭州城西科创大走廊是浙江省"十三五"期间的重大战略决策，以文一西路为主轴，东起浙江大学紫金港校区，西至浙江农林大学，全长约 33 公里，宽约 6.9 公里，覆盖面积约 224 平方公里。这一狭长廊道内聚集了国内一流的大学——浙江大学,一流的科创平台——阿里巴巴以及一流的生态环境——西溪湿地,创新要素集聚程度高,生态环境好,是浙江科创产业的主要集聚区。

2016年1月15日,杭州市印发了《关于下达杭州城西科创大走廊规划建设重点任务的通知》,明确了2016年城西科创大走廊建设的主要工作任务和责任单位。8月5日下午,杭州城西科创大走廊建设动员大会在未来科技城国际会议中心召开,发布了《杭州城西科创大走廊规划》和《关于推进杭州城西科创大走廊建设的若干意见》,标志着"杭州城西科创大走廊"正式启动。浙江省计划从2016年到2020年每年投资4.5亿元,全力打造创新创业生态体系,实现创新资源有效集聚,将城西建设成为引领浙江全省发展的"创新极"和全球领先的信息经济科创中心。

杭州城西科创大走廊将构建"一带、三城、多镇"的空间结构。"一带",即东西向联结主要科创节点的科技创新带、快速交通带、科创产业带、品质生活带和绿色生态带。"三城",即浙大科技城、未来科技城和青山湖科技城。"多镇",即大走廊沿线分布具备不同功能的特色小镇和创新区块,如梦想小镇、云制造小镇、西溪谷互联网金融小镇等。

城西科创大走廊以打造"中国版硅谷"为战略定位,构建完整的创新创业生态体系,以形成全国乃至全球知名的创新创业高地。该走廊力图整合人才、资本、数据等高端要素,以形成区域创新发展的产业集聚合力,有效发挥核心地区对域内域外的辐射溢出效应,占据全球价值链和全球创新体系的高端。从具体思路看,建设城西科创大走廊,要遵循小微企业的成长规律,优化生产要素的空间布局,打造创业企业成长的完备生态链。要在规划和引导产业发展的基础上,强化创新链、完善资本链、构筑服务链,最终实现产业链、创新链、资本链、服务链四链融合发展。

(二) 比较研究

硅谷是在斯坦福大学倡导下由市场自发形成的创新创业廊道,其创新文化和创业氛围是积聚高端创新要素的核心,与政府规划下形成的科创走廊有着本质区别,美国的创新创业环境及国情与中国也具有较大的差距。

尽管如此，硅谷在科技创新领域的独特地位使得其案例研究对西安市创建科创大走廊具有重要的参考价值；马来西亚与中国有着相似的国情，其多媒体超级走廊经过十多年的建设已经积累了可贵的经验与教训；深圳和杭州是中国经济发达和创新活动活跃的区域，其创新走廊的规划和建设也可以为西安市提供范本和借鉴。

1．基本情况比较

本研究从创建时间、占地面积、影响力、倡导者、创新和管理模式、规划目标、定位、布局等几个方面对硅谷、多媒体超级走廊、大沙河创新走廊和城西科创大走廊进行简单比较，如表 1 所示。

表 1　国内外典型科创走廊基本情况比较

	硅谷	多媒体超级走廊	大沙河创新走廊	城西科创大走廊
时间	1951 年	1995 年	2008 年	2016 年
占地面积	100 公里长	50 公里长，15 公里宽，面积 750 平方公里	面积 96.6 平方公里	33 公里长，6.9 公里宽，面积 224 平方公里
影响力	世界标杆	国际知名	国内知名度较差	国内知名
倡导者	大学	政府	政府	政府
创新和管理模式	大学+市场自由型	企业主体，政府主导	企业主体，政府主导	企业主体，政府主导
规划目标	—	整个马来西亚转型为一个大型信息走廊，实现与全球的信息高速公路连接	产学研结合、高新技术产业聚集、知识服务业发达、文化创意产业繁荣的世界级国际化创新城区	引领浙江全省发展的"创新极"和全球领先的信息经济科创中心
定位	—	多媒体超级走廊	全国性的风投和创投企业的聚集高地	创新创业高地
规划布局	—	四个大型基建，两座智慧城市，多个数字城市，一个大型信息走廊	一条文化中心线，三个创新核心区，三个创新服务区，三个产业辐射区	一带、三城、多镇

1) 时间、占地面积和影响力比较

从表 1 中可以看出，硅谷历史最悠久，面积最大，影响力也最大。多媒体超级走廊建设时间和占地面积次之，世界影响力也稍弱于硅谷。大沙河创新走廊占地面积 96.6 平方公里，尽管规划已经实施了 9 年，但在中国国内的社会影响力和知名度较差。城西科创大走廊规划仅仅一年时间，占地面积 224 平方公里，但是目前在中国已经形成了一定的关注度和影响力。

2) 规划目标和定位比较

马来西亚致力于在吉隆坡新国际机场至国油双峰塔之间的区域建立一个多媒体超级走廊，带动整个马来西亚成为全球信息高地。大沙河创新走廊希望将大沙河地区建设成为世界级国际创新城区，进而带动深圳成为全国性的风投和创投企业的聚集高地。城西科创大走廊的规划目标是在杭州建设中国硅谷，将城西建设成为世界级创新创业高地，成为引领浙江全省发展的"创新极"和全球领先的信息经济科创中心。由此可见，三个科创走廊在规划中都秉承高目标、高定位的原则，以立足当地、辐射周边，建立世界级创新高地和创新增长极为最终目标。

3) 规划布局比较

多媒体超级走廊运用光纤将电子信息城、国际机场、新政府行政中心等大型基建设施连接起来，进而与国内外的其他智能城市相连。大沙河创新走廊通过大沙河景观工程打造"大沙河文化长廊"，在上游大学城、中游西丽高端产业园区和下游深圳湾高新园区打造了三个创新核心区，在前海、后海和蛇口建立了三个创新服务区，在留仙洞、百旺和侨城建立了三个产业辐射区。城西科创大走廊将构建"一带、三城、多镇"的空间结构：从规划布局看，三个创新走廊都是基于现有创新节点和当地资源优势进行布局，以形成一个布局合理、资源共享、优势互补、产业联动的科创产业集聚带。

2. 科技创新资源和产业比较

从四个科创走廊的发展历史、特征及现状来看，它们都集聚了大量的高端科创资源，拥有较强的企业培育和孵化能力，形成了相对完善的产业网络和创新服务体系，具备开放的政策和高效的管理体制。表 2 从大学及科研院所、科创资金、科创平台等角度对硅谷等四个科创走廊进行了比较。

表 2　国内外典型科创走廊科创资源和科创产业比较

	硅谷	多媒体超级走廊	大沙河创新走廊	城西科创大走廊
大学及科研院所	斯坦福大学、州立旧金山大学、加州大学伯克利分校、波士顿大学等 8 所研究开发型大学，国家宇航总署艾莫斯实验室等 3000 多家研究机构	设立多媒体大学、智慧学校	深圳大学、南方科技大学、清华—伯克利深圳学院、北京大学深圳研究生院、哈尔滨工业大学深圳研究生院、中国科学院深圳先进技术研究院、国家超级计算深圳中心等	浙江大学、浙江工业大学、浙江师范大学、浙江农林大学、香港大学浙江科技研究院、北大工学院研究所、中科院长春应化所、中国地质大学研究院等
科创资金	多层次、多元化的金融产业链支持，全美三分之一风险投资	政府资金支持为主	政府投资为主+社会资本	政府资金支持+社会资本
科创平台	斯坦福工业园	马来西亚科技园	华侨城创意文化产业区、深圳湾超级总部基地、留仙洞—大学城产业园区、深圳市高新技术产业园区和马家龙工业区等	海外高层次人才创新园、浙江大学科技园、恒生科技园、利尔达物联网科技园等
科创企业	思科、英特尔、惠普、苹果、IBM、雅虎、甲骨文公司、Adobe 公司等 7000 多家高科技公司	微软、英特尔、国际商用机器、思科、康柏、太阳微系统、富士通、摩托罗拉、诺基亚、爱立信、西门子等	华为、中兴、康佳、方大、创维、腾讯、大族激光、迈瑞、平安保险等	阿里巴巴、淘宝网、海康威视、浙大网新、贝达安进、华策影视、同花顺、炬华科技、西子富沃德、中移动、中电信等

续表

	硅谷	多媒体超级走廊	大沙河创新走廊	城西科创大走廊
核心产业	计算机和通信硬件制造、半导体及其设备制造、电子元器件制造、软件、生物医药以及相关服务业等	信息通信产业，包括芯片设计、ICT产品制造、企业业务外包、数码电影等	高新技术产业、知识服务业、文化创意产业	信息技术产业为引领，重点集聚未来网络、云计算、大数据、电子商务、物联网等
科创服务	一体化的完善的创新服务	专门的管理机构和行业协会	较为发达的知识服务	相对完善的科技服务体系
创新环境及管理体制	自由、开放、冒险、共享的创新环境和管理体制，完善的法律、法规体系，政府扶持政策	完善的基础设施、法律法规和强有力的政策支持	高度的创新精神和良好的创新环境	较为完善的创新生态体系和有力的政策支持

1) 科创资源比较

科技创新离不开知识、技术、人才、资金等投入要素以及有助于企业孵化的创新平台，不管是硅谷、多媒体超级走廊还是大沙河创新走廊、城西科创走廊，它们发展的基础和依托都是大量高端创新资源的集聚。硅谷是在斯坦福大学及斯坦福大学科技园的引领以及市场的自发作用下集聚了全球最优质的科创资源。多媒体超级走廊在马来西亚政府的全方位支持和规划下，创立了多媒体大学、智慧学校，颁布了各种支持政策，大力引进并培育高端人才、技术及创新企业，并投入400亿美元资金用于多媒体超级走廊的建设。大沙河创新走廊和城西科创大走廊也是依托当地众多知名院校及科研院所，在政府的大力支持下集聚了当地及周边的优质科创资源。

2) 科创产业和管理服务体系比较

从表2中可以看出，四个创新走廊都形成了以众多知名企业为龙头的，特色鲜明、优势突出的产业网络和管理服务体系。硅谷自不必说，拥有全球最优秀的企业、最具竞争力的高科技产业、最卓越的创新服务体系及最具吸引力的创新环境。马来西亚大力引进微软、英特尔、国际商用机器等世界顶尖 IT 企业，建立了专门的管理机构和行业协会，并通过强有力的基础设施投资和政策支持打造了一个多媒体超级走廊，使得信息通信产业成为马来西亚经济新的增长点。杭州城西科创大走廊尽管刚开始建设，但科创产业基础较好，拥有国内一流的科创企业阿里巴巴、淘宝网以及一流的生态环境——西溪湿地，在电子商务、物联网、大数据、云计算等领域也位于全国前列，同时，科技服务和创新生态体系也在不断地建设和完善当中。相比于其他三个地区，大沙河创新走廊在科创产业和管理服务体系方面相对较弱，但也拥有华为、中兴等国内知名企业，形成了具备一定竞争力的高技术产业、知识服务业及文化创意产业网络，并大力鼓励创新精神，不断完善创新环境。

（三）启示借鉴

通过对硅谷、多媒体超级走廊、大沙河创新走廊、城西科创大走廊四个国内外典型的科创走廊以及筑波科学城、剑桥科学公园、新竹科学园等世界一流的科技园区的研究可以发现，科创产业的发展与科创园区的成功都离不开高度集聚的科创资源、创新和孵化能力强大的创新生态系统以及完善的创新环境与管理体制。

1. 集聚高端的科技创新资源

科创资源是科技创新的基础和前提，国内外成功的科创园区无一例外都是以当地优势高技术产业为主导，国际一流高技术企业为龙头，通过产学研一体化的互动交流，推动高端创新要素的高水平集聚，从而打造一流科创平台和产业体系。

1) 高端的科创人才

硅谷拥有四十多名诺贝尔奖获得者、几千名院士和几万名工程师，是世界公认的一流人才集聚地。信息通信技术人才的匮乏是制约多媒体超级走廊的重要瓶颈，为此，马来西亚政府拨出 5 亿令吉(约合 1.3 亿美元)推行"科学技术人力资源"计划，致力于吸引和培育高水平人才。深圳南山区聚集了深圳 60%以上的创新资源，拥有 24 名院士、3000 多名博士和 5 万多名各类高科技人才。杭州城西科创大走廊集聚了 7000 多名高层次人才，包括 60 余名院士、500 多名国家"千人"及省"千人"人才，同时它还通过人才观和人才政策的持续改善不断汇聚高端人才。

2）一流的高校及科研院所

从表 2 可以看出，硅谷拥有斯坦福大学、州立旧金山大学等国际一流大学，还有 3000 多家研究机构。多媒体超级走廊没有国际知名大学和科研院所，这也是造成其人才匮乏的重要因素，因此，马来西亚政府除了设立多媒体大学、智慧学校之外，也在大力吸引国内外知名科研院所入驻。大沙河创新走廊和城西科创大走廊则拥有深圳大学、南方科技大学、清华—伯克利深圳学院、北京大学深圳研究生院以及浙江大学、浙江工业大学、香港大学浙江科技研究院、北大工学院研究所、中科院长春应化所等众多国内著名的大学及科研院所。

3）强大的科创企业和科创产业

一方面，人才、知识、技术、资金等是提升企业和产业竞争力的主要投入要素，另一方面，具有强大影响力的品牌、企业和产业也会吸引和培育更多的人才，从而带来更多的知识和技术创新成果，为企业赢得更多的创新资金。硅谷的苹果、英特尔、惠普、谷歌等企业以及软件、互联网、智能手机等产业源源不断地吸引着世界各地的优质创新资源，并不断孕育着全球领先的创新资源和创新成果。

2．打造完善的创新生态系统

一流的科创园区不但能集聚一流的科创资源，还能通过产业链、创新链、价值链的构建和完善推动各创新主体间的协同、共生、竞合与动态演化，从而提升资源配置效率，激发创新活力。这就需要以特色产业园区为载体，以资源整合和共生式创新及发展为目标，打造完善的创新生态系统，帮助和促进企业、学校、科研机构、政府、金融机构及其他创新个体和组织实现与人才、知识、技术、资金、研发、需求、服务等创新要素的完美对接，推动区域创新能力、创新水平和创新绩效的提升。

硅谷是创新创业者的天堂，拥有最完善的创新生态系统、最活跃的创新活动、最高效的创新服务体系以及全球领先的创新成果。城西科创大走廊以打造"中国版硅谷"为战略定位，力图凝聚和整合人才、技术、资金、信息等高端要素，构建完整的创新创业生态体系，推进孵化器功能升级和服务延伸，打造全国乃至全球知名的创新创业高地。

3．不断优化创新环境及管理体制

创新生态系统包括创新主体、创新环境、创新主体与环境间的互动和要素流动，这里的环境不仅指经济环境，还包括政治环境、社会环境、文化环境、自然生态环境以及高效的政策管理体制。

硅谷的成功除了人才和技术优势外，更得益于敢于冒险、勇于创新、乐于合作、宽容失败、自由平等的创新文化，得益于国防军费的初始动力，得益于完备的知识产权保护及法律法规体系，也得益于圣克拉拉谷优美的自然环境。多媒体超级走廊成功的主要因素就在于其优越的政治环境及管理体制，它将发展信息通信技术列入国家重要发展纲领，成立国家信息通信委员会，斥巨资进行基础设施建设，建立信息通信产业政策与管理的专门机构及行业协会，建立健全有关法律体系，实施鼓励马本国信息通信公司发展的优惠政策等。大沙河创新走廊规划建立了各种要素齐全、配备设施完善，集创新、文化、绿色、宜居为一体的世界一流的创意城区，坚持创新带与生态带建设相结合，启动大沙河景观工程，建造世界上最长的"大沙河文化长廊"。西溪湿地优美的自然环境是杭州科创大走廊落户在城西的重要因素之一。此外，《杭州城西科创大走廊规划》文件中明确指出要打造内外畅通的交通体系，创建品质高效的服务功能以及创新体制机制、促进招商引智、完善科创环境、强化政策扶持等保障机制。

三、建设西安"科创大走廊"创新生态系统的构想

(一) 西安"科创大走廊"的空间结构

西安的"科创大走廊"在空间结构方面，将以"一个核心区＋三个新

城＋周边辐射区"构成。一个核心区是西安高新区。三个新城是航天基地、长安区大学城和沣东新城。若干辐射区包括西咸新区的空港新城、沣西西城、碑林区的环大学科技产业带、长安区的长宁新区、鄠邑区的若干工业园和开发区、周边的若干科创特色小镇。

(二) 西安"科创大走廊"创新生态系统的整体框架

创新生态系统属于区域创新系统，是国家创新系统的重要组成部分，它是指在一定的空间范围内技术创新主体与技术创新环境,通过创新物质、能量和信息流动而相互作用、互相依存形成的系统。整个系统的运行涉及政府、高校和科研机构、企业、中介机构等多个部门，系统中包含多种影响因素和多个反馈过程。区域创新生态系统由创新主体、创新动力源和创新环境三要素构成，见图1。

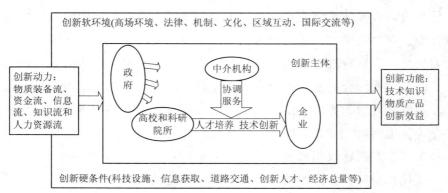

图 1　区域创新生态系统构成

1. 西安"科创大走廊"创新生态系统的主体

创新主体包括区域内的企业、高校和科研机构、中介机构和地方政府，它们是区域创新体系存在的前提和基础。

企业在创新生态系统中发挥中坚作用。西安"科创大走廊"内聚集了阿里巴巴菜鸟电商、香港嘉里、三星、美光、高通、施耐德、IBM、西门子、壳牌、通用、德州仪器、诺基亚、日本电装以及华为、中兴、陕鼓集团、西电集团、陕西有色金属、法士特集团、延长壳牌、汉江投资等知名高技术企业。它们生产产品，提供服务，创造就业岗位，直接创造着经济价值。知识的应用、技术的开发主要是由企业来实现的，企业把知识和技能转化为生产力，因此，企业是技术创新的主要执行者。企业通过提供产品和服务而获得自身的利益回报，这样，企业也应该是技术创新的主要投资者。

高校和科研机构在技术创新中承担知识库功能。西安"科创大走廊"拥有西北工业大学、西安电子科技大学等一批知名高校，还有中国航天科技集团四院、五院西安分院、六院，以及中国兵器北方通用电子集团、中科院国家授时中心、中国普天西安产业园、中科院遥感与数字地球研究所、西安测绘研究所、中煤航测遥感局等众多科研机构，它们是从事科学研究、知识创新、技术开发及知识传播的主体。在知识经济时代，企业的创新活动越来越依赖于这些高校和科研机构。因此，高校和科研机构在区域创新体系建设中的作用越来越突出。

地方政府发挥调控功能。区域技术创新是在一定的制度、组织和文化背景下所进行的技术活动，市场在激励技术创新方面具有自我组织、自我加强的作用，但是市场在激励技术创新方面也存在一定的缺陷，这就需要各级地方政府从整个区域的角度来协调体系内的技术创新活动。

中介机构拥有沟通与协调功能。技术创新是一个涉及科技与经济的复杂过程，企业在技术创新的过程中，会遇到短期内自身难以解决的问题，需要有社会化的科技与经济服务体系为其提供支持与帮助，这就需要中介组织的参与。在区域创新体系的建设中，中介服务组织已经越来越受到重视。

2. 西安"科创大走廊"创新生态系统的要素

西安"科创大走廊"创新生态系统内的要素包括物质装备流、资金流、信息流(知识流)和人力资源流，这四种"流"在区域创新体系内自由、快速地流动，从而形成促进创新体系发展的原动力。

(1) 物质装备流。知识和技术的首要表现就是物质装备或生产工具，它包括工具、仪器、仪表、机器甚至产品等物化技术。物质装备的流动不但可以促进接受者技术水平的提高，而且还可以为使用者提供技术创新的条件。

(2) 资金流。资金流是指资金在区域内各创新主体或区域内创新主体与区域外创新主体之间的资金往来。在这里，资金本身并不是最重要的，重要的是伴随着资金的转移而转移的知识、物质装备和人力资源，所以，资金在整个创新体系中起着润滑剂的作用。

(3) 信息流。信息流(知识流)包括各种专利技术、经验、创意等，它既可以是文字记载的，也可以是信息网络传播的；既可以是公开的，也可以是保密的。

(4) 人力资源流。人力资源流指掌握一定科学知识、技能、工作经验的，有创新精神的人员的流动及其附着的知识的转移。人力资源在区域之间的相互作用，不管是正式的还是非正式的，都是区域创新系统之间知识和技术运动的重要渠道，也是技术创新的动力之一。

3. 西安"科创大走廊"创新生态系统环境

西安"科创大走廊"创新生态系统创新环境是国家政策与法规、管理体制、基础设施的总称，可分为创新软环境和创新硬环境两大类。创新环境是推动创新体系良性循环的保障和核心资源，环境因素对激励企业投资进行创新具有很大的影响。

(1) 区域创新软环境。技术创新离不开国家及地方政府政策与法规、管理体制等的制度扶持。这就需要各级地方政府要从过去的单纯行政干预、项目投入支持转向创造一个适宜企业创新的软环境。一些发达国家和发达地区的经验表明，政府用干预的方式来推动企业创新，并不能有效地达到目的，而对研究开发的支持、完善技术创新环境，才是一个地区提升技术创新能力的关键。

(2) 区域创新硬环境。创新硬环境是指区域内的经济发展总量、创新人才、道路交通、信息网络、科技设施、教育设施、情报信息等基础设施状况，良好的创新基础设施是推动区域创新的核心资源。

(三) 建设西安"科创大走廊"创新创业平台

1. 支持企业建立研发机构

鼓励企业通过自建、与高校院所共建等多种方式，在半导体、3D 打印、无人机、机器人以及智能汽车等新兴产业领域建设一批企业技术中心、工程技术研究中心和重点实验室，提升企业自主创新能力。鼓励省市级研发机构向国家级研发机构升级，使其成为企业自主创新的重要支撑。

2. 建立新型产业技术研究院

联合企业、高校及科研院所共同建立新型产业技术研究院，构建"基础研究—应用研究—产业转化"三位一体的协同创新发展模式。推进政、产、学、研、用深度结合，以突破前沿产业共性技术、推进先进技术成果产业化为目标，重点开展技术人才培养、高端人才进修、共性技术研发、技术转让、产业技术路线图制定等综合性产学研活动，提高企业自主创新能力。

3. 搭建产业公共技术服务平台

综合运用政府购买服务、无偿资助、业务奖励等方式，在半导体、能源装备、新能源汽车、生命健康、创新性服务业等产业领域，搭建移动终端公共技术服务平台、新型元器件公共技术服务平台、3D 打印公共技术服务平台、医疗器械共性技术研发平台、电子商务公共服务平台、创客公共服务平台等若干产业公共技术服务平台，提供科技研发、技术支撑、产品检测等专业化的公共服务。

4. 加强众创载体建设

在科创大走廊内，依托高校院所和产业园区，加强老旧建筑厂房的改造利用，重点规划打造一批以科技人才创业、技术成果转化为特色的众创载体。鼓励和支持高等院校建设众创空间、工程训练中心、创业学院及大学科技园等载体，促进科研教师队伍和大学生创新创业。深化科研院所改革，全面推广"一院(所)一策"模式，支持院所建立成果转化和人才创业平台，围绕产业创新发展和服务，共同建设具有行业领先优势的专业化众创载体。依托军工研究院所和企业集团，加强军民合作，大力建设众创载体。鼓励龙头骨干企业、大型物流企业与高校院所、知名服务机构等合作共建众创载体。

(四) 推动西安"科创大走廊"创新生态系统内创新资源共享

西安"高新区+N"大走廊拥有丰富的区域创新资源，它在引领西安市知识创新、自主创新等方面作出了不少贡献，其拥有的重点实验室数量颇丰，且均依托于各大高校，在质与量上都得到了长足发展。但是，它的创新资源处于相对的条块分割状态，创新资源的共享度较低，因此必须通过地方政府的政策引导和制度安排，充分调动企业、高校、科研机构等创新主体的积极性和创造性，这样有利于不同领域、不同行业组织深度合作和开放创新，实现区域创新资源的共享。

1. 发挥各级管理部门的调控管理作用

高新区管委会、沣东新城管委会以及航天基地管委会等政府部门应该在区域创新网络中起主导与调控作用，它们是政策和制度的制定与创造者，是公共物品的生产与提供者，是沟通各创新主体的调控管理者，是弥补市场失灵的执行者，因此，它们能促进区域创新网络中的创新主体间的合作开放与共享。在区域创新网络中，作为调控管理主体，地方政府要深入多个层面进行考虑，对各方面的影响因素进行分析，结合现实情况制定科学合理的战略规划，确保区域创新战略能够顺利实施。加强与高校、企业、科研机构之间的合作，对现有资源进行优化与整合，在现有基础上进行创新，制定与之相关的管理机制，明确各项政策的主要内容与实施原则。构建区域创新网络，在此期间政府部门要发挥主导作用，对网络建设与战略实施等工作进行监督，保证各项工作能够顺利开展。具体表现为协调共享主体之间的关系，解决共享主体之间的矛盾，在市场失灵的时候发挥宏观调控作用。

2. 调动企业、高校、科研机构等共享受益主体的积极性

在区域创新网络中，企业要加强与高校、政府部门之间的合作，共享创新资源，对市场变化进行分析，对采集的数据信息进行处理。构建区域创新网络，关注网络建设与发展，企业的规模、数量、核心竞争力与区域创新网络的整体水平、完善程度有一定关联。

高校和科研机构作为区域创新网络中最重要的主体之一，对区域经济的发展有着举足轻重的作用。高校和科研机构高层次人才密集，研发队伍庞大，信息资料丰富，拥有众多的实验室，在维系共享主体创新资源、共享关系上具备诸多优势和条件。面对社会需求的宽泛性和细致性，高校和

科研机构有条件立足自己的科技、人才优势来提供相关服务，依托本身的优势资源提供知识与理念传播、人才资源开发、技术转移、企业鲜化、提供科技管理和制定经济发展政策咨询等综合服务。它们以追求社会效益最大化为发展目标，致力于知识的创造、传播以及人才的培养，对现有资源进行优化与整合，重视人力资源的开发与管理，因此，政府部门要加强与高校、企业之间的合作，积极培育专业人才与复合型人才，提高区域创新能力，保证创新活动能够顺利展开。总而言之，高校和科研机构重视自由研究和自由创造，强调基础研究，创新通常由新思想、概念、现象和理论的发现所推动，它们的行为方式是强调合作以及知识、资源的共享，崇尚学术参与的自由，渴望彼此交流最新的思想和进展，可以看出它们在资源共享体系中与政府的目标有一致之处，对于共享有着合作的意愿。

3. 完善中介机构共享服务功能

中介机构主要涉及区域内的商会、协会、会计师事务所、创业服务中心、保险服务机构以及金融机构等。实质上，中介机构是衔接区域创新网络中各主体的重要纽带，是科技与经济联系的桥梁。作为共享服务主体的中介机构最为显著的特点是公共服务性、灵活性，它注重区域创新网络建设与实际应用，主要涉及协调重组、咨询服务、沟通联结等功能，一方面，对于企业的市场行为能够进行有效地规范，另一方面，能够积极配合地方政府促进现有资源的优化与整合，使整个区域的创新活力得到增强。中介机构是政府与企业、企业与高校及科研机构等组织的关键环节，本身不直接参与创新活动，但直接参与创新主体间关系的形成，中介服务机构的完善程度直接影响区域内各主体在信息市场获取有效信息的能力，进而也直接影响着区域创新的速度、规模与效益。比如，中介机构与地方政府在区域创新网络中作用的大小要依据区域的情况有所不同，在市场经济发达的地区，中介机构在区域创新中的作用比在市场经济欠发达地区的作用更大。陕西属于西部经济欠发达地区，从发展趋势来看，虽然中介机构在区域创新网络创新资源共享活动中的作用日益明显，但是还有许多上升空间。中介服务以加快信息资源的流通和整合区域创新资源为手段，来实现增强区域创新能力、加速创新成果转化、提高生产力水平和创新资源优化配置的目标，同时，它也为创新资源共享活动提供各种需要。

4．建设创新资源共享沟通机制

在区域创新网络中，主体之间要经常进行交流，一方面，可以发现彼此所拥有的创新资源，另一方面，能够与其他共享主体分享它们的创新资源。具体而言，就是要借助协商、沟通等行为手段，增进共享主体间的相互理解和信任，形成共同遵守的道德规范，从而自觉规范各自的行为。主体之间彼此信任是创新资源共建共享顺利完成的润滑剂，但是主体之间的信任不是自然产生的，而是通过各主体间的投入与培养发展起来的。沟通是培养信任的一个重要手段。在共享过程中，无论是遇到各共享主体之间价值观、文化的差异，还是共享中遇到的技术问题，或是对任务、目标理解的不一致，都要及时地进行沟通，彼此了解对方的想法，从而可以及时地发现问题，纠正偏差，解决问题。

在区域创新网络环境中构建创新资源共享机制最好的方式就是网络式沟通。网络式沟通最适合于各共享主体在共享活动中的沟通，充分体现了在地方政府的作用下区域主体间的互动、开放与共享。一方面，区域创新网络就是一种合作共享的关系网，共享主体之间的关系构成了一个关系复杂的网络。除了地方政府要肩负起其他主体不愿意做的事情外，地方政府、企业、高校、科研机构以及中介机构只有处于平等地位，彼此之间充分进行沟通，才能获悉彼此之间的共享意愿与共享需求；另一方面，创新资源作为区域创新能力建设的关键要素，是促进区域经济发展的最大推动力，要想整合区域内各主体所拥有的创新要素，并且达到共享共赢的效果，必须使各主体之间进行充分的沟通，因此网络沟通是最合适的。

5．建设创新资源共享信任机制

信任是区域创新网络正常运作的基础和首要条件，是区域创新网络各行为主体间交往的润滑剂，它还可以缩短网络中行为主体的时空距离，排除不确定性，使行为主体之间建立长期友好的合作关系。制定和施行信任制度，需要区域内的组织单位共享创新资源，构建完善成熟的区域创新资源共享系统，共享主体之间互相信赖、相互配合，理解对方的行为规范和主体背景等，相互协作、相互作用，采取多种方式维持信任关系。共享创新资源的主体要时常进行交流，提高信任度和自觉性，谨防机会主义或投机行为，要提高各类资源的共享效率。所以，制定互相信任机制是当下最重要的工作之一。

　　建立信任的途径有很多，包括：第一，信任产生的前提是制度，基于制度安排成员之间互相信任，区域内的组织成员共享创新资源；第二，信任产生的前提是过程，组织成员曾经有过合作经验，有利于双方建立长期友好的合作关系，共享关系与信任度有很大关联，双方合作的时间越长，信任度也随之提升；若双方从未合作过，此时必须对共享主体的声誉给予重视，如果主体很重视声誉，则意味着主体行为符合规范；第三，信任产生的前提是社会文化，主体通常会选择制度背景或者文化相同的合作伙伴，如此便能尽快适应现代社会发展的需要，减少学习成本与学习时间，但企业背景与文化不同并非意味着不能够进行合作，背景与文化不同的企业对自身有更全面的了解，清楚对方企业的优势与缺陷，取长补短，把握主要问题与之达成共识，互相了解、互相学习，使双方互相信任。

6．建设创新资源共享激励机制

　　为了推动区域创新资源共享工作的顺利开展，鼓励共享主体积极有效地实施资源共享，在共享机制中还应该制定共享的激励机制，以吸引更多的共享行为主体提供更多的创新资源参与共享，提高共享工作的整体水平。

　　首先，要赋予区域创新资源持有者向使用者收取合理共享费用的权利。利益驱动作为激励机制的核心，在经济利益上给予创新资源持有者恰当的驱动，对于调动共享主体的主观能动性与积极性有很大的促进作用，但前提是要合理地规定收费标准。另外，可以设立一些专用基金，专门为共享的创新资源使用，共享平台成员可从共享基金中领取与本主体投入资源相对应的经费额度予以使用，超额部分按缴费方式使用。合理的收费权利是把创新资源的独占性转变为公共性、把私有性转变为公益性的一种补偿。这也是顺利推动区域创新资源共享，减少持有者的制度改革阻力的有效手段。

　　其次，要鼓励多元共享行为主体对创新资源的获取与使用等方面进行研究，以便给使用者提供良好便捷的结算服务、技术服务等。对于区域创新网络中行为主体利用共享创新资源获得显著成就的，或在国内国际高水平期刊上发表具有影响力的论文的，均可向地方政府相关部门申报并给予相关优惠或者奖励。为了实现全面共享创新资源，要对信息资源的提供方与使用方进行双向激励。

最后，建立资源供给的激励制度。在共享系统中，资源消费主体策略是在一定的时限内希望以最低的消费来解决自己的问题，提供主体策略是希望能够从它自己的提供资源中获得最大的收益。资源拥有者为了吸引消费，通过提供具有竞争力的服务而尽力最大化资源的利用率。需求方面对大量的可用资源，可以选择最适合自己需求的资源。这样一来，愿意提供资源的总是可以享用更多的资源，而不愿意共享资源的在共享网络中的可用资源就少，在申请资源时优先享用的级别也低。这种激励机制有效地促进了资源的供应与需求的满足，为资源的拓展和共享网络的发展打下了基础，也提高了区域创新资源共享的效率。

（五）实施西安"科创大走廊"协同创新机制，打造创新价值链

创建新型"政府—高校—产业"合作机制，围绕智能制造、新材料、生物医药等重点领域，依托产业技术创新联盟，建立政府、高校和企业创新合作平台，促进高校科技成果本地转化。引导企业联合高校院所，加强科研成果中试基地的建设，开展共性技术、关键技术联合攻关，打通研发、中试与产业化通道，完善协同创新生态系统，加快交大创新港等重大创新基地的建设，形成产学研协同创新示范。

1. 鼓励西安"科创大走廊"创新系统内创新者的流动

创新者，主要指专业性人力资本，如研发人员、企业家等，其组织间、空间流动是推动区域协同创新形成的重要微观力量。创新的空间扩散很大程度上取决于创新者空间流动模式，由创新者决定与谁分享及创新成果卖与何人，而企业开放式价值网频繁的创新者流动是重要渠道。

建立完善创新者流动的机制，要抛弃从"人才分布平衡"出发，以行政命令方式提出"由大到小、由多到少、由贫到富、由集中到分散"的计划流动的观念，要在国家政策宏观调节下，按照市场规律，以利益驱动为前提，通过建立完善的人才流动的竞争机制、激励机制、柔性流动机制等

方式,按社会主义市场经济资源配置效益理论来引导人才资源的合理流动,逐步解决大城市人才积压、浪费和中小城市缺乏的矛盾,引导人才向西部地区流动,以实现东、中西部地区人才的合理分布。

一是建立人才流动竞争机制。竞争是形成人才合理流动的有效手段。在社会主义市场经济条件下,用人制度要坚持机会均等、竞争择优的原则,树立竞争的用人观,激励人才公平竞争,让人才在竞争中促进流动,在流动中加强竞争。在激烈的人才竞争和合理的人才流动中更多、更好地识别人才、发现人才、启用人才。

二是要建立人才流动激励机制。中央提出要求,"加快建立有利于留住人才和人尽其才的收入分配机制,从制度上保证各类人才得到与他们的劳动和贡献相适应的报酬。"要针对不同人才在不同环境、不同时期的各类需求层次,在各地区、各部门建立起吸引人才流入、发挥人才作用的各项激励机制。一方面要利用利益驱动的原则,加大吸引人才、筑巢引凤的资金投入,大力推行技术入股、专利入股、持股经营等新的分配手段,吸引人才向急需的领域、急需的地区流动。另一方面要利用事业激励机制,为人才提供良好的创业环境、优良的工作条件、和谐的工作氛围,采取不拘一格的用人方式和灵活多样的用人制度,为人才在流动中充分实现自我价值创造良好的条件。

三是建立人才柔性流动机制。打破传统的户籍、档案、身份乃至国籍等人事制度中的瓶颈约束,在不改变人才与其原单位的隶属关系的前提下,将人才以"长租短借"等灵活方式共享使用。也可以采取引智合作、兼职招聘、智力咨询、交换使用、人才租赁、人才派遣等多种行之有效的方式,实现人才的柔性流动。

四是建立开放的用人机制。要打破原有体制的束缚、原有制度的弊端,树立多层次、全方位、多角度的用人观。破除人才"近亲繁殖"、"矮个子中选高个子"、"十八罗汉轮流坐庄"等弊端,冲破地域、所有制、身份等束缚,建立公开、平等、竞争的用人制度,促进人才合理流动,既让外地人才进得来、留得住、用得活,也允许本地人才出得去、回得来。

2．建设西安"科创大走廊"创新成果的市场交易

创新成果的市场交易可以根据获益方式的不同分为技术参股、成果出售(实现产权的转移)等不同形式。其共同特征是：创新成果的所有者不发生空间转移，这就意味着创新主体不存在区际流动。创新成果的区际市场交易通过市场机制配置创新成果，创新成果的需求方与供给方通过市场完成交易。当然，作为创新成果的所有者可以进行获益方式的选择，成果出售(如专利的出售)受到空间因素的制约相对较小；而以技术参股等形式的收益方式，相对具有地方化特征。以直接引进技术成果为例，由于核心技术是从区外引进的，核心机器设备的使用需要相应的技术人员进行指导，而核心的软件技术也由于出让方的控制而无法实现较大范围的扩散，都使得这种创新成果引进方式的经济增长效应受限，从长远发展来看，这往往不具有可持续性。以技术参股为代表的交易方式使创新主体成为企业经营的长期利益相关者，其必将关注于企业的长期发展，因此在空间选择上往往带有一定的倾向性，有利于直接的技术指导，并将生产中的信息反馈融入进一步的创新活动中，所以空间的邻近性存在多种益处。

3．推动知识流动，促进西安"科创大走廊"区域集体学习

知识流动与协同创新决策之间有显著相关性。密集的知识交换与学习过程是协同创新过程的基本特征，倾向于联系互补性资源、建立协同是推动协同创新过程深入展开的基础机制。由于合作创新有利于知识集聚，这就有可能转化为新的技术与制度创新，协同创新决策开放了企业技术选择的边界。换句话说，参与协同创新的企业相对于其他企业获得了更密集的知识流动。企业若将进入知识溢出的获取能力作为创新过程更为重要的投入品，他们将更有可能积极地参与协同创新，那些能更有效享受创新过程成果的企业也就更有可能参与协同创新。协同创新通过触发集体学习过程促进创新绩效。

知识流动可以在企业内部网络发生，也可以从企业环境中获取，包括企业参与的创新系统。外部知识流入从渠道上说分为两类：一是通过市场交易形式进行，属于私人产品范畴，如显性知识的扩散，可以通过"购买"与"合作"两种形式实现，"购买"与"合作"作为两种外部知识获取战

略对企业创新绩效都会产生积极影响；二是知识消费过程的外部性特征形成的溢出现象具有一定的公共品性质，如隐性知识的传递。另外，当员工在企业间流动时，往往伴随着知识扩散过程。由于隐性知识对相互交流过程中产生的学习效应具有关键作用，因而在全球化过程中强化了地方化效应，隐性知识被认为是区域创新行为的重要决定因素。针对生产和创新系统的地域性结构的研究发现，前沿技术知识中的隐性知识部分以空间集聚化来满足知识共享的需要并引发创新，这为在经济全球化过程中，国界弱化、信息技术日新月异的背景下，创新活动空间集聚的产生提供了解释。

隐性知识的空间性是创新空间集聚的决定因素，这主要是因为：一是隐性知识难以清晰表达并产生于实践中，难以实现远距离有效传播；二是隐性知识具有特定的社会属性不易传播。组织间只有在共享同一社会文化背景时才能有效交换知识，因此具有较强的地域性；三是创新过程越来越强调社会组织学习过程，强调合作创新和知识在主体间如企业、研究机构等的流动，创新过程的关键在于如何将分散的隐性知识传递到更大的组织系统中，以充分开发和利用。

4．构建企业内价值链网络

创新对于企业来说往往意味着新生产联系的建立，意味着内部与外部联系的新模式。现代经济发展，市场分工日益细化，使企业形成联系紧密、日益庞大的价值链网络，这为企业获取多样化外部知识创造了组织载体。在企业运行过程中，通过价值链形成纵向联系(与供应商、消费者之间)、横向联系(与竞争者、研究组织之间)，不同的协同创新方式对创新绩效的作用程度不同。企业与研究组织(大学、公共研究机构等)之间的创新合作成为创新政策的重要着力点之一，无论是国家层面还是区域层面，都致力于塑造一种"开放式创新"环境，从知识存量管理向知识流量管理政策转变。企业与研究组织的合作，一方面为企业提供互补性知识及其他隐形资产(如人力资本)，这些资源是企业创新过程所必需的，有时候难以通过市场交易获得满足；另一方面，与研究组织建立合作伙伴关系，可以分担研发风险与成本，并从规模经济中获益。产研合作对于区域来说十分重要，伴随企业间网络(尤其是研发伙伴)与其他组织联系、企业与研究组织相互作用产生特定区位的创新模式，形成学习型区域，激发新型科学与技术创新模式。由此，企业与研究组织合作有助于重新界定区域知识基础，促进区域创新系统演化，激发创新潜力形成差异化专业分工模式。如华为将其研发设施布局在世界多个地区，大都位于已形成的创新集聚中心，就近获得人力资本与创新人才，充分利用了当地已形成的与大学、研究机构紧密联系的创新生态系统。企业纵向联系对于帮助企业界定创新具有重要意义，尤其是与主要客户的协同，可以大大降低创新产品或服务在市场引进过程中可能面临的相关市场风险。与客户协同的优势体现在：提供补充性的市场知识；有助于实现产品性能与价格之间的良性平衡；强化对需求方行为的理解(对于创新十分重要)；提高创新成果被其他企业接受的可能性；等等。因此，企业研发部门要尽可能接近其产品或服务需求方所在的区位。

5. 不断探索多种协同创新模式

一是成套技术示范与转移服务。服务对象：各类企业、地方政府。针对经济社会发展中的共性或关键技术需求，研究所在多年积累形成的研究成果基础上，突破"自有—自产—自销"的思想束缚，联合各类资源广泛合作，开展多种形式的集成创新，研发并形成包括装备设计、工艺控制、产品性能检测标准等在内的成套技术，经合作企业示范完善后，以可复制的形式向相关行业转移或推广。支持方式：对于研究所已经在创新价值链上完成的"获得知识"并"确定可行性"阶段的研究成果，支持其与企业合作完成价值链的"试验实用性"阶段，由企业"证实收益率"之后，实现科技成果的资本化、产业化。成果的价值主要在技术交易中体现，"科技创新走廊"内科研单位划拨经费主要用于引导企业资金投入，并与各级政府财政资金一道共同降低企业投资新技术的风险。

二是专项研发与联合攻关服务。服务对象：大中型企业、企业集团。针对企业提出的具体明确的技术需求，研究所在"获得知识"已有相当积累的基础上，接受企业出资委托，完成特定技术开发直至"确定可行性"，必要时与企业共同进行"试验实用性"阶段的工作。双方合作过程中产生的无形资产，应事先约定知识产权归属，一般为双方共享。支持方式：对于在行业中具有领先地位的大型企业或企业集团，"科技创新走廊"管理机构将积极促成与之签订全面战略合作协议，支持其与走廊内相关单位结成战略伙伴关系。联合攻关所需经费以企业投入为主，可调动地方政府积极性，与企业共同设立项目基金，面向"科技创新走廊"招标委托项目承担单位。"科技创新走廊"经费主要用于支持"科技创新走廊"相关单位完善必要技术条件，或为联合申请企业集团等上级部门及国家部委的立项做好必要的前期准备。

三是委托研究与专项咨询服务。服务对象：国家及有关部委、地方政府、大型企业集团。针对国家和区域的重大社会发展战略、大型企业集团的行业发展规划，相关研究所接受委托开展专项研究，并向委托单位提供系统、科学的咨询评估报告。研究成果应被委托方充分肯定，并在政府或企业的管理决策、政策制定等方面发挥关键作用。支持方式：对于副省级以上行政单元或行业主管部门提出的重要咨询项目，"科技创新走廊"划拨经费可用于支持走廊内相关单位开展前期预研工作，但应以争取委托单位提供的项目咨询经费为主。对于完成咨询项目过程中发现的某些有意义的专题研究内容，也可申请"科技创新走廊"划拨经费予以支持。凡"科技创新走廊"划拨经费支持的咨询项目，应对研究结果的所有权、使用权(发表权)归属做好事先约定。

四是公共检测与平台试验服务。服务对象：中小型企业及相关研发机构、大学、社会组织等。针对生物医药、食品安全、环境监测检测等领域研发工作所需要的专业化服务，利用研究所已有的仪器、设备、软件、资料或人力资源，在满足自身研发工作的同时向社会开放，通过优质的有偿服务，获得合理的市场化收益。支持方式：对于研究所已经独立组建或联合政府及社会资源组建的各类平台，支持其面向相关行业、相关区域开展市场化的专业服务。"科技创新走廊"划拨经费主要根据平台的服务业绩考核结果，引导政府和社会的资金共同加强或完善平台服务条件建设；鼓励研究所在条件成熟时进一步体制创新，探索创办多元投资主体的股份制服务型企业。

五是知识产权运营与管理服务。服务对象：院属研究所、院外研究机构、大学、企业等。当前"科技创新走廊"知识产权活动总体上仍处于普及概念、传播知识、培训人员、追求申请数量的历史时期，明确研究所是其所持有的知识产权管理和运营的主体，知识产权的价值只能在市场交易中实现，研究所对知识产权工作必将提出新的服务需求。支持方式：通过一定组织形式，由"科技创新走廊"管理机构出资委托相关机构继续提供"菜单式"专业化服务，重点做好知识产权信息分析、知识产权运营策划、知识产权法律咨询以及系统化的知识产权管理培训等方面的工作。"科技创新走廊"内相关单位有偿使用上述服务的情况将被作为考核划拨经费资助效果的主要依据，并对服务提供者的服务质量进行评估后作动态调整。

(六) 建设完善西安"科创大走廊"企业孵化器体系

企业孵化器将为新创办的科技型中小企业提供物理空间和基础设施，还将提供一系列的服务支持，进而降低创业者的创业风险和创业成本，提高创业成功率，促进科技成果转化，培养成功的企业和企业家。西安"科创大走廊"已具有一定的企业孵化器体系基础，如高新区已经形成了"苗圃—孵化—加速"完整的创业孵化体系，拥有科技企业孵化器 25 家，其中国家级 13 家，孵化器面积超过 300 万平方米。创业园已获得我国首家"亚洲孵化器奖"及 20 多项国家级荣誉。预孵化基地"创途在 XIAN"已成为陕西省"大众创业、万众创新"的新代表，成为西部众创空间创业服务平台的一面旗帜。西安光学精密机械研究所中科创星科技孵化器有限公司，与西安自创区共同发起成立的西科天使基金，已培育出炬光科技、立芯科技、奇芯光电等 80 多家高技术企业。

在此基础上，要不断探索新型孵化器的培育，以大学城、碑林环大学创新产业带和自创区为主体，包括孵化器、众创空间、创新服务中心，集聚科技研发、科技咨询、技术交易、融资服务、投资管理等科技创新全过程服务，建设规模化发展的孵化器服务区块。

1. 重视企业主导型孵化器

企业主导型孵化器是指企业基于现有的先进技术资源，通过技术扶持，衬以企业庞大的产业资源为创业者提供高效便捷的创新创业服务。该模式孵化器的主导者通常为大型科技企业，它拥有雄厚的资金实力，前期并不追求初创企业为孵化器带来盈利，而是着眼于鼓励创业企业在其现有先进技术平台上实现突破，实现创新。其目标是创业者在未来能为孵化器主导者带来新模式，为上游企业带来新技术。主导企业在孵化器中亦可寻觅有助于打造未来新型业务模式的潜力股，这些潜力股可优先获得创新资源，并为主导企业实现突破。现阶段例如中国移动、电信、联通、百度、腾讯等科技型企业都已着手建立旗下孵化器，从而吸引了大批的创业者加入。

2．培育"天使+孵化"型孵化器

"天使+孵化"模式孵化器主要是效仿美国等发达国家孵化器的成功模式。该类孵化器通常由民间资本或教育类机构，例如各大创投机构或高校主导，为创业者引进成功创业者，大型企业高管或创业投资人等具有丰富行业或创业经验人士作为导师，传授创业者运营管理、产品设计、发展策略等经验，意在预估创业障碍，降低创业风险，提升投资成功率，为创业者和投资人实现双赢。该类孵化器对项目的筛选倾向于具有创新科技或创新服务模式的企业，入孵后对看好的企业会进行天使投资，并在毕业后的后续融资中退出实现股权溢价。该模式下较典型的孵化器包括创新工场、启迪之星孵化器、洪泰创新空间、联想之星等。

3．引入开放空间型孵化器

开放空间型孵化器又称为办公空间类孵化器，是在孵化器 1.0 的基础上进行了全面的包装和完善，更注重服务质量和品牌效应，致力于打造创业生态圈。该模式的孵化器为创业者提供基础的办公空间，并以工位计算收取低廉的租金，同时提供共享办公设备及空间。孵化器会定期邀请创业导师来举办沙龙或讲座为创业者答疑解惑，指点迷津。在资金支持方面，该类孵化器虽不提供创业投资基金，但与各个创投机构保持着非常密切的联系，有的甚至邀请创投机构长期驻场，以便节省创业者的时间提高融资效率。当下为了打造独具特色的孵化器品牌，该类孵化器正积极营造创业生态圈，为创业者提供除了一个积极交流的氛围，例如在某一创业项目落地时，共同办公的创业者们互相成为了第一批用户，给予帮助和意见，实现快速试错。为了避免同行恶性竞争，该类孵化器也会有意避免将类似的创业项目安排在同一办公空间下。当前如车库咖啡、3W 咖啡、科技寺、Soho3Q 等都已成功孵化了大批的创业项目。

4. 鼓励媒体依托型孵化器

媒体类创新型孵化器是指依托自身庞大的媒介平台，以为创业者提供多维度宣传为亮点，同时凭借对创业环境以及科技型企业的长期跟踪报道而积累的经验对创业者提供扶持帮助的孵化器。现阶段较成功的包括如创业邦旗下孵化器 BangCamp 和 36 氪旗下孵化器氪空间等。他们通过成熟的媒体平台为创业项目在极短的时间内造势，吸引眼球扩大用户群。同时对接各路投资人，通过形成线上至线下的一种约谈及投资的模式。

5. 探索新型地产型孵化器

新型地产类孵化器诞生的时间不长，模式较单一，靠出租办公位，并且提供共享办公设备、网络以及出租办公空间为盈利模式。主导机构一般都为大型地产商。然而在创业产业链条当中，房产服务处于最底层、最基础的位置。从地产商的角度出发，当下产业地产过剩严重已然是业内人士的一大压力，另外有数据统计显示北京全市商业地产整体空置率快速上升，2014 年同比增加 10.6%，与 2013 年同比增加 3.1% 形成明显对比。因此，房地产开发企业受地产严重供过于求的拖累，不得不转型探索新模式，在国家大力鼓励创新创业的政策下，地产商背景孵化器的专业性仍处于摸索阶段。

6. 普及众创空间微型企业孵化器

众创空间是顺应创新 2.0 时代用户创新、开放创新、协同创新、大众创新趋势，把握全球创客浪潮兴起的机遇，根据互联网及其应用深入发展、知识社会创新 2.0 环境下的创新创业特点和需求，通过市场化机制、专业化服务和资本化途径构建的低成本、便利化、全要素、开放式的新型创业公共服务平台的统称。发展众创空间，推进大众创新创业，是落实创新驱动发展战略的重要内容，是立足西安"科创大走廊"长远发展的一项重要基础性工作，这对于充分调动年轻人特别是大学生创新创业热情，推动科技创新和经济转型升级，具有重要意义。

(七) 强化西安"科创大走廊"创新成果转移转化

促进科技成果转移转化是实施创新驱动发展战略的重要任务，是西安

"科创大走廊"建设中的关键环节。

1．构建财政科技计划成果信息发布与转化应用体系

建立科技成果信息共享平台。制定科技成果信息采集、加工与服务规范，开展科技成果信息汇交与发布，推动各类科技计划、科技奖励成果数据资源互联互通，推动面向社会的开放共享与利用。依托专业机构对成果信息进行加工整理，形成集成化科技成果包，并对外发布。组织开展科技成果发布、展示与路演。采用发布会、网上展示、成果推介路演等线上线下相结合的方式，搭建宣传展示平台，加大成果精准对接与转化力度。开展重大科技成果示范推广。继续实施好"数控一代"、"制造业信息化"示范工程，推动国家科技重大专项成果转化，加强卫生与健康领域适宜技术的推广应用，加快建设绿色技术银行。

2．构建专业化技术转移机构和人才队伍体系

一方面，要借鉴国外经验做法，在有条件的高校、科研院所以及市场化机构中推动建设一批示范引领性的国家技术转移机构，在职务发明披露、技术经理人、成果评价、激励分配、投融资、国际技术转移等方面探索更有效的机制模式，更好地服务高校和科研院所的成果转化。另一方面，以"互联网＋"为核心，构建市场化、专业化、政策性、枢纽型的技术交易网络，实现技术交易机构与服务体系的互联互通，向各类知识产权、投融资、法律等服务机构开放，优化创新资源与服务供给。同时，要把专业化、复合型技术转移人才培育作为重点，依托高校和骨干企业建立一批技术转移人才培养基地，开展有针对性的课程培训，支持有条件的高校设立科技成果转化课程。

3．构建区域性科技成果转移转化工作体系

适当扩大国家科技成果转移转化示范区建设布局，引导更多基础条件好的地方开展试点示范，打造政策先行、机制创新、交易活跃的科技成果转移转化高地，探索各具特色的科技成果转化机制与模式。同时要加强示范区经验总结与政策推广。启动科技成果转移转化专项行动，加快重大科技成果在区域的转化落地，促进科创大走廊形成创新创业热潮。持续组织开展院校科技成果走基层、科技成果直通车等活动，为区域转型升级提供

新动能。

4．健全企业主导的产学研协同转化应用体系

支持有条件的企业建设国家技术创新中心、国家重点实验室等科技创新平台，支持企业与高校、科研院所联合设立新型研发机构、技术转移机构或中试熟化基地等，共同开展研究开发、成果应用与推广、标准研究与制定等活动，完善技术成果向企业转移扩散的机制。探索创新挑战赛等"研发众包"新模式，鼓励企业面向社会开展技术难题竞标，引导科技人员、高校、科研院所承接企业的项目委托和难题招标，聚众智开放式创新。支持企业牵头组建产业技术创新联盟，加强行业共性关键技术研发与推广应用，开展以技术应用为导向的协同创新与集成创新。

5．完善科技成果转化的多元化投融资体系

扩大国家科技成果转化引导基金规模，加快设立创业投资子基金；研究启动贷款风险补偿工作，引导银行业金融机构加大对科技成果转化的支持力度。稳步推进投贷联动试点，适时扩大试点范围。建立健全知识产权质押融资风险补偿分担机制，扩大知识产权质押融资规模。拓展多层次资本市场支持创新的功能，完善新三板融资制度，稳步健全股权众筹融资监管制度规则，研究探索"双创"债券试点工作。探索金融与社会资本早期参与国家重大研发计划的激励引导机制，加快国家科技计划成果转化与产业化。

(八) 培育西安"科创大走廊"创新产业集群

创新产业集群是"以创新为目标"的产业集群，能够为企业提供一种良好的创新氛围，有利于促进知识和技术的转移扩散，还可以降低企业创新的成本，对新企业的进入和企业增长都有重要的影响。

1．定位明晰，突出特色

区域内相关部门尚需深入开展全球产业演变路径跟踪与前瞻研究，围绕国际科技发展趋势和重大战略需求，利用 SWOT 及相关理论逻辑框架，并充分运用专利导航等新理念，协调发挥创新走廊内区位、产业、教育、科研等优势，加强产业技术科学规划和布局，明确产业集群发展目标和方向。如在西高新围绕电子信息、先进制造、生物医药、现代服务四大主导产业形成集群，西安航天基地继续发展以民用航天、卫星及应用、新能源新材料为主导的三大产业集群，沣东新城初步建设大科技、大健康、互联网+、现代服务业和文化旅游五大特色主导产业。

简而言之，"西安科创大走廊"创新驱动发展需要以定位引领创新链建设，强化特色产业园区建设、原始创新和集成创新，推动重点领域实现突破，以创新集群发展引导产业集聚向能级提升转变，提升开发区总增长极功能。

2．聚集要素，整合资源

推进生产要素加速集聚是实现定位战略目标的保障，人才又是各项资源的核心。坚持以高端人才引领高端产业，要大力度引进顶尖人才、领军人才、紧缺人才和高技能人才等各类创新创业人才。在强调人才数量与引进的同时，还需加强人才才能的发挥与自我培育。根据《全球人才竞争力指数报告》，人才竞争力包括获得人才而付出的努力(投入)和最终获得的可用技能(产出)两个方面，在重视人才工作的数量目标之时，对使用绩效的关注度也需进行提高。在创新创业模式进入"下半场"阶段，高科技创新相对商业模式创新的重要性快速提升，已成为创新主流。高科技创新对"相当的人才密度"和"基础科学研究"具有相对较高的依赖程度。因此，在当前高层次人才供求明显失衡的条件下，一手要抓住人才引进，另一手还要抓好人才培养。

3．优化基础设施，完善服务

优化基础设施，既包括改善研发仪器设备、专业实验室、检测测试中心等基础设施，又包括根据科技创新的要求完善相关的基础设施，使之为科技创新提供有力的支撑。优化公共服务，既要增强包括针对创新产品、创新企业成长发展的知识产权、人员培训、标准制定等创新公共服务，更要提高各项公共服务之间的协同性、针对性和有效性，使各项基础设施能够充分发挥其效能。优化基础设施和公共服务还能够创造出创新热点。

4．加强合作，优势互补

产学研合作既可以理解为企业、高校、科研机构三种创新职能互补机构之间的合作，也可以理解为生产制造、研究开发和人才培训三个职能环节之间的合作互动。由于产业分工的进一步细化和商业模式的创新，涌现出一大批研究开发型企业，使产学研合作出现了一些新的趋势和形式，如产学研一体化模式，这种模式就是为了实现某一商业模式而将产学研三者紧紧融合在一起，是一种以商业模式为纽带的合作，而不仅仅是以资本为纽带、以项目为纽带、以产品为纽带、以人才为纽带、以工程为纽带、以契约为纽带或以集群为纽带等资源集成、优势互补式的合作形式。

5. 建立联盟，实现共赢

技术创新联盟是由同一产(行)业内多个独立运作的机构，为克服自身技术创新资源和能力的约束，以优势互补、风险共担为原则，自愿结成的战略型技术创新组织。其特征可以概括为创新、自愿、互补、战略。其目标是提升产业的技术创新能力进而提高产业竞争力和可持续发展能力，因而，创新是建立联盟的出发点也是归宿点。每个联盟一般都有发起人或牵头单位，成员单位都是自愿加入联盟的，虽然会签订各种协议和章程，但没有较强的约束力。建立技术创新联盟是促进产业技术创新的一项重要措施，而且一些全国性、地区性的技术创新联盟已纷纷建立起来了。技术创新联盟能够创造创新热点，再加上政府的有力推动，这不仅可以加快一些行业技术创新联盟的建立，也可以促进技术创新联盟的有序运作并发挥作用。

6. 要素流动，资源共享

创新是各种资源交互作用的结果。人才流动，包括柔性流动和刚性流动，会促进知识的交流与互动，激发创新；研发成果的发布与推广、市场信息的发布、产业信息的分析整理等，都是信息交汇的不同形式，都可以激发创新；科学数据、科技文献和科研仪器设备等科技资源共享，也可以创造出创新热点。许多企业反映，与其他企业的交流太少，企业之间人才、信息、资源等要素流动不畅，在创新过程中存在舍近求远或墙内开花墙外香的情况，以至于创新效率不高。组织企业之间交流，能够促进创新要素流动，进而增加合作机会，就可以创造创新热点。

7. 合作交流，购并重组

企业的发展总是受到资源的约束，一些企业之所以停滞不前，甚至亏损倒闭，还可能受到组织体制和运行机制的约束。突破资源约束的有效办法就是企业之间开展合作交流，而突破体制机制约束的有效办法则是企业购并重组。企业购并重组是非常复杂的过程，成功与否取决于购并企业的整合能力。购并企业采用创新的技术与手段，可以简化重组过程，提高整合能力，进而提高购并成功率。例如，某企业一方面在高校、科研机构发现创新成果，并组织实施转化；另一方面利用先进的技术，购并国内相关企业，迅速发展壮大。因而企业间合作交流与购并重组可创造创新热点。

8．形成产业链，完善产业布局

产业经济学将产业链定义为各个产业部门之间基于一定的技术经济关联，依据特定的逻辑关系和时空布局关系形成的链条式关联关系。产业链具有结构和价值两维属性，存在着上下游关系和相互间价值交换，上游环节向下游环节供应产品(服务)，下游则向上游反馈信息，其实质就是企业之间的供求关系。完善的产业链对产业发展的作用不言而喻，在完善产业链的过程中，也会创造创新热点。

(九) 确保西安"科创大走廊"建设资金供给与投入

创新金融投入是创新的必要条件。建立科技投融资体系、多渠道增加科技投入是提高研究开发能力、加速科技成果转化、促进经济增长转变方式、增强经济竞争能力和推动社会全面进步的重要保证。在"N+1"科创大走廊内要积极构建以政府投入为引导、企业投入为主体、金融贷款为支撑、社会集资和利用外资为补充的全社会创新资金投入体系。要对科技风险投资机制的建立进行探讨，同时也要切实保证财政对科技的投入，发挥政府部门职能，多方争取资金，以促进高新技术产业发展，推动企业技术创新。

1．充分利用传统创新资金来源

一是确保财政对科技的投入。科技三项费用是地方财政用于科技投入的主要形式和地方财政科技拨款的最重要组成部分，其占财政预决算支出的比例和强度，是政府对科技进步的重视程度和地区科技与经济发展水平的综合反映。为了集中财力为各类企业发展提供支持，充分发挥财政投入的导向与激励作用，要对科技三项费用管理使用办法进行改进和规范。二是积极开展科技招商。拓展与区域外科技合作交流渠道，引进国内外资金发展高新技术产业，联合区域内企业定期或者不定期举办各类博览会、招商会吸引高科技企业、高校、科研院所交流洽谈。为了吸引国内外风险基金、创业基金、民间资金投资区域内高新技术产业、中小科技型企业，拓展社会对科技投入的新渠道、新路子，区域内有关部门应举办国际风险基金、创业基金与区域内高科技项目对接会、风险投资机构与区域内企业对口洽谈会等。三是积极争取国家、省市科技资金。为提升区域内企业科技创新能力，区域内相关科技、财政部门要密切配合，积极组织企业申报国家、省市各类科技计划项目和科技专项，争取获得上级部门资金的扶持。四是完善风险投资机制。科技风险投资对加速高新技术的产业化起着十分重要的推动作用。建立和完善科技风险投资体系是解决地方发展高新技术产业和中小企业技术创新资金困难的有效途径之一。

2．不断探索新型创新资金来源

不断完善金融财税政策，创新金融产品，扩大信贷支持，发展创业投资，优化投入方式，推动破解创新创业企业融资难题。

定期召开科创大走廊区域招商工作会议，着重对重大招引项目情况进行研究协调，推动区域各产业平台之间协同招商。探索建立项目税收分成、招商数据互算、工作人员互派、产业协作互动的工作机制，避免内部无序竞争。聘请国际国内院校专家、行业专家、企业专家、省市部门专家等作为招商顾问，注重"以智引智、以企引企"，配备足够数量精兵强将组成的专业招引机构，对外代表科创大走廊，全权履行招商引智职责。设立科创大走廊统一的产业基金，重点用于鼓励科创大走廊区域招引大好高项目，加大对科技型企业的引进、扶持和培育。借助省市部门层次高、资源广的优势，争取省市有关部门在引进大好高项目时优先落户科创大走廊。

推动西安"科创大走廊"内大型产业投资基金和小规模股权投资基金的设立，积极引入美国、欧洲市场投行机构、基金管理机构，建立与国际知名投行、私募基金长期合作机制。邀请国内外股权投资机构和创业投资机构与其开展融资对接，引导和促进股权投资机构和创业投资机构对区域内企业投资。组织筛选拟上市企业、发债后备企业，谋划、筛选符合上市或发债要求的募投项目，加快区域内企业上市、发债进度，扩大上市、发债融资规模。筛选一批符合信托资金融资条件的重点项目，加大宣传推介力度，组织有意向利用信托资金的项目单位与区域内外信托机构进行对接，推动信托业务创新，培育项目融资主体，完善项目融资条件，扩大信托融资规模。

支持众创空间和孵化器设立投资基金，联合高校院所、领军企业设立内部创业基金。强化已有的金融资产、股权、技术交易平台等创新型金融要素交易机构的服务，推进高校院所构建涵盖科技成果"发现、筛选、撮合、投入和过程管控"的技术转移服务体系。拓展科技金融服务功能，探索创业企业不同需求的个性化服务模式，为创新创业提供全链条、"保姆式"的服务。

（十）培育创新企业家和企业家精神

建立有利于企业家参与城市管理、政策制定、行业规划等参政议政的渠道与机制。培育完善职业经理人市场，建立企业培育和市场化选聘相结合的职业经理人制度。开设企业家讲堂，培育企业家精神，增强企业管理者驾驭市场和管理企业的能力。合理提高国有企业经营管理人才市场化选聘的比例，选择若干家市属中小企业开展经营班子整体市场化选聘的试点工作。

1. 厚植企业家精神培育的制度环境

制度问题带有根本性、全局性、稳定性和长期性。作为一套社会行为规范体系，制度是人们在相互、反复的协商与博弈中形成的行为框架。制度给定了人们彼此作用、相互影响的规范，并由此建构整个社会。好的制度能为参与者提供积极向上、理性稳定的预期，进而减少不必要的交易成本，提高社会活动的效率、有效促进社会联系。就企业家精神培育而言，企业家只有对所参与的经济活动有一个比较稳定可靠的未来预期，才有可能去承担风险，进行资本的生产与扩大再生产。同时，建立健全产权保护制度、严格知识产权制度等，也是推动企业家精神发育与成长的重要条件。

此外，基于经济主体的市场行为首先追求的是利益最大化，也需要有一套完备的制度保障合法利益的获得不受任何侵害。

2．厚植企业家精神培育的文化环境

文化是软实力，是企业家精神培育的坚实土壤。因此，要在全社会尊重劳动、尊重知识、尊重人才、尊重创造的基础上，适时采取措施促进文化认同，要使人们从内心世界认可、接受、推崇企业家精神。应该说中华优秀传统文化蕴涵的自强不息、厚德载物、崇德向善、无私奉献、厉行节约等精神品格，都是我们今天培育企业家精神取之不尽、用之不竭的巨大财富，中华优秀传统文化有利于培育独具中国特色的企业家精神。事实证明，将中华优秀传统文化创造性继承、创新性发展，是可以嫁接于企业家精神培育之上，并使之焕发新的活力与动能。总之，既然承认以社会主义市场经济为依托的企业家精神就是现代社会的普遍精神特征，就应该以此激励广大公民积极主动地投身于现代化实践，以创新创业践行企业家精神。

3．厚植企业家精神培育的教育环境

学习是企业家精神的有机构成，学习也应该成为培育企业家精神的重要手段。因此，要深化企业家教育培训体制机制改革，为企业家精神的培育提供源源不断的动力支撑。一方面，对于有组织的企业家学习培训，必须事前做好培训需求调研，在此基础上有针对性地设计、安排课程。要坚持渠道多元、形式多样、内容多变的方式，着重聚焦企业运行中存在的问题，帮助企业家学会分析、解决问题。另一方面，围绕现阶段企业家精神培育过程中存在的薄弱环节与需要加强改进的领域，坚持目标导向，使教育培训始终立足于现代企业家精神的形成与完善。要既借鉴国内成功企业家培训经验，又广泛汲取国外企业家精神培育的有益做法，使企业家通过综合系统的学习，持续提升其企业管理能力和创新创造潜能。

4．厚植企业家精神培育的社会环境

首先，从法律层面明确企业家的作用与地位，保护企业家应该享有的权利，认可企业家长期以来为社会所作出的贡献，为企业家开展创新创业活动提供法律支持和保障，使其创新创业活动能得到相应的物质与精神回报。其次，大力建设诚信文化，建构社会诚信制度体系，培育公众尊重合

法劳动、合法致富的市场文化和价值理念。其中至为关键的一点，就是要逐步营造社会大众包容地看待企业家的创新创造活动，更多地给予企业家鼓励与支持，形成宽容失误、允许犯错的和谐创新创造人际氛围，上下同心、同频共振、众志成城。

5. 厚植企业家精神培育的法治环境

培育企业家精神，要深入推进法治国家、法治政府、法治社会一体建设，营造统一开放、竞争有序的市场环境，这在当前显得尤其重要。发展和繁荣社会主义市场经济，本质上要求各类企业"法无禁止皆可为"，大胆进入各个领域，实现自我价值与社会价值。只有这样，才能不断激发企业家的改革热情、参与动力和创造的主观能动性。正如习总书记强调指出，激发市场活力就是把该放的权放到位，该营造的环境营造好，该制定的规则制定好，让企业家有用武之地。为此，政府应依法行政，尽快实现从管理型政府向服务型政府转身，满腔热情为企业服务，为企业家服务，为推动地方经济社会发展服务。此外，要着眼"三去一降一补"，深化税收法律制度改革，尽可能降低企业凤凰涅槃的成本负担。最后，强化创新创业服务，为大众创业、万众创新提供方便快捷的服务平台。要进一步转变政府职能，简政放权，明确相关政府机构为创新创业者提供服务的职责。

(十一) 建设完善的科技创新服务体系

以为科研及产业化提供科技成果交易、科研成果会展、科技金融服务为主，兼顾居住、教育、医疗卫生等基本生活服务，兼具国际化生活服务、生态休闲等功能，打造科创大走廊的多元活力区。

1. 挖掘和激活创新需求

建设科技创新服务体系的首要问题是科技创新需求激活，这是建设科技创新服务体系的内在动力。通过国家创新驿站、国家级技术转移中心和省市级科技服务机构等有效挖掘及激活创新需求，建立以需求导向为主的科技创新服务体系。

2. 促进科技服务体系的关键要素积聚

在科技创新服务体系中，最关键的要素是科技研发服务、科技金融服务和科技人才服务等。实施创新载体建设工程，促进区域科技创新要素积聚。通过新建一批高端创新平台和科技服务机构，优化现有创新平台和科技服务机构布局，实现创新资源积聚。另外，要助推重点企业建设国家级工程研究中心、企业技术中心、技术创新战略联盟、产业技术研究院、博士后科研工作站和院士工作站等高端创新平台，优化和新建一批省部级重点实验室和工程中心。同时，还要探索多种金融创新模式和科技人才服务体系，实现科技创新服务体系结构的优化、科技创新要素的集聚和科技创新服务能力的提升。促进区域服务机构间的协同合作。区域内科技服务机构数量比较多，一般来说，各服务机构之间的联系不多，处于相对封闭的状态。针对这种情况，需要建立服务机构协同合作机制，以加强科技创新服务联盟建设，促进服务机构之间的业务合作和集成，不断提升区域整体服务能力。

3．坚持体制创新，提升创新服务能力

基于特色产业集群的区域科技创新服务体系建设，必须坚持"以机制创新带动技术创新"的原则。在具体工作中，要找准制约科技创新服务体系发展的关键问题，率先突破，大胆探索，开展体制机制创新，着力完善促进科技服务业发展的政策体系，建立科技服务新机制、新模式和新载体。创新工作机制，促进人才、知识、信息等科技要素快速流动。重点围绕技术研发、产学研合作、市场扩展、标准建立等开展全方位的创新服务。通过构建全程化服务链条、强化专业化服务能力、提高个性化服务水平等多种方式和途径，不断提升区域内科技服务的能力。

4．扩展工程，实现科技创新服务体系全覆盖

依托特色产业实现的科技服务体系建设，为该产业科技创新提供全过程科技服务，对该产业科技的创新发展有着重要的促进作用。但是，它毕竟不能覆盖整个区域产业，所以，需要实施扩展工程，在借鉴主导产业科技服务体系建设经验的基础上，不断向其他产业扩展，逐步建成区域科技创新服务体系。

5．发展科技中介服务

集聚和引进一批科技咨询、技术评估、成果转化、商务代理、人才招

聘培训等市场化科技中介服务机构。引导中介服务机构开展模式创新，为企业创新和人才创业提供技术成果价值评估、高端创业团队评估、持股孵化、阶段参股等服务。设立科技服务发展专项资金，对购买服务的企业给予补贴，对优秀服务机构进行奖励。加大政府购买力度，引导企业、科研机构采购科技中介服务。

四、加快建设西安"科创大走廊"的几点建议

(一) 尽快组织力量编制"科创大走廊"专项建设规划

西安"科创大走廊"的建设涉及区域空间大、各个区域体制政策有差异、规划发展不协调、关联机构多、产业布局分散、权力和利益关系复杂。建议由市发改委牵头组织，工信委、科技局、相关大型企业集团和科研机构参与，邀请国家工信部、科技部相关机构、中国工程院等相关专家提供咨询，在广泛深入调查研究的基础上，尽快制定《西安市加快建设"科创大走廊"规划(2018—2021)》，按照把西安"科创大走廊"打造成为我国重要的科技创新产业基地(新城)的战略目标，明确加快建设发展的指导思想、发展目标与指标、基本任务、园区布局、产业配套、支持政策、组织领导、保障措施。

在建设规划制定中必须坚持党的十九大提出的"质量第一、效益优先，以供给侧结构性改革为主线，推动经济发展质量变革、效率变革、动力变革，提高全要素生产率，着力加快建设实体经济、科技创新、现代金融、人力资源协同发展的产业体系"的要求，着力破解目前空间封闭、权力分散、利益分割、产业同构、体制机制和政策不对接的突出问题，加强对"科创大走廊"空间内各类开发区的统筹规划，加快转型升级，促进体制机制创新，完善管理制度和政策体系，进一步增强功能优势，把各类"科创大走廊"建设成为我国西部和丝绸之路经济带新型工业化发展的引领区、高水平营商环境的示范区、大众创业万众创新的集聚区、开放型经济和体制创新的先行区，推进供给侧结构性改革，形成经济增长的新动力，尽快培

养强化"科创大走廊"成为西安经济的增长极。

(二) 整合优化"科创大走廊"的开发区布局

针对目前"科创大走廊"内涉及的开发区数量多、空间范围小、相互竞争激烈、管理效率差、产业同构明显、有的开发区增长发展缓慢等突出问题，可以按照区位临近方便，有利于产业集聚和产业链培育、降低条块协调成本、发挥管理优势带动功能和提升整体开发区开发建设、管理服务效率效益的原则，可以考虑在近期着手整合，减少当前区域内开发区的数量，建立集中统一的"科创大走廊"区域。

(三) 建立"科创大走廊"建设领导小组和管理委员会

(1) 建立"科创大走廊"建设领导小组。建议市委市政府从全市开发区发展"一盘棋"的角度考虑，成立西安市"科创大走廊"建设发展领导小组、开发区规划建设专家委员会，赋予实质性权力，强化其对开发区的领导、指导、协调和监督机制，加强对关系全局的重大问题集中管理决策，结合新一轮政府机构改革，同步划转分散在各部门的开发区管理职责。

(2) 建立"科创大走廊"管理委员会。由市主要领导召集，主要制定发展规划，协调解决开发区建设发展中遇到的困难和问题，领导"科创大走廊"涉及的开发区"统一树对外品牌、合力抓招商引资、集权调产业布局、集中争上级政策、强化协调利益关系"，解决项目竞争无序、产业布局零散、优惠政策血拼、增长速度不均的问题，形成"科创大走廊"内各个开发区错位联动、资源共享、政策协调、发展协同的良好局面。

(四) 尝试实行行政管理相对独立运作的"准政府管理"模式

建议在"科创大走廊"整体托管规划范围内的农村、街道的同时，考虑进一步对高新区、航天基地下放行政管理、执法监督、机构设立的权力，把沣东新城划归"科创大走廊"管理委员会管理，在行政资源、政策资源、要素资源等方面予以重点倾斜。建议通过地方性法规赋予其文化、教育、卫生、环境保护等方面的管理权限；国土、规划、地税、质监、城管、环保、公安、检察、法院等机构，可探索实行直接设置，确保集中、高效地行使行政职能和执法权力，尝试实行行政管理独立运作的"准政府管理"模式体制。

下放管理权限，真正实现管理重心下移。切实按照"事权统一、应放全放、能放则放、含金量大的坚决放"的原则，将管理权限全部下放到位。建议市级部门按照不同开发区管理模式制定差异化权力清单，由发改委牵头，对应该授权给开发区的权限应尽快梳理和明确，对不能下放的权力也要制定权力清单，规定其工作流程、标准和时限，让权力在阳光下运行。由市开发区领导小组和考评办公室牵头，加强对市级行政执法部门的监督，定期对其服务效果进行评价评议，并作为年度考核的重要依据。按照委托管理、独立运作的不同模式和权力清单，开发区可以代表市级政府在区内行使经济、社会事务管理和行政管理职能，减少管理层次，简化行政审批环节，确保项目审批不出区，实现项目落户简便化。开辟绿色通道，对发改、规划、建设、国土、工信、科技、环保、商务等方面须经国家、省级审批、核准或备案的项目，由开发区办理预审，市级主管部门"见文行文"，予以转报，或开发区可直接申报，同时抄报市政府及相关部门。将市级审批权限内事项交由开发区办理预审，报市级投资主管部门"见章盖章"，予以备案，切实提高行政效率。

(五) 加大对"科创大走廊"内各个开发区的政策扶持支持力度

一是建议参照武汉、成都等城市的做法，进一步增加"科创大走廊"税收留成比例，降低城市基础设施配套建设收费标准，以增强大项目大招商的支撑力和吸引力、开发建设能力和实力，降低企业的经营成本，提高企业和产业的竞争力。二是建议借鉴其他城市的经验，按照政府引导、市场运作的模式，设立总盘子为100亿的基础设施建设和产业投资发展两类基金，用于"科创大走廊"制定招商引资项目的引进配套和重点产业培育发展项目的扶持支持；不折不扣地落实招商引资的奖励政策。三是建议市政府组织专门机构对政府相关部门各自掌握的各类数量不菲的政策性基金和资金，摸清数量、分布、流向、效益等，实行集中管理使用，发挥资金杠杆功能作用，从根本上解决沉淀流失、部门分割、管理不当等突出问题，整合建立基础产业投资基金、高科技产业投资基金、风险投资基金、开发投资基金、支柱产业投资基金等，进一步开放社会资本投资领域。四是建议根据各个开发区的发展阶段、产业特色、基础条件等实际情况，分类制定发展扶持政策，在规划制定、土地供给、财政留成、设施配套、费用收取、招商引资奖励等方面进一步向开发区倾斜，支持开发区把主要精力用在招商引资和产业发展上面。五是建议市政府在"科创大走廊"不同产业重大项目一些土地价格优惠方面出台指导性意见，给予大项目一些土地优惠政策。一些开发区的土地紧张状况日益显现，建议政府专门研究个别开发区的土地供求矛盾，鼓励发展"飞地经济"。

参考文献

[1] 曾欢. 广深科技创新走廊的创新机遇[J]. 发展改革理论与实践，2018(03):4-7.

[2] 张永安，耿喆，李晨光，王燕妮. 区域科技创新政策对企业创新绩效的影响效率研究[J]. 科学学与科学技术管理，2016，37(08):82-92.

[3] 樊杰，刘汉初. "十三五"时期科技创新驱动对我国区域发展格局变化的影响与适应[J]. 经济地理，2016，36(01):1-9.

[4] 岳吉祥，胡琳，郝垠锐. 构建区域特色产业集群的科技创新服务体系——以东营市科技创新服务体系试点建设为例[J]. 科技与创新，2015(21):1-4.

[5] 张永安，耿喆，王燕妮. 区域科技创新政策对企业创新产出的作用机理研究——基于 CAS 理论 Multiple Agent 思想[J]. 科学学与科学技术管理，2015，36(10):32-40.

[6] 赵菁奇，李本和. "丝绸之路经济带"建设背景下区域科技创新体系研究——基于西北五省科技创新差异性的实证研究[J]. 重庆理工大学学报(社会科学)，2015，29(08):36-42.

[7] 董会忠，张峰，宋晓娜. 基于正态云模型的科技创新与区域竞争力动态关联评价[J]. 科技进步与对策，2015，32(15):125-131.

[8] 许爱萍. 区域科技创新人才聚集驱动要素分析——以京津冀为例[J]. 科技与经济，2014，27(06):81-85.

[9] 杨勇. 粤港科技创新走廊科技服务合作模式研究[J]. 科技管理研究，2014，

34(17):43-47.

[10] 陆晓莉. 大学科技园创新集群的发展模式研究——以宁波大学科技园为例[J]. 宁波职业技术学院学报，2014，18(04):5-9.

[11] 春燕, 吉根泰. 产官学结合、科技创新与产业发展的驱动力——日本推动创新(知识)集群新模式[J]. 科学管理研究，2014，32(01):110-112.

[12] 陈晓红, 周源, 许冠南, 苏竣. 产业集群向创新集群升级的影响要素和路径研究——以广东昭信科技园区为例[J]. 中国管理科学，2013，21(S2):751-757.

[13] 刘晓峰, 周航. 区域科技服务集成系统运营模式创新研究——以黑龙江省科技创新创业共享服务平台为例[J]. 对外经贸，2013(08):93-95.

[14] 张洁. 区域特质、创新模式与提升路径——以河北省科技创新为例[J]. 中国科技论坛，2012(12):82-85,90.

[15] 李柏洲, 苏屹. 基于改进突变级数的区域科技创新能力评价研究[J]. 中国软科学，2012(06):90-101.

[16] 毛才盛. 地方大学科技园单一产业创新集群动力学模型研究[J]. 高等工程教育研究，2012(03):108-112.

[17] 牛方曲, 刘卫东. 中国区域科技创新资源分布及其与经济发展水平协同测度[J]. 地理科学进展，2012，31(02):149-155.

[18] 徐玉莲, 王玉冬, 林艳. 区域科技创新与科技金融耦合协调度评价研究[J]. 科学学与科学技术管理，2011，32(12):116-122.

[19] 虞震. 泛长三角区域科技创新能力评价与比较研究[J]. 社会科学，2011(11):47-52.

[20] 江军民, 晏敬东, 范体军. 基于区域自主创新的科技创新平台构建——以湖北科技创新平台建设为例[J]. 科技进步与对策，2011，28(17):40-44.

[21] 葛佳慧. 法国索菲亚科技园区:国际化造就的创新集群典范[J]. 华东科技，2011(07):60-61.

[22] 苟军平, 华欣, 王殿华. 区域科技型人才集聚效应和动因分析——兼论滨海新区人才高地建设对自主创新高地的影响[J]. 特区经济，2011(05):67-68.

[23] 牛方曲, 刘卫东, 刘志高, 等. 中国区域公立科技创新资源与经济发展水平相关性分析[J]. 经济地理，2011，31(04):541-547.

[24] 马涛, 赵宏. 滨海新区区域科技创新平台网络化发展研究[J]. 科学学与科学技术

管理，2011，32(03):74-77.

[25] 张换兆，霍光峰，刘冠男. 京津冀区域科技创新比较的实证分析[J]. 科技进步与对策，2011，28(02):43-48.

[26] 郑雨苹，张良强，郑建锋. 福建省区域科技创新能力实证评价与分析[J]. 科技管理研究，2010，30(20):59-63, 58.

[27] 傅首清. 区域创新网络与科技产业生态环境互动机制研究——以中关村海淀科技园区为例[J]. 管理世界，2010(06):8-13, 27.

[28] 毕亮亮，施祖麟. 长三角城市科技创新能力评价及"区域科技创新圈"的构建——基于因子分析与聚类分析模型的初探[J]. 经济地理，2008，28(06):946-951, 954.

[29] 杨艳萍. 区域科技创新能力的主成分分析与评价——中原城市群科技创新能力的综合评价[J]. 技术经济，2007(06):15-19.

[30] 张平. 政府在产业集群科技创新中的作用[J]. 科学管理研究，2005(04):17-19.

[31] 钱平凡. 基于产业集群的我国科技创新战略研究[J]. 经济纵横，2004(03):20-24.

[32] 郝凤霞，张春美. 科技创新集群化:现代科学技术研究趋势[J]. 科学学与科学技术管理，2002(03):5-8.

杜跃平　西安电子科技大学经济与管理学院教授、博士生导师
段利民　西安电子科技大学经济与管理学院副教授、博士
张会新　西安电子科技大学经济与管理学院副教授、博士

哈萨克斯坦工业创新发展战略研究

段利民

摘要 本文以"新丝路经济带"经济科技合作为研究背景,对"中亚五国"之一的哈萨克斯坦工业创新发展战略进行了研究。重点研究了哈萨克斯坦工业创新发展战略环境、战略目标、重点产业以及保障措施。研究结论对于我国相关政府部门与哈萨克斯坦开展国际交流与合作,企业部门到哈萨克斯坦投资以及高校、科研机构对哈萨克斯塔实施技术转移均有一定的借鉴价值。

关键词 新丝路经济带;哈萨克斯坦;工业;创新发展

一、引 言

"丝路经济带"发展战略构想是我国经济进入"新常态"以来国家发展战略构想的重要组成部分之一。"丝路经济带"背景下,我国不仅要积极与"丝路经济带"沿线国家开展经济、贸易、金融、教育和人才等方面的合作,更要深入开展科技创新合作,一方面可以引进先进科学技术与新产品,提高我国科学技术水平与产品供给能力;另一方面可以开展科技输出,拓宽科学技术向生产力转变出路,提高我国科学技术转化率。但是,"丝路经济带"沿线国家众多,国情迥异,要想与之开展科技创新交流与合作,必须先要了解这些国家的科技创新活动现状与需求,其中,政府层面的产业创新发展战略更是重中之重。

哈萨克斯坦是中亚五个国家(即通常所讲的"中亚五国":哈萨克斯坦、吉尔吉斯斯坦、塔吉克斯坦、乌兹别克斯坦和土库曼斯坦)中经济发展最好,国土面积最大,人口最多的国家,可以说是"中亚五国"中最重要,也最具有代表性的国家。因此，研究哈萨克斯坦科技创新战略，是深入探究"丝路经济带"上"中亚五国"的科技创新战略最好的突破点，对于我国与这些国家全面开展经济、科技合作与交流具有非常重要的意义。

二、哈萨克斯坦工业创新发展环境分析

(一) 工业自然资源基本情况

哈萨克斯坦的总面积约 270 多万平方千米，是中亚五国中面积最大的国家，可以为科技创新提供相对其他四个国家更为广阔的市场空间。哈国具有丰富的石油、天然气资源，石油储量约 100 亿吨，天然气储量为 11 700 万亿立方米，在中亚国家中居第一位；煤炭地质储量为 1700 亿吨，是世界 10 大产煤国之一。金属矿藏也很丰富，已探明的矿藏有 90 多种，其中钨的储量居世界第一，铬和磷矿石居世界第二。铜、锌、钼的储量居亚洲第一位，因而享有"能源和原材料基地"之誉，丰富的资源为科技创新提供了天然的资源基础。从国内生产总值和国力来看，哈国一直居于中亚五国首位，哈萨克斯坦已成为独联体经济发展最快的国家之一，为科技创新的实现提供了一定的经济基础。

(二) 创新环境现状分析

1. 科技与创新活动现状

根据世界银行统计,哈萨克斯坦早在 2012 人均 GDP 已经达到了 12 000 美元，跨入了中上等收入国家行列。哈萨克斯坦地域广阔，具有非常丰富的石油、天然气和矿物资源储备，来自于自然资源的收入已成为近几十年来经济快速发展的主要驱动力。尽管如此，哈萨克斯坦政府当局日益强调培育新的经济增长点，以促进国家经济多元化发展，提高国家整体经济竞争力。哈萨克斯坦政府把创新视为促进经济发展和产业多元化的重要驱动因素，并注重通过制订发展计划强化政府在推动技术创新当中的作用。在政府计划当中，最重要的当属哈萨克斯坦工业与新技术部推出的《加快产业创新发展国家计划》(State Program for Accelerated Industrial-Innovative Development of the Republic of Kazakhstan，简称 SPAIID)。该计划的第一阶段 SPAIID 2010—2014 已经实施完毕，并于 2015 年发布了 SPAIID 2015—2019 第二阶段计划。

得益于政府各项改革措施和 SPAIID 规划的实施，哈萨克斯坦在创新活动方面取得了不少成效。2008 至 2013 年期间，国内创新活跃企业比例从 4%上升到 7.6%，增长了将近一倍；企业技术创新活动投入从 1135 亿坚戈(哈萨克斯坦货币)上升至 3260 亿坚戈，增长了三倍。哈萨克斯坦的创新努力也得到了国际社会的认可，根据世界经济论坛推出的世界竞争力指标，哈萨克斯坦在"创新"因子上的排名上升了 18 位，排名第 84 位；"技术可靠性"因子排名上升了 25 位，位列第 57 位。

虽然政府采取种种措施支持技术创新活动的开展，但是哈萨克斯坦在开展技术创新活动中还是存在着不少制约因素，这包括：高技术转移的激励不足，企业优先发展技术的问题搜寻与解决机制效率低下，企业技术创新的敏感性不强，创新活动中的技术与管理能力不够，创新性技术的教育培训滞后，创新计划实施过程中监管体系不到位。

2. 创新发展金融环境分析

产业发展与创新活动离不开资金支持，然而哈萨克斯坦的金融环境对创新活动的支持不容乐观，企业很难从商业金融机构获得必要的资金支持。鉴于商业金融渠道缺位，哈萨克斯坦政府通过国有控股集团和开发机构体系来填补这一市场空隙。国有开发机构不断设立与扩展，并尝试推出不同的金融工具和手段满足产业与创新发展的需求，具体包括：利息补贴、创新与技术实施补偿与资助、行业创新基础实施成本补偿、贷款担保等。

与融资困难相对应，哈萨克斯坦现有制造业企业面临的另外一个金融问题是债务负担过重。有数据显示，2013 年哈萨克斯坦国家监管银行的本币长期贷款年利率为 17.3%，比 2008 年上升了 1.1%；相比较而言，我国 2017 年中国人民银行公布的年贷款基准利率只有 4.35%。2013 年，哈萨克斯坦外币贷款平均年利率为 10%，但是要面临一定的汇率变动风险。

形成哈萨克斯坦企业融资困境的最根本原因是长期以来市场化运作的

金融基础设施发展滞后，无法吸引与储备长期投资。例如，哈萨克斯坦虽然已经建立了股票交易市场，但是功能并不健全，尚未成为金融行业的重要构成部分，仅为股权资本市场的补充渠道。另外一个融资困难的原因是不良贷款的累计攀升限制了国家监管银行向企业发放贷款，一组数据表明，截至 2014 年 2 月，哈萨克斯坦国家监管银行不良贷款(逾期 90 天)已经达到 4.3 万亿坚戈，占总贷款数量的 32.2%，仅当年 1 月份就增加了 3.6%。

3．创新人力资源状况

哈萨克斯坦第二产业就业总人数在近年来有了一定的增长，从 2009 年的 92.2 万增长到了 2013 年的 103.9 万，增长幅度达到了 12.7%，不到总人口的 10%。

哈萨克斯坦的创新发展规划在人力资源匹配方面还存在着不少问题。这些问题主要有：① 受制于雇员招聘配额以及特别批准制度，很多企业无法招聘到所需要的熟练工人；② 接受过专业教育和职业培训的基础技术与工程人员奇缺；③ 缺乏科技人才、高级工程人才以及创新管理人才；④ 员工无法达到职业与教育标准；⑤ 工程与技术人员英语水平不高，难以有效开展国际交流。

除此之外，还有两个人力资源的特殊问题影响着创新战略的实施：第一，人员跨地区流动性不高，难以形成有效的知识交流；第二，外来人员工作签证程序复杂，无法有效利用国外人力资源。

4．创业与中小企业发展状况

现代创新管理研究表明，中小企业在产业创新发展中发挥着独特的作用，中小企业的繁荣发展对于活跃创新、增加就业与促进经济发展至关重要。由于政府的支持，近年来哈萨克斯坦中小企业的发展取得了显著的成效，2012 年中小企业创造的 GDP 约占全国 GDP 的 17.3%，2014 年全国活跃的中小企业超过了 8.7 万家，雇员达到了 260 万人。

预期未来中小企业会进一步发展，但是，还存在这些不容忽视的问题：① 一些准公共事业行业开放度不够，中小企业还难以进入；② 企业审批管制体系过于复杂，限制了新企业的成立与业务开展；③ 中小企业难以接触更多的商业机会和金融资源。

(三) 哈萨克斯坦创新环境 SWOT 分析

通过上面的分析，可以运用 SWOT 战略环境分析工具，对哈萨克斯坦科技创新战略实施中的优势、劣势、机遇和威胁总结如下(见表1)。

表 1　哈萨克斯坦创新环境 SWOT 分析

优势：	劣势：
● 丰富的矿物资源 ● 稳定的宏观经济与政治环境 ● 良好的商业氛围 ● 稳定的产业发展和实施体制	● 第二产业投资积极性不高 ● 缺乏有资质的人力资源 ● 基础设施(能源、水、运输、物流)还不够完善 ● 国有企业一支独大，中小企业尚未得到有效发展 ● 第二产业竞争力不强 ● 创新体系缺乏竞争力 ● 资源使用效率不高，第二产业能耗高 ● 技术规范体系不完善 ● 结构性经济问题(如"荷兰病"，"中等收入陷阱"，失业等)
机遇：	风险：
● 可以有效利用中国、中亚各国、里海沿岸各国的市场机遇 ● 国内庞大资源产业能够提供技术装备、特种服务以及创新需求 ● 可以在第二产业引入现代化产品和管理技术 ● 公共部门、准公共部门、矿物开采部门的政府采购能够扩大国内市场	● 世界以及区域金融危机对第二产业发展产生的不利影响 ● 世界商品市场不断变化 ● 来自世界其他国家的商品在哈萨克斯坦已经具有很强的竞争力了 ● 加入 WTO 后带来的各项不确定因素

三、哈萨克斯坦工业创新发展战略目标与产业选择

(一) 战略目标

哈萨克斯坦工业创新发展战略的首要目标是快速发展第二产业，即制造业，以促进经济的多元化。按照产业结构演进理论，目前哈萨克斯坦的产业结构处于相对较低阶段，集中表现为工业部门在三次产业当中位居第三，占比重太低。从固定资产投资水平来看，2014 年自然资源采掘业固定资产投资占了 30%，而加工制造产业部门只有 12%。但是，采掘部门仅提供了 2.9%的就业数量，净增价值仅占 18%。从进出口结构来看，在独联体国家中哈萨克人均采掘产品出口量位居前列，2003—2013 年间，矿产品出口占比从 64.5%攀升到了 80%。而加工制成品人均出口量不及俄罗斯的 1/3。根据国际货币基金组织的一份报告，哈萨克斯坦开始呈现"荷兰病"迹象，国际贸易条件恶化，经济发展成本增加，制度环境问题重重。为此，哈萨克斯坦政府必须扶持工业部门的发展，以使产业结构向着正常的方向发展。

哈萨克斯坦工业创新发展战略的第二个目标是提高工业部门的生产效率和净增加值。伴随着哈萨克斯坦进入中等发达国家行列，"中等收入陷阱"便不可避免地发生，即当一个国家人均 GDP 达到 10 000 到 15 000 美元的时候，经济增长会因为工资水平上涨、交易费用增加、价格优势丧失等原因而开始放缓。既没有发达国家的熟练技术水平和创新优势，也没有低收入国家的低工资、低成本优势，在国际竞争中就会处于尴尬地位。哈萨克斯坦政府已经意识到了这一问题，为了跨越"中等收入陷阱"，必须向芬兰、韩国、台湾等这些国家和地区学习，加速发展第二产业促进经济的增长。然而，哈萨克斯坦的第二产业只提供了 7%的就业机会，占经济净增加值的 11%，体量研究不足。不仅如此，工业部门的生产效率不及 OECD 国家平均水平的 1/2，其就业比例在 OECD 国家中也排在末位。因

此，只有通过鼓励工业部门不断创新，才能提高其生产效率，为哈萨克斯坦在国际竞争中寻找第三条道路。

(二) 战略阶段

由于工业与创新基础薄弱，哈萨克斯坦提出了一个为期较长的创新发展规划。根据《哈萨克斯坦技术现代化创新发展与支持规划》，哈萨克斯坦认为其创新发展需要经历夯实基础、开拓市场以及创新发展三个主要阶段(见表 2)。

表 2　哈萨克斯坦创新发展主要阶段

阶段	第一阶段	第二阶段	第三阶段
时间	2010—2014 年	2014—2020 年	2020—2025 年
名称	技术开发与产业形成期	创新市场培育期	创新经济发展期
目标	技术现代化	形成创新经济基础	形成适宜的创新环境
发展思路	提高现有企业的技术水平，增强创新接受能力	识别有望成为哈萨克斯坦长期科技竞争力基础的高科技产业;培育哈萨克斯坦长期科技能力	提高哈萨克斯坦国家创新体系要素的协调性;对创新过程提供分析支持;加大创新宣传力度;完善创新相关法律基础

目前哈萨克斯坦正处于其长期创新战略的第二阶段，还需要很长一段时间才能发挥创新在其经济发展中的作用。

(三) 优先战略发展产业

哈萨克斯坦为了找到科技创新产业的突破点，基于两个重要原则对产业部门进行了筛选。一是所选择的产业必需有广阔的市场前景，包括国内市场和国际区域市场的市场规模和增长速度，同时还包括该部门发展所能带来的潜在经济利益;二是哈萨克斯坦发展该产业的能力，包括产业发展现状和未来进一步发展的可能性。

经过细致筛选，哈萨克斯坦列出了六大优先发展的产业部门，它们分别是冶金产业、化工产业、石油化工产业、机械工程、建筑材料和食品工业。在此大类基础上，又进一步细分为 14 个产业部类(见表3)。

表3 哈萨克斯坦科技创新优先发展产业门类

黑色金属冶炼	有色金属冶炼	石油精炼	石油化工	食品生产
农业化工	化工原料	汽车及零部件	电力设备	农业装备制造
铁路装备制造	矿业装备制造	油气装备制造	建筑材料	

由上表可见，哈萨克斯坦科技创新优先发展的产业部类紧密地结合了他们的实际国情，包括市场需求和产业能力现状，这一点和我国以及世界发达国家所定义的新兴产业差别还是比较大的。但是，在他们的官方文件以及总统讲话中，也提及到一些计划发展的创新型产业，如通讯与多媒体技术、纳米技术、空间技术、机器人、基因工程以及新能源等。

1. 黑色金属冶炼

哈萨克斯坦有黑色金属冶炼的工业传统，一度占第二产业产值的20%。近年来，尽管黑色金属冶炼产量保持了 6%的增长速度，但是，在第二产业中的比重却呈现下降趋势，在 2013 年降至7%。黑色金属在经济各领域当中有着广泛的用途，可以为机械加工、工程制造和金属制品提供基础材料；同时，国内农业、工程以及建筑业的发展也为黑色金属冶炼提供了一定的市场需求，据统计其国内市场对各类黑色金属的进口额在 27 亿美元左右。

哈萨克斯坦黑色金属冶炼产业发展还存在一些问题，例如劳动生产率不高，2008 年人均产值只有不到 9 万美元，2012 年上升了近 1.2 倍，但是远远低于 OECD 国家的平均水平 15.19 万美元，2013 年产品出口量相对于 2008 年下降了47%。此外，该产业还有如下一些发展困难：现有企业产能普遍不高、机器设备陈旧老化严重；一方面产品出口能力下降，另一方面高附加值产品进口却在增加；产品质量较低，产品线狭窄；缺乏产品质量认证所需要的测试数据和实验室；产品能耗与劳动力密集程度较高；缺乏熟练技术工人等。因此，亟待通过建立研发机构、不断实现材料与技术的现代化、加速技术创新步伐，从而提高其产品世界竞争力和劳动生产率。

黑色金属冶炼优先发展的产品如表 4 所示。

表 4　黑色金属冶炼优先创新发展产品

1. 不同直径的管材；中空无缝型钢	2. 钢制非铸管配件	3. 冷拉钢丝
4. 热轧棒材、条钢；不锈钢型材	5. 钢铁复杂型材；铁路用槽榫型材	6. 钻机用夹具等零部件

2. 有色金属冶炼

有色金属冶炼是哈萨克斯坦非常重要的产业部门，其产品广泛应用于电力、建筑以及电子行业，近几年来，产量提升明显，占工业产值比例一直在 20% 左右浮动。有色金属冶炼也是哈萨克斯坦重要出口的潜能产业，2013 年出口额达到 42 亿美元。

有色金属冶炼产业在发展过程中也存在着企业产能不高、设备陈旧、能耗与劳动力密集程度较高、技术人员匮乏、原料与技术亟待改进等问题，同时还饱受世界市场原料价格波动、需求量持续下降问题的困扰。为了解决这一问题，哈萨克斯坦有色金属冶炼产业未来一个大的发展战略就是与大型跨国企业合作，如力拓集团、嘉能可国际集团等。其优先发展产品如表 5 所示。

表 5　有色金属冶炼优先创新发展产品

1. 铜制管材	2. 铜线、铜制棒材与型材	3. 铜制片材、条材	4. 铝制条材与型材
5. 铝合金构件	6. 金属桶、金属罐	7. 金属盒等容器	

3. 石油精炼产业

石油精炼产业市场前景较好，对哈萨克斯坦而言是一项非常有吸引力的产业，能够为其带来较大的经济利益，并提升其经济竞争力。近几年来，哈萨克斯坦的石油精炼产业得到了快速发展，2008 年以来保持了 35.7%的增长速度，占第二产业产值的 13.8%。石油精炼产业竞争力也不断提升，其劳动生产率在 2008 至 2012 年期间提升了 2.3 倍，产品出口保持了 9.4%的年增长率。

尽管哈萨克斯坦原油产量较大，石油市场需求也比较旺盛，但是，哈萨克斯坦石油精炼能力还有待提升，其国内石油精炼能力占全部原油产量比例一直都比较低，2013 年只有 18.7%，大部分原油都是直接出口到国外，产品附加值较低。因此，哈萨克斯坦有着较多的原油出口收入，而源自于国内市场的收入相对并不高。哈萨克斯坦石油精炼产业的另外一个问题是设备陈旧、老化磨损严重，2012 年固定资产磨损率高达 33%，近年来固定资产更新系数则在 2%-7%内波动。设备落后导致石油精炼深度不够、劳动生产率不高，各指标均低于 OECD 国家平均水平。

哈萨克斯坦石油精炼产业未来创新发展的目标就是要提高石油精炼产业生产效率，实现石油精炼产品、汽油、石油化工原料等国内自足，并力争将石油精炼产品出口到大地区国际市场，其优先发展的石化产品如表 6 所示。

表 6   石油精炼产业优先创新发展产品

1. 中高馏分油、机油等	2. 轻分馏油	3. 石油沥青	4. 液化丙烷	5. 液化丁烷	6. 煅烧石油焦炭
7. 液态乙烯	8. 汽油	9. 沥青岩制品	10. 生物柴油	11. 有色、无色石蜡制品	

4. 石油化工产业

基础石油化工产业(生产主要石油化工原料)对哈萨克斯坦而言是有着较好发展前景的新型产业。发展该产业首先要能够发挥进口替代效应，因为哈萨克斯坦各类塑料制品制造商，如建筑材料制造商、包装材料制造商等产生了巨大的基础石油化工原料需求，但是国内石油化工生产能力落后，大部分需求需要靠进口弥补，据统计，每年大约平均从国外进口 40 亿美元的聚合材料，占总需求量的 70%。除了进口替代效应之外，基础石油化工产业还具有很大的出口潜力，因为整个独联体地区国家大约有 200 亿美元的进口需求量，哈萨克斯坦一旦形成了芳香烃等石油化工原料的生产能力便可以向这些国家出口。

哈萨克斯坦具有一定的石油化工产业基础，早在 2012 年该产业就已经占据了工业产出的 10%，工业增加值已经达到了 146 亿坚戈。但是其固定资产磨损率高达 52%，固定资产更新系数为 22.4%。同时还有少量出口，2012 年出口额为 6 亿美元。

哈萨克斯坦石油化工产业优先发展产品如表 7 所示。

表 7　哈萨克斯坦石油化工产业优先发展产品

1. 聚乙烯材料	2. 聚丙烯材料	3. 聚苯乙烯生聚物	4. PVC 材料
5. 丁二烯材料	6. 丁二烯橡胶	7. 聚氨酯材料	8. 聚对苯二甲酸乙二酯

5. 食品工业

发展食品工业对于确保哈萨克斯坦食品安全具有重要战略意义，近年来，哈萨克斯坦人口在稳定增长，要求食品工业能够保质保量地提供食品供应。同时，也得益于人口的增加，哈萨克斯坦食品加工产业也得了一定程度的发展，2008 年至 2013 年食品产量增加了 56%，工业增加值增加了 1.5 倍，工业产值占据了第二产业的 16.5%。哈萨克斯坦食品加工产业主要分布在这几个细分产业上：谷类加工(23.5%)、牛奶加工(16.3%)、烘焙(15.3%)、肉类加工(13.4%)、罐装水果蔬菜(8.1%)、油脂(7.8%)和其他细分产业(15.6%)。

随着国内食品需求量的增加，近年来哈萨克斯坦食品出口额不断下降，而食品进口额却节节攀升。目前，哈萨克斯坦发展食品工业存在的主要问题有：合格的食品加工原料供应不足；贸易和物流设施开发滞后；食品加工产业流动资产投资匮乏；机器设备普遍落后；缺乏技术人员；技术标准以及实施监管问题；地方政府税负以及运输费用过高；缺少配套包装；现有企业负担过高；缺乏有效的国内外促销手段。

哈萨克斯坦食品加工产业优先发展产品如表 8 所示。

表 8　哈萨克斯坦食品加工产业优先发展产品

1. 肉类加工与储藏	2. 禽肉加工与储藏	3. 肉类制品	4. 鱼肉、甲壳类动物肉加工存储	5. 马铃薯加工存储
6. 水果蔬菜汁生产	7. 油脂生产	8. 植物奶油	9. 淀粉及其制成品	10. 面包、面团、蛋糕
11. 饼干、派等	12. 空心面	13. 糖类	14. 可可粉、巧克力等甜食	15. 咖啡、茶叶
16. 即食食品与食物半成品	17. 儿童食品与保健食品			

6. 农业化工

选择农业化工作为优先创新发展产业之一的重要原因是将其本国与其他邻国对农业化学产品的巨大市场需求进行了对比而得出的结论。2013 年哈萨克斯坦农业市场规模高达 718 亿坚戈，其中 58%需要通过国外进口满足，而独联体国家农业化学产品市场据估计更是高达 68 亿美元。

但是，哈萨克斯坦的农业化工产业发展非常滞后，在 2012 年产值不到加工制造业的 1%，近年来虽然略有增长，但是，产值依旧不足 347 亿坚戈。以农业化工产业的一种重要产品无机肥为例，哈萨克斯坦的潜在需求大约每年 100 万吨，其中 58.4%是磷肥，40%是氮肥，1.6%是钾肥。在 2013 年，实施施肥的土地化肥只有 8 万吨，只占到应施肥面积土地的 1/12。哈萨克斯坦化肥生产厂主要生产磷肥和氮肥，尚未有大型企业生产钾肥，目前已在哈萨克斯坦西部地区开始勘探钾肥矿藏。农业化工产业的一个细分是杀虫剂市场，该市场从业者主要是一些小企业，他们和农作物保护相关政府部门合作。2012 年，哈萨克斯坦共使用杀虫剂约 2.8 万吨，其中 1 万吨由国内生产，而 1.8 万吨则是从国外进口。

哈萨克斯坦农业化工产业未来发展存在的主要问题包括：现有企业产能利用水平不高；缺乏产业发展资金，无法实现产业现代化；设备老化现象比较严重；化肥杀虫剂产业配套物流、营销、分销体系滞后；缺乏农业化工产品研发、测试能力；缺少相关人才。

　　哈萨克斯坦农业化工产业未来的发展思路之一是要引入国际企业，目前杜邦公司已经着手建设农业化工产品生产线，俄罗斯最大的化肥生产商美国化学公司也计划在哈萨克斯坦建立复合肥生产工厂。

　　本着进口替代和少量出口的原则，哈萨克斯坦农学化工产业计划未来重点生产产品如表 9 所示。

表 9　哈萨克斯坦农业化工产业优先创新发展产品

1. 尿素	2. 硫酸铵	3. 氯化钾	4. 硫酸钾	5. 其他钾肥
6. 复合肥	7. 磷酸二氢铵	8. 杀虫剂	9. 杀菌剂	10. 除草剂

7. 化工原料产业

　　化工原料产业产品门类较多，其客户范围从稀有材料生产商、半导体企业、矿物与金属企业、油气生产企业，到建筑商、机械工程企业，乃至电子产业等高科技产业，在哈萨克斯坦大约有着 14 亿美元的市场，每年约 3 亿美元依靠国外进口满足。哈萨克斯坦化工原料产业整体规模并不大，约占第二产业产值的 2%左右，其代表性产品为无机酸和无机碱，如硫酸、黄磷、铬化合物、氢氟酸等，这些产品主要应用于矿物开采以及化肥、涂料、爆炸物和表面活性剂等生产当中。国内企业设备老化率约为 40%，生产能力利用率平均为 70%多，产品出口企业生产能力利用率则更高一点。

　　哈萨克斯坦更多地利用国外企业来推动本国化工原料产业的发展，目前正在积极协商的国外企业有中国庆华集团、比利时的 Indusgroup、美国的陶氏化学公司、德国朗盛公司等。其优先重点发展产品见表 10。

表 10　哈萨克斯坦化工原料产业优先创新发展产品

1. 氯化氢	2. 氢氧化钠	3. 过氧化氢	4. 氯化钙	5. 聚酯涂料与油漆
6. 爆炸物(火药除外)	7. 抗爆添加剂、抗氧化剂、胶质抑制剂等	8. 催化剂	9. 防冻剂、成品防冻液	10. 碳酸钠

8. 汽车及零配件制造业

　　汽车及零配件制造产业对于哈萨克斯坦而言，属于较新的产业门类，在机械工程类行业当中占据着显著的地位。该产业对于哈萨克斯坦整体经济的发展具有乘数效应，汽车产业每一个新增就业岗位会带动上下游相关产业，如冶金、化工、电子、金属制造、运输和服务产业等会产生3-11个就业机会。哈萨克斯坦国内汽车产业市场规模大约有50亿美元，其中82%由国外进口。现有部分汽车厂商与政府签订了扶持发展协议，根据协议这些厂商必须在特定的时间段内在深度技术转化和汽车零部件制造方面取得一定的发展。但是，哈萨克斯坦汽车产业基础是非常薄弱的，2012年现有企业只有22个，雇员维持在2000人左右，并且未来发展还面临着不少问题：相对狭小的国内市场规模，购买力不强；汽车产量很低；本土化水平较低，附加值不高；没有国内技术管制标准；缺乏产业发展资金；缺乏研发和技术人员等。

哈萨克斯坦汽车产业未来发展战略是和全球领先企业合作，如通用汽车、现代汽车、起亚汽车、标志汽车、尼桑汽车、斯柯达汽车、丰田汽车、依维柯汽车等。该战略能够有效帮助解决哈萨克斯坦汽车产业技术短缺问题，建立一定的汽车生产能力，从而有效融入全球汽车生态系统当中。该产业未来优先发展领域包括汽车整装、零件、配件和汽车引擎等，具体见表11。

表11　哈萨克斯坦汽车及零配件制造业优先创新发展产品

1. 机动车车体	2. 20吨以上内燃机货运车	3. 汽车保险杠	4. 液体运输罐车	5. 5吨以下轻型卡车
6. 5-20吨载重卡车	7. 公共交通汽车	8. 刹车系统及备用件	9. 移动车轮及其零配件	10. 转向桥
11. 货运拖车或挂车	12. 方向盘、转向柱、变速箱	13. 离合器组装及配件生产	14. 排气箱与排气管	15. 汽车保险杠及配件
16. 汽车暖气配件	17. 启动器、启动器发电机	18. 火花塞	19. 汽车坐垫	20. 汽车气囊及配件
21. 配电板、点火线圈	22. 安全带	23. 汽车照明与信号部件		

9. 电力设备产业

根据世界能源局统计资料，2030 年之前世界范围内电力消费将会持续增长，电力设备需求量也会持续增加，其中 80% 的增长将来自于世界发展中国家。到 2030 年电力设备产业全球累计投资将会达到 13.7 万亿美元。哈萨克斯坦电力设备市场规模约为 35 亿美元，其中 29 亿美元需要通过进口满足。截止 2013 年，境内电力设备从业企业 65 家，雇员 9561 人，产业增加值 400 多亿坚戈。

哈萨克斯坦未来电力设备产业发展目标主要有：大幅度提高劳动生产率，实现现有企业的现代化；完善国内电力设备技术标准，确保国内市场产品安全，为产品走出国门提供技术支撑；加大技术人员供应力度，促进技术转移与研发成果转化，为产品创新提供良好环境。

哈萨克斯坦电力设备产业未来优先创新发展产品见表 12。

表 12　哈萨克斯坦电力设备产业优先创新发展产品

1. 静态转化器	2. 千伏以下电力设备控制盘、面板和基板	3. 千伏以下电路相关设备，如保护器等	4. 80 伏以下导体	5. 燃气过滤净化设备
6. 窗式或者挂式空调	7. 千伏以下开关	8. 制冷、冷却设备、热力泵	9. 千万伏以上液体变压器	10. 千伏以下插座、插槽和插头
11. 火花点火引擎发电机	12. 75 千瓦以上多项交流电马达	13. 750 瓦～75 千瓦多项交流电马达	14. 压缩点火引擎发电机	15. 千万伏以下 650 千伏以上液体变压器
16. 其他千伏以上变压器	17. 其他 16～500 千伏变压器	18. 75 千伏以上自动开关	19. 其他自动开关	20. 千伏以下断路器、断流器

10. 农业装备制造产业

早在 2010 年哈萨克斯坦政府就指出要借鉴国际先进经验，采用新设备、新技术和新方法促进农业产业的多元化。事实上，哈萨克斯坦存在着农业机械的巨大需求，但是由于长期以来 80%以上的需求主要通过进口满足，所以近年来，为了鼓励采用新型农业机械，政府也加大了财政和资金支持力度。市场需求和支付支撑也促进了农机制造产业的发展，目前农机制造企业主要分布在哈萨克斯坦北部地区，大约有 30 家以上大型农机企业，雇员超过 2000 人。

农机制造产业竞争力主要源于技术与创新潜力、资金实力和人力资源。但是，哈萨克斯坦在这些方面都不太具备明显的优势，相反还存在着不少短板和问题：农业部门购买力不高，缺乏足够的农业补贴让农户购买本国农机设备；缺乏配套产业，比如国内无法供应特定规格的钢材，难以生产出合格的农机部件和框架；缺乏足够的农机销售资金支持工具，与国外同行竞争者相比较，哈萨克斯坦的农机制造商没有实力向农户提供农机购买贷款；技术人员匮乏，技术水平低下也是制约农机制造产业发展的一道重要障碍。

哈萨克斯坦农机制造产业未来优先创新发展产品见表 13。

表 13　哈萨克斯坦农机制造产业优先创新发展产品

1. 农业、林业用遥控拖拉机	2. 其他农林用拖拉机	3. 各类犁、耙、松土机、中耕机、割草机等	4. 播种机、栽植机	5. 厩肥撒布机、施肥机
6. 其他土壤耕作机器	7. 草坪、公园和运动场用割草机，剪切机	8. 拖拉机、悬挂式割草机	9. 干草打包机	10. 块根、块茎农作物收割机
11. 农用液体、粉面喷洒机械	12. 其他收割机、脱粒机	13. 自动装卸拖车和挂车	14. 鸡蛋、水果用自动清洁、分选、筛选机	15. 挤奶机
16. 动物饲料加工机械	17. 家禽孵化机器	18. 其他农业机械		

11. 铁路装备制造产业

哈萨克斯坦是世界上拥有大型货运火车的十个国家之一，具备发展铁路装备制造产业的潜力。哈萨克斯坦火车拥有量也比较大，2012 年机车头将近 2 千辆，客运列车 2 千辆，货运列车 12.7 万辆；在两千辆机车头中，约 1/4 为电力机车。与哈萨克斯坦其他制造业相比较，铁路装备制造业最大的特点是已经形成了一定的产品出口能力，主要销往关税联盟和独联体国家，2012 年出口额约 6.8 亿美元。

哈萨克斯坦发展铁路装备制造业需要解决如下几个问题：(1) 完善技术标准体系，为国内市场提供更加安全可靠的产品；(2) 建立行业同盟组织，解决一些关键技术问题，确保国内产品与国际标准的一致性，以便把产品销往国外；(3) 建立研发测试中心，支持技术转移和研发活动，开发高技术的火车新型零部件。

该产业优先发展产品如表 14 所示。

表 14　铁路装备制造业优先创新发展产品

1. 各类机车及其煤水车	2. 自行驱动轨道车、有轨电车	3. 火车、有轨电车的修理与保养技术
4. 牵引式客、货列车车厢，轨道车车厢	5. 牵引式货运列车	6. 铁路机车、有轨电车零部件、交通控制设备

12. 矿业装备制造产业

哈萨克斯坦各类矿藏资源丰富，是世界上拥有稀有矿物基地的十个国家之一。现有矿业企业的设备更新与维护和新开矿藏的投入运营形成了巨大的矿业装备制造业市场。据统计 2013 年哈萨克斯坦拥有矿业装备制造企业 28 家，雇员近万名。

矿业装备制造业的竞争力主要受资金实力、技术创新潜力、公司效率和人力资源的影响。据此，哈萨克斯坦发展铁路装备制造业存在的问题主要有：① 生产技术落后，依赖于资源密集型生产方式；② 产品生产以单件生产和小批量生产为主，缺乏规模经济效应；③ 缺乏合格的技术人员；④ 设备老化、折旧、磨损比较严重；⑤ 缺乏产业发展资金；⑥ 技术监管体系不健全；⑦ 和中国、俄罗斯相比较价格缺乏竞争优势，和美国与欧洲国家相比质量和生产效率缺乏竞争优势。

由此，未来哈萨克斯坦需要从人力、技术、资金等方面着手改善矿物装备制造业的发展环境，促进该产业的发展。未来优先发展产品见表15。

表 15　哈萨克斯坦矿物装备制造业优先发展产品

1. 回转式装载机	2. 前卸式装载机	3. 其他悬挂式设备	4. 自驱动钻探机和掘进机
5. 钻探机和掘进机部件	6. 石料与固体矿物分级、冲洗、研磨、粉碎、搅拌设备	7. 困难道路自卸汽车	8. 矿物粉碎机
9. 直铲推土机、斜铲式推土机、履带式推土机	10. 其他铲车、挖掘机和单斗装载机	11. 作业点安全设备	

13. 油气生产装备制造产业

世界范围内石油需求量持续增长，据估计石油作为交通运输业的主要能源来源，截至 2015 年需求量至少增加 90%。哈萨克斯坦未来预期石油产量将会与世界石油需求量保持同步增加。早在 2012 年哈萨克斯坦境内油气生产装备市场规模就有 20 亿美元，而国内企业仅仅占据了 7.1%的市场份额。国内油气装备生产企业约有 52 家，雇员大约 7000 人左右。值得注意的是，由于哈萨克斯坦境内许多油气项目已经进入了正常运营阶段，因此油气装备需求明显下降。

未来哈萨克斯坦石油装备制造业重点发展产品如表 16 所示。

表 16　哈萨克斯坦油气装备优先创新发展产品

1. 石油管线、锅炉、油库、油罐等及其零配件	2. 自驱动石油钻探和掘进机及其零配件	3. 气泵和真空泵、空气和汽油压缩机及其零配件	4. 天然气过滤和净化装置及其零配件
5. 其他石油钻探设备	6. 各类泵零部件	7. 其他震动泵备用件	8. 其他液体泵
9. 各类阀门	10. 液体提升装置	11. 燃料供给、油泵、内燃机冷却液泵等	12. 内燃机燃料过滤装置

14．建筑材料产业

哈萨克斯坦建筑材料生产产业一直保持稳定增长，目前约占加工制造业产值的 8.6%。哈萨克斯坦优先发展建筑材料产业的原因一方面是因为国内持续增长的建材市场需求，另一方面则是包括原料在内的发展潜力。哈萨克斯坦境内建材市场(木材、塑料和其他非金属制成品)规模约为 25 亿美元，其中 2 亿美元来自于进口。目前，哈萨克斯坦约有建材企业 1453 家，从业人员超过 4 万人，主要集中在水泥生产、预拌混凝土、水泥制品、塑料管和隔热材料等几个细分产业上。

建筑材料未来重点发展产品见表 17。

表 17　哈萨克斯坦建筑材料产业优先创新发展产品

| 1．瓷砖和瓷片 | 2．防火砖 | 3．平面玻璃 | 4．绝热材料 |
| 5．大理石 | 6．屋顶沥青和屋顶板 | 7．卫生瓷砖 | 8．玻璃制品 |

四、哈萨克斯坦工业创新发展政策与举措

(一) 全面改善投资环境

资本短缺是哈萨克斯坦工业创新发展的主要短板之一，因此哈萨克斯坦政府的首要任务之一就是要营造宜人的投资环境，鼓励私有部门向制造业投资。哈萨克斯坦政府非常注重国际公认的投资环境评价指标，如全球竞争力指数、世界投资报告等，并以这些指标为导向和标杆进行投资环境建设，不断提升哈萨克斯坦在各指标上的排名(见表 18)。

表 18　哈萨克斯坦全球竞争力指数目标排名

指标	2018 目标排名	2019 目标排名
制度建设	47	45
基础设施	54	52
宏观经济	23	23
医疗与基础教育	85	82

续表

指标	2018 目标排名	2019 目标排名
高等教育与职业教育	42	44
商品市场效率		
劳动力市场效率	15	15
金融市场成熟度	85	80
技术就绪度	49	45
市场规模	53	52
商业成熟度	88	86
创新水平	76	74

哈萨克斯坦改善投资环境的努力主要体现在以下方面：制度建设层面上持续推进制度改革，加大私有财产的国家保护力度，人事制度上充分体现任人唯贤、精英政治的原则，不断提高公共管理透明度，把腐败控制在最小范围之内；在基础设施建设方面，努力提高交通、能源以及其他产业共性基础设施的服务质量和水平，为工业创新发展保驾护航；宏观经济层面努力保持经济的稳定性，为长期投资提供有利的环境；医疗教育方面要显著提高医疗保健水平，确保劳动者身心健康，提高基础教育普及率和教育质量，以提高劳动者生产效率。哈萨克斯坦在全球竞争力指数的其他几个方面也做出了类似的发展计划。

为了全面改善投资环境，哈萨克斯坦不断进行一系列改革，如减少建筑施工申请环节，简化战略性项目国外劳工入境审批手续，降低租房、通勤成本。同时还借鉴国际经验，引入国际贸易管理信息系统，节约国际贸易审批时间，降低国际贸易相关费用。

(二) 完善产业规范

哈萨克斯坦工业各产业技术规范性较低是不争的现实，无法支撑未来工业创新发展，因此，哈萨克斯塔政府计划通过建设产业实验室、测试中心等举措为工业创新发展奠定良好的技术规范基础。

哈萨克斯坦计划通过利用标准强化对工业创新发展的规范和引导，努力对接高要求的国际标准(如 ISO、EN、API、ASTM、GLP 等),不断对现有标准进行修正,并制定新的国家标准。在标准制定过程中,让更多的专家参与进来,提高现有和正在制定的标准的质量。通过补贴和补偿等方式,降低优先发展产业部门标准制定费用以及标准分析和实施费用。

(三) 提高国际化水平

哈萨克斯坦在国际化方面的努力首先是吸引国外直接投资。哈萨克斯坦制定了专门吸引国外直接投资(FDI)计划,为来哈投资企业提供法律保护、投资补贴等一系列激励措施。针对福布斯排行 2000 企业还专门进行了系统性工作,还计划对来自于 OECD 国家的外商企业采用特殊的优惠待遇。哈萨克斯坦为了形成和强化投资环境形象,计划编制专门的国家品牌书,并对外交人员、政府官员提供吸引外资方面的培训。哈萨克斯坦注重强化外商投资的投资后服务与保护,为了保护国外直接投资者的权利和司法利益,帮助他们在法庭外调解以及审判前表达自己的主张,哈萨克斯坦还计划建立监察机构,防止外商受到公共当局的不法利益侵害。哈萨克斯坦还计划改革签证制度,探讨施行 OECD 成员国家来哈投资人员的免签制度和免登记制度。

其次,哈萨克斯坦国际化的另外一个努力方向是促进产品出口。哈萨克斯坦工业与贸易部有专门的出口委员会专门负责产品的出口推动工作,他们借鉴国际经验和做法为企业提供产品出口服务,如推广本国产品商标,在国际博览会上统一展出本国产品,向海外派遣贸易代表团,统一编写产品出口参考书和其他文献等。除此之外,还帮助出口商开展信息分析支持,提供海外贸易培训,发展商品出口包装产业,培育企业出口导向意识。哈萨克斯坦产品出口目的地主要包括俄罗斯境内与哈萨克斯坦接壤地区、海关联盟与中亚地区国家、阿富汗、伊朗、高加索地区国家以及中国西部地区等。

最后,为了推进工业创新项目的实施,哈萨克斯坦还积极与各类国际组织(如联合国工业发展组织、国际复兴开发银行等)开展合作,争取资金等方面的支持。

(四) 强化技术与创新

哈萨克斯坦政府鼓励国外先进技术向本国转移。哈萨克斯坦为了能够获得国外先进技术，在商品进口策略上发生了重大变化，即由简单的设备购买转向更加复杂的技术转移并进行本土化。为了更好地鼓励企业开展创新，政府开展了创新资助宣传、资助项目优化以及实际支持工作；国家技术发展局还制定了一些优先发展项目名录，资助这些战略性项目购买国外先进技术。哈萨克斯坦还系统地开展优先发展技术的搜寻工作，召开工业企业技术发展会议，为制定科技活动发展计划和资金资助提供参考和建议。

哈萨克斯坦注重通过培训创新市场需求推动工业创新活动的开展。哈萨克斯坦有意通过监管措施和刺激手段在国内创造创新需求市场，例如在能源消耗效率、产品标准方面提出更加严格的法律限制，从而倒逼企业采用更加先进的技术和工艺。哈萨克斯坦还计划实施"智能城市"建设项目，不仅可以通过集成化方案解决城市基础设施问题，还创造出了一个潜在的产品市场。另外，计划在各地方政府实施"智能计量"项目的同时，采用统一的自动化资源统计系统，这也具有同样的市场需求创造效果。

(五) 资金扶持

工业创新发展离不开平衡的资金支撑，哈萨克政府在资金供应中扮演着两个方面的角色：一是激励私人向工业投资，二是直接提供长期资本和廉价短期资金。

哈萨克斯坦政府资金扶持工业创新发展时，主要考虑以下几个问题：一是充分整合国家资金与私人资金，NMH、Baiterek等机构要发挥资金整合者的作用；二是发挥国家资金的杠杆作用，要求每单位政府投资要带来4倍的私人投资；三是重点支持工业创新发展，政府向企业提供的资金中至少70%要投向制造型企业；四是综合利用多样融资工具募集资金，发挥股票市场募集企业长期资本的潜力，提高股票市场流动性以吸引更多资本进入，国家投资机构通过发行债券方式，募集民间资金；五是资金扶持划分为无偿(补贴、服务支持)和有偿(贷款、直接投资)支持两种，有偿财政支持包括中小企业贷款、制造业企业中长期贷款等，无偿财政支持重点放在主要经济发展区的基础设施建设、投资补贴等上面。

(六) 基础设施建设

哈萨克斯坦基础设施建设与完善的基本目标是：提高交通、能源以及工业基础设施的数量与服务质量；满足国家经济发展的电力需求，实现国家能源独立；打造高效率的运输与物流体系，并力争融入国际运输体系；把运输与能源费用降低到合理水平，促进工业的发展。

为了实现上述目标，哈萨克斯坦首先制定了相应的国家发展规划，例如在物流运输基础设施建设方面出台了哈萨克斯坦 2020 交通系统发展与整合国家计划，对应地在能源建设方面则出台了哈萨克斯坦 2030 燃料与能源综合发展观念。

在具体操作中，为了促进工业创新发展，哈萨克斯坦致力于改善交通运输状况，降低基础设施使用费用。哈萨克斯坦准备建立自然垄断行业长期服务的费率信息机制，简化接入新的能源供应的审批手续，增加部分地区铁路线路的运输能力，为部分优先发展产业提供专门的基础设施建设项目，保证铁路车辆的充分供应，建立区域性物流中心，在若干产业中心实施基础设施项目，以满足国内企业交通和物流需求。

(七) 人力资源

工业创新发展需要稳定、高质量的人才供应，而人才的供应则要依靠教育来解决。哈萨克斯坦工业创新发展的目标之一就是要实现工业生产，尤其是劳动生产率的快速发展，因此人力资源问题的核心不再是创造就业岗位，而是对高质量、创新型科技人才的培育。

为了加快高素质科技人才的产生，哈萨克斯坦将会在不同的经济区和创新集群中心划分出一批高等教育机构和大学，专门开展优先发展产业的人才培训工作，这些产业涉及冶金、油气、电力、食品、农业、工程、信息技术和太空产业等。这些高等教育机构和大学要联合国内外企业等合作伙伴，制订出新的教育培训计划，专门从事上述产业高素质人才的培育。

为了支持这些大学的教育培训工作，政府考虑划拨专项资金，专门用于提高教育的现代化水平，包括制订学校单独发展计划、加强学校资源与技术基础、购置教育与实验室设备，以及采用新的管理体系和结果导向的财务机制等。

除了注重培养国内人才，哈萨克斯坦还积极从国外引进人才。哈萨克斯坦特别允许国外投资者以及国内经济特区内基础产品生产企业在项目运作期间从国外招募雇员，即使超过定编一年也无需申请审批。同时，鼓励跨国企业在哈萨克斯坦设立分支机构，以便在制造业、农业和地理勘探领域开展业务，鼓励他们派遣工作人员在哈萨克斯坦境内工作。对于国内优先发展行业从业企业，在雇佣外国人员方面给予特殊照顾，比如按照整个项目期限，一次性批准若干年的国外雇员配额。哈萨克斯坦还计划简化外国雇员配额申请手续，简化外国高技能专家来哈签证、务工以及居住申请手续。

哈萨克斯坦还开始着手内部人口迁移政策改革，他们制定了雇员2020路线图，以满足优先发展产业的用工需求。具体措施就是放松内部跨地区人口迁移限制，便于劳动力向需求量更大的地区流动。

(八) 其他措施

为了促进本国工业创新发展，哈萨克斯坦政府还出台了其他一些措施，这些措施包括：① 政府采购，通过政府采购形成有意识地向创新性产品提供政策倾斜；② 鼓励中小企业参与制造业创新发展计划，发挥中小企业在创新中独有的作用；③ 通过反垄断立法、私有化以及准公共事业改革等措施，促进有序竞争，破除垄断，释放经济活力；④ 鼓励企业集群化发展，发挥规模经济和范围经济效应。

五、研究结论与讨论

本文以"一带一路"为研究背景，对"中亚五国"之一的哈萨克斯坦工业创新发展战略进行了研究，重点研究了哈萨克斯坦工业创新发展战略环境、战略目标、重点产业以及保障措施，试图为我国与之开展科技交流、企业投资贸易以及科研单位跨国技术转移提供参考。经过研究，在以下几个方面形成研究结论：

(1) 哈萨克斯坦开展工业创新发展具有一些显著条件和优势。如丰富的矿物资源、稳定的宏观经济与政治环境、良好的商业氛围、坚定的产业发展政策和政府实施机制。

(2) 哈萨克斯坦工业创新发展还存在明显的短板和劣势。突出表现为制造业基础比较薄弱，现代化水平普遍不高，距离国际水平的创新发展要求还存在较大差距。其他一些短板还表现为缺乏有资质的人力资源、基础设施不够完善、国有企业一支独大、创新体系缺乏竞争力、技术规范体系不完善以及"荷兰病"、"中等收入陷阱"等结构性经济问题。

(3) 我们要本着实事求是，尊重国情的原则去看待哈萨克斯坦工业创新发展的战略，其目标一是快速发展第二产业，摆脱单一的资源产业结构，促进经济的多元化；二是提高工业部门的生产效率和净增加值，力求摆脱"中等收入国家陷阱"。因此，他们的工业创新发展战略既不同于欧美等发达国家的技术领先创新战略，也不同于我国、韩国等在内的技术追赶战略。

(4) 相对于我国而言，哈萨克斯坦工业发展水平尚处于滞后阶段。其工业创新发展目标更多地还停留在我国过去所追求的工业化前期阶段，当前和未来短期的努力更多的是在补工业化的课，需要相当长的一段时间才能真正开展我们目前所追求的"原始创新"等更高水平的创新活动。

(5) 从战术选择上来讲，哈萨克斯坦基于两个重要原则对工业创新发展的产业部门进行了筛选，一是进口替代原则，二是基础优势原则。这种创新既无需担心创新后产品的市场问题，因为其本来就存在一个巨大的进口需求市场，又不用担心技术基础，因为以前已经有类似的产业存在，所以，这种创新模式的成功率是很高的，充分体现了哈萨克斯坦的后发优势。

(6) 从战略布局上来看，哈萨克斯坦优先发展的产业有 14 个，分别是黑色金属冶炼、有色金属冶炼、石油精炼、石油化工、食品生产、农业化工、化工原料、汽车及零部件、电力设备、农业装备制造、铁路装备制造、矿业装备制造、油气装备制造和建筑材料产业。这些产业在我国都有相当雄厚的发展基础，有些产业甚至在我国已经进入夕阳产业的名录，可以看出我国和哈萨克斯坦有着垂直对接的产业关系，如果沟通顺畅、机制合理，将会有着非常广阔的中哈合作前景。

(7) 从哈萨克斯坦工业创新发展目标实现路径来看，单凭哈萨克斯坦自身的科技实力是难以支撑的，因此，他们希望更多地引进国际先进技术，尤其是成熟技术，这对我国而言，无疑是一个大好的技术转移机会。然而，这个机会也并不是那么容易把握，主要因为哈萨克斯坦的潜在合作伙伴很多，世界上各发达国家都在他们的考虑范围之内，相对这些发达国家，我们的技术并不具备多少竞争优势，因为我们的技术本身很多就是源自于这些发达国家，"师傅"和"徒弟"同台竞争，我们很难胜出。还有，我国对外技术输出的历史和经验并不丰富，技术商业化的手段还不够成熟，这些问题都对中哈的科技交流提出了挑战。

(8) 从哈萨克斯坦工业创新发展的保障措施来看，他们的创新计划实施的决心是非常坚定的。所涉及的措施包括改善投资环境、完善产业技术规范、提高国际化水平、强化技术转移与创新、资金扶持、基础设施建设、人力资源供应等，这些手段符合国际创新经验，如果能付诸有效实施，将会为哈萨克斯坦工业创新发展目标的实现产生积极作用。

参考文献

[1]　韩东，秦放鸣，王述芬，等. 后金融危机时代哈萨克斯坦金融市场运行状况分析[J]. 新疆社会科学，2014(05):83-87.

[2]　秦放鸣，孙庆刚. 不对称性相互依赖背景下深化中国与哈萨克斯坦经贸合作的路径选择[J]. 亚太经济，2014(05):106-110.

[3]　江丽，高志刚. 中国与哈萨克斯坦油气资源领域合作的博弈分析[J]. 国际经贸探索，2014，30(08):88-95.

[4]　马斌，陈瑛. 新形势下中国与中亚的能源合作——以中国对哈萨克斯坦的投资为例[J]. 国际经济合作，2014(08):79-82.

[5]　秦鹏. 中国与哈萨克斯坦石油合作法律机制研究[J]. 经济问题，2014(06):53-57.

[6]　宋洁，夏咏. 哈萨克斯坦农业投资环境分析[J]. 生产力研究，2013(04):131-134.

[7]   王晓峰，陈建萍. 中国投资在中亚面临的制度风险及对策研究——以哈萨克斯坦为例[J]. 开发研究，2013(01):30-34.

[8]   彭京旗.哈萨克斯坦外国人劳务许可证管理办法新变化[J]. 国际经济合作，2012(11):62-67.

[9]   王维然，雷琳，吴唯君. 自然资源是哈萨克斯坦的赐福还是诅咒?[J]. 俄罗斯研究，2012(05):62-75.

[10]   孙莉，付琳，沈艾彬. 哈萨克斯坦产业结构演变分析[J]. 新疆社会科学，2012(05):76-81.

[11]   柴利. 哈萨克斯坦能源政策新发展[J]. 新疆社会科学，2012(03):67-73, 141-142.

[12]   J. 库兹涅尔，孙溯源. 哈萨克斯坦石油精英及其对能源政策的影响[J]. 俄罗斯研究，2012(01):125-153.

[13]   汪登奎，李会均. 哈萨克斯坦项目税务筹划与项目控股架构选择[J]. 国际经济合作，2011(04):61-63.

[14]   郜志雄，王颖. 中国与哈萨克斯坦经贸合作前景的实证分析——基于贸易、投资国际比较的视角[J]. 国际贸易问题，2011(03):52-60.

[15]   王林彬，郭婷婷. 制度变迁对哈萨克斯坦矿业投资环境的影响[J]. 开发研究，2010(05):143-145.

[16]   王林彬，郭婷婷. 哈萨克斯坦矿业投资税费法律制度研究[J]. 新疆社会科学，2010(02):53-57.

[17]   State Program for Accelerated Industrial innovative development of the Republic of Kazakhstan(Approved by the President decree No. 958 on 19 March 2010).

[18]   Strategy of Industrial and Innovative development of the Republic of Kazakhstan for 2003–2015(Approved by the President decree No. 1096 on 17 May 2003).

段利民   西安电子科技大学经济与管理学院副教授、博士

"一带一路"背景下陕哈产能合作的思路及对策研究

张会新

摘要 "一带一路"倡议的提出构建了全面对外开放的新格局和国际合作新架构,而开展国际产能合作是中国主动适应经济新常态,深入贯彻落实"一带一路"的重要战略举措。陕西的优质富裕产能与哈萨克斯坦需求能够实现良好对接,因此,陕西应紧抓"一带一路"建设带来的良好契机,遵循优势互补、互利共赢、开放包容、合作共享、重点突出、循序渐进、企业主体、政策保障等基本原则,在具备产能及技术优势且符合哈萨克斯坦需求的能源化工、装备制造、金属冶炼及加工、农产品加工及制造等领域以要素输出、产业链输出、国际合作产业园等形式开展广泛的产能合作,并且从政治、经济、文化等方面为产能合作提供完善的支持保障。

关键词 "一带一路";产能合作;陕西;哈萨克斯坦

一、绪 论

(一) 研究背景

2013 年,习近平主席在哈萨克斯坦和印度尼西亚的两次讲话中分别提出了共同建设"丝绸之路经济带"和"21 世纪海上丝绸之路"的构想。"一带一路"的构想是进一步拓展中国对外开放战略的伟大创新,它构建了全面对外开放的新格局和国际合作新架构，超越了传统的发展经济学理论，为 21 世纪的国际合作带来了新的理念。"一带一路"倡议的提出开创了国际区域合作的新模式，使得开放、合作、共享、互联互通等理念成为区域发展和产业发展的新思想。

(1) 国际产能合作已成为转移过剩(富裕)产能，寻求新的经济增长点的有效手段。全球金融危机之后，中国经济发展的条件和环境发生了重大改变，原有的通过对外贸易拉动经济增长的传统发展模式不再适应这种新常态，需要探索新的发展模式和新的经济增长点。产能国际转移是发达国家化解产能过剩的共性规律，而通过国际产能合作的方式转移产能是目前发达国家和地区化解产能过剩、推动产业升级、改善贸易条件并向他国进行产业植入的有效手段。产能也就是生产能力，是在一定时期和生产条件下企业能够达到的产出水平，它反映了企业的生产规模及加工能力。当企业实际产出水平远远小于最佳生产能力，并且此差值超过一定临界值时，就产生了产能过剩或者说富余。这就意味着产能利用率低下及产能浪费，由此带来较高的生产成本。如果发达地区富余的优质产能正是发展中国家或地区所亟须的，那么，通过产能合作就可以实现双方的互惠互利，发达国家转移了过剩的优质产能，分摊生产成本，发展中国家承接了优质产能，提高了生产制造水平。

(2) 国际产能合作是中国推动装备制造走出去的必然选择。2014 年 12 月，李克强总理正式访问哈萨克斯坦，中哈两国在依托"一带一路"开展产能合作方面达成战略共识，两国将进一步深化经贸合作，实现互利共赢和共同发展。2015 年 4 月，李克强总理主持召开中国装备走出去和推进国际产能合作座谈会并作重要讲话，他指出需要大力支持中国装备走出去和推进国际产能合作。2015 年 5 月，国务院发布《关于推进国际产能和装备制造合作的指导意见》，指出将与我国装备和产能契合度高、合作愿望强烈、合作条件和基础好的发展中国家作为重点国别，并积极开拓发达国家市场，以点带面，逐步扩展。

(3) 中哈产能合作是强化中哈经贸合作和推进"一带一路"建设的必然选择。哈萨克斯坦矿产资源丰富，尤其是铀矿、铜矿、铅矿、锌矿、钨矿以及石油和天然气储量较为丰富。近年来，哈萨克斯坦经济保持着良好发展势头，并且积极参与国际分工与合作，与 186 个国家建立了经贸联系。1992 年，哈萨克斯坦与中国正式建交并签署《经贸合作协定》，此后，中哈合作不断深化：2005 年哈萨克斯坦成为第一个与中国建立战略伙伴关系的中亚国家；2011 年中哈宣布发展全面战略伙伴关系；2013 年，"一带一路"倡议提出之后，中哈经贸合作进入一个全新的阶段；2014 年双方达成产能合作的共识，成为新阶段经贸合作的重要方式；同年，哈萨克斯坦提出"光明之路"新经济政策，与中方"一带一路"实现对接；2016 年，中哈签订了《"丝绸之路经济带"建设与"光明之路"新经济政策对接合作规划》，提出两国将加强在基础设施、贸易、制造及其他领域的合作。近几年，中哈双方已经签署了多项政府间的产能合作协议，建立了常态化的合作机制，中国已经成为哈萨克斯坦的第一大进口来源地和第二大出口市场，产能合作成果丰硕，已成为"一带一路"产能合作的示范。

(二) 研究意义

国际产能合作就是在比较优势和双方需求的基础上，不同国家和地区间进行产业整体对接的一种跨国合作模式。这种模式的核心是"合作"，对于输出国来说，是在产业优势的基础上向东道国输出产品、产业及生产能力，帮助东道国建立完整的工业体系，提升其生产制造能力；对于东道国来说，需要根据本国经济发展的需求引进产品、资金、技术、生产装备、基础设施等产能要素，通过国际合作构建完整的产业体系，从而促进国内产业的全面发展。因此，推进国际产能合作既有利于我国产业结构的深度调整和优化升级，又能满足发展中国家基础设施建设的需要和对先进装备与工业生产线的需求，还可以为实施"再工业化"的发达国家提供经济增长动力。

(1) 理论意义：国际产能合作是我国"走出去"战略的升级版，主要通过对外直接投资等方式将富余的优质产能向国外转移，推进"一带一路"沿线及更多区域的国际产能合作是中国统筹国内国际发展大局、积极适应并引领经济发展新常态的重要举措。中哈产能合作是"一带一路"倡议中的重要环节，在"一带一路"背景下研究国际产能合作问题有助于"一带一路"沿线区域开拓新的经济增长点，并且探索优势互补、合作共赢的国际合作新模式，也为"一带一路"战略构想的进一步推进提供了有益的理论探索。

(2) 现实意义：哈萨克斯坦共和国位于亚洲中部，作为中亚面积最大，经济发展程度最高的国家，与中国的历史渊源悠久，经贸合作紧密，文化交流密切，具备与中国进行国际产能合作的良好基础和发展空间。自2014年李克强总理在访问哈萨克斯坦提出产能合作理念以来，中哈产能合作一直是两国经贸往来与合作的重点，也是国际产能合作的样板和典范。2017年6月，中哈两国联合发表声明，指出中方倡议的"一带一路"和哈萨克斯坦的"光明之路"计划相辅相成，双方将以此为契机进一步加强产能与投资合作。陕西是"一带一路"的核心区，在能源化工、有色冶金、装备制造等方面具有独特的产能优势，与哈萨克斯坦在能源工业升级、产业结构转型、基础设施建设等方面的需求能够形成良好的对接。研究陕哈产能合作问题既能充分发挥陕西重工业优势，有助于陕西制造走出去，转移优质富余产能，促进产业结构升级，提升国际竞争力和影响力，也有助于推动哈萨克斯坦的工业化和城镇化进程，从而实现双方的资源共享、优势互补及协同发展。

二、"一带一路"背景下陕哈产能合作的发展机遇

"十八"大以来，面对世界经济及国际贸易格局的新变化，中国逐步提出"经济新常态"、"中国制造2025"、"互联网+"等发展思路，将进一步开拓国际市场、推动中国经济转型升级看成新时期中国经济发展的重心，为此，中国政府适时提出了共同建设"丝绸之路经济带"及"21世纪海上丝绸之路"的倡议(简称"一带一路")。"一带一路"建设成为中国适应经济新常态，深化对外开放，深度融入世界经济体系，助力国内产业转型升级，提升国际竞争力的必然选择。陕西省位于"一带一路"的核

心区，肩负着承东启西、沟通南北的重要使命，在能源化工、装备制造、金属冶炼及加工、食品加工等领域具备独特的优势，能够与哈萨克斯坦的需求实现良好对接，陕西省应紧紧抓住"一带一路"建设的难得机遇，积极贯彻和落实国家"一带一路"战略部署，充分发挥自身优势，大力发展外向型经济，加快产能合作步伐，积极推动陕西企业走出去，促进产业转型升级，并最终提升陕西省的国际竞争力和影响力。

(一) "一带一路"为陕哈产能合作提供了良好的环境支持和思想引领

"一带一路"倡议以共商、共建、共享为基本原则，构建了多条跨越亚、非、欧，实现合作共赢的经济大走廊，它致力于进一步推动经济要素自由、有序流动，提高资源配置效率，促进市场深度融合，它还推动了亚、非、欧大陆及附近海洋的互联互通，有助于沿线各国伙伴关系的深化及发展战略的协调和对接，实现了更高水平、更深层次、更大范围的合作共享，为"一带一路"沿线国家和地区架设了新的交流与合作的桥梁。

同时，"一带一路"在区域合作、互联互通、经济文化交流等领域达成了理念共识，将地缘毗邻、经济互补等优势转化为合作共赢、持续增长的优势，打造了一个政治互信、经济融合、文化包容的区域合作新架构，推动了经济和文化的快速融合，也使得各国不断探求经济增长新模式、全球化平衡新路径以及区域合作新领域。

可见，"一带一路"倡议的提出和实施不仅为陕哈产能合作提供了更为广阔的空间和有利的发展环境，也为陕西加快经济转型及扩大对外开放带来了新的发展理念和发展机会。

(二) 各级政府为陕哈产能合作提供了科学规划及多方面的政策支持

陕西位于欧亚大陆桥中国段的中心，是承东启西、贯通南北的重要交通枢纽，自古以来就是中国对外开放的重要门户。2015年2月，习近平总书记在陕西考察时指出，陕西要找准定位，主动融入"一带一路"大格局。2015年3月，国家发改委、外交部、商务部在联合发布的《推动共建丝绸之路经济带和21世纪海上丝绸之路的愿景与行动》中指出，应发挥陕西综合经济文化优势，打造西安内陆型改革开放新高地。

为贯彻和落实国家"一带一路"部署，陕西省政府依据国家对陕西的定位要求，出台了多项发展规划和行动方案。2015 年 4 月，陕西省政府向国务院提交陕西对接"一带一路"的实施方案和行动计划，将陕西定位为"一带一路"重要支点及核心区域，提出陕西要重点建设包括国际产能合作中心的"五个中心"，打造内陆开放新高地，并引领西部省份的改革开放。自 2015 年 6 月开始，陕西省及西安市每年制定并发布"一带一路"建设行动计划，各地市级政府也纷纷出台相关规划和行动计划，为加快推进陕西省丝绸之路经济带新起点建设提供了科学的发展规划和完善的政策支持。

陕西省政府在"一带一路"建设中对陕哈产能合作做了明确的指导规划，并为陕哈产能合作提供了良好的外部环境和政策支持。如《陕西省"一带一路"建设 2015 年行动计划》中指出要积极推进中哈苹果友谊园等重点项目建设，支持优势企业开展国际合作，拓展优势产品海外市场，增开西安至阿拉木图的国际航线，完善融资保险服务机制，搭建对外开放平台等。2016 年和 2017 年的"一带一路"建设行动计划以及《陕西省推进建设丝绸之路经济带和 21 世纪海上丝绸之路实施方案(2015—2020 年)》中都明确提出要着力构建国际产能合作中心，加快推进国际合作产业园建设，进一步为加快陕哈产能合作提供政策依据和环境支持。

可见，国家"一带一路"建设的持续推进为陕西省加快与沿线国家的互联互通、合作共享、协调发展提供了良好的发展机遇，陕西省在"一带一路"中独特的地理位置和定位，以及省政府"一带一路"建设规划都为陕哈产能合作提供了有利的条件和政策支持。

三、"一带一路"背景下陕哈产能合作的必要性

在"一带一路"建设中，通过产能合作可以实现沿线国家的优势互补和合作共赢。产能合作已经成为中哈两国实现战略合作，共建"一带一路"的主要途径。陕西省科技创新能力强大，工业基础雄厚，在能源化工、装

备制造、金属冶炼及加工、食品加工等领域具备独特的优势，能够与哈萨克斯坦需求实现良好对接，因此，大力发展陕哈产能合作不但有助于提高陕西产能利用效率，实现产业结构转型升级，提升陕西制造业国际竞争力，也有助于哈萨克斯坦工业化体系的建立和完善。

(一) 产能合作是国际贸易及"一带一路"建设的重要实现形式

不同国家和地区的经济发展水平不平衡，资源禀赋存在差异，资源供求各有不同，但却各有优势，完全可以通过国际产能合作实现互联互通，合作共赢。从国际经济发展史来看，产能合作并不是一个新概念，它一直伴随着世界经济发展的历程。在国际贸易中，由于不同国家和地区间资源禀赋的丰裕和欠缺以及生产要素成本的高与低的差异，它们不断通过进出口贸易、对外直接投资、产业转移等方式实现产能合作。

中国在改革开放过程中积极利用自身优势，依托国际国内两种资源、两种市场，分别承接了国际劳动密集型产业向发展中国家转移以及终端制造业调整和转移两次国际产能转移，通过两次"引进来"的产能合作逐步发展为制造业大国。"一带一路"倡议的提出正是顺应当前中国经济结构调整和产业转型升级大趋势，进一步推动中国企业"走出去"，用"引进来"和"走出去"两条腿走路，积极融入以国际产能合作为主的全球治理趋势而做出的重大战略决策。

长期以来，中国经济稳定健康发展，已成为拉动世界经济增长的最大引擎，进一步扩大国际产业转移和产能合作，积极推动中国企业"走出去"，分享中国经济发展红利，已经成为"一带一路"沿线国家的共同选择。中国对外直接投资规模不断扩大，自 2003 年发布对外直接投资统计数据以来，实现了连续 14 年的增长，对外直接投资流量排名由 2011 年的第 6 位上升到第 2 位，存量由第 13 位上升到第 6 位。2015 年，中国对外直接投资流量超过日本，成为世界第二大投资国。截至 2016 年底，中国 2.44 万家境内投资者在国(境)外设立对外直接投资企业 3.72 万家，分布在全球 190个国家(地区)。2016 年，中国对外直接投资流量高达 1961.5 亿美元，占全球总额的 13.5%，对外直接投资累计净额(存量)达到 13 573.9 亿美元，占全球总额的 5.2%(图 1)[①]。2016 年，中国企业共对"一带一路"沿线的 53 个国家进行了非金融类直接投资 145.3 亿美元，与沿线 61 个国家新签对外承包工程项目合同 8158 份，新签合同额 1260.3 亿美元，完成营业额 759.7 亿美元[②]。

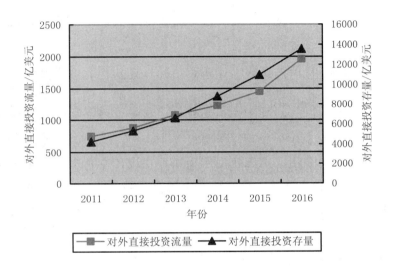

图 1　2011—2016 年中国对外直接投资变化

近年来，国际国内经济形势发生了重大转变，产能过剩逐步成为制约中国产业结构转型升级及经济可持续发展的重大问题，而国际产能合作可以将这些过剩的产能转变成优质产能，从而弥补中国外贸和经济增长的下行压力，推动中国产业向价值链高端攀升，中国经济向智能化、绿色化转型。与"一带一路"沿线国家的产能合作有效促进了富余产能的向外转移，打通了欧亚大陆新的产业网络和消费市场，推动了中东和中亚地区融入全球价值链，也进一步实践和落实了"一带一路"倡议。

---

① 数据来源：中华人民共和国商务部走出去公共服务平台. http://fec.mofcom.gov.cn/article/tjsj/tjgb/.

② 数据来源：中华人民共和国商务部走出去公共服务平台. http://fec.mofcom.gov.cn/article/fwydyl/tjsj/201701/20170102504239.shtml.

(二) 产能合作是陕西产业升级转型及国际化发展的必由之路

当前，中国正在从制造业大国向制造业强国迈进，陕西省作为中国制造业大省，在能源化工、装备制造、金属冶炼及加工、食品加工等方面具备独特的优势，且重工业产能过剩问题日益突出。在当前经济结构和产业结构调整新时期，如何抢抓机遇，积极推进陕西制造"走出去"和"引进来"成为陕西经济发展的重点。

陕西省是西部科技大省和工业大省，一直以来积极承接发达国家和地区的产业转移，不断引进先进技术和生产工艺，努力提升自主创新能力和创新活力，使陕西制造业竞争实力和科技创新水平得到了稳步提升。2016年，陕西规模以上工业企业研发经费投入184.4亿元，位于全国第17位，西部第3位；发明专利、实用新型专利和外观设计专利授权数48 455件，位于全国第11位，西部第2位；技术市场成交额802.8亿元，位于全国第3位，西部第1位。然而，陕西工业实力雄厚但对外贸易活动不足，贸易规模较小，要想充分发挥陕西工业优势必须进一步加快对外开放，推动国际合作步伐。

表1数据显示，2011—2015年五年间，陕西规模以上平均工业销售产值为17 688.0万元，居全国第18位，西部第3位，相当于四川的51.7%，内蒙古的94.3%。然而，同时期工业销售出口交货值均值409.2亿元，居全国第20位，西部第4位，相当于重庆的19.9%，四川的20.8%，广西的61.0%；进出口商品总值214.9亿元，居全国第23位，西部第6位，相当于重庆的33.5%，四川的36.7%，广西的60.6%，新疆的87.4%，云南的92.3%。表1为2011—2015年五年间西部12省区规模以上工业销售产值、工业销售出口交货值及进出口商品总值比较，为了直观比较，将陕西省数据设为基数1，其他地区的比较值为陕西省指标值占该地区指标值的比重。可见，陕西省工业实力仅次于四川、内蒙古，强于重庆、广西、新疆等地，但对外贸易发展程度明显滞后，外向型发展应该是陕西未来工业发展的重点。

表1　2011—2015 年西部地区工业销售及对外贸易比较

	规模以上工业销售产值		工业销售出口交货值		进出口商品总值	
	绝对值/万元	比较值	绝对值/亿元	比较值	绝对值/亿元	比较值
四川	34233.1	51.7%	1966.6	20.8%	585.6	36.7%
内蒙古	18764.9	94.3%	207.8	196.9%	124.9	172.0%
陕西	17688.0	100.0%	409.2	100.0%	214.9	100.0%
广西	17135.3	103.2%	670.8	61.0%	354.6	60.6%
重庆	15841.2	111.7%	2052.2	19.9%	642.0	33.5%
云南	9166.4	193.0%	139.4	293.4%	232.9	92.3%
新疆	7900.3	223.9%	58.5	699.4%	245.8	87.4%
贵州	7588.7	233.1%	114.5	357.5%	85.6	251.0%
甘肃	6948.1	254.6%	76.3	536.3%	88.9	241.7%
宁夏	3192.7	554.0%	76.2	537.2%	33.8	635.4%
青海	2197.7	804.8%	7.3	5611.2%	14.3	1506.9%
西藏	99.2	17 833.5%	0.1	319 660.9%	22.5	954.2%

注：数据来源于中宏统计数据库，以上数据为 2011—2015 年均值。

(三) 产能合作是哈萨克斯坦完善基础设施及工业体系的必然选择

哈萨克斯坦地理位置优越，横跨亚欧大陆，是丝绸之路经济带国际段的桥头堡。目前，哈萨克斯坦正处于经济结构转型的关键时期，但基础设施水平落后、产业门类不齐全、产业结构单一、经济结构失衡、对外贸易结构不合理等问题严重制约了其经济的可持续发展。对资源开发的严重依赖加大了其经济的脆弱性，使国家经济安全存在很大的隐患，同时落后的基础设施水平又成了其工业化建设的瓶颈。因此，哈萨克斯坦总统纳扎尔巴耶夫在《2050 年前哈萨克斯坦共和国发展战略》中指出要加速推进创新工业化发展，实现农工综合体的创新转变，提高科技发展潜力，保障基础设施建设，加强区域经济合作。在习近平总书记提出建设"丝绸之路经济带"的构想之后，哈萨克斯坦又提出了"光明之路"计划，指出要在交通、工业、能源等领域加大投资，构建辐射全国的交通网络，完善基础设施建设，推动经济结构转型。同年，中哈签署《关于共同推进丝绸之路经济带建设的谅解备忘录》，进一步强化了双方产能合作。

哈萨克斯坦与中国政治互信，战略目标一致，资源和产业结构互补，产业供求对接，经贸关系紧密，一直在基础设施、装备制造、矿产能源、农业、旅游等领域实施广泛的产能合作，已经初步形成了具备指导和示范意义的合作理念、合作思路及合作模式，这为陕哈产能合作提供了政策指引和实践参考。陕西省在冶金、建材、能源设备、交通运输设备、农业机械、有色金属等领域具备优势，能与哈方需求建立良好的对接。因此，陕哈产能合作既适应陕西工业和技术优势及经济发展需求，又符合哈萨克斯坦发展战略和国际贸易需求，也顺应国家"一带一路"发展战略及产能合作的政策导向。

四、"一带一路"背景下陕哈产能合作的原则及思路

国际产能合作是国际产业转移和对外直接投资相结合的产物，不仅可以实现中国经济结构转型的需求，还能帮助东道国实现工业化发展和人才建设，是一种互利共赢的友好合作模式。当前，陕西省应该紧抓中国倡导的"一带一路"建设及大力推进国际产能合作带来的良好契机，以国家相关政策方针及成功案例为指导，以陕哈两地实际供求为依据，探索出一条上承接国家战略，下契合双方实际，内利于陕西本地产业转型升级，外助于国际市场拓展的产能合作路径。

(一) 陕哈产能合作的基本原则

陕哈产能合作既要符合国家产能合作指导思想和基本原则，又要有自身特色，还要符合陕西本地产业发展特征和经济社会发展需求。

1. 优势互补，互利共赢

产能合作的基本动力源于不同国家和地区的资源禀赋和比较优势的差异，是为了互通有无、调剂余缺。中国政府的纲领性文件也将正确的义利观、互利共赢作为产能合作的重要指导思想。因此，陕西省在产业、技术及资金等方面的优势与哈萨克斯坦需求的对接和互补是双方合作的核心，

而双方政府及两地企业间互惠互利及合作共赢则是合作的最终目的。

2．开放包容，合作共享

开放包容、合作共享是中国"一带一路"建设的基本指导原则，也一直是中国对外贸易和对外经济合作的指导思想。在中外产能合作推进过程中，中国跨越地缘、不设门槛、因地制宜，以开放、包容、共享的心态为合作伙伴国提供了更为多样化的合作形式和更为广阔的合作空间。因此，陕哈产能合作也应该坚持开放包容与合作共享。

3．重点突出，循序渐进

在实际行动上，陕哈产能合作不能盲目跟风，一哄而上，而是要根据实际情况科学规划，坚持重点突出，循序渐进。要通过本地产能优势、技术优势和哈萨克斯坦需求相对接，结合中哈两国及周边地区产能合作方向，选出产能合作的重点领域，并根据地区、行业特征，考虑政府和企业双方的需求有针对性地采用对外贸易、工程承包、直接投资等多种方式有序推进。

4．企业主体，政策保障

在合作方式上，首先，要坚持企业为主体、市场为导向，以跨国企业为产能合作的主导力量，不断强化企业的国际竞争力和市场开拓能力，实现企业的决策自主、盈亏自负、风险自担；其次，要强化政府的支持保障作用，政府通过统筹规划、政策支持对陕哈产能合作的重点领域、合作模式、实施过程等进行引导和协调，同时通过构建产能合作平台，完善管理机制体制，优化金融、信保、人才、法律、中介服务等合作环境，为企业"走出去"创造有利条件。

(二) 陕哈产能合作的总体思路

国际产能合作的核心在于合作，也就是需要在双方资源禀赋及比较优势的基础上实现产业发展要素的自由流动和重新配置，产业分工的进一步细化和国际化。陕哈产能合作就是在"一带一路"建设和中外产能合作大背景下，通过陕西优势产能和哈萨克斯坦发展需求的完美对接实现陕哈双方的共享和共赢。

陕哈产能合作的总体思路为：以优势互补、互利共赢、开放包容、合作共享为指导思想，以重点突出、循序渐进为行动方针，以企业主体、政策保障为合作方式，通过对陕西省各产业的规模优势、效益优势和技术优势进行评价，选出具备优势的产业，结合哈萨克斯坦产业和政策需求，再综合考虑中国国家战略、中哈两国及周边地区产能合作方向，选出产能合作的重点领域，然后根据地区、行业特征及政府和企业需求选取合适的合作模式(见图 2)。

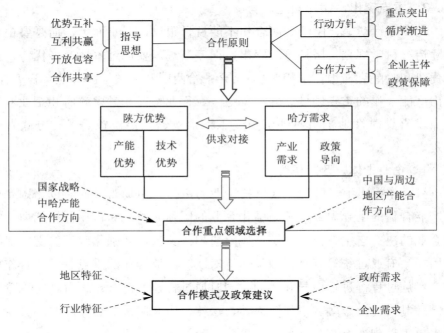

图 2　陕哈产能合作的总体思路

五、"一带一路"背景下陕哈工业产能合作的重点领域

根据陕哈产能合作的总体思路，可以依据陕西产能和技术优势，哈萨克斯坦产业和政策需求，再综合考虑国家战略、中哈产能合作及周边地区产能合作等选择产能合作的重点领域。本研究主要考虑工业领域，暂不考虑农业、商贸、旅游、建筑、文化等产业。

(一) 陕西省工业优势产业选择

1. 指标体系建立

本研究从产能优势和技术优势两个角度选择陕西省具备优势的产业门类，其中产能优势选择规模优势和效益优势两个二级指标，技术优势选择技术投入和技术产出两个二级指标，共计 8 个三级指标，用 S_i 表示，其中 i 取值 1，2，…，8，如表 2 所示。

表 2　陕西省优势产业评价指标体系

一级指标	二级指标	三级指标
优势产业选择 产能优势	规模优势	规模以上工业企业总产值(S_1)
		规模以上工业企业固定资产原价(S_2)
	效益优势	规模以上工业企业总资产贡献率(S_3)
		规模以上工业企业成本费用利润率(S_4)
技术优势	技术投入	规模以上工业企业 R&D 人员(S_5)
		规模以上工业企业 R&D 经费内部支出(S_6)
	技术产出	规模以上工业企业新产品销售收入占主营业务收入的比重(S_7)
		规模以上工业企业专利申请数(S_8)

2. 行业选择及数据处理

依据《2017 陕西省统计年鉴》对陕西省 39 个工业行业进行选择评价，首先依据规模以上工业企业总产值筛选出前 22 位的行业作为最终评价样本[①]。为便于分析评价，本研究采取评价指标的指数值，计算公式如下：

$$Z_{ij} = \frac{S_{ij}}{\max S_{ij} - \min S_{ij}} \times 0.6 + 0.4$$

① 说明：排名 23 和 24 的黑色金属矿采选业及燃气生产和供应业两个行业技术优势指标值缺失，排名之后的行业除仪器仪表制造业技术优势较强外，技术水平都比较落后，但该行业的生产能力较差，估仅取 22 位行业。

其中 S_{ij} 表示第 j 类行业的第 i 个指标的原始值，Z_{ij} 表示第 j 类行业第 i 个指标的指数值，i 取值 1，2，…，8，j 取值 1，2，…，22。为方便评价，取各行业产能优势和技术优势四个三级指标指数值的平均值作为产能优势指数(C)和技术优势指数(T)，如表 3 所示。

表 3   陕西省 22 个工业行业产能及技术优势评价

	S_1	S_2	S_3	S_4	C_j	S_5	S_6	S_7	S_8	T_j
煤炭开采和洗选业	1.07	0.61	1.08	0.89	**0.91**	0.44	0.40	0.52	0.40	**0.44**
有色金属冶炼和压延加工业	0.85	0.45	0.92	0.77	**0.75**	0.51	0.62	0.52	0.44	**0.52**
非金属矿物制品业	0.80	0.48	0.82	0.86	**0.74**	0.43	0.42	0.47	0.41	**0.43**
化学原料及化学制品制造业	0.77	0.56	0.79	0.62	**0.69**	0.56	0.66	0.81	0.47	**0.62**
石油加工、炼焦及核燃料加工业	0.76	0.49	0.91	0.76	**0.73**	0.49	0.41	0.45	0.40	**0.44**
农副食品加工业	0.76	0.43	0.78	1.08	**0.76**	0.45	0.43	0.46	0.41	**0.44**
电力、热力生产和供应业	0.76	0.71	0.83	0.62	**0.73**	0.43	0.40	0.53	0.40	**0.44**
汽车制造业	0.74	0.44	0.75	0.58	**0.63**	0.51	0.76	0.79	0.51	**0.64**
石油和天然气开采业	0.72	1.01	0.75	0.56	**0.76**	0.41	0.40	0.55	0.40	**0.44**
黑色金属冶炼和压延加工业	0.68	0.44	0.71	0.59	**0.61**	0.45	0.41	0.45	0.40	**0.43**
电气机械和器材制造业	0.67	0.44	0.67	0.60	**0.60**	0.54	0.62	0.84	0.48	**0.62**
计算机、通信和其他电子设备	0.61	0.49	0.63	0.74	**0.62**	0.67	0.53	0.82	0.46	**0.62**
专用设备制造业	0.60	0.45	0.58	0.59	**0.55**	0.50	0.51	0.97	0.46	**0.61**
医药制造业	0.59	0.43	0.59	1.06	**0.67**	0.50	0.51	0.50	0.46	**0.49**
酒、饮料和精制茶制造业	0.59	0.42	0.59	1.15	**0.69**	0.43	0.44	0.47	0.42	**0.44**
食品制造业	0.57	0.41	0.57	1.16	**0.68**	0.44	0.42	0.41	0.41	**0.42**
通用设备制造业	0.55	0.43	0.55	0.66	**0.55**	0.49	0.50	0.60	0.46	**0.51**
橡胶和塑料制品业	0.55	0.44	0.55	0.77	**0.58**	0.41	0.41	0.42	0.41	**0.41**
有色金属矿采选业	0.54	0.42	0.54	0.82	**0.58**	0.43	0.40	0.42	0.40	**0.41**
铁路、船舶、航空航天和其他	0.50	0.41	0.50	0.73	**0.54**	1.01	1.00	1.00	1.00	**1.00**
纺织业	0.48	0.41	0.49	1.16	**0.63**	0.41	0.40	0.40	0.40	**0.40**
金属制品业	0.47	0.41	0.48	0.65	**0.50**	0.46	0.44	0.49	0.45	**0.46**

3. 比较评价

从表3可以看出，在22个产业门类中，有些产业具有产能优势，有些产业具有技术优势。可以认为排名前15的行业都具有显著优势，为了更直观地比较，依次将排名前3的行业给5颗星，得5分，排名4~6的给4颗星，得4分，排名7~9的给3颗星，得3分，排名10~12的给2颗星，得2分，排名13~15的给1颗星，得1分，其余没有星，得0分，各行业的优势情况如表4所示。

表4 陕西省22个工业行业产能优势和技术优势比较

	产能优势		技术优势		总分
	排名	得分	排名	得分	
化学原料及化学制品制造业	9	***	3	*****	8
有色金属冶炼和压延加工业	4	****	7	***	7
石油和天然气开采业	2	*****	12	**	7
煤炭开采和洗选业	1	*****	13	*	6
汽车制造业	13	*	2	*****	6
石油加工、炼焦及核燃料加工业	6	****	15	*	5
农副食品加工业	3	*****	16		5
电力、热力生产和供应业	7	***	11	**	5
计算机、通信和其他电子设备	14	*	4	****	5
医药制造业	11	**	9	***	5
铁路、船舶、航空航天和其他	21		1	*****	5
非金属矿物制品业	5	****	17		4
电气机械和器材制造业	16		5	****	4
专用设备制造业	19		6	****	4
酒、饮料和精制茶制造业	8	***	14	*	4
通用设备制造业	20		8	***	3
食品制造业	10	**	19		2
纺织业	12	**	22		2
金属制品业	22		10	**	2
黑色金属冶炼和压延加工业	15	*	18		1
橡胶和塑料制品业	18		20		0
有色金属矿采选业	17		21		0

从表 4 可以看出，化学原料及化学制品制造业，有色金属冶炼和压延加工业，石油和天然气开采业，煤炭开采和洗选业及汽车制造业 5 个行业既具有较强的产能优势又具有较强的技术优势，两项评价指标合计得分大于 6 分，可以看成是产能合作选择的第一梯队；石油加工、炼焦及核燃料加工业，农副食品加工业等 11 个行业或具有较强的产能优势，或具有较强的技术优势，或同时具有较弱的产能优势和技术优势，两项评价指标合计得分为 3—5 分，看成是产能合作选择的第二梯队；食品制造业，纺织业等四个行业仅具备较弱的产能优势或技术优势，两项评价指标合计得分 1—2 分，看成是产能合作选择的第三梯队；橡胶和塑料制品业，有色金属矿采选业二个行业不具备产能优势和技术优势，暂时不考虑进行国际产能合作。

(二) 哈萨克斯坦工业合作需求分析

哈萨克斯坦不仅在资源禀赋和产业结构等方面与陕西省形成互补，其国家的长期发展战略也和陕西省加快"一带一路"建设和推动陕西制造"走出去"发展规划形成了良好的战略对接。本研究从产业需求和政策导向两个方面分析哈萨克斯坦的合作需求。

1. 产业需求

近年来，哈萨克斯坦经济发展状况良好，产业结构不断优化，但工业结构不合理，能源开采所占比重过大，轻工业发展薄弱，产业体系不健全(见图 3)，并且处于工业化初期，对交通、电力、通讯等基础设施需求很大。因此，哈萨克斯坦开始实行新经济政策，加大对基础设施的投资力度，不断推动经济多元化，努力通过国际产能合作寻求国外资金和技术的支持，帮助其建立完善的工业体系。

本研究采用工业总产值来研究哈萨克斯坦的产业基础和工业结构，某行业产值越大，说明发展基础越好。从图 4 可以看出，2015 年哈萨克斯坦细分工业总产值排名(选取了产值较大的七个行业)从大到小分别为原油开采、有色金属冶金、食品制造、化工业、黑色金属冶金、机械制造及金属制品，尤其是原油开采、有色金属冶金和食品制造三个行业已经具备了良好的发展基础和一定的发展规模，因此需要通过国际合作引进外部资金和先进技术实现产业结构优化和升级。

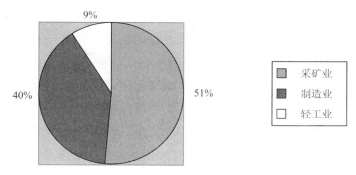

图 3　哈萨克斯坦 2015 年工业产业结构

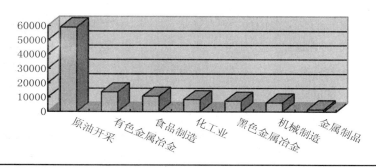

图 4　2015 年哈萨克斯坦细分产业总产值比较

注：图 3 和图 4 数据依据中华人民共和国驻哈萨克斯坦共和国大使馆经济商务参赞处网站相关数据整理取得。

2. 政策导向

目前，在面对新一轮工业革命浪潮中，哈萨克斯坦积极实行经济改革，力图通过国际贸易和国际合作建立全新的经济增长模式，提升国际竞争力。

哈萨克斯坦于 2010 年颁布的《2010—2014 年国家加速工业创新发展纲要》(第一个五年计划)中提出了工业发展的七个优先方向：农工综合体和农产品加工、冶金业、石油加工和石油天然气基础设施、电力、化工和制药、建筑业以及运输交通和信息通讯。同时还规定机器制造、铀、轻工业、旅游和航天业为五个重点发展方向。

2012 年，哈萨克斯坦发布了《哈萨克斯坦—2050》战略，提出了未来的七个优先发展方向：加速推进创新工业化发展，促进传统矿产、油气等资源开采领域的发展；实现农工综合体的创新转变；建立知识密集型经济，提高哈萨克斯坦的科技发展潜力；保障城市化、交通和能源三大板块的基础设施建设；鼓励中小企业发展；发展高质量的教育体系，促进卫生、文化、社会保障等领域的发展；完善政府工作机制等。

2014 年，哈萨克斯坦又制定了《加快工业创新发展国家纲要 2015—2019》(第二个五年计划)，提出要重点发展黑色冶金业、有色冶金业、炼油、石化、食品、农药、工业化学品、交通工具及配件和发动机制造业、电气、农业机械制造业、铁路设备制造业、采矿业机械设备制造业、石油炼化开采机械设备制造业、建材 14 个实体加工业以及创新和航天工业两个行业，合计十六个行业，并指出要集中发展冶金、化学、石化、机械制造、建筑材料生产、食品工业六个优先领域。

3．产业领域选择

综合考虑产业发展基础以及政府的政策支持导向，哈萨克斯坦目前急需重点发展的产业领域可以包括以下六个方向：以原油开采、冶炼、加工、石化等为代表的石油化工；以有色金属冶金、黑色金属冶金为代表的冶金；以电力、交通、运输、铁路、建筑、建材等为代表的基础设施建设；以农业机械、铁路机械、石油炼化开采机械、交通工具及发动机制造等为代表的装备制造；以农产品、食品工业、农药等为代表的农业加工及制造；以航天、医药制造为代表的高科技产业。

(三) 陕哈工业产能合作重点领域选择

国际产能合作既要考虑输出地的产业输出能力，又要看东道国的承接意愿，同时还要考虑双方所面临的外部环境。2016 年，中国对"一带一路"沿线国家和地区的投资存量主要分布在采矿、制造、租赁和商务服务、建筑、批发零售、电力热力供应、农林牧渔等行业，中哈产能合作也主要集中在能源、制造、基础设施、交通、物流、农业、商贸、旅游等领域。

依据陕西工业产业的产能优势、技术优势，哈萨克斯坦的产业需求和政策导向，再结合中国对外投资行业分布、中国在装备制造业产能合作的战略倾向[①]及中哈两国的合作实际，可以选出能源化工，装备制造，金属冶炼及加工，食品加工及制造业四个大类行业以及电力、热力生产和供应业，非金属矿物制品制造业，医药制造三个细分行业。

1. 能源化工

能源化工是陕西省的特色优势产业与支柱产业，从表 4 可以看出，化学原料及化学制品制造业，石油和天然气开采业，煤炭开采和洗选业，石油加工、炼焦及核燃料加工业既有强大的产能优势又具备较强的技术优势，这正是哈萨克斯坦急需发展的领域。

哈萨克斯坦能源矿产丰富，采矿业占其工业生产总值的一半以上，尤其是石油工业既是其支柱产业，又是吸引外商投资的重点产业，符合哈萨克斯坦产业基础及政策发展方向。目前哈萨克斯坦急需调整其产业结构，降低原油开采在其国民经济中所占比重，提高能源开采和利用效率，完善能源矿产基础设施建设，延长能源产业链，提高能源产业附加值，建立和完善能源化工产业体系。同时，能源化工也是中国与哈萨克斯坦及与"一带一路"沿线国家产能合作的重点领域。因此，陕西省应支持鼓励并积极促成能源化工相关企业与哈萨克斯坦的产能合作。

2. 装备制造

装备制造与能源化工一样，一直是陕西省的特色优势产业和支柱产业，表 4 也显示：汽车制造业，铁路、船舶、航空航天和其他，计算机、通信和其他电子设备，电气机械和器材制造业，专用设备制造业，通用设备制造业等六个行业虽然产能优势稍弱，但极具技术优势，具有极强的技术创新能力。

---

① 2015 年出台的《关于推进国际产能和装备制造合作的指导意见》立足国内优势并结合当地市场需求开展优势产能国际合作，要求将钢铁、有色金属、建材、铁路、电力、化工、轻纺、汽车、通信、工程机械、航空航天、船舶和海洋工程等共 12 大产业作为重点，并明确产能合作的任务和领域。

哈萨克斯坦的机械制造业具备一定的产业基础(见图4),但存在设备老化、技术落后、对外资依赖过高等问题,无法满足其工业深化发展的需求。交通工具及配件、发动机制造业、农业机械制造业、铁路设备制造业、采矿业机械设备制造业、石油炼化开采机械设备制造业、航天工业等都是哈萨克斯坦加快工业创新发展第二个五年计划的重点领域。同时,哈萨克斯坦的"光明之路"发展规划及2050战略规划中都重点强调加强基础设施建设,这更离不开装备制造业的支撑。从国家战略和国际合作来看,装备制造业是中国参与国际产能合作的重点领域,国务院《关于推进国际产能和装备制造合作的指导意见》明确指出,推进国际产能和装备制造合作,是保持我国经济中高速增长和迈向中高端水平的重大举措。

3．金属冶炼及加工

从表4可以看出,陕西省有色金属冶炼和压延加工业产能优势和技术优势都很显著,金属制品业具备一定的技术优势,黑色金属冶炼和压延加工业在陕西省也具备一定的发展规模。

有色金属冶金和黑色金属冶金在哈萨克斯坦工业生产中所占比重排名前列(图4),分别占制造业总产值的23.9%和12.8%,已经具备了一定的发展基础。在加快工业创新发展第一个五年计划和第二个五年计划中,冶金业都是重点和优先发展的产业领域。同时,有色金属也是《关于推进国际产能和装备制造合作的指导意见》明确指出的重点领域。

4．农产品加工及制造

陕西省是中国著名的农业大省,农业资源丰富,水果产业是陕西省特色优势产业之一。表4也显示,陕西省农副食品加工业,酒、饮料和精制茶制造业,食品制造业具有显著的产能优势,酒、饮料和精制茶制造业也具有一定的技术优势。

农牧业是哈萨克斯坦除能源矿产外的主要产业,食品制造业在哈萨克斯坦的各细分工业产业中,产值居第三位(图4),可见具备良好的发展基础。农工综合体和农产品加工是哈萨克斯坦工业创新发展第一个五年计划的第一发展的重点领域,农药和农业机械制造也是第二个五年计划的重点产业。2050规划中也重点提出农工综合体、农业现代化要优先发展。在中哈产能合作中，农业及农产品加工也是产能合作的重点领域之一，2017年6月发布的《中华人民共和国和哈萨克斯坦共和国联合声明》中，农业也是双方深化产能与投资合作的六大领域之一①。

5. 其他细分行业

一是电力、热力生产和供应业。陕西省电力、热力生产和供应业同时具备产能优势和技术优势。近年来，工业化发展和城市基础设施建设一直是哈萨克斯坦经济社会发展的重点和基础，其中，电力和热力不论是对经济社会发展，还是居民生活，都是最基本的保障。因此，哈萨克斯坦为推动创新工业发展，完善基础设施建设，将电力、电气看成是工业创新发展的重点领域之一。

二是建筑及装饰材料。陕西省非金属矿物制品制造业具备较强的产能优势，而非金属矿物品制造领域中的水泥、石灰、石膏、砖瓦、石材、玻璃、陶瓷等都是必不可少的建筑材料。哈萨克斯坦工业化及城市化的加速发展使其对水泥、玻璃、地板、陶瓷等建筑及装饰材料的需求大大增加，因此，哈方在加快工业创新发展两个五年计划中，都将建筑、建材看成是优先发展的产业领域。

三是医药制造。陕西医药制造业同时具备产能优势和技术优势，哈萨克斯坦为推动创新工业发展，在第一个五年计划中将制药看成是优先发展的领域。

六、"一带一路"背景下陕哈产能合作的模式及政策建议

(一) 陕哈产能合作的模式

国际产能合作是两个(或多个)国家和地区之间为满足各自的需求联合采取的产能供求跨国、跨地区配置的行动。从现有研究和实践来看，不同

---

① 中华人民共和国和哈萨克斯坦共和国联合声明中指出，双方同意在上述倡议框架内深化产能与投资合作，加强互联互通，深化基础设施建设、交通物流、贸易、制造业、农业、旅游领域合作。

产业领域，不同国家和地区已经探索出多种合作方式，综合来看，可以概括为以下三种模式，陕西省可以依据陕哈两地实际需求和具体行业特征选择合适的合作方式及路径。

1. 以要素输出为核心的产能输出模式

以往的国际贸易主要以产品输出为主，使得进口国过度依赖产品进口，无法提升自身生产能力，出口国也由于生产成本的提高无法获得最佳经济效益，双方的比较优势难以充分发挥。通过产能合作将原来单纯的产品输出为主的贸易方式转向以资本输出为主，以资本输出带动产能的输出，进而带动技术、装备、人才、管理及标准的输出，从而使东道国生产能力实现整体提升。

"一带一路"沿线很多国家和地区在重化工产品和基础设施建设领域存在巨大的潜在需求，将以产品输出为主的低端要素输出模式转变为以资本和技术等要素为主的高端要素输出模式，并带动产品、装备、标准、服务、品牌等其他生产要素的输出，也就是要素输出带动整体产能输出，这不但可以缓解本地企业的生产成本上升的难题，提高产能利用效率，推动中国企业"走出去"，还可以发挥金融的引领和风险管理的功能，推动人民币国际化战略，提升中国制造国际竞争力和影响力。

以要素输出为主的产能输出模式主要有产品出口、对外直接投资、劳务合作、对外承包工程等几种方式。2015 年中国对外直接投资(ODI)金额达到 1456.7 亿美元，首次超过同期实际利用外资水平(FDI)，开始成为资本净输出国，对外投资流量首次超过日本，位列全球第二[①]。近年来，中国对"一带一路"沿线国家投资合作规模显著加大：2016 年，中国对"一带一路"沿线国家直接投资达 153.4 亿美元，直接投资存量为 1294.1 亿美元，占中国对外直接投资存量的 9.5%，其中，对哈萨克斯坦的对外直接投资存量排名第五；对沿线 61 个国家新签的对外承包工程合同 8158 份，金额达 1260.3 亿美元，占同期新签合同金额的 51.6%[②]。2017 年，中国

---

① 数据来源：中国对外投资合作发展报告 2016.
② 数据来源：中国对外投资合作发展报告 2017.

企业对"一带一路"沿线 59 个国家进行的非金融类直接投资 143.6 亿美元，其中实施并购 62 起，投资额 88 亿美元，中石油集团和中国华信投资 28 亿美元联合收购阿联酋阿布扎比石油公司 12%股权为其中最大的项目^①。

2．以产业链输出为核心的整体产业转移模式

国际产能合作不仅是产品和生产能力的输出，更是产业整体的移植，需要帮助东道国建立完整的工业体系，提升其整体制造能力。因此，要素输出仅仅是低层次的产能合作，而产业链输出是要素输出的升级版，是高层次、高端的合作。产业链输出通过直接投资、战略联盟、工程承包等多种方式对产业链上游、中游、下游及相关配套产业向东道国进行产业链整体的移植，帮助其建立和完善产业链以及相关配套服务，同时，也是对设计、研发、采购、建设、运营等价值链多环节的整体转移。"一带一路"沿线很多国家缺乏完整的工业体系，其工业生产以自然资源的原始利用及初级加工为主，产业链短，技术水平落后，产业附加值低，一直处于价值链的低端。因此，亟须引入国外先进技术、设备、资金及管理经验，促进本地产业链的延伸与产业网络的完善。

在基础设施建设领域，中国创造性的探索出了有助于产业链输出的新的产能合作方式，提出基础设施合作建营一体化的合作模式，鼓励企业承揽特许经营类工程项目。以往中国企业在基础设施领域实施产能合作主要是通过施工总承包或 EPC 总承包模式。EPC(Engineering Procurement Construction)是指"设计—采购—建设"一体化服务模式，也就是按照合同约定对工程建设项目的设计、采购、施工、试运行等实行全过程或若干阶段的承包。这种模式不仅难以充分满足国际市场需求，也使自己锁定在产能合作的价值链低端。为了进一步发展中国企业的资金和技术优势，中国企业又逐步探索出了"工程承包+融资"(EPC+F)、"工程承包+融资+运营"(EPC+F+O)等新型合作模式，有条件的项目还采用"建设—运营—

---

① 数据来源：中华人民共和国商务部走出去公共服务平台.

移交"(BOT)、公私合营(PPP)等方式①。此后,中国需要重点推进"基础设施建营一体化",逐步加大生产性服务投入力度,以工程建设为核心向前向后延伸产业链,不断攀向价值链高端,提升中国企业在全球价值链分工中的地位,实现由"中国制造"向"中国智造"的转变。

在电力领域,中国电力企业参与国际合作的方式也由开始的设备供货,发展到目前的"设计—采购"(EP)、"设计—采购—建设"(EPC)、"独立电站"(IPP)、"建设—运营—移交"(BOT)、"建设—拥有—运营"(BOO)、公私合营(PPP)、融资租赁、并购等多种形式,合作范围涉及电站的设计、咨询、融资、建设、采购、运营等全产业链,既包括电站建设,也包括电网建设,使得中国电力企业"走出去"的水平不断提高②。

中国企业不断扩展工程承包产业链,一方面推动产业链上游带动设备走出去,另一方面在下游进行项目合作和管理运营,对整个项目进行全生命周期、全产业链的帮助和管理,以实现工程承包业务的跨越式发展。2016年10月,由中国中铁和中国铁建联合建设的亚吉铁路(连接埃塞俄比亚和吉布提两国首都的亚的斯亚贝巴—吉布提)正式通车,亚吉铁路是中国企业在海外首次采用全套中国标准和中国装备建造的铁路,并首次实现了包括融资、设计、施工、装备材料到通车后的运营的全产业链"走出去"。于2017年5月通车的肯尼亚蒙巴萨—内罗毕标轨铁路(蒙内铁路)也是由中国路桥公司承建的全线采用中国标准、装备、技术和管理的一条铁路,进一步践行和验证了全产业链输出模式。2017年4月,印尼雅万高铁项目总承包合同(EPC)的签订代表着中国高铁开始全系统、全要素、全产业链的走出国门。2016年,中国电建以 EPC+OM 模式签约世界最大规模的太阳能聚热发电项目——摩洛哥努奥太阳能聚热发电独立电站项目。此外,中国铁建、中国港湾、山东高速、国机集团、中国交建、中国电建、江西国际等一批企业都在积极探索交通、电力、供水、房建、废水物处理等领域的

---

① 数据来源:中国对外投资合作发展报告 2016.
② 数据来源:中国对外投资合作发展报告 2015.

PPP/BOT 项目[①]。

3. 国际合作产业园及国际合作示范区模式

中国共产党十八届五中全会明确提出了要"发展更高层次的开放型经济,培育有全球影响力的先进制造基地和经济区,提高边境经济合作区、跨境经济合作区发展水平"。林毅夫也曾指出,利用发达国家技术产业的后发优势是推动技术创新和产业升级,并带动中国经济取得巨大成功的宝贵经验,而产业园区、经济特区、经济示范区等正是技术引进中的重要环节。

当前,国际产能合作已逐步成为全球经济发展的热点,中外合作产业园、国际合作示范区也开始成为国际产能合作新的支撑平台。中外合作产业园就是把引进外资和产业园发展规划相结合,以中外两个国家产能合作目标及投资偏好为基础,两国政府、园区及企业三方主体以共商、共享、共建为原则进行园区基础设施和生活配套建设,从而实现两国在全球产业链和价值链上的分工合作以及高端项目的集聚。国际合作产业园以产业和城市融合为核心,通过合作双方共同参与全球产业链分工及合作,优势互补、合作共享,带动先进技术的引进、消化与吸收,从而促进产能供求及产业标准的对接与国际竞争力的提升。这种合作产业园包括"引进来"和"走出去"两种类型。"引进来"通过合作研发新产品、技术更新与改造、产品本土化等实现国内传统产业的升级、改造以及新产业的培育,如中德(沈阳)高端装备制造产业园、中奥苏通产业园等园区。这些由国家或省市政府层面推动的国际合作园区,已经开始体现出中外合作园区的功能提升。"走出去"是为了加深中国与"一带一路"沿线国家和地区的经济技术合作,实现中国与沿线国家的资源互补、技术交流、产业互补、供需对接、文化融合而建立的合作园区,一方面推动中国企业"走出去",转移国内富余产能,促进本地产业升级转型,另一方面推动东道国工业体系的完善及技术水平的提升,如埃塞俄比亚东方工业园、中国印尼综合产业园区青山园区等。

---

① 数据来源:中国对外投资合作发展报告 2017.

与中外合作产业园类似，国际合作示范区是为深化国际经济合作，在合作双方资源禀赋和比较优势的基础上，通过合作开发、共同管理的方式大力发展进出口加工、口岸物流、互市贸易、跨境电商、自由旅游及综合商务等产业，从而形成的互惠互利、优势互补、共享共赢、对等合作的跨境或不跨境的国际产业合作集聚区。国际合作示范区有助于发挥合作双方资源优势、区位优势、产业优势和对外合作优势，打造一个优势共享、产业集聚、合作运营、协同管理、风险共担的合作平台，有助于中国企业抱团走出去。为加快推进"一带一路"建设和对外农业投资，农业部启动了境外农业合作示范区和农业对外开放合作试验区建设("两区"建设)试点工作，首批认定了十个境外农业合作示范区。"两区"建设将充分发挥示范和试验功效，产生集聚效应和扩张效应，引导我国对外农业投资向规模化、规范化的方向发展[①]。

　　"一带一路"倡议提出之后，许多沿线国家和地区积极响应，大力兴办自由贸易试验区和中外合作园区，国际合作产业园及国际合作示范区已经成为推进"一带一路"倡议，促进中国和东道国经贸合作双赢的重要载体和有效平台。截至 2016 年年底，中国企业已经在沿线 20 个国家建立了56 个经贸合作区，占在建合作区总数的 72.7%，累计投资 185.5 亿美元，入区企业达 1082 家，创造总产值 506.9 亿美元，为东道国增加了 10.7 亿美元的税收和 17.7 万个就业岗位[②]，沿线国家的产品、资金、技术、服务等开始更大规模、更广范围的自由流动，"中国制造"越来越深入人心，中国在世界经济体系中的地位得到了进一步稳固和提升。

(二) 推进陕哈产能合作的政策建议

　　在经济转型的关键时期，持续推进"一带一路"产能合作对中国及陕西省都具有十分重要的意义，既有利于促进经济发展和产业转型升级，也有利于推动更高层次、更大范围、更高水平的对外开放，强化国际竞争优

---

① 数据来源：中国对外投资合作发展报告 2017.
② 数据来源：中国对外投资合作发展报告 2017.

势，还有利于进一步深化与"一带一路"沿线国家的合作与交流。为深入实施"一带一路"战略规划，强化陕哈产能合作，必须同时调动政府、企业和社会三方的力量，在政治上强化双方政府间的政策对接，完善政策支持体系，建立完善的对外投融资体制机制，构建完善的产能合作支持服务体系；在经济上重视产业培育和技术创新，提升陕西优势产业的竞争力和技术创新能力，打造高效的产能合作平台，吸引更多企业积极参与产能合作，并且发挥大企业的引领和示范作用，积极推进陕西企业抱团走出去；在文化层面强化陕哈之间的文化包容与人文交流，为陕哈产能合作提供文化软实力的支撑。

1. 在政治方面建立完善的政策体系管理体制，提供完备的支持服务

国际产能合作是两个国家或地区间产业链整体的对接和融合，是个系统性工程，其中涉及国家政府、地方政府及各类区域管理机构、企业以及各种相关社会组织，还涉及两地政治隔阂、制度差异、文化冲突、地理差距等诸多问题。因此，双方政府在互信、互利、包容的基础上建立市场导向产能合作管理体制，并提供完善的政策支持和服务支持是产能合作顺利进行的前提和保障。

首先是强化政府间的政治互信和对话，建立完善的政策支持体系。中哈两国政府都将产能合作提升到国家战略的高度，不断深化双方高层互访和交流，对产能合作进行了顶层设计和政策支持。近年来，陕哈两地政府也多次进行互访和会谈，在"一带一路"建设及产能合作方面达成多项共识。为实现"五大中心"建设，提高陕西制造在哈萨克斯坦的影响力和竞争力，陕西省政府需要进一步深化与哈萨克斯坦的双边对话，制定和完善有助于产能合作的地方性法律法规，从所得税优惠、金融支持、保险促进、信贷服务、贸易支持、人才政策、监督管理等方面为陕西企业走出去、深化陕哈交流与互动提供完善的政策支持，并且不断强化政策支持力度和政策的执行力度，为陕西企业"走出去"保驾护航，为陕哈产能合作的顺利实施提供有力的政策支持。

其次是建立完善的产能合作管理体制机制。目前，发达国家早已具备较为完善的促进对外投资及合作管理的体制机制，而中国由于刚刚起步，各方面准备工作比较欠缺。自 2014 年起，中国政府开始放松了对外直接投资管理体制，但事中、事后监管机制仍不健全。在国家层面上，政府需要变革现有管理体制，强化制度创新，打造适应新形势的境外投融资与国际合作体制，积极参与双边及多边贸易会谈。对陕西省政府来说需要尽快建立符合陕哈实际的，以政府为引导、企业为主体，以市场化、项目化为管理方式的管理体制机制，不断更新组织管理观念，创新组织管理方式，健全工作体制，充分调动政府、企业、社会三方力量，为陕哈产能合作提供良好的组织管理保障。

最后，需要建立完善的支持服务体系。中国产能合作相关支持服务体系建设严重滞后，信息服务网络不完善，相关统计监测系统也不健全，无法适应当前复杂多变的市场与产业环境。因此，需要由商务部牵头设立专门的服务机构，如研究建立国际产能合作项目库，从中筛选出重大项目进行风险评估和防控，并且强化对参与合作的国家、地区及企业在信息、金融、用人、咨询等方面的相关服务。对于陕西省政府来说，需要由陕西省商务厅牵头建立专门的对外合作服务平台，整合省内各种优势资源，培育相关中介服务机构，完善产能合作的各项配套服务，加大对陕西企业的支持和推介力度。

2. 在经济方面打造全新的合作平台，推动跨国公司引领的"全产业链"输出

对于输出方来说，国际产能合作是通过对接收方亟须的产品、技术、资金、装备、人员、标准及管理等具备显著优势的生产能力及产业链的输出，达到提高自身产能利用效率，实现产业升级转型的目的，其中，具有优质富余生产能力的优势产业是产能合作的关键，跨国企业是产能合作的核心主体，而产业合作园或示范区是催生并助力产能合作的主要载体。因此，陕哈产能合作需要着力培育优势产业和跨国企业，不断提升企业创新能力和技术标准，积极打造新的产能合作平台，吸引和鼓励大型企业主动"走出去"，并带动相关中小企业抱团出海。

首先，要大力培育优势产业及其创新能力。产能合作的初衷是发达地区转移富余的优势产能，提高产能利用效率，欠发达地区引进中高端产业和先进技术，从而建立和提升自己的工业体系和产业标准。目前陕西省在矿产采选、石油加工、食品加工等领域具备一定的产能优势，但这仅仅是相对而言，与发达国家及中国东部发达地区相比还具有一定的差距，技术创新能力和水平也有待提高；航空航天、汽车、化工等领域的技术优势也是相对于陕西其他行业，与发达国家和地区相比也有很大的进步空间，产业规模和效益还需要进一步提升。因此，陕西省应该一方面积极培育特色优势产业，筛选有发展潜力的企业和产业进行重点支持，优化产业结构和产业网络，将特色产业做大做强；另一方面，更要积极参与全球价值链分工，承接发达地区更为高端的产业转移，积极引进先进技术并不断提升技术的引进、消化和吸收能力，提升自主研发创新能力和水平，以技术创新驱动产业的升级和转型，不断攀向产业链高端，提高产业的国际竞争力和影响力，保证持久性的技术优势和产能优势。

其次，大力培养龙头企业，鼓励跨国公司带头"走出去"，带动相关企业抱团出海。企业是国际产能合作的主体，政府仅仅充当引导者和辅助者的角色，永远无法替代企业的主体地位。为持续推进"一带一路"建设，加快陕哈产能合作步伐，陕西省政府一是要充分调动各类企业的积极性，尽快培育一批生产能力强、经济效益好、具有社会责任心的跨国企业，并且在遵守国际商业惯例的前提下，做好各种信息分析和风险评估，帮助其提高跨国经营能力和内部管理水平，规范其经营行为及经营理念，鼓励和支持它们的境外投资和海外经营行为。二要发挥跨国公司的领头和带动作用，采取"以国有企业带动民营企业、以大企业带动小企业"的策略开展陕哈产能合作，构建以市场为导向的国际产能合作企业联盟，让国有企业、大企业作为核心力量，充当"先行军"，带动产业链上相关配套的民营企业、中小企业"抱团出海"，围绕国有大企业做大做强整个产业链，实现整体产业的转移。

最后，积极打造新的产能合作平台，吸引更多企业参与产能合作。要素输出仅仅是低层次的产能合作，国际产能合作更多的应该是以产业链输出为核心的整体产业的转移，这就不仅仅需要大型的跨国公司，而是需要更多的中小型企业的参与和协助，也不仅仅需要鼓励中国企业"走出去"，也要吸引哈萨克斯坦企业"走进来",需要不同国家、不同地区、不同性质、不同规模的企业携手共进,互利共赢。中小企业和私营企业灵活性、机动性更强,但是由于区域差异、认知局限、文化差异、语言不通等问题,相互之间缺乏了解和信任,沟通联系的渠道少,也没有相应的语言人才,这就导致了中小企业参与产能合作的认知不到位,动力不足,风险巨大等问题。以产业合作园、合作示范区等为代表的产能合作平台是推动国际产能合作的主要载体,因此,陕西省应该一方面全力打造国际产能合作中心和中国(陕西)自由贸易试验区等对外合作的窗口,做大做强中哈人民苹果友谊园、中哈产业园咸阳纺织工业园区、中哈现代农业产业创新示范园等陕哈产能合作重点项目;另一方面,由省商务厅牵头举办更多、更高层次的陕哈贸易洽谈会、陕哈国际合作推介会等商务活动,为陕哈两国企业解决信息不对称、沟通不畅等问题,吸引更多国内外企业加入陕哈产能合作大舞台;同时,还要不断探索和建设新的高水平的产能合作平台,积极学习和总结其他国家和地区的产能合作平台的成功经验,积极推进"两国双园"、"两国多园"、"多国多园"等模式。

3. 在文化方面强化人文交流,为产能合作提供文化保障

"一带一路"沿线国家由于地域临近,存在着共同的历史渊源,有着类似的文化,但不同国家、民族、种族、宗教在语言、价值观、生活习惯等方面的文化差异仍然是制约相互之间产能合作,带来合作风险的重要因素。因此,"一带一路"战略大力倡导文化包容,陕哈之间也应该不断通过官方对话、文化旅游、文娱和体育交流、教育合作等方式不断强化双方的人文交流与文化融合,促进双方沟通与了解,消减文化隔阂,为陕哈产能合作提供人文软实力的支撑。

七、结 论

"一带一路"战略构想构建了多条跨越亚、非、欧,实现合作共赢的经济大走廊,有助于沿线各国伙伴关系的深化及发展战略的协调和对接,实现了更高水平、更深层次、更大范围的合作共享。"一带一路"战略构想的提出和实施不仅为陕西加快经济转型及扩大对外开放带来了新的发展理念和发展模式，也为陕哈产能合作提供了更为有利的发展环境和政治机遇。本研究得出以下结论：

第一，国际产能合作是国际贸易及"一带一路"建设的重要实现形式，也是陕西产业升级转型及国际化发展的必由之路，不但有利于陕西省抢抓机遇，积极推进陕西制造"走出去"，提高陕西制造业国际竞争力和影响力，而且有助于哈萨克斯坦引入陕西优势产能和先进技术，从而完善基础设施及工业体系建设。

第二，陕西省应紧抓"一带一路"建设带来的良好契机，探索出一条上承国家战略，下合双方实际，内利本地产业升级，外助国际市场开拓的产能合作路径，其发展思路可以概括为：以优势互补、互利共赢、开放包容、合作共享为指导思想，以重点突出、循序渐进为行动方针，以企业主体、政策保障为合作方式，通过对陕西各产业的规模优势、效益优势和技术优势进行评价，选出具备优势的产业，结合哈萨克斯坦产业和政策需求，再综合考虑中国国家战略、中哈两国及周边地区产能合作方向，选出产能合作的重点领域，然后根据地区、行业特征及政府和企业需求选取合适的合作模式。

第三，从产能优势和技术优势两个角度对陕西省规模以上工业企业进行实证分析，再对哈萨克斯坦的产业需求和政策导向进行分析，结合中国国家战略和中哈产能合作实践，以能源化工，装备制造，金属冶炼及加工，食品加工及制造业四个大类行业以及电力、热力生产和供应业、非金属矿物制品制造业、医药制造三个细分行业作为陕哈产能合作的重点领域。

第四，根据现有研究和实践，国际产能合作主要有以要素输出为核心的产能输出模式、以产业链输出为核心的整体产业转移模式以及国际合作产业园及国际合作示范区模式三种模式，陕西省可以依据陕哈两地实际需求和具体行业特征选择合适的合作方式及路径。

最后，为深入实施"一带一路"构想和规划，强化陕哈产能合作，必须同时调动政府、企业和社会三方的力量，在政治上强化双方政府间政策对接，完善政策支持，建立完善合作管理体制机制及支持服务体系；在经济上大力提升陕西优势产业和大中型企业的国际竞争力和自主创新能力，打造高效的产能合作平台，积极推进陕西企业在跨国公司引领下组团出海；在文化层面强化陕哈文化包容与人文交流，为陕哈产能合作提供文化软实力的支撑。

参考文献

[1] 王志民."一带一路"背景下中哈产能合作及其溢出效应[J]. 东北亚论坛, 2017, (1):41-52.

[2] 刘乐, 马莉莉. 哈萨克斯坦经济转型与"丝绸之路经济带"建设[J]. 欧亚经济, 2016, (1):85-96.

[3] 白永秀, 黄莹, 王泽润. 丝绸之路经济带建设中的中哈产能合作研究[J]. 开发研究, 2017, (2)：85-90.

[4] 刘佳骏."21 世纪海上丝绸之路"沿线产能合作路径探析[J]. 国际经济合作, 2016(8)：9-12.

[5] 郭朝先, 刘芳, 皮思明."一带一路"倡议与中国国际产能合作[J]. 国际展望, 2016, (3):17-36.

[6] 李予阳. 中外合作产业园区：打造经济开发区升级版[N]. 经济日报, 2016 年 1 月 11 日, 第 008 版.

[7] 方创琳, 何伦志, 王岩. 丝绸之路经济带中国—哈萨克斯坦国际合作示范区建设的战略思路与重点[J], 干旱区地理, 2016, 5(39):925-934.

[8] 郭朝先, 刘芳, 皮思明."一带一路"倡议与中国国际产能合作[J]. 国际展望, 2016, (3):17-36.

[9] 郭朝先, 邓雪莹, 皮思明."一带一路"产能合作现状、问题与对策[J]. 中国发展观察, 2016, (6):44-47.

张会新　西安电子科技大学经济与管理学院副教授、博士

陕西省与中亚五国产业合作现状及其互补性研究

张建军　　石超凡

摘要　随着我国"一带一路"国家战略的持续推进和不断深化发展，陕西省与中亚国家之间的经济贸易往来迅速增长，人文交流与合作也随之趋于活跃，陕西省在"一带一路"国家战略中具有自身特殊的优势。但是由于陕西省自身的国际影响相对不足，双方的人文交流不畅，贸易结构不平衡以及极端宗教文化等的诸多因素影响，目前双方的产业合作与交流仍然存在很多困难和问题。因此，本文建议陕西省应该加强双方产业合作的顶层设计，着眼长远深度合作，加强交通物流平台建设、破除产业结构障碍、改善双边贸易服务体系、加强人文交流、扩大安全领域合作等，以此来增强双方的产业合作与国际贸易。

关键词　一带一路；产业合作；互补性

随着我国"一带一路"国家战略的持续推进和不断深化，这一改变全球经济发展方向和贸易结构的重大战略安排已经充分展示出了前所未有的巨大战略影响力，也赢得了世界大多数国家的广泛关注和积极参与。陕西省作为我国中西部地区具有重要影响力的大省，是"一带一路"国家战略的重要枢纽和向西开放的战略前沿，特别是随着 2017 年 3 月中国(陕西)自由贸易试验区的建立，陕西省在"一带一路"国家战略中的重要地位和作用必将更加凸显，对加强陕西省与中亚各国的贸易发展也必将产生重大的积极影响。

一、陕西省在"一带一路"建设中的优势和作用

(一) 陕西省在"一带一路"建设中的优势

陕西省地处中国内陆腹地，黄河中游。北与内蒙古、宁夏接壤，西与甘肃相连，南与四川、重庆、湖北相通，东与山西、河南毗邻，中国的大地原点刚好在陕西省泾阳县，陕西省的地理位置相对比较优越。在西北五省区中，陕西省是经济发展程度相对较好的省份，但和东部沿海地区相比，仍有很大差距。参与"一带一路"国家战略建设，陕西省具有一些较为明显的比较优势。

1. 地理区位优势

陕西位于中国版图的中心位置，对内连接东部沿海地区和西部地区，对外连通中亚地区。陕西省西安市是古丝绸之路的起点，也是新亚欧大陆桥的重要枢纽，具有十分重要的地理区位优势。从西安市出发，通往国内主要大城市的航线基本都在 2 小时左右。

2. 交通枢纽优势

陕西的交通网络体系日渐成熟，达到了连通内地、直通中亚的水平。公路方面，陕西全省高速公路的里数已超过 4300 公里，形成东西南北的重要枢纽；铁路方面，陕西是全国六大铁路枢纽之一，重要的是开通了至中亚的"长安号"国际货运班列，目前已经常态化运营的路线有：西安至鹿特丹、西安至莫斯科、西安至阿拉木图、西安至热姆；航空方面，西咸新区空港新城是全国首个国家航空城实验区，西安(咸阳)国际机场现已开通 243 条国内国际航线，且已实现 72 小时过境免签。陕西基本实现了铁路、公路、航空运输的立体化联动，亚欧大陆桥陕西段的通行和辐射能力全面提升。

3. 人文教育优势

陕西历史悠久，是中华文明的主要发祥地，凝聚着中华民族五千年文化的精华。文化遗址、名山大川等旅游资源非常丰富。文化背景方面，陕西与哈萨克斯坦、乌兹别克斯坦等国历史渊源较深，比如哈萨克斯坦的东干族至今仍保留有"陕西村"。教育方面，陕西的科研机构和高等院校数

量在全国居于前列，科研教育优势明显。对于中亚地区的国家来说，旅游、留学首选之地就是陕西。

4．装备制造优势

经过"三线建设"、"西部大开发"等一系列国家建设，陕西省的工业体系日趋完备，加之国家的诸多科研基地和生产基地均设在陕西，因此，陕西省在航空航天、数控机床、汽车制造、电器及电工设备制造、风机制造等领域具有比较优势。以西安为中心的"关天经济区"是全国重要的先进制造业基地，比如宝鸡市就占有全国85%的钛材生产能力和市场份额。

5．能源资源优势

传统的能源矿产资源非常丰富，煤炭已探明储量1700亿吨，居全国第三位；石油已探明地质储量19亿吨，居全国第五位；天然气已探明地质储量1.2万亿立方米，居全国第三位；岩盐探明储量8865亿吨，居全国之首。各类矿产资源储量的潜在总价值约42万亿元，约占全国的1/3，居全国之首。其他资源储量也较为丰富，生物质能资源的总量约折合3829万吨标煤，常年可利用总量约折合2071万吨标煤；全省大部分区域属太阳能资源高值区；水资源总量居全国第十三位。

陕西省的这五大优势为陕西经济社会发展提供了丰富的能源资源和便利的交通条件，是参与"一带一路"国家战略建设的重要优势。

(二) 陕西省在"一带一路"构想中的定位及作用

陕西省一定要紧跟国家"一带一路"构想，把握好陕西在此中的地位和作用，充分利用国家的投入和政策支持，找准定位，打造特色，加大开放力度，加快改革步伐，以西安为重点中心，把陕西打造成内陆型改革开放的新高地。

1．打造"一带一路"内陆交通枢纽中心

陕西省境内现有五个海关特殊监管区，还拥有咸阳国际机场、"长安号"国际货运班列等交通物流运输平台。并且与新疆霍尔果斯、阿拉山口口岸、内蒙古等建立了直通放行合作机制。这些独特的交通和贸易优势，有利于开辟交通和物流大通道，把陕西打造成"一带一路"的交通物流业集散中心。

陕西省应以新欧亚大陆桥铁路通道作为主体基础，加强基础设施投入力度。首先，大力进行公路、铁路和航空方面的建设，加强各种运输方式的衔接，并完善油气运输管道和储备系统的建设，形成多式联运的交通运输体系。其次，完善车辆通行管理制度，提升物流业的综合服务能力。第三，建设复合型的现代物流体系，该体系要融合运输、仓储、信息等产业，通过交通物流业的辐射带动作用，促进多产业的共同发展，最终实现贸易和投资便利化，促进地区经济发展。

2. 建设"一带一路"加工装备制造业高地

陕西省工业制造体系比较完整，在电器设备制造、数控机床、工程机械、风机制造、汽车制造、电子信息等领域位居全国前列。以"关天经济区"作为依托，以区内的龙头企业为经济增长极，陕西省应通过区域合作，大力发展工业产业。通过加强与能源型为主的中亚国家在工业制造领域的合作，一方面通过工业产品的出口来带动陕西工业的发展，另一方面可以通过能源合作来调整、优化产业结构。把以西安为主阵地的大关中地区建成"新丝绸之路经济带"上的工业产业带，将陕西的工业产业带推向世界的舞台。

3. 建设新丝路经济带教育文化旅游中心

通过文化教育领域的交流合作，可以加深彼此之间的了解，增加信任与认同感，为经贸领域的合作奠定基础。在文化领域，可发挥陕西的文化产业发展优势，加强与中亚地区国家的文化交流，重点加强陕西与哈萨克斯坦东干族"陕西村"的文化交流活动。策划实施一批文化交流项目和文化活动，内容以文化艺术创作、文化遗产传承与保护等为主。通过文化交流，增强陕西在中亚地区的影响力和文化亲和力，增强竞争优势，从而有利于经济合作的深入、有效开展。在教育领域，在充分利用国家相关政策的基础上，发挥陕西的科研教育资源优势，尝试为中亚地区的留学生设立政府奖学金，也可以尝试开展点对点的教育资助项目和青少年交流互访活动，吸引中亚学生来陕留学，发展留学经济。同时，还可以动员陕西企业和科研院所的技术专家到中亚地区交流学习，通过这种双向的互动机制，为长期合作培育和储备人才与人脉资源。

4．新丝路经济带的能源金融中心

能源是经济发展的命脉。在"新丝绸之路"经济带上，集中了众多的重要的能源生产国家，其蕴藏了大量的煤炭、石油和天然气等能源资源。习近平总书记在上合组织峰会上曾提议成立能源俱乐部。《陕西西咸新区总体方案》中对西咸新区发展也有明确定位，就是将其建设成大西北重要的能源金融中心，这是全国首个针对能源金融的投资优惠政策。因此，要加强区域金融体系建设，树立西安大区域金融中心的地位。充分利用现有金融组织的桥梁作用，以煤炭交易为突破口，整合煤炭交易市场，搭建电子化交易平台，先争取在西安设立能源交易中心，最终把陕西打造成中国向西开放的能源交易中心和结算中心。西咸新区能源金融中心的建设必将加速能源、金融、贸易等相关产业的聚集，形成一个能源金融产业集群带，从而促进区域经济发展。

二、陕西省主要产业发展现状及存在问题

根据陕西省统计局相关统计数据显示，2017 年陕西省实现生产总值21 898.81 亿元，比上年增长 8.0%，高于全国 1.1 个百分点。其中，第一产业增加值 1739.45 亿元，增长 4.6%，占生产总值的比重为 7.9%。第二产业 10 895.38 亿元，增长 7.9%，占比 49.8%。第三产业 9263.98 亿元，增长 8.7%，占比 42.3%。非公有制经济占生产总值的比重为 54.1%，战略性新兴产业占比 10.8%。

工业经济稳步回升。2017 年，陕西省规模以上工业企业实现总产值24 854.43 亿元，比上年增长 18.8%，较上年加快 11.4 个百分点；规模以上工业增加值增长 8.2%，加快 1.3 个百分点，是 2015 年来最好水平。从轻重工业看，轻工业增加值比上年增长 11.5%，重工业增长 7.4%，轻工业增速高于重工业 4.1 个百分点。从能源和非能源工业看，能源工业增加值增长 5.5%；非能源工业增长 10.2%，增速高于能源工业 4.7 个百分点。其中，汽车制造业增长 45.6%，较上年加快 26.3 个百分点；医药制造业增长13.7%，加快 1.2 个百分点；计算机、通信和其他电子设备制造业增长 13.6%。

高技术产业增长 13.9%，高于规上工业 5.7 个百分点。从产品产量看，原煤 56 959.93 万吨，比上年增长 10.6%；天然原油 3489.82 万吨，下降 0.4%；天然气 419.4 亿立方米，增长 1.8%；原油加工量 1770.63 万吨，增长 0.3%；焦炭 4050.41 万吨，增长 2.2%；钢材 1377.61 万吨，增长 11.7%；金属切削机床 2.2 万台，增长 44.7%；汽车 61.63 万辆，增长 46.4%；发电量 1781.39 亿千瓦小时，增长 5.3%。从企业效益看，1～11 月，全省规模以上工业企业主营业务收入 20 316.6 亿元，同比增长 17.3%，高于全国平均水平 5.9 个百分点；利润总额 1956.7 亿元，增长 59.8%，高于全国平均水平 37.9 个百分点；亏损企业 942 户，亏损面 15.5%，较去年同期收窄 2.4 个百分点。

进出口贸易高速增长。2017 年，陕西全省进出口总额 2714.93 亿元，比上年增长 37.4%。其中，出口 1659.80 亿元，增长 58.8%；进口 1055.13 亿元，增长 13.3%。陕西省对外贸易出现了较大幅度的增长。

陕西省全年经济呈现总体平稳、动力增强、质效提升的良好态势，各主要产业的具体发展现状及存在问题如下：

(一) 陕西省能源产业发展现状

陕西是国家重要的能源化工、西煤东运、西电东送、西气东输基地，是能源丝绸之路上的重要纽带和支撑点，产业发展正处在转型升级的关键时期。表 1 所示为陕西省 2011—2016 年能源产业发展现状。

表 1　陕西省 2011—2016 年能源产业发展现状

指标	2011 年	2012 年	2013 年	2014 年	2015 年	2016 年
能源生产总量等价值[①]（万吨标准煤）	36 500.59	41 168.4	44 431.03	46 981.85	48 491.24	46 544.99
原煤	27 991.63	31 847.45	33 997.02	35 736.98	37 088.81	35 703.52
原油	4607.83	5039.48	5268.73	5382.69	5338.29	5003.57
天然气	3620.42	3998.94	4786.41	5454.46	5531.69	5345.34
水电、风电及其他能发电	280.71	282.53	378.87	407.72	532.44	492.56

---

① 等价值指电力按当年平均火力发电煤耗换算成标准煤。

续表

指标	2011 年	2012 年	2013 年	2014 年	2015 年	2016 年
能源消费总量等价值 （万吨标准煤）	9107.48	9914.53	10 610.48	112 22.46	11 715.85	12 120.14
煤品	6562.60	7255.99	7671.85	8125.91	8520.92	9151.20
油品	1444.03	1571.34	1652.66	1690.24	1552.57	1199.44
天然气	820.15	804.67	907.10	998.58	1109.91	1276.93
水电、风电及其他能发电	280.71	282.53	378.87	407.72	532.44	492.56
能源加工转换效率(%)	75.47	77.77	79.13	79.33	81.09	81.92
单位 GDP 能耗[①] （吨标准煤/万元）	0.789	0.761	0.734	0.708	0.685	0.618

数据来源：陕西省统计局 2017 年统计年鉴。

2015 年陕西煤炭产量 5.02 亿吨，原油产量 2838 万吨，天然气产量 186 亿立方米。全省煤矿单井平均产能 120 万吨以上，采煤机械化率 95%，采区回采率 70%，原油采收率达到 17%。火电装机 3268 万千瓦，发电煤耗 325 克/千瓦时，60 万千瓦以上机组占比达到 42%。煤制烯烃、煤制油产能分别达到 310 万吨、275 万吨。汽、柴油产品质量达到国 V 标准。电网形成"关中一环、两回纵联陕北"的 750 千伏骨干网架。天然气管网形成了"五纵两横一环线"的骨架。输油管线总长度约 1823 公里。

可再生能源总装机规模达到 745 万千瓦，其中水电、风电、光伏发电、生物质能分别为 300 万千瓦、258 万千瓦、180 万千瓦和 7 万千瓦。风电主流机型单机容量提高到 2500 千瓦，可利用风速下降到 5.5 米/秒，商用光伏发电组件转化效率提高到 16.5%。

能源资源清洁高效转化取得突破。煤炭就地转化率达到 32%。探索了煤制烯烃、煤间接制油、煤制芳烃、煤油气综合利用、煤油混炼、煤炭分质利用等多条资源转化路径,形成了国家重要的现代煤炭深加工示范基地。

① 单位 GDP 能耗指标的各项数据，2011-2015 年 GDP 按 2010 年价格计算，2016 年 GDP 按 2015 年价格计算。附 GDP 按 2015 年价格计算的 2015 年单位 GDP 能耗为 0.643。

煤电装机比 2010 年增长 44%,炼厂改造提速,汽柴油产品整体跨越式达到国 V 标准。

能源消费结构向清洁绿色转化。在全国率先实施火电超低排放改造,率先实现县县通天然气,比国家规定时间提前两年多完成国 V 标准油品质量升级,农村电网改造实现全覆盖。天然气消费比重提高到 9%,非化石能源消费比重提高到 10%。西安、榆林列入国家第一批创建新能源示范城市名单。

延长石油碳捕集利用和封存项目纳入中美元首气候变化联合声明双边合作。"中美元首气候变化联合声明"选定延长碳捕集利用与封存项目,为陕西省继续开展能源大省碳捕集、利用与封存工作注入了强大动力。

特别是可再生能源产业发展呈现三大特点:一是产业成长迅速。截至 2015 年底,全省水电、风电、光伏发电、生物质能发电合计装机规模达到 745 万千瓦,是 2010 年累计装机的 2.7 倍。全行业五年合计完成投资约 530 亿元,年均增长 30%以上。可再生能源装机占全部发电装机比重达到 18.5%。二是布局初步形成。目前陕西省已初步形成陕北风电和光伏发电、关中可再生能源装备、陕南水电三大特色产业集群。三是技术水平稳步提高。风电市场中风电机组主流机型单机容量已从 2009 年的 1 MW 增至目前的 2.0～2.5 MW,可利用风速已从 6 m/s 以上降至 5.5 m/s;商用光伏组件的转化效率已从 2010 年的 14.5%提高到目前的 16.5%,隆基股份单晶高效光伏电池转化效率处国内领先水平;省内企业研发的无干扰地热供热技术已被国家"十三五"地热能规划初步列为推广技术。

(二) 陕西集成电路产业概况

陕西拥有集成电路企业、科研院所及相关机构 200 余家,其中涉及企业 80 余家,形成了从半导体设备和材料的研制与生产,到集成电路设计、制造、封装测试及系统应用的完整产业链。据陕西省半导体行业协会的统计,2015 年陕西半导体产业销售收入达到 406.79 亿元,比 2014 年的 248.91 亿元增长 63.42%。其中,集成电路产业销售收入达到 289.52 亿元,产业规模实现快速增长。从产业链发展来看,2015 年陕西集成电路晶圆制造业发展最快,增长 148.65%;其次为支撑业,增长 45.69%;设计、封测分别增长 32.24%和 37.39%。陕西集成电路产业已经初步形成了制造业快速发展，设计业与封装测试业相互依存、协调发展的产业格局。

从集成电路产量(见表 2)来看，尽管陕西省 2014 年的统计数据缺失，但也不难发现近几年陕西省的集成电路产量呈指数型增长。从三业分布来看，2015 年陕西集成电路设计、制造和封测三业占比分别为 12%、61.5%和 26.1%，晶圆制造业占比最大。这一现象主要源于三星半导体的正式投产，给陕西集成电路制造业带来了突破。(资料来源：西安市集成电路产业发展中心)

表 2　陕西省 2013—2016 年集成电路产业发展现状

指标	2013	2014①	2015	2016
集成电路产量(万块)	6.65		1000.00	13 300.00

数据来源：中华人民共和国国家统计局国家数据

(三) 陕西省装备制造产业发展现状

装备制造业是陕西省确定的八大支柱产业之一，对全省经济和财政收入的贡献率在工业中仅次于能源化工行业。装备制造业具有资本密集、技术密集和劳动密集等特点，其发展水平是衡量一个地区工业化水平的重要标志。回顾"十二五"期间，在陕西第一大支柱产业——能源产业增速放缓的大背景下，以装备制造为主的非能源产业逆势飞扬，依然支持着陕西经济保持两位数的增速。表 3 所示为陕西省 2016 年装备制造产业发展现状。

表 3　陕西省 2016 年装备制造产业发展现状

指标(单位：万元)	工业总产值	工业销售产值	资产总计	利润总额
金属制品业	2 515 022	2 389 165	2 775 626	138 842
通用设备制造业	5 218 332	4 864 494	5 753 055	318 099
专用设备制造业	6 935 852	6 552 947	10 277 320	382 033
汽车制造业	11 684 364	11 453 670	10 591 297	308 859
铁路、船舶、航空航天和其他	3 605 777	3 225 582	3 556 332	249 536

---

① 陕西省 2014 年的集成电路产量数据缺失。

续表

指标(单位：万元)	工业总产值	工业销售产值	资产总计	利润总额
电气机械和器材制造业	9 552 858	9 068 836	10 330 221	377 443
计算机、通信和其他电子设备	7 383 558	6 864 931	9 592 261	911 575
仪器仪表制造业	909 284	892 082	995 936	99 582
合计	47 805 046	45 311 707	53 872 046	2 785 968

数据来源：陕西省统计局2017年统计年鉴。

"创新转型是陕西装备制造业逆势飞扬的一个主要原因。"在陕鼓、陕重汽、西电等一批龙头企业的带动下，陕西的一大批装备制造企业以创新转型为主题。首先是服务型制造。早在2009年，陕汽控股董事长方红卫就敏锐地意识到，制造业与服务业的融合更能体现未来发展的多元化，也更贴近市场与用户的心理需求。2009年7月6日，他主持召开服务型制造战略研讨会，首次系统地、清晰地概括提炼出陕汽的战略大框架，正式将"服务型制造"确立为陕汽的发展战略，陕汽也因此成为行业内首家推行服务型制造的商用车企业。从那时起，一场在陕汽历史上迄今为止最深刻、最广泛的变革拉开了序幕。目前，制造业向服务型转型已经上升为国家战略，成为中国制造业必须要经历的一场革命。其次，以客户为中心。反映新中国成立以来我国装备制造业振兴发展历程的第一部大型电视纪录片《大国重器》，第四集《智慧转型》载入了陕鼓集团转型升级的历程，陕鼓成为陕西省唯一一家被收录其中的企业。陕鼓独特的发展模式对装备制造业所起的典型示范作用也备受肯定。20世纪90年代末，在传统经营模式下的陕鼓还处于"保吃饭"的状态。面对国外先进装备企业纷纷抢滩登陆中国和我国工业化进程发展的加快，陕鼓管理层认识到，企业要发展，就必须摆脱同质化竞争，要发挥系统技术、关联技术的比较优势，寻求从为客户提供单一产品的制造商到向提供系统解决方案商、服务商转变的新路径，走出一条差异化竞争的企业发展之路。用创新的力量实现转型，这也是陕鼓集团这些年不断应对需求变化，调整结构，从而引领市场的重要举措。第三是探索未来之路。国外先进制造业的今天，就是中国制造业的明天。随着国民经济的快速发展，当产业发展到一定成熟阶段之后，服务将是流程工业发展的未来需求。尽管目前已有一些企业开始逐步向制造服务业转型，但总体看来仍处于起步阶段。鉴于制造服务业巨大的发展潜力，而且，陕西具有得天独厚的比较优势，因此需要因势利导，将其作为陕西当前推进产业转型的重要着力点。

(四) 陕西省文化产业发展现状

文化产业是以文化为基础，以创意策划为核心，以创意人的天赋和技能在某个行业的外在物化为表现形式，借助于高科技对文化资源进行创造和提升，通过知识产权的开发和运用，最终将抽象的文化直接转化为具有高附加值的精致产业。陕西既是文化资源大省，又是传媒资源大省，且西安还集聚了众多的专注于文化产业的开发区。表 4 所示为陕西省 2014—2016 年文化产业发展现状。

表 4　陕西省 2014—2016 年文化产业发展现状

指　　标	2014 年	2015 年	2016 年
艺术表演团体演出场次(万场次)	2.4	3.4	3.9
观众人次(万人次)	2110	4322	3241
图书馆藏书数(万册)	1514	1506	1626
书刊文献外借人次(万人次)	354	389	411
书刊文献外借册数(万册次)	635	681	707
文化事业机构数(个)	2136	2134	2130
文化事业从业人员(人)	22 019	21 523	21 071

数据来源：陕西省统计局 2017 年统计年鉴。

陕西文化产业的发展有其鲜明的区域特征，主要有以下几点：

一是 2009 年 6 月，省委省政府果断决策，拿出 22 亿元资产组建了陕西文化产业投资控股有限公司。这一举措显示了陕西省对发展文化产业的强力支持，也在全国产生了重大影响。陕文投成立以来，肩负"让陕西文化走向中国，让中华文明走向世界"的使命，逐步向"文化陕西的产业引擎，文化中国的西部先锋"这一远景目标迈进。

二是国有专业文化经营机构锐意进取。伴随着国家文化体制改革的步伐，出版社、表演团体、影视公司、电影院等已全面完成企业改制，报纸、期刊转企改制已启动，广播电视经营性业务与主业分离。2012 年陕西省委、省政府又下发了"关于贯彻落实《中共中央关于深化文化体制改革推动社会主义文化大发展大繁荣若干重大问题的决定》的实施意见"，必将进一步冲破国有文化经营单位机制体制方面的桎梏，加速释放文化产业的创新能力。

三是各开发区发展文化产业的愿望强烈，势头强劲。曲江开发区被文化部授予国家级文化产业发展示范区，先后开发了《梦回大唐》、《大明宫》等优秀作品，已经逐步成为古都西安的文化品牌和形象。高新区将创意产业确定为高新区二次创业的支点，并逐步形成了唐延路创意产业一条街。北郊经济开发区被授予国家级印包产业基地，全力推进西安印刷装潢产业的发展，从文化制造业的角度涉足文化产业。浐灞生态区，以生态文化、创意设计和休闲娱乐为突破口发展文化产业。关天开发区依托陕西雄厚的文化资源及区位文化资源优势，组建了"陕西省产业投资集团"、"关天文化旅游基金"，必将在培育陕西周秦汉唐文化资源品牌，引领中国西部文化产业发展方面创造一条新路。

四是在文化产业发展中民营经济十分活跃。《华商报》在全国有着十分重大的影响，年产值超过 20 亿元；民营影视公司推出来的《图雅的故事》《激情燃烧的岁月》等是在全国有重大影响的电视剧；大唐西市首开民营经济开发历史主题公园的先河。

尽管陕西是全国当之无愧的资源大省，但是，由于文化产业发展的市场环境还不成熟，文化资源商品转换的能力还较差，所以，离文化强省的目标还很远。

(五) 陕西省旅游产业发展现状

陕西省是我国历史上建都朝代最多和时代最长的省份，全省现有各类文物点 3.58 万处、博物馆 151 座、馆藏各类文物 90 万件(组)，被誉为"天然的历史博物馆"。陕西旅游业依托历史人文底蕴，旅游资源以历史遗迹与建筑为主，遗址遗迹、建筑与设施、旅游商品和人文活动等文史类占比高达 93.3%，其中建筑与设施类占比 42.2%，遗址遗迹类占比 33.82%，而自然类资源仅占 6.69%。表 5 所示为陕西省 2012—2016 年旅游产业发展现状。

表 5　陕西省 2012—2016 年旅游产业发展现状

指　标	2012 年	2013 年	2014 年	2015 年	2016 年
旅游总收入(亿元)	1713	2135	2521	3006	3813
国内旅游收入(亿元)	1610	2031	2435	2904	3659
国际旅游外汇收入(万美元)	159 747	167 620	141 630	200 022	233 855
旅游总人数(万人)	23 276	28 514	33 219	38567	44 913
国内旅游人数(万人次)	22 941	28 161	32 953	38274	44 575
入境旅游人数(万人次)	335.24	352.06	266.30	293.03	338.20
旅行社数(个)	716	730	735	665	708

数据来源：陕西省统计局 2017 年统计年鉴。

第三产业对陕西省的贡献巨大，旅游业对于陕西省经济具有重要的支撑。陕西旅游业发展居全国前列，旅游 GDP 带动了地区产值。2017 年，全省接待境内外游客 5.23 亿人次，同比增长 16.41%；旅游总收入 4813.59 亿元，同比增长 26.23%。其中，接待入境游客 383.74 万人次，国际旅游收入 27.04 亿美元，同比分别增长 13.46%和 15.63%。2017 年陕西旅游发展格局进一步扩大。为适应大众旅游、全域旅游发展新需要，省市(区)全面完成"局改委"，在强化旅游部门对资源的统筹能力、市场的监管能力上迈出关键性一步。旅游发展方式进一步变革，陕西省被列入 7 个国家全域旅游示范省创建行列。旅游发展路径进一步转变，省旅游发展委员会与12 个省级部门联合出台"旅游 "融合发展实施意见并推动落实产业体系升级扩容，省政府督查室组织开展旅游发展联合督查，"综合产业综合抓"的态势正在形成。

(六) 陕西省苹果产业发展现状

陕西是苹果生产大省，苹果是陕西三农一个支柱产业，是关系到全省的一个重中之重的产业,目前全省有苹果基地县 45 个。2017 年,陕西省苹果种植面积约 1100 多万亩,产量约 1153.94 万吨,较上年增长 4.8%,约占全国苹果总产量的 1/4、世界的 1/7,是全球苹果连片种植规模最大区域。表 6 所示为陕西省 2014—2016 年苹果产业发展现状。

表 6　陕西省 2014—2016 年苹果产业发展现状

指标	2014 年	2015 年	2016 年
苹果产量(万吨)	988.01	1037.30	1100.78
苹果园面积(公顷)	681 803	628 549	704 755

数据来源:陕西省统计局 2017 年统计年鉴

陕西省地处西北内陆,海拔较高、光照充足、降雨适中、昼夜温差大、土层深厚,具有发展苹果产业得天独厚的地理和自然条件。陕西省依托资源禀赋优势在扩大苹果种植面积、提高产量的同时,围绕产业化开发,积极构建生产体系、经营体系、产业体系、社会化服务体系,推进产业提质增效和转型升级,提升市场竞争力。陕西苹果知名度日益提高,已在全国大中城市建设有陕西水果品牌店 300 多家,批量出口世界 80 多个国家和地区。

陕西省拥有果业企业 3229 家,其中国家级 12 家;浓缩果汁生产企业 13 家,其中恒通、海升在全国排名位居前两位;建成了全国乃至全球最大的浓缩苹果汁加工基地,果汁加工能力达到 2197 吨/小时,每年消化鲜果 200 多万吨;拥有各类大中型果品专业批发市场 33 个、果品冷藏能力为 442.04 万吨,初步保障了季产年销。陕西各苹果主产县探索以旅游+苹果为载体,建设集苹果采摘、红色旅游、民俗文化、休闲度假为一体的旅游产业集群,促进了"旅游+主导产业+生态"的融合发展。

三、陕西省与中亚五国的产业合作现状

作为"一带一路"重要支点和处于向西开放前沿位置的陕西省,自国家"一带一路"建设构想公布以来,主动融入"一带一路"大格局,以打造内陆改革开放新高地为目标,统筹推进"一带一路"建设工作。随着丝路建设不断推进，陕西省对外贸易量大幅增长。2017 年上半年，陕西省与丝路沿线国家和地区进出口额达 133.2 亿元，同比增长 13.8%。

从表 7 中不难发现，陕西省经济高速发展的同时，对外贸易也在迅速发展，但是进出口总额在全省生产总值中所占比重较小。尽管近年来陕西省的进出口总额已颇具规模，但进出口、进口、出口增长率波动偏大。

表 7 2010—2016 年陕西省对外贸易发展情况

指标	全省生产总值		进出口		出口		进口	
	数额 /亿元	增长率 /(%)	数额 /千美元	增长率 /(%)	数额 /千美元	增长率 /(%)	数额 /千美元	增长率 /(%)
2010	10 123.48	—	12 082 826	—	6 207 728	—	5 875 098	—
2011	12 512.30	23.60	14 623 437	21.03	7 010 854	12.94	7 612 581	29.57
2012	14 453.68	15.52	14 798 544	1.20	8 651 779	23.41	6 146 766	−19.26
2013	16 205.45	12.12	20 128 814	36.02	10 226 168	18.20	9 902 646	61.10
2014	17 689.94	9.16	27 364 839	35.95	13 929 227	36.21	13 435 612	35.68
2015	18 021.86	1.88	30 431 600	11.21	14 747 101	5.87	15 684 499	16.74
2016	19 399.59	7.64	29 753 445	-2.23[①]	15 733 586	6.69	14 019 860	−10.61

数据来源：陕西省统计年鉴。

具体到中亚地区，陕西省与中亚五国在贸易总量上一直呈稳步上升的趋势，然而其进出口总额占陕西省进出口总额的比重缺微乎其微，详见表 8。

---

① 2015 年陕西省外贸进出口总值 18 953 978 万元，2016 年陕西省外贸进出口总值 19 763 020 万元，2016 比上年同期增长 4.27%，表 3.1 中增长率为负值是因为美元升值所致。陕西省统计年鉴中 2015 年之前的数据单位为千美元，2015 年之后的数据单位为万元，为便于比较，将 2015 年与 2016 年数据折算为千美元单位，折算汇率为当年国家外汇管理局公布的每日汇价的加权平均数。表 3.2 中 2015 年与 2016 年的数据亦通过此方法进行折算。

表8　2010—2016年陕西省-中亚外贸发展情况

单位：千美元

			2010年	2011年	2012年	2013年	2014年	2015年	2016年
总额	进出口	数额	66 554	64 704	98 391	111 404	124 054	135 548	226 787
		增长率	—	(0.03)	0.52	0.13	0.11	0.09	0.67
	进口	数额	3177	—	210	—	—	—	17 761
		增长率	—						
	出口	数额	63 377	64 704	98 181	111 404	124 054	135 548	209 025
		增长率	—	0.02	0.52	0.13	0.11	0.09	0.54
哈萨克斯坦	进出口	数额	18 217	43 619	31 868	35 847	64 816	34 835	113 603
		增长率	—	1.39	(0.27)	0.12	0.81	(0.46)	2.26
	进口	数额	2977	—	210	—	—	—	16 200
		增长率	—						
	出口	数额	15 240	43 619	31 658	35 847	64 816	34 835	97 402
		增长率	—	1.86	(0.27)	0.13	0.81	(0.46)	1.80
吉尔吉斯斯坦	进出口	数额	673	401	3731	2759	3259	8471	49432
		增长率	—	(0.40)	8.30	(0.26)	0.18	1.60	4.84
	进口	数额	—	—	—	—	—	—	1561
		增长率	—						
	出口	数额	673	401	3731	2759	3259	8471	47871
		增长率	—	(0.40)	8.30	(0.26)	0.18	1.60	4.65
塔吉克斯坦	进出口	数额	360	5933	25 451	6824	16 692	40 453	29 771
		增长率		15.48	3.29	(0.73)	1.45	1.42	(0.26)
	进口	数额							
		增长率							
	出口	数额	360	5933	25 451	6824	16 692	40 453	29 771
		增长率	—	15.48	3.29	(0.73)	1.45	1.42	(0.26)
土库曼斯坦	进出口	数额	21 539	232	814	1262	21 551	9828	2331
		增长率		(0.99)	2.51	0.55	16.08	(0.54)	(0.76)
	进口	数额	200	—					
		增长率							
	出口	数额	21 339	232	814	1262	21 551	9828	2331
		增长率	—	(0.99)	2.51	0.55	16.08	(0.54)	(0.76)
乌兹别克斯坦	进出口	数额	25 765	14 519	36 527	64 712	17 736	41 961	31 650
		增长率	—	(0.44)	1.52	0.77	(0.73)	1.37	(0.25)
	进口	数额	—	—	—	—	—	—	
		增长率	—						
	出口	数额	25 765	14 519	36 527	64 712	17 736	41 961	31 650
		增长率	—	(0.44)	1.52	0.77	(0.73)	1.37	(0.25)

数据来源：陕西省统计年鉴。

从上表数据可以看出，长期以来，陕西对中亚地区贸易以出口为主，出口以汽车、石油钢管、工业缝纫机等机电类产品为主。自中亚主要进口少量棉花、矿产品等资源性商品，进口值较小。具体到国别，较大的差异性显而易见，哈萨克斯坦一直是陕西省与中亚地区最稳定、最重要的贸易伙伴，在陕西省与中亚五国进出口总额的比重由 2010 年的 27.37％上升至 2016 年的 50.09％。对进口额与出口额数据进行分析，得出与出口的增长趋势相比，进口则非常薄弱，多数进口额甚至为零。这一畸形的进出口结构表明陕西省与中亚五国的产化关联度还有待提高，二者并没有形成高水准的产业对接。虽然陕西省与中亚五国贸易比重偏小，但贸易往来并未中断，近年来陕西省也增加了对中亚五国的投资。由西安开往中亚五国的"长安号"国际货运班列，已经实现了每周两班发车的常态化运行，促进了陕西与中亚国家间的贸易往来。同时开通西安至阿拉木图、罗马、伊斯坦布尔等国际航线，打通向西空中通道，并积极推动网上"丝绸之路"建设，推进跨境贸易电子商务的开展。随着"一带一路"倡议的逐步推进，陕西与中亚国家的产业合作将愈发深入，而后期发展的关键是加快推动贸易规模。

(一) 日益完善的基础设施助力产业合作

　　随着丝路建设不断推进，陕西对外产业合作的基础设施越来越完善。自 2006 年以来，中欧班列(西安)已开通西安至布达佩斯、汉堡、华沙和莫斯科四条铁路。目前，中欧、中亚班列累计近 400 列次由西安始发，其中运输时间仅为海运时间的 1/3，运价则为空运的 1/5。2017 年 4 月，中国(陕西)自由贸易试验区正式挂牌，爱菊集团进口中亚国家优质的牛羊肉制品、乳制品及蜂蜜等特色产品，供应国内市场。

　　2017 年 8 月底，西安—哈恩全货运航线开通，这是继"西安—阿姆斯特丹"航线之后架起的中欧之间经贸合作的又一条空中桥梁。另一方面，海航现代物流将立足陕西，以西安为国际总部基地，以物流 4.0 模式为导向整合全球业务资源，将西安打造成丝路经济带航空货运物流枢纽，建设成为"中国孟菲斯"。这无疑将进一步深化陕西与中亚国家间的产业合作。

(二) 金融服务产业合作

陕西省商务厅与国开行陕西省分行签订《海外投资战略合作协议》，积极探索"政府、银行、企业、保险"的"走出去"协同融资机制。2017年，丝绸之路农商银行发展联盟在秦农银行与陕西省农村信用联社的牵头下成立，主要成员为陕西省内35家农村商业银行和丝绸之路沿线10个省(区、市)的18家农商银行，并筹划"丝路联盟-联合投资计划"项目，助力丝路经济带建设。

西安积极打造以高新科技金融、沣渭能源金融、曲江浐灞文化金融、新金融为支撑的丝路经济带区域性金融中心。能源金融着力建设全国性的能源投融资、能源风险管理、能源贸易跨境人民币结算和能源定价等四大中心。各大金融机构为配合陕西自贸试验区建设，不断改善金融服务。人民银行西安分行、招商银行不断提高服务能力和水平，提供跨境结算、投资、增信和融资服务，促进陕西省丝绸之路经济带建设中的资金融通和货币流通，为陕西省与中亚国家的产业合作提供了金融资本的支持。

(三) 自贸区打造丝路合作产业集群

中国(陕西)自由贸易试验区是目前我国唯一被赋予推动"一带一路"建设特殊功能，探索内陆与"一带一路"沿线国家和地区经济合作的文化交流新模式的自贸区。在高新功能区，海关监管实行双区联动。上海自贸区31项海关创新制度中的25项已成功在高新综保区复制，构建国际通行通关的创新模式。自贸区国际港务功能区，正大力建设欧亚贸易和文化交流合作新平台和开放型金融产业创新高地。自贸区浐灞功能区将建有集办公、商务、文化等为一体的国际交流核心区，而该区域内还有欧亚创意设计产业园、世博文化体验园、丝路健康产业园等特色产业园。

(四) 国企带头重点领域实现互通有无

截至2017年年底，陕西已向"一带一路"沿线国家和地区投资了76个项目，协议投资总额达14.37亿美元，累计汇出5.18亿美元[①]，其中，不

---

① 数据来源：国家外汇管理局陕西省分局.

乏对中亚五国的重点项目投资。随着陕西推进"丝绸之路经济带"起点建设，陕西与中亚国家在多个领域合作提速，投资项目涉及石油化工、能源、矿产资源开发和建材等行业。其中，重型汽车、石油钻采设备、农业等居于优势地位，电子信息产品出口份额也在加大。

陕西省最大的几家国企，陕西煤业化工集团有限责任公司(以下简称陕煤集团)、陕西延长石油集团(以下简称延长石油)、陕西重型汽车有限公司(以下简称陕西重汽)等均已在中亚国家投资设厂。其中，陕西当地龙头国企陕煤集团和延长石油投资的项目尤为令人瞩目。陕煤集团的参股子公司"中亚能源有限责任公司"，已累计在吉尔吉斯斯坦投资 24.6 亿元人民币(约合 4 亿美元)建设 80 万吨石油炼化项目。与中亚国家的合作中，延长石油亦走在前列。目前延长石油已在吉尔吉斯斯坦设立"中能石油勘探有限公司"，目前延长石油累计出资 2520 万美元，占股 54%，主要从事油气风险勘探。此外，扶风法门寺水泥有限公司以及陕西恒基混凝土有限公司也分别在吉尔吉斯斯坦和塔吉克斯坦投资设厂。在陕西与中亚各国合作的项目中，装备制造业无疑是重点合作领域，中国西电、秦川机床、陕西重汽等已与中亚各国展开合作。陕西把部分传统产业向中亚转移，不仅有利于陕西的产业升级，也能解决陕西部分装备制造业的产能过剩问题。

(五) 民营经济助力农业领域国际合作

在"一带一路"相关政策以及陕西省的支持下，不只是国企，陕西的民营企业亦将目光转向西边，积极与中亚国家展开广泛合作。2017 年，我省境外经贸合作园区建设取得重大进展。哈萨克斯坦爱菊粮油工业园已列入国家"一带一路"支持计划，咸阳哈萨克斯坦纺织工业园区已签订了合作备忘录并已开展前期工作，吉尔吉斯斯坦中大工业园区正在完善产业链配套。西安爱菊粮油工业集团有限公司作为陕西农业走出去的先行者之一，早在 2015 年 6 月便与哈萨克斯坦达成合作意向，核心内容便是利用哈方优质的产地资源和"长安号"的便利条件，引进粮油原料，输出陕西特色产品。按照规划，爱菊集团先搭乘"长安号"专列引进 2000 吨左右油脂。此后，将逐步在哈萨克斯坦建立小麦和油脂种植基地和原粮加工基地，3 到 5

年内实现国外规模种植，产地精炼加工户利用"长安号"运货国内，形成粮油产品从种植到销售的跨国产业链。此外，合作范围将从粮油拓展至乳制品、肉制品及主食、豆制品等行业。

陕西与中亚的合作主要表现为技术输出。陕西通过杨凌现代农业国际合作中心这一平台，为中亚国家提供着农业技术培训和技术支撑。据悉，陕西将建设"一带一路"农业技术援外培训基地，在中亚实施节水农业、良种繁育、生物工程项目，"中国—哈萨克斯坦苹果友谊园"便是其中之一。此外，陕西还将建设"一带一路"农业技术援外培训基地，在中亚实施节水农业、良种繁育和生物工程项目。

(六) 多方助力产业合作项目数量再创新高

陕西与中亚国家的合作已颇具规模。陕西省委书记娄勤俭曾在 2015 年指出，陕西与中亚国家在基础设施、地勘、能源、农业等领域的合作项目已超过百个。

2017 西安丝博会聚集了 70 多个国家和地区的政要、商界代表，中央企事业单位负责人，共举办了 38 场国际会议和论坛。丝路国际馆境外参展企业达 300 余家，国内馆参展企业 1200 多家，共展出商品上万种，参观人数 60 多万。2017 丝博会陕西省拟合作产业项目 422 个，预计投资额 8900 亿元，涵盖了纺织服装、化工、食品医药、战略新兴产业等领域。

2017 西安欧亚经济论坛由来自 76 个国家和地区的政要、驻华使节、专家学者等 3000 多名代表参加。本届论坛新增教育、农业、气象等分会和"一带一路"国际地学合作与矿业投资、绿色建筑、中医院论坛等活动，成果丰硕。仅在科技论坛上，就签约了亚太经合组织国际技术转移人才培养基地、"一带一路"国际技术转移(西安)商学院等多个合作项目。

陕西省与中亚国家还就航空物流展开合作。据悉，陕西省将组建中亚五国能源交易平台，增开国际航线和货运班机，促进陆空运输一体化和交通、物流、信息设施互联互通，并将加快建设丝绸之路经济带航空城和铁路物流集散中心。值得一提的是，上述的合作与海关密切相关，为此，陕西省将继续优化海关特殊监管区功能，探索内陆自由贸易新模式，为陕西与中亚合作提供便利。

综合来看，中国与中亚五国之间的跨区域合作在上海合作组织的框架下经过多年的发展，已经在政府合作和企业合作等领域取得了一些成果，但是，现有的合作层次还不够丰富，政府主导型合作较多，民间合作较少，而且合作的内容主要以能源领域合作为主，合作的深度和广度不够，政府间合作相对较深入，而企业间以及企业中介组织之间的合作不够深入。另外，合作的形式较为单一，以政府间联席会议、企业跨区域投资联盟等为主要形式，其他合作方式较少。这也从另一个方面说明陕西省与中亚五国的产业合作未来存在巨大的合作潜力和空间。

四、陕西省与中亚五国产业合作的互补性分析

产业互补性的根本原因是差异性，不同的国家或地区的产业结构，往往既存在相同之处，又存在不同之处。

(一) 陕西省三次产业状况

近年来，陕西省国民经济发展态势良好，与此同时，产业结构也处于不断地优化调整中，带动了全省经济的全面发展。三次产业比例见表9。

表9　陕西省2006—2015年度三次产业贡献率

年份	第一产业	第二产业	第三产业
2006 年	5.9	52	42.1
2007 年	3.3	55.2	41.5
2008 年	4.4	57	38.6
2009 年	3.1	52.1	44.8
2010 年	3.2	63.4	33.4
2011 年	4.1	63.2	32.7
2012 年	4.2	63.4	32.4
2013 年	3.4	63.6	33
2014 年	4	63.3	32.7
2015 年	4.8	47.6	47.6

数据来源：陕西省统计局2017年统计年鉴。

根据表 9 绘制趋势图如下：

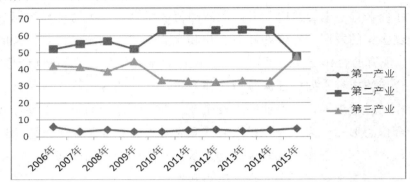

图 1　陕西省三次产业变化趋势图

从上图可以看出，陕西省第一产业产值占总产值的比重已趋于稳定，第二产业与第三产业的贡献率此消彼长，但仍以第二产业为主。

(二) 中亚五国产业结构分析

鉴于中亚五国的产业结构各有侧重，我们取其均值，对其产业结构进行分析，各国具体三次产业贡献率如表 10 所示。

表 10　中亚五国 2006—2015 年度三次产业贡献率

年份	哈萨克斯坦			吉尔吉斯斯坦			塔吉克斯坦			土库曼斯坦			乌兹别克斯坦			均　值		
2006	5.9	42.1	52	32.8	20.1	47.2	24.2	31.1	44.7	17.4	36.3	46.3	27.9	29.9	42.2	21.6	31.9	46.5
2007	6.1	40.6	53.3	31.1	19.3	49.6	22.2	30.5	47.3	19.1	38.1	42.8	25.9	29.9	44.2	20.9	31.7	47.4
2008	5.7	43.3	51	27	23.5	49.4	22.7	28.3	48.9	10.9	61.5	27.6	21.9	32.3	45.9	17.6	37.8	44.6
2009	6.4	40.3	53.3	21.1	26.6	52.4	20.9	27.7	54.4	10.7	61.9	27.4	20.6	33.6	45.8	15.9	38.0	46.7
2010	4.8	42.4	52.8	19.4	29.3	51.3	22.1	28.2	55.4	11.5	60	28.5	19.8	33.4	46.8	15.5	38.7	47.0
2011	5.5	40.9	53.6	18.6	30.9	50.5	27.2	22.5	51.3	14.5	48.4	37	19.5	32.9	47.6	17.1	35.1	48.0
2012	4.7	39.5	55.9	19.2	25.6	55.2	26.5	25.9	47.6	14.5	48.4	37	21.3	36.5	42.2	17.2	35.2	47.6
2013	4.9	36.9	58.2	17	28.9	54.1	27.4	21.7	50.8				19	33.2	47.8	17.1	30.2	52.7
2014	4.7	35.9	59.4	17.1	27.8	55.1	27.2	25.9	46.8				18.8	33.7	47.5	17.0	30.8	52.2
2015	5	32.5	62.5	15.9	26.9	57.1	25	28	47.1				18.3	34.6	47.1	16.1	30.5	53.5

数据来源：中华人民共和国国家统计局国际数据[①]。

---

① 根据数据的可获取性选取 2006—2015 年度作为研究期间。国家统计局官网中所查询到的中亚五国的数据截止为 2015 年，并且未查询到土库曼斯坦 2013—2015 年度数据。

根据上表绘制趋势图如图 2 所示。

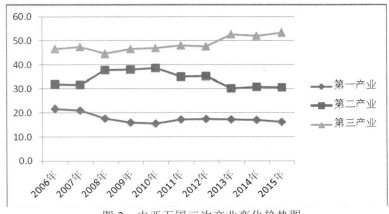

图 2 中亚五国三次产业变化趋势图

通过对图表中数据分析可以看出：中亚五国的第一产业较为落后，这表明中亚五国对农业技术的需求很大。同时，中亚五国的第二产业也比较落后。

(三) 数据分析陕西省与中亚五国的产业互补性

从宏观的三次产业结构(表 9)来看，中亚五国中除了哈萨克斯坦，其余四国第一产业产值在国内生产总值中依旧占据较高比例，第二产业普遍较为落后，由于第二产业的落后，导致第三产业的 GDP 比重虚高，平均第三产业 GDP 占比超过了 50%。

与中亚五国的产业结构明显不同，陕西省农业的 GDP 占比已经下降到 4.8%(2015 年)，第三产业的 GDP 占比在 2015 年为 47.6%，与第二产业持平，陕西省仍处在快速工业化的进程中。因此，从三次产业结构的对比上，陕西省与中亚五国刚好呈现结构互补的态势。陕西省以第二产业的绝对优势，弥补中亚五国的第二产业劣势。如果深入到三次产业的内部结构进行对比分析，二者之间既有相同之处又有不同之处。

对于第一产业来说，中亚五国的农业产业中，最突出的就是棉花种植业，棉花成为中亚五国农业中最具特色也是最具竞争力的农产品，棉花出口在中亚五国的农贸收入中占据较大比重，当地的纺织工业比较落后，而陕西省是传统的纺织工业大省,在纺织工业上拥有较大产能和技术,因此,陕西省的纺织工业与中亚国家也具有较高的互补性。在陕西省的第一产业中,以传统的谷物种植业为主,但是,最近几年,该行业在当地农业中的地位不断下降,代之以水果、坚果、茶叶、蔬菜园艺等经济作物。因此,从第一产业的内部来看,陕西省与中亚五国之间是存在明显的不同之处的,且二者之间的互补性也较为明显。当然,陕西与中亚的互补更多体现在农业技术层面,陕西通过杨凌现代农业国际合作中心这一平台,为中亚国家提供着农业技术培训和技术支撑。

从第二产业内部来看,陕西省与中亚五国既有相似之处又有明显不同。陕西省是中国的能源大省,这与中亚国家以能源为主的二次产业结构非常类似。但是二者之间又存在明显的差异。首先,中亚五国的能源产业属于原材料和初加工型的工业,虽然国内生产石油和天然气,但成品油、石油化工类产品却要依赖大量进口,这说明这些国家对原油的深加工能力较差。而陕西省的能源化工产业有较高的油气深加工能力,因此,从能源化工产业链上来看,陕西省与中亚五国之间存在着明显的产业互补。中亚五国的丰富能源储量,加上陕西省规模化的能源深加工产能,就能形成具有较强国际竞争力的能源产业链条。其次,在能源结构上,二者之间存在显著差异,从一次能源看,陕西省以煤炭为主,石油、天然气占据次要地位,中亚五国的能源主要以石油和天然气为主;从二次能源来看,中亚地区的水电资源储量巨大,但陕西省主要以煤炭火电为主。因此,二者之间也存在巨大的互补性。在二次产业当中,装备制造业是陕西省的第二大支柱产业,陕西省一直都是中国的装备制造大省。装备制造业是现代工业体系的基础,这正是中亚国家的工业短板。中亚国家尚处于从农业国向工业国转型的过程中,对现代装备存在巨大的需求,这恰好是陕西省的优势产业,因此,二者之间也存在着较强的互补性。

从第三产业内部来看,在中亚国家的产业结构中,虽然第三产业所占比重最高,但事实上,中亚国家的交通运输业、邮电通讯业、旅游业与陕西省相比并不发达。而陕西省的交通运输、仓储、邮电通讯又在第三产业中占比较高,具备一定的比较优势,双方可以实现产业互补。另外,陕西省历史悠久，传承着丝绸之路文明交流的优良传统，丝绸之路沿线有潜力成为世界上最具特色的旅游目的地之一。因此，双方可以进行区域合作，大力发展文化旅游产业，实现产业互补。

通过对陕西省与中亚五国产业合作的互补性分析，可以得出如下结论：虽然陕西省的产业结构也存在结构失衡的问题，能源化工产业在工业产值中的比重过高，但从产业体系来看，以八大支柱产业为代表的陕西第二产业内部已经形成了相对较为完整的产业链条。而中亚五国的工业化尚处于初级阶段，基本属于原材料供应和初级加工型的经济发展模式。从支柱产业上看，陕西省与中亚五国具有较高的同构性，但工业发展阶段和技术发展水平的级差，导致两地间的产业同构性转变成两地间的产业互补性。由于陕西省与中亚五国具有较多的资源相似性，陕西省在相似资源上积累起来的技术储备，对于中亚五国的产业发展，具备更强的兼容性和适用性。因此，资源禀赋的相似性导致了陕西省与中亚五国之间产业的结构互补性，产业结构的互补性将成为未来陕西与中亚五国进行产业对接的重要基础条件。基于中亚五国的资源禀赋条件，陕西省与中亚五国可以在能源化工、有色金属、纺织服装等产业形成互补型对接；基于中亚五国的市场需求条件，陕西省与中亚五国可以在装备制造、电信、交通运输、食品加工等产业形成需求型对接。陕西省应优先在上述产业出台系列的投资与贸易优惠政策，以促进陕西与中亚五国的产业对接，增进双方产业的国际市场竞争力。

五、陕西省与中亚五国产业合作存在的主要问题分析

近年来，陕西与中亚五国产业合作的步伐逐渐加快，特别是装备制造领域合作成效显著。但陕西省与中亚五国产业合作中仍存在问题，主要有以下几点：

(一) 陕西省在中亚地区的国际影响力不足

第一，陕西地处内陆。地处内陆对于"海洋时代"的城市发展是一个天然的劣势。由于陕西地处内陆，多年来走的都是投资拉动的内生式发展

道路，而不是靠出口拉动实现的跨越和飞速发展，最终形成了一个经济外向度低，国际化程度不高的较为封闭的格局。第二，陕西的国际影响力相对不足。西安的国际化大都市建设受到国内北京、上海等一线城市的竞争，深圳、广州等沿海发达地区的城市也一直具有较强的竞争力。这些城市凭借着优良的地理位置、雄厚的经济基础、广泛的国际联络和全球声誉，在吸引跨国公司总部进驻、建设科技和金融中心等方面存在许多优势。具体表现为西安市在外商直接投资占本地投资比重、外贸进出口依存度和入境旅游人数占本地人口比重这三个反映西安城市经济和社会对外开放度的指标上与国际标准差距还很大。

(二) 陕西省与中亚国家的沟通交流不畅

双方合作最为迫切的无疑是实现"三通"，即道路畅通、信息畅通、语言畅通。信息时代的到来使得信息畅通，互联网信息的易得性更强，同时获取信息的成本也相对较小。"长安号"国际货运班列的成功运营则为陕西开展合作打通了道路。从这三个方面看，目前最值得关注的便是语言畅通，而语言畅通需要一个认知、学习的过程。然而，真正实现"西安走出去，让中亚国家走进来"除了建立由多种交通方式组成的高效运输通道外，如何更有效地利用西安与中亚的贸易通道就成为需要解决的问题之一，尤其是在与中亚国家存在语言差异的条件下，对物流信息及时有效的分享利用也就提出了更高的要求。

(三) 双方的贸易结构问题

近年来，中亚对陕西出口的商品较为单一，主要以石油、天然气、原木等自然资源为主，主要从陕西进口轻工纺织、运输设备、食品等低技术含量、低附加值的劳动密集型产品和中低档产品。而陕西对中亚五国出口的商品主要为工业制成品，包括机电产品、小型农机、机械设备、家电、建筑材料等高附加值产品。中亚各国特别是哈萨克斯坦，制定了一系列规划来振兴本国工业，但是由于其他产业基础较薄弱，这种贸易结构在短期内难以改变。中国与中亚五国进出口贸易虽然发展较快，双边与多边贸易规模逐渐扩大,但大多数年份处于贸易不平衡状态,贸易额存在较大差距。现阶段,陕西与中亚的产业合作主要以能源、轻工、机械装备为主,产品结构仍需多样化。

(四) 中亚国家的政局不稳定

中亚五国在苏联解体后建立了多党制国家,实行三权分立的西方议会制,随着各国照搬西方资本主义模式进行经济社会改革,造成了经济急剧下降,人民生活困难,社会不满和怀旧情绪日益增长。中亚五国政体中还部分保留了集权专制,总统权力甚至在议会和法院之上,并且可以利用手中资源和社会关系打击左翼政党。中亚五国在世界银行发布的国家政策和制度评估(CPIA)公共部门管理和机构集群数值(包括财产权和基于规则的治理、预算和金融管理质量、收入动员效率、公共管理质量,以及公共部门的透明度、问责性和腐败度)均在平均值以下。中亚各国经贸政策的稳定性和可执行的连贯性受到巨大影响,是否能有一个稳定有效的政策及维护该良好贸易政策的政权和政治制度,对于陕西和中亚各国的经济合作至关重要。

(五) 极端宗教文化对双方合作的影响

极端宗教文化教义的传播,尤其是恐怖主义和伊斯兰教原教旨主义的扩散,使得宗教传播和恐怖主义传播结合起来。部分伊斯兰教派教众可能会选择极端宗教文化教义,继而也会外溢。这种原教旨主义在中亚信仰伊斯兰教义的国家有很大的市场,使该地区成为恐怖主义和民族分裂主义的温床,这不仅会对国家安全造成不利影响,也会对陕西和中亚的经济合作乃至中国和中亚的经济合作造成重大影响。从苏联晚期就在中亚地区出现的"伊斯兰复兴运动"到主张建立统一的大哈里发国家的"伊斯兰解放党",从叫嚣推翻中亚世俗国家的"乌兹别克斯坦伊斯兰运动"到以恐怖主义方式抵制西方化和全球化的"伊斯兰圣战同盟",以及日益蔓延到中国的"东突厥伊斯兰运动",中亚伊斯兰极端主义已经在思想理论、组织形式、社会行动等方面对各国现政权和地区安全构成严重威胁。这些都对陕西与中亚的经贸合作十分不利。

六、完善陕西省与中亚五国产业合作的对策建议

通过本文的研究与分析，现对完善陕西省与中亚五国产业合作提出以下对策建议。

(一) 加强产业合作的顶层设计，着眼长远深度合作

陕西省应加强与中亚各国产业合作的顶层设计以及合作协商机制，在制度上确保产业合作能够顺利进行。要从欧亚经济合作的战略高度认识和界定新丝绸之路经济带跨区域合作的重要性，尽快编制和发布与中亚五国产业合作的发展规划，做好跨区域合作发展的顶层设计，为陕西省与中亚五国的产业合作发展提供科学依据和指导，建立并加强同中亚及俄罗斯等国在跨区域合作政策机制方面的协商和对话。以"上合组织"框架为基础，加快中国-中亚区域经济一体化进程①作为新丝绸之路经济带跨区域战略合作的第一阶段，至关重要。因此，陕西省应积极响应国家政策布局与中亚产业合作的顶层设计，一是设立专管陕西-中亚产业合作委员会，加强相应的网站建设，及时发布相关信息，为跨区域合作提供更直接的平台；二是成立区域产业合作发展基金，为区域重大建设项目等提供直接融资服务；三是加强与中亚国家金融合作，在跨区域资本流动、货币政策协调、人民币境外结算以及货币一体化方面加强合作；四是加快推进以西安为核心面向中亚的高速铁路、高速公路网络的建设。

目前陕西的经济发展水平与东部沿海城市相比仍然比较滞后，这也成为制约陕西与中亚五国进行产业合作的一个重要因素。因此，陕西省应以新型城镇化建设为突破口，注重规划的战略性，加快新型城镇化与产业集群布局的联动发展，加快"区域核心城市-地区中心城市-县域小城市-中心城镇"的四级新型城镇网络化规划和建设，将新型城镇建设与移民搬迁工

---

① 张建军，段利民，赵祚翔. 新丝绸之路经济带跨区域合作机制研究[J].西安电子科技大学学报，2016(7).

程以及扶贫工程等相结合，从根本上提高经济水平，并争取让国家在西安建立中国—中亚自由贸易区，激发中国与中亚各个产业进行长远深度合作的积极性。

(二) 加强交通物流平台建设，增进有效沟通

距离是陕西与中亚五国进行产业合作的明显阻碍，在与中亚国家存在语言差异的条件下，对物流信息及时有效的分享利用也提出了更高的要求。要提高与中亚国家的物流运输效率，降低物流运输成本和交易成本，逐渐形成更加紧密的经济和社会联系，形成信息化支撑和系统化服务的现代物流，搭建高效有影响力的物流信息平台是解决的必要路径之一。

为加强双边在交通运输、基础设施建设等领域的合作，一方面，双边要加强在"路"上的联通，陕西处于我国西部地区的交通枢纽地区，承担着打通新丝路经济带交通命脉的责任。2013 年，陕西省正式开通了西安市至中亚地区的国际货运专列"长安号"。紧随其后，陕西省西安市至哈萨克斯坦热姆的货运班列也投入运行，并且被国家列入"中欧快线"。为了使双边互联互通更加紧密，陕西省应该加强与新丝路沿线国家客运班列的建设以及国际航班的联通。只有交通设施的逐步完善，才有利于双边政治、文化，经济的全方位交流，从而也有利于陕西与中亚各国贸易活动的开展；另一方面，随着陕西与中亚国家合作与交流的加深，物流、商流、信息流也会在陕西聚合，建立高效便捷的物流信息平台，不但可以实现信息共享，而且能够提高资源的配置效率，还可以进一步巩固和加强西安在与中亚国家合作中的影响力和战略地位。也就是说要想实现陕西与中亚国家间深入的合作与交流，不仅要集聚国内高端物流，大力推进铁路、高速公路建设，开通中亚国际运输通道，形成连通内地、直通中亚的交通运输网络体系，还要加快物流信息平台建设，实现物流信息及时沟通和传播，为商品提供集结和中转的物流平台和信息平台。只有实现物流与信息流在陕西与中亚国家间的畅通，才能真正实现"西安走出去，让中亚国家走进来"。因此，应该加强中国与中亚各国在公路、铁路、通信、信息等产业部门的合作，促使陕西与中亚五国的互联互通，极大化降低距离对双边贸易的影响。

(三) 破除产业结构障碍，开展全方位的合作

通过第四章的分析，陕西与中亚五国产业合作具有较强的互补性。但双边贸易商品结构仍然具有不合理的方面，现阶段，陕西与中亚地区的贸易合作无论是规模还是水平都比较低，仅限于在轻工业、能源领域的合作，贸易结构失衡进而导致中亚国家心理失衡。陕西省从中亚国家进口主要集中于石油、天然气、能源等矿产资源类的产品，不利于双方的长远深度合作。在新丝绸之路战略促进陕西与中亚贸易的过程中，不应将眼光局限于单一的合作，而应是全方位的合作，全面深化双方的经贸关系。双边合作关系越深入，合作领域也就越广泛，真正实现陕西与中亚各国经济你中有我，我中有你，合作前景也就更广阔。因此，应该加强各个产业各个部门领域的全方位合作，特别是加强农业、民主以及金融等合作较少的产业部门的交流，有利于缩小中国与中亚各国的产业结构差异，促进产业内的交流合作，也有利于产业内各个部门之间的竞争，更好地发挥比较优势。陕西省也应该加快产业结构的调整，特别是加大对新兴产业的扶持和鼓励，着力提升农业、制造业、服务业等领域的竞争力，构建区域协同发展的新格局，培育新的经济增长极，用经济结构的优化托举发展跃上新台阶，为新一轮经济的发展打下良好的基础。针对当前陕西省与中亚地区贸易结构不合理的问题，我们应该积极采取有效措施，积极组建一批真正有实力、有潜力的大型外贸企业集团,针对双边贸易现状再结合双边的贸易互补性，调整对中亚地区出口商品的结构与类型。与此同时，提高陕西省出口企业在中亚地区市场的市场影响力和抗风险能力。在双方经贸合作中，陕西省企业应积极提高出口商品的质量和档次，树立良好的品牌形象。积极鼓励组建一批大型外贸企业，提高我国出口企业在中亚市场的品牌实力以及市场影响力。最后，还是应从自身做起，积极优化对中亚出口商品的结构，进而使双边贸易朝多元化、高水平的方向发展。

(四) 加快区域金融中心建设，促进对外合作

丝绸之路经济带的开发建设，离不开金融的支持，陕西省金融业势必

要加快快去域金融中心建设，促进区域合作和金融的开放发展，西安市的金融基础和区位优势使其成为这一中心的首选城市。西安可以西安国际港务区及"西咸新区"为依托，立足陕西，力争将西安打造成金融市场完善、工具齐全、创新活跃、机构集中、服务优化、信息畅通的金融中心城市。将本市的金融影响福射至周边省市，甚至中亚核心腹地。

陕西省级层面主要可以通过以下几方面着手：首先，陕西省金融业应积极促进现有金融机构的发展壮大，降低准入门槛，引导更广泛的资本投资金融业，形成多元的金融体系，激活资本使用效率。其次，支持有条件的金融机构走出去，比如鼓励本省运营良好、风控严谨的长安银行、西安银行等金融机构沿丝调之路经济带统筹布局，开放发展、创新产品和业务，不仅局限于跨省区建设，更鼓励其形成国际性的金融化构。最后，用政策和发展优势吸进国内及丝绸之路沿线国家和城市的金融资源向陕西转移，争取上合组织开发银行、中亚开发银行落户西安。同时推进建立货币清算机制，加快人民币与沿线国家的货币挂牌、兑换、交易机制，提升陕西省在丝绸之路经济带上的金融资源配置和融资服务功能。

(五) 建立多层次资本市场体系，促进融资来源多样化

研究表明，陕西省丝绸之路经济带多数企业过分依赖于间接融资市场，对直接融资市场的利用程度不强，造成融资渠道有限，不利于丝绸之路经济带的长远发展。大力发展资本市场的多层次化，能最大限度地发挥资本市场资源配置的优化功能，提高储蓄向产业发展所需的中长期投资有效转化效率。有利于增加丝绸之路经济带主导产业的直接融资比例份额，提高金融市场效率，完善金融市场结构，维护金融安全。首先，在向西开放过程中，适度的扩大对外开放，优化陕西省资本市场的外部环境。陕西省能源化工、石油开采、果业等方面有良好的资源条件和产业优势，且这些产业现货市场高度发达，足以支撑期货市场的稳定发展，进而可以提高陕西省及周边省市经济资源的配置效率，建立丝绸之路经济带上的产业带。除此之外，陕西省还应积极筹建基金证券资本交易市场，特别针对与中亚相关的产化企业。其次，以丝绸之路经济带区域性金融中心为依托，结合国

内市场的实际情况，建设大型金融期货交易所，丰富金融产品，完善资本市场体系，为丝绸之路经济带金融合作和发展提供更加多元化的金融服务。最后，建立政策性金融支持体系。为使丝绸之路经济带主导产业在发展初始阶段获得更多的投资支持，鼓励投资积极性，成立创业投资引导基金。通过利息补贴降低主导产化的生产成本，鼓励主导产业的发展，充分发挥政府的政策性引导以及作用于政策性金融机构的政策性贷款作用。为丝绸之路经济带具有技术风险和市场风险的主导产业提供一系列提保措施，建立健全的政策性信用担保体系。

(六) 大力推进"互联网+"，创新贸易发展新模式

除了传统的经济规模、人口数量和空间距离外，互联网作为新生的因素对陕西与中亚国家的贸易有正向的促进作用。随着"互联网+"行动规划的实施，未来的国际贸易必然要融入"互联网+"的思维，将更加注重互联网与传统行业的深度融合，创新国际贸易发展新模式，实现资源的优化配置。

首先，把物联网、云计算和大数据等新生工具融入到传统的国际贸易平台中去，提升贸易便利化水平。从企业层面来看，传统的交易平台依托物联网、云计算和大数据，将重新整合外贸信息流、资金流和物流，重塑交易价值链条，降低中间交易成本，提高交易效率，使得外贸业务更加信息化和专业化；从政府服务平台来看，建立大数据平台，改革传统的进出口管理方式，逐步实现政府和企业数据对接、线上和线下同步，提升贸易便利化水平。其次，构建具有一体化复合功能的陕西-中亚国家跨境电商生态圈，创新国际贸易发展新模式。在国际跨境电商产业园区内可以设立保税仓库、监管仓库、集装箱场站和报关报检平台区，通过区内的一类或二类口岸，可以有效地整合物流、快递、报关和金融等口岸服务优势资源，实现区内外联合互动和产品的优进优出，力争形成集铁路、航空等运输方式、口岸服务、海关监管和仓储于一体的多功能生态圈，创造中国和丝绸之路经济带沿线核心区域内新的经济增长点。最后，在丝绸之路经济带建设中，交通基础设施先行，把"互联网+"的思维融入到国际物流中去，

应用大数据平台，整合传统的物流产业链，减少中间环节，创新物流运作模式，降低物流成本，提高运输效率。

(七) 改善双边贸易服务体系，扩大安全领域合作

现阶段，受制于中亚不稳定的政治环境，陕西与中亚国家的贸易服务体系存在诸多问题，从而导致双边贸易问题频发，贸易关系处于不稳定状态。为后续双边贸易的顺利发展，首先，应积极组建一批有利于促进双边贸易合作的贸易服务性组织，针对现阶段双边贸易存在的问题，与贸易合作方进行交流沟通与协作调整，为双边贸易的梳理开展发挥积极作用。其次，应该规定出口补贴、关税减让和国内支持削减指标及市场最低准入指标等，尽快完善自身的非关税壁垒体系，与此同时，建立非关税壁垒的启动机制，包括对策研究、信息获取、最终决策等机制。第三，针对现阶段双边存在的各类贸易纠纷，应该协助企业，积极积累经验，改善现状，制定相关解决贸易纠纷的贸易协定、条款等，已改善现有贸易关系，促进双方合作交流。第四，安全问题是陕西同中亚经济合作的基础，陕西与中亚五国应加强在非传统安全领域合作，联合打击贩毒走私，跨国犯罪等活动，为经贸合作发展创造稳定的环境。

(八) 加强文化交流，搭建文化传播桥梁

陕西省作为中华文化的重要发源地，拥有悠久的历史。古长安（今西安）作为汉唐文明的重要政治、经济、文化中心，与丝绸之路上中亚各国经贸往来历史悠久，这成为陕西省与经济带中亚各国经贸合作的重要文化基础。自古丝绸之路起，陕西省便开始与中亚各国展开丰富的经济文化交往，丝绸之路更是成为连接古长安与中亚各国的纽带。在建设新丝绸之路经济带的今天，中、哈、吉三国于 2014 年 6 月 22 日联合申报的陆上丝绸之路的东段"丝绸之路：长安—天山廊道的路网"成功申报为世界文化遗产，成为首例跨国合作而成功申遗的项目。在中亚地区，同时也居住着一个特殊的民族，他们自称"回回"或"中原人"，他们是中亚的东干族，是 19 世纪下半叶我国西北地区回民反清起义失败后，分三批被迫迁移到中

亚的回族后裔。其中，最有名的便是哈萨克斯坦的营盘和新渠，是较大的"陕西村"。虽然生活在吉尔吉斯、哈萨克、乌兹别克等多民族共处且通行俄语的环境中，但是东干人迄今仍保持了100多年前的陕西话，以及西北地区流传的民间文学、艺术和传统习俗。他们的语言构成以西北方言为主体，又吸收了不少俄语及突厥语词汇。可以说陕西与中亚的文化主体是交织在一起的而局部略有差异，文化差异导致的双边交流沟通不畅势必会影响双边贸易的发展。在同中亚各国的文化交流合作中，要把极端宗教教义从正常的宗教信仰中剥离出来，使其没有生根发展的土壤，从而达到维护社会稳定，经贸合作进一步发展的目的。在发展双方经贸关系的基础上，通过多个领域和途径同中亚五国开展文化交流与合作，如互派留学生、定期举行相关专题的国际研讨会、举行文化展览等，进一步扩大文化交流，加深文化合作层次，设立面向跨国产业合作研究公关课题，充分发挥各国决策专家的智囊作用，建立起持久有影响力的文化交流，这对于陕西和中亚五国产业合作的稳定具有重要意义。

参考文献

[1] 龚胜生，张涛，丁明磊，等.长江中游城市群合作机制研究[J].中国软科学，2014(1):96-104.

[2] 赵峰，姜德波.长三角区域合作机制的经验借鉴与进一步发展思路[J].中国行政管理，2011(2):81-84.

[3] 秦尊文.建好"中三角"亟须体制机制创新[J].政策，2012(11):40-43.

[4] 蒋瑛，郭玉华.区域合作的机制与政策选择[J].江汉论坛，2011(2):25-28.

[5] 张利华，徐晓新.区域一体化协调机制比较研究[J].中国软科学，2010(5):81-87.

[6] 伍贻康.欧洲一体化整合协调经验及其启迪[J].太平洋学报，2005(1):24-32.

[7] 张晔.中亚地区的大国角逐及对中国与中亚区域经济合作的影响[J].新疆社会科学，2009(3):59-63.

[8] 李东阳，杨殿中.中国对中亚五国直接投资与双边贸易关系研究[J].财经问题研

究，2012(12):90-95.

[9] 李钦，许云霞. 中国对中亚地区投资现状及其比较分析[J]. 商业经济，2012(7):1-6.

[10] 中华人民共和国商务部.中国对外投资合作发展报告(2011-2012) [M]. 上海交通大学出版社, 2013:5-176.

[11] 段秀芳. 中国对中亚国家直接投资现状及对策思考[J]. 投资研究, 2010(4):39-44.

[12] 陕西省社会科学院丝绸之路经济带发展报告(2018)[M]. 社会科学文献出版社, 2018:25-38.

张建军　西安电子科技大学经济与管理学院副教授、博士
石超凡　中国经济体制改革研究会西北新型城镇化研究中心

"一带一路"背景下中国与中亚五国贸易潜力研究

郑耀群　葛星

摘要　如何在"丝绸之路经济带"建设背景下加强中国与中亚五国的贸易合作，是需要深入研究的问题。本文首先通过贸易结合度指数测度了中国和中亚五国之间贸易互补性；其次，选取"一带一路"中20个国家的相关数据，运用随机前沿引力模型对贸易前沿面进行模拟，并对非效率因素进行分析，得出贸易潜力估计模型；在模拟数据的基础上，对选取的20个国家贸易效率进行估计，得出双边贸易效率排名，具体分析了中亚五国贸易效率值的变化；再次，以2016年为例，对中国和中亚五国贸易潜力和可拓展贸易额进行估计。最后，提出促进中国与中亚五国贸易合作的政策建议。

关键词　中国；中亚五国；贸易潜力；随机前沿引力模型

一、引言与文献综述

中国与中亚地区的交往延绵千年，曾共同见证了古代丝绸之路的发展与繁荣。习近平总书记在 2013 年访问哈萨克斯坦和东盟国家时，分别提出了"丝绸之路经济带"和"21 世纪海上丝绸之路"(合称"一带一路")。国家发改委、外交部、商务部于 2015 年 3 月 28 日联合发布了《推动共建丝绸之路经济带和 21 世纪海上丝绸之路的愿景与行动》。中亚五国处于亚欧大陆的结合部，是丝绸之路经济带的重要通道，是我国向西开放及开展国际经济合作的重要伙伴。2016 年，我国分别成为吉尔吉斯斯坦、土库曼斯坦的第一大贸易伙伴以及哈萨克斯坦、乌兹别克斯坦和塔吉克斯坦的第二大贸易伙伴。研究中国与中亚五国贸易潜力，对推进丝绸之路经济带建设具有十分重要的意义。

在贸易潜力的定量研究中，主要有两类方法，一类是引力模型，另一类是指标分析法。Learner(1974)[1]和 Bergstrand(1985)[2]分别将人均收入水平和汇率增加引入到基础引力模型中。随机前沿引力模型是由引力模型拓展而来的，Deardorff(1995)最早从国际贸易理论入手，推出引力模型。Linnemann(1996)[3]将人口数量和虚拟变量引入传统引力模型，论证人口数量对两国间的贸易额影响。Geetha Ravishankar & Maric M.Stark(2014)[4]运用随机前沿引力模型测度了欧洲国家间的贸易潜力，结果表明，若贸易国都以最高效率进行贸易，则两国的贸易潜力也将达到最大值。方英和马芮(2018)[5]基于随机前沿引力模型对中国与"一带一路"沿线国家文化贸易潜力及影响因素进行分析，得出中国与不同国家的文化贸易潜力呈现出较大的不均衡。关于中国和中亚国家的相互影响研究也较多，毕燕茹和师傅(2010)[6]运用贸易互补指数和引力模型测算了中国和中亚五国的贸易潜力。谭晶荣等(2016)[7]通过引力模型对中国与中亚五国的农产品贸易潜力进行研究，估算出中国与中亚五国的农产品贸易潜力。

本文在前人研究成果的基础上，对中国与中亚五国的贸易潜力进行实证研究。首先，通过贸易结合度指数对中国和中亚五国之间贸易互补性的程度进行测度，以分析中国与中亚五国的贸易现状；其次，选取"一带一路"中 20 个国家的相关数据，运用随机前沿引力模型对贸易前沿面进行模拟，并对非效率因素进行分析，得出贸易潜力估计模型；在模拟数据的基础上，对选取的 20 个国家贸易效率进行估计，得出双边贸易效率排名，还具体分析了中亚五国贸易效率值的变化；再次，以 2016 年为例，对中国和中亚五国贸易潜力和可拓展贸易额进行估计。最后，提出促进中国与中亚五国贸易合作的政策建议。

二、中国与中亚五国的贸易现状分析

贸易结合度由经济学家 A.J.Brown 提出，指一国对某贸易伙伴国的出口占该国出口总额的比重与该贸易伙伴国进口总额占世界进口总额比重的比例，该比值越大，说明两个国家的贸易联系越紧密。随后小岛清对该指标进行完善，提出了其经济意义，用来衡量两国贸易的互相依存程度，公式为

$$\text{TII}_{ij} = \frac{X_{ij}/X_i}{M_j/M_w}$$

其中，i、j 和 w 表示 i 国家、j 国家和世界市场，X_{ij} 表示 i 国家对 j 国家的出口额，X_i 表示 i 国家的出口总额，M_j 表示 j 国家进口总额，M_w 表示世界市场进口总额。具体的判断依据为当贸易依存度大于 1 时，表明 i 和 j 两个国家贸易联系紧密；当贸易依存度等于 1 时，两个国家的贸易达到平均水平；当贸易依存度小于 1 时，表明 i 和 j 两个国家贸易联系紧密松散。

表 1 中国和中亚五国的贸易结合度指数

年份	中对哈	中对吉	中对塔	中对乌	中对土	哈对中	吉对中	塔对中	乌对中	土对中
2002	1.12	4.53	0.15	0.40	0.74	2.81	2.11	0.18	0.00	0.21
2003	2.23	5.32	0.34	0.23	0.89	2.35	1.90	0.37	0.01	1.08
2004	2.12	7.88	0.67	0.21	0.79	2.00	2.30	0.25	0.04	1.64
2005	2.48	10.05	1.38	0.22	0.90	1.85	2.15	0.22	0.04	1.60
2006	2.09	13.63	1.88	0.41	1.12	1.60	1.75	0.20	0.02	1.61
2007	2.19	15.15	2.12	0.56	1.41	2.18	0.99	0.10	0.06	0.71
2008	2.53	24.74	4.63	1.17	1.61	1.69	0.73	0.20	0.03	0.48
2009	2.46	17.55	4.89	1.23	1.95	1.94	0.29	2.26	0.04	0.44
2010	2.38	11.93	4.68	0.59	1.38	2.23	0.38	0.49	0.80	1.31
2011	2.00	10.37	4.44	0.66	1.27	2.03	0.34	0.74	2.54	0.63
2012	1.79	8.10	3.31	1.09	1.39	1.80	0.34	0.74	3.78	0.90
2013	1.89	7.19	3.26	0.63	1.77	1.86	0.21	0.59	3.21	1.42
2014	2.03	7.26	4.14	0.45	1.73	1.13	0.20	0.46	2.98	1.18
2015	1.58	7.18	4.59	0.43	1.52	1.12	0.25	0.65	2.95	1.01
2016	1.94	10.84	5.26	0.19	1.49	1.13	0.30	0.35	2.13	1.30

数据来源：联合国商品贸易数据库。

中国和东亚五国之间的贸易依存度计算结果见表 1，中国和哈萨克斯坦之间的贸易依存度大于 1，说明两国之间的贸易联系紧密。其中，中国对哈萨克斯坦的贸易结合度总体呈上升趋势，而哈萨克斯坦对中国的贸易结合度总体呈下降趋势。与之相反的是，中国对乌兹别克斯坦的贸易依存度总体呈下降趋势，而乌兹别克斯坦对中国的贸易依存度呈上升趋势，2011年之后大于 2。中国和土库曼斯坦、中国和塔吉克斯坦之间的贸易结合度都呈现上升趋势，可以看出中国的优势更大，中国对吉尔吉斯斯坦的贸易结合度始终大于 1，总体上升趋势，而吉尔吉斯斯坦对中国的贸易结合度从 2.11 变为 0.3，下降幅度大。相比较中国对中亚五国和中亚五国对中国的贸易结合度，中国出口优势明显。

三、中国与中亚五国贸易潜力的实证分析

(一) 随机前沿引力模型

引力模型是测算贸易潜力和贸易效率的常用方法，它分为传统引力模型和随机前沿引力模型。随机前沿引力模型相较于传统引力模型更具优势：一是传统引力模型测算值是接近实际贸易额的一个平均值，而并非贸易潜力代表的最优值；二是传统引力模型假定没有贸易阻力，但是实际中的贸易中却存在着各种阻碍或促进贸易的复杂因素，并且这些因素被归于不可观测的残差项中，从而导致估计结果出现偏差。鉴于此，本文使用随机前沿引力模型更有效地估计贸易潜力与测算贸易效率。

Meeusen & Broeck(1977)[8]以及 Aigner、Lovell & Schmidt(1977)[9]将面板数据和随机前沿分析方法相结合，用来评价生产函数中的技术效率，之后被引入到引力模型中去测算效率，将传统引力模型中的随机干扰项分解为随机误差项和贸易非效率项。

一般形式的随机前沿引力模型为

$$T_{ijt} = f(X_{ijt}, \beta) e^{v_{ijt} - \mu_{ijt}} \tag{1}$$

其中，T_{ijt} 表示 t 时期 i 国对 j 国的实际贸易额，X_{ijt} 为影响贸易额的因素，β 是影响因素对应的参数，v_{ijt} 表示贸易的随机影响因素，且 $v_{ijt} \sim iidN(0, \sigma^2)$，$\mu_{ijt}$ 是贸易非效率项。若 μ_{ijt} 不随时间变化，则为时不变模型(TI)；若研究的时间较长，μ_{ijt} 随时间变化，则为时变模型(TVD)。v_{ijt} 和 μ_{ijt} 相互独立。

$$\ln T_{ijt} = \ln f(X_{ijt}, \ \beta) + v_{ijt} - \mu_{ijt} \tag{2}$$

$$\mu_{ijt} = e^{-\eta(t-T)} \mu_{ij} \tag{3}$$

其中，t 为年份，T 为期数，μ_{ij} 服从截断型半正态分布，η 是带估参数，$\eta > 0$ 表示 μ_{ij} 随时间递减，$\eta < 0$ 表示 μ_{ij} 随时间递增，$\eta = 0$ 表示时不变模型。

$$T_{ijt}^* = f(X_{ijt}, \ \beta) e^{v_{ijt}} \tag{4}$$

$$TE_{ijt} = \frac{T_{ijt}}{T^*_{ijt}} = e^{-\mu_{ijt}} \tag{5}$$

T_{ijt}^* 为贸易潜力，表示 t 时期 i 国对 j 国的最大贸易额，此时不存在非效率因素。TE_{ijt} 为贸易效率，是实际贸易额与最大贸易额的比值。当 $\mu_{ijt} = 0$ 时，即 $TE_{ijt} = 1$，表示达到最优水平，贸易潜力就是实际贸易量。若 $\mu_{ijt} > 0$，此时 $TE_{ijt} \in (0,1)$，说明两国间存在贸易非效率项，两国之间实际贸易额小于最大贸易额。

为了深入分析影响贸易的非效率因素，需在随机前沿引力模型的基础上构建贸易非效率模型，本文选取 Battese & Coelli(1995)的一步法估计，原理是将贸易非效率项和影响因素在随机前沿引力模型中同时进行回归。

$$\mu_{ijt} = \alpha' z_{ijt} + \varepsilon_{ijt} \tag{6}$$
$$\ln T_{ijt} = \ln f(X_{ijt}, \beta) + v_{ijt} - (\alpha' z_{ijt} + \varepsilon_{ijt}) \tag{7}$$

其中，μ_{ijt} 为贸易非效率项，z_{ijt} 表示贸易非效率的影响因素，α 为待估参数，ε_{ijt} 为随机干扰项，在一步法下将贸易非效率项引入随机前沿模型。

(二) 实证模型设定

本文将短期内不随时间变化的因素作为核心变量，将人为因素纳入非效率模型，构建随机前沿模型和贸易非效率模型。

$$\ln T_{ijt} = \beta_0 + \beta_1 \ln GDP_{it} + \beta_2 \ln GDP_{jt} + \beta_3 \ln POP_{it} + \beta_4 \ln POP_{jt}$$
$$+ \beta_5 \ln DIS_{ij} + \beta_6 BOR_{ij} + v_{ijt} - \mu_{ijt} \tag{8}$$

其中，被解释变量 T_{ijt} 表示 t 年 i 国对 j 国的进出口总额。解释变量包括：出口国 GDP(GDP_{it}) 和进口国 GDP(GDP_{jt})，用来反映的是对应国家的经济状况；出口国人口总量 (POP_{it}) 和进口国人口总量 (POP_{jt})，用来反映对应国家的市场发展情况；两个国家之间的距离 (DIS_{ij}) 表示两个国家的贸易成本；两个国家是否接壤 (BOR_{ij})，BOR_{ij} 是虚拟变量，表示两国是否有共同边界，有共同边界取 1，没有共同边界取 0。为了测算出影响双边贸易的非效率影响因素，本文使用一步法建立贸易非效率模型，具体方程如下：

$$\mu_{ijt} = \alpha_0 + \alpha_1 MON_{jt} + \alpha_2 TRA_{jt} + \alpha_3 INV_{jt} + \alpha_4 FIN_{jt}$$
$$+ \alpha_5 GOV_{jt} + \alpha_6 REG_{jt} + \varepsilon_{ijt} \tag{9}$$

其中，解释变量有：货币自由度 MON_{jt} 反映 j 国物价水平和政府对价格的管控，数值越大表示政府管控越低；贸易自由度 TRA_{jt} 是关税和非关税壁垒的表现；政府执行效率 GOV_{jt} 表示公共服务的质量、行政质量、政府的独立性和政府公信力等的代表，该指标越大说明政府的效率越高；政府监管效率 REG_{jt} 表示政府在促进企业发展的政策法律法规方面发挥的作用。

(三) 数据来源

为了更准确地测度中亚五国，本文选取"一带一路"中的 20 个国家：印度、伊朗、巴基斯坦、土耳其、哈萨克、吉尔吉斯、塔吉克、土库曼、乌兹别克、阿尔及利亚、埃及、英国、德国、法国、意大利、格鲁吉亚、亚美尼亚、阿塞拜疆、俄罗斯联邦和乌克兰。样本时间跨度选取 2004—2016 年，共有 260 个观测值。进出口贸易总额来源于历年《中国统计年鉴》，GDP(以美元计量)和国家人口总量数据来源于 UNTAD 网站，两国之间的距离按首都之间的最短航线距离计算，数据来源于 Distance Caculator 网站；

边界来源于世界地图；世界贸易组织(WTO)数据来源于 WTO 网站；商业自由度、劳动力自由度、货币自由度和贸易自由度来源于美国传统遗产基金会网站；政府执行效率和政府监管效率来源于世界银行网站。

(四) 实证检验及结果分析

1. 模型适用性检验

为了选择正确的随机前沿引力模型的函数形式，运用最大似然比 LR 统计计量检验模型的适用性：一是检验是否存在贸易非效率，二是检验贸易非效率是否随时间变化。检验方法是，分别在零假设 $H_0 : \gamma = \mu = \eta = 0$ 和零假设 $H_0 : \eta = 0$ 条件下，根据有约束模型与无约束模型两种情况，将 LR 统计量的值和混合卡方分布的1%临界值进行比较，得出拒绝或接受零假设的结论。从表2的适应性检验结果可知，LR 统计量的值大于临界值，进出口总额模型均拒绝原假设，即模型均存在贸易非效率并且贸易非效率随时间变化，从而确定本文选择时变模型。

表 2　模型适用性检验

原假设	无约束模型	有约束模型	LR 统计量	自由度	1%临界值	结论
$\gamma = \mu = \eta = 0$	−277.72	−123.66	308.13	7	18.47	拒绝
$\eta = 0$	−138.47	−123.66	29.62	2	9.21	拒绝

数据来源：根据回归结果整理所得。$LR = -2[\ln(H_0) - \ln(H_1)]$，自由度为受约束变量个数。

2. 实证结果分析

根据所设定的时变随机前沿引力模型，运用 Frontier4.1 软件对2004—2016年20个国家的面板数据估计进出口模型，结果如表3所示。随机前沿模型中的 γ 值显著不为0，贸易非效率项对贸易效率影响的占比达91%，表明实际贸易量与前沿贸易量存在较大差距。中国和中亚五国的 GDP 的 t 值较大，在1%水平上显著，且为正值，GDP 和贸易总量呈正相关，中国 GDP 平均每增加1%，双边贸易总额平均增加1.06%，这表明中国和中亚等其他国家的经济规模越大，越有利于贸易活动；中国和中亚等其他国家的人口总量都在 1%水平上显著,但为负值,说明两国的人口与贸易总额负相关;地理距离在 1%水平上显著,系数为负值,说明地理距离极大地阻碍了中国和其他国家的贸易;两个国家是否有共同边界通过 1%水平下显著性检验,说明贸易国相互接壤更有利于相互贸易。系数 η 为正值,表明 μ_{ijt} 随时间递减。

<h3 style="text-align:center">表 3　随机前沿引力模型估计结果</h3>

随机前沿引力模型			贸易非效率模型		
变量	系数	T 统计量	变量	系数	T 统计量
C	276.13***	271.03	C	−17.44**	−2.44
$LnGDP_i$	1.06***	15.43	MON_j	0.10**	2.13
$LnGDP_j$	0.86***	22.52	TRA_j	0.10**	2.03
$LnPOP_i$	−14.47***	−94.75	INV_j	0.06**	2.87
$LnPOP_j$	−0.23***	−4.43	FIN_j	0.08***	2.63
$LnDIS_{ij}$	−0.83***	−3.54	GOV_j	−0.08**	−2.52
BOR_{ij}	0.72***	5.91	REG_j	−0.06**	−1.98
参考量					
μ	−0.05	−0.21	$\sigma2$	1.96***	3.24
η	0.39	0.61	γ	0.91***	23.80
Log Likelihood	−251.18***		LR Test		53.07

数据来源:根据回归结果整理所得。**代表5%水平上显著,***代表1%水平上显著。

在贸易非效率模型中,货币自由度、贸易自由度和投资自由度均在 5%水平下通过显著性检验,且为正值,说明各国物价水平、贸易和投资政策对双边贸易总额产生正向影响;金融自由度在 1%水平下通过显著性检验,也说明一国的融资便利程度提高有利于提高双边贸易额;政府执行效率和政府监管效率均通过 5%水平的显著性检验,但为负值,说明政府对企业发展的法律法规执行力度增加,即对企业的限制越大,越不利于企业开展对外贸易。

3. 贸易效率分析

本文基于随机前沿模型分析中国和 20 个国家的双边贸易运用 Frontier4.1 进行模拟，分别获得了 2004—2016 年中国对 20 个国家的双边贸易效率值。本文给出 20 个国家的效率平均值和排名，具体如表 4 所示，判断依据是效率值越大，贸易效率越高，贸易潜力越小，反之则反是。

表 4　中国与 20 个国家双边贸易效率及排名

国家	平均值	排名	国家	平均值	排名
伊朗	0.8887	1	英国	0.6936	11
德国	0.8402	2	意大利	0.6451	12
吉尔吉斯斯坦	**0.8099**	**3**	土耳其	0.6266	13
印度	0.7921	4	**哈萨克斯坦**	**0.6125**	**14**
乌克兰	0.7862	5	**塔吉克斯坦**	**0.5589**	**15**
埃及	0.7624	6	巴基斯坦	0.5563	16
俄罗斯	0.7486	7	**土库曼斯坦**	**0.5523**	**17**
阿尔及利亚	0.7384	8	格鲁吉亚	0.3040	18
法国	0.7096	9	阿塞拜疆	0.2415	19
乌兹别克斯坦	**0.7002**	**10**	亚美尼亚	0.1056	20

数据来源：根据回归结果数据整理得到。

从表 4 可以看出，中亚五国中，中国与土库曼斯坦的双边贸易效率最低，平均为 0.5523，在选取的 20 个国家中排名第 17，说明中国与土库曼斯坦之间的效率较低，贸易潜力有巨大的提升空间；中国与哈萨克斯坦和塔吉克斯坦的双边贸易效率在 20 个国家中排名第 14 和 15 位，也说明具有极强的贸易潜力，可提升空间较大；中国与乌兹别克斯坦的双边贸易效率平均值为 0.7002，在研究的 20 个国家中排名第 10，出口效率较高，但贸易效率仍有提升的潜力；中亚五国中，中国与吉尔吉斯斯坦的贸易效率平均值最大，达到 0.8099，在研究的 20 个国家中排名第 3，说明中国与吉尔吉斯斯坦的双边贸易潜力较小，上升空间小，挖掘贸易潜力的难度大。

对于贸易效率的变动趋势分析，中国对中亚五国的贸易效率逐渐呈现出较为稳定的中高等效率水平，2004—2016 年中国和中亚五国的双边贸效率值变化趋势如图 1 所示，可以看出，土库曼斯斯坦从 2004 年到 2011 年贸易潜力大幅提升，说明和中国的贸易合作加速发展；吉尔吉斯斯坦和中国的双边贸易效率一直保持在高水平；中国与哈萨克斯坦之间的双边贸易值总体呈下降趋势；2007 年之后，塔吉克斯坦和乌兹别克斯坦的效率值围绕所研究的 20 个国家平均值不断波动，且两者的变化趋势相反，说明两个国家可能存在竞争关系。

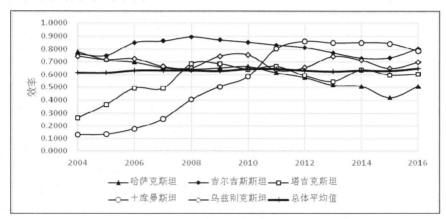

图 1 2004—2016 年中国和中亚五国的双边贸易潜力

4. 贸易潜力测算

贸易潜力为实际贸易额与贸易效率的比值，得出最优贸易前沿，在此基础上，贸易潜力和实际贸易额的差额即为可拓展贸易额，2016 年中国对中亚五国双边贸易潜力如表 5 所示。

表 5 2016 年中国对中亚五国双边贸易潜力　　(万美元)

国家	贸易额	贸易效率	贸易潜力	可拓展贸易额
哈萨克斯坦	1 309 767	0.5073	2 581 596	1 271 829.15
吉尔吉斯斯坦	567 669	0.8053	704 957	137 287.61
塔吉克斯坦	175 634	0.6045	290 560	114 926.16
土库曼斯坦	590 177	0.7838	752 995	162 818.33
乌兹别克斯坦	361 461	0.6972	518 459	156 998.20
中亚五国总体	3 004 708	0.6796	4 421 258	1 416 549.71

从总体水平看，中国对中亚五国的整体贸易效率为 0.6796，处于中等水平，意味着中国和中亚五国整体贸易水平还有提升的空间，贸易潜力有待进一步挖掘，尚有较大贸易量可拓展。2016 年中国对中亚五国的进出口贸易总额达到 3 004 708 万美元，但贸易潜力为 4 421 258 万美元，这意味着总体而言中国对中亚五国有接近 1 416 549.71 万美元的潜力尚未释放，因此，未来中国和中亚五国的双边贸易有很大的增长空间。可拓展贸易额中一大部分主要依赖于中国和哈萨克斯坦的贸易提高，中国对哈萨克斯坦的可拓展贸易额为 1 271 829.15 万美元，占到中亚五国总体可拓展贸易额的 89.78%，中国和哈萨克斯坦的贸易潜力也是中亚五国中最大的；中国和塔吉克斯坦的贸易潜力最小，贸易潜力为 290 560 万美元，贸易潜力仅为中亚五国总体的 8.11%。总之，中国和中亚五国贸易还有很大的提升空间。

四、政 策 建 议

第一，加大双边交通运输基础设施合作。空间距离对中国与中亚五国贸易的不利影响较大，克服距离问题的关键在于加大双边交通运输合作。首先，引导国内优秀的铁路建设企业参与中亚五国的铁路建设。中国与中亚五国双方货物主要以铁路方式往来运输，由于中亚五国的铁路系统是依据苏联的铁路标准建设的，与我国铁路系统不兼容，会增加物流成本。引导我国优秀的铁路建设企业参与中亚五国的铁路建设，能够向中亚五国输出我国的铁路标准，使我国铁路系统能够与中亚五国铁路系统实现无缝对接，降低工业制成品的运输难度和运输成本，提升运输效率。其次，要加强我国西部的铁路系统建设。目前，我国主要铁路均分布在东部，西部铁路建设相对而言比较落后，特别是与中亚五国交界的新疆，铁路里程和路网密集程度要远远低于国内平均水平，到现在为止，由内陆及东南沿海地区始发、去往新疆阿拉山口口岸出境的中欧中亚国际铁路班列都必须从兰州经过，无形之中会造成运力紧张，严重制约了我国国内工业制成品向中亚五国的运输。加强我国西部的铁路系统建设，有利于提升我国西部铁路系统的整体运输能力和运输效率，提升我国工业制成品向中亚五国运输的便利性。

第二，加快实施中国企业"走出去"战略，鼓励企业对中亚五国的直接投资。中亚国家工业体系不完整，产业结构单一，工业产品长期大量依赖进口，同时因为缺乏资金、技术和管理，其政府迫切希望国外投资者来中亚投资。中国目前很多产业都出现了产能过剩，国内市场饱和，要依托"丝绸之路经济带"建设的大背景，抓住有利时机，积极实施企业"走出去"战略，鼓励有实力的大企业到中亚国家投资办厂。一是可以利用当地廉价的劳动力和丰富的优质资源，建立境外生产加工基地，开展原材料、矿产、能源深加工等加工贸易；二是有利于开拓中亚市场，转移过剩产能。中亚五国人口超过 7000 万，市场前景广阔，中亚地区对于中国工业设备有很大的需求，因此，中国企业应抓住中亚的巨大市场需求，加大对外投资。

第三，加强贸易合作与政府间交流。一是要不断优化贸易结构。我国主要从中亚五国进口矿产品及其制成品等原料和能源型产品，主要向中亚五国出口机械设备、化学制品等工业制成品。双方在贸易分工方面非常明确，都在利用各自的优势产品进行双边贸易。在当前中国和中亚五国贸易还有很大的提升空间的情况下，双方应当努力完善贸易结构，通过高质量高技术产品的贸易来改善当前的贸易结构，继续开拓双边贸易潜力；二是要加强金融合作。中国与中亚五国的工业制成品贸易离不开外汇结算等金融系统，加强金融合作能够提升双边贸易在货币支付时的便利性，降低支付的繁琐程度，方便工业制成品的交易过程。同时，开发一些相关的信贷产品，能够缓解相关贸易企业的资金紧张程度，促进工业制成品贸易的发展；三是我国政府层面应当与中亚五国政府建立一定的信息交流机制，通过信息交流了解各自的需求，以便企业做出更加快速的反应。同时，通过政府间达成一定的贸易协定来继续降低双边的贸易壁垒，促进贸易的发展。

参考文献

[1] Learner MA, Potter DWB. The seasonal periodicity of emergence of insects from two ponds in Hertfordshire, England, with special reference to the chironomidae (Diptera: Nematocera). Hydrobiologia, 1974, 44(4): 495-510.

[2] Bergstrand G, et al. Cardiac gated MR imaging of cerebrospinal fluid flow. J Comput Assist Tomogr, 1985, 9(6): 1003-1006.

[3] Entzian P, et al. Obstructive sleep apnea syndrome and circadian rhythms of hormones and cytokines. Am J Respir Crit Care Med, 1996, 153(3):1080-1086.

[4] Ravishankar G, Stack MM. The Gravity Model and Trade Efficiency: A Stochastic Frontier Analysis of Eastern European Countries' Potential Trade. World Economy, 2014, 37(5): 690-704.

[5] 方英, 马芮. 中国与"一带一路"沿线国家文化贸易潜力及影响因素:基于随机前沿引力模型的实证研究. 世界经济研究, 2018(1): 112-121.

[6] 毕燕茹. 中国与中亚五国贸易潜力测算及分析：贸易互补性指数与引力模型研究. 亚太经济, 2010(3): 47-51.

[7] 谭晶荣, 王丝丝, 陈生杰. "一带一路"背景下中国与中亚五国主要农产品贸易潜力研究. 商业经济与管理, 2016(1): 90-96.

[8] Vasylenko S, Aigner D, Lovell C, et al. (1977) Formulation and estimation of stochastic frontier production function. Journal of Econometrics, 1977, 6(1)：21-37.

[9] Meeusen W, Broeck JVD. Technical efficiency and dimension of the firm: Some results on the use of frontier production functions. Empirical Economics, 1977, 2(2): 109-122.

郑耀群　西安电子科技大学经济与管理学院副教授
葛　星　西安电子科技大学经济与管理学院硕士研究生

丝路新征程，重卡拓瓶颈

——"一带一路"倡议下陕汽重卡中东地区业务发展研究报告

赵武　王安琪　戚青

摘要　总部位于陕西省西安市、我国西北地区最大的制造企业陕西汽车控股集团有限公司，资产总额 533 亿元，位居中国 500 强第 387 位，中国机械 500 强第 22 位。当前，陕汽重卡已出口到欧洲、非洲、亚洲及中东等 60 多个国家和地区，在伊朗、苏丹、埃塞俄比亚等国家实现了本地化生产，出口量连续多年位居行业前茅。陕西作为陆上丝绸之路的起点，在"一带一路"倡议下为陕汽重卡公司业务发展迎来了重大的发展机遇。作为最早实施国际化营销的企业之一，二十年来在国际市场取得了令人骄傲的成绩，但随着行业竞争愈加激烈以及外部环境复杂多变，陕汽重卡公司业务在开拓国际市场时遇到了瓶颈。本文以陕汽重卡公司中东市场为研究对象，围绕"一带一路"倡议下该市场重卡业务发展的方向和重点，基于陕汽重卡公司目前在中东市场所面临的市场环境、竞争格局等情况，阐述陕汽重卡公司业务在中东市场的发展现状，归纳总结存在的问题，分析中东市场重卡行业格局和竞争对手，找出细分目标市场，在此基础上依据陕汽重卡公司在目标市场上面临的政治、经济、社会、技术、产业等宏观环境，深入探究了陕汽重卡公司自身的优势、劣势，基于陕汽公司目前实际运营状况，从提升公司综合实力、增强市场竞争力视角，提出陕汽重卡公司拓展中东市场的对策建议以及项目实施与保障方案。

关键词 一带一路；陕汽重卡；中东市场；业务发展

"一带一路"(The Belt and Road)是"丝绸之路经济带"和"21世纪海上丝绸之路"的简称，2013年9月和10月由中国国家主席习近平分别提出建设"丝绸之路经济带"和"21世纪海上丝绸之路"的合作倡议。丝绸之路经济带战略涵盖东南亚经济整合、涵盖东北亚经济整合，并最终融合在一起通向欧洲，形成欧亚大陆经济整合的大趋势。倡议提出以来，仅2017年中国与"一带一路"沿线国家元首首脑访问43次，与11个国家签署了15份推动双边关系发展的文件。2017年5月14日-15日在北京举办的"一带一路国际合作高峰论坛"期间，18个"一带一路"沿线国家元首首脑访华，中国与相关国家签署了270多项经贸等多领域合作文件。

国家主席习近平于2016年1月19日至23日对沙特阿拉伯、埃及和伊朗进行国事访问，这是中国外交2016年的开篇之作，也是西亚北非动荡后我国最高领导人首次到访中东地区。 在中国国家主席习近平对沙特阿拉伯、埃及、伊朗进行国事访问期间，中国同三国共签署52项合作文件。这些合作文件内容丰富，涵盖面广。沙特、埃及、伊朗处于"一带一路"西端交汇地带，是"一带一路"通往非洲和欧洲的支点，又是共建"一带一路"的天然合作伙伴。此访的重点，便是与三国领导人共话"一带一路"建设，升级中国与地区国家务实合作。中国同中东三国在共建"一带一路"框架下，对接各自发展战略，谋求协同发展和联动增长，受到中东三国人民高度关注和舆论广泛赞扬，认为这是中国与地区国家共同奏响的"一带一路"新乐章。

一、中国重卡"走出去"的基本格局

本世纪初以来，中国经济高速腾飞，中国重卡行业也得到了巨大发展。重卡行业发展由经济发展的需要决定，特别与GDP增速、公路货物运输、基础设施投资等因素关系密切。经过多年"走出去"，中国重卡行业越来越多的企业跨越海外国家的准入壁垒，出口销量得到极大增长。2012年—2016年，中国重卡行业出口量分别为 59 863 辆、64468 辆、66 738 辆、73 662 辆、50 126 辆，图 1 是重卡出口销量态势图。

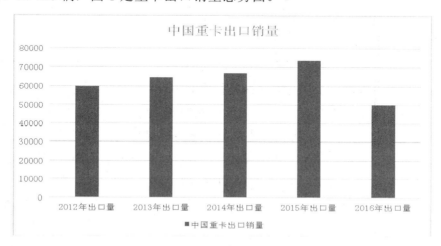

图 1　中国重卡出口销量

从图 1 可以看出，2013 年开始重卡行业年出口量超过 6 万辆，之后连续三年保持稳定增长，可见国际市场为重卡企业提供了广阔的发展空间，企业的国际化营销成果显著。但 2016 年，出口量大幅下滑，原因来自两方面，一方面是外部因素，国际原油价格下滑导致原油出口国需求下降，以及某些国家如越南法规的突然性调整带来的需求下跌；另一方面在于中国重卡企业自身发展的局限，绝大多数企业一味追求短期销量，缺乏对国际市场的长期规划、缺少对市场环境变化的风险防范、存在经营理念落后、资源分配不合理等问题。前些年，中国卡车常给人以"低质低价"的印象，主要出口国也集中在非洲、东南亚等发展中国家。近几年这种情形正在发生改变，随着"一带一路"倡议的红利在 2017 年进一步凸显，非洲、东南亚、中亚、南美洲等地区和国家成为主要出口市场。

2018 年，中国重卡出口将全面开放新格局，随着"一带一路"倡议及对外贸易的拓展，以及贸易新业态新模式的出现，重卡企业以合资合作走出去，融进去，更多合作项目、更多建设项目、更多物流项目、更高国际声誉与影响，将支持海外市场形势进一步向好。随着'一带一路'沿线国家基建项目的增多，我国车企出口至当地用户以及中资工程公司，参与海外项目施工的机会逐渐增加。这些基建项目对牵引车和自卸车有较大需求。同时，复杂多变的国际环境以及自身存在的问题，使得中国重卡企业的国际化发展遇到了巨大挑战。

陕汽重卡公司作为最早实施国际化营销的企业之一，二十年来在国际市场取得了令人骄傲的成绩，产品销往海外 90 多个国家和地区，营销网络覆盖非洲、东南亚、中东、中南美及中亚俄罗斯等区域，是中国汽车出口最具实力的企业之一，但随着行业竞争越来越激烈以及外部环境复杂多变，陕汽公司在一些市场遇到了开拓瓶颈。中东市场在陕汽公司的国际化营销上曾经贡献出较大销量，但 2009 年以后陕汽公司在中东地区的出口销量大幅下滑。在经过前期的丰收后，中东市场环境发生巨大变化，陕汽公司如今在中东市场的发展面临严峻考验，随着国家"一带一路"倡议不断推进，物流市场供需的不均衡，都进一步推动着重卡行业的高速发展。陕汽公司面临着前所未有的机遇与挑战。

二、陕汽重卡中东市场发展现状

(一) 陕汽重卡公司出口整体情况

陕汽公司成立于 1968 年，主要从事商用车及其零部件的开发、生产、销售及相关的汽车服务贸易和金融业务，累计交付客户重卡 150 万辆，作为最早"走出去"的重卡企业之一，经过在国际市场的多年经营，近年来陕汽公司平均年出口重卡 10 000 辆，累计出口重卡 12 万辆，稳居中国重卡行业出口前三名，目前，陕汽在海外设有子公司 3 家，海外办事处 37 家，海外 4S 店 24 家，海外服务网点 310 个，一级经销商 70 余家，海外配件出口网络近 200 余家，具备覆盖全区域的海外服务能力。

陕汽公司的主销区域，按照地理区域划分，主要集中在东南亚、非洲、亚俄、中东和中南美,这也是中国重卡主销市场。图 2 为陕汽公司主销区域。

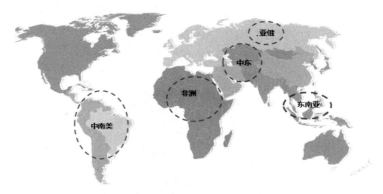

图 2 陕汽公司主销区域

在陕汽重卡已经进入的五大区域里,近几年表现较好的市场为非洲和亚俄,销量较小的为中东和中南美,如图 3 所示。

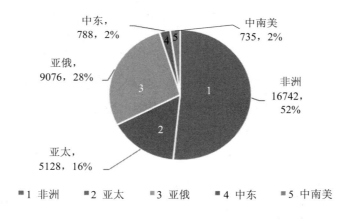

图 3 2013—2016 年陕汽重卡出口各大区域销量及占比

图 3 显示,近四年陕汽公司出口非洲地区占出口总量的 52%,亚俄 28%,亚太 16%,中东和中南美仅各占 2%。五大区域销量悬殊,相比以上三个销量大区,中东区和中南美区,在区域面积和人口上较小,市场保有量小,同时两个区域都是欧美车的传统市场,存在一定的贸易壁垒,由于国家经济发展不稳定,尤其中东地区近年来政治风险较大,战争、制裁、边界纷争等因素都影响了其国家经济的发展。

除了以上外部原因，造成销量差异大的另一原因是因为陕汽公司内部经营理念落后，陕汽公司在主销的五大区域营销战略规划上只巩固现有优势市场——非洲，对需要培育的其他市场不够重视。

同时，分析中国重卡整体出口区域分布，如图4所示。

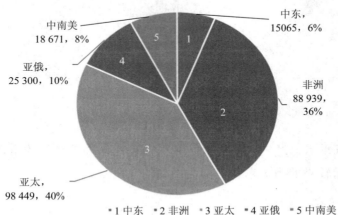

图4　2013—2016年中国重卡整体出口各大区域销量对比

图4显示，中国重卡整体出口区域占比最大的为亚太和非洲，分别为40%和36%；亚俄、中南美、中东则为10%，8%，6%。和陕汽公司出口区域对比，如图5所示。

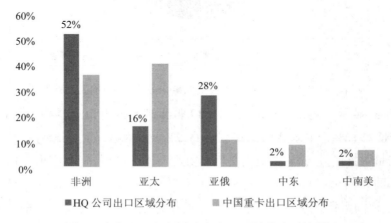

图5　陕汽公司和中国重卡出口区域分布对比图

图 5 显示，与同行竞争对手相比，陕汽公司在非洲和亚俄区域占有一定优势，但在亚太、中东、中南美地区市场销量相对落后。可以得出，中国重卡行业，陕汽公司海外市场销量在各个区域的分布和行业整体分布极不均衡，销售结果存在很大风险，一旦在唯一的优势市场非洲地区出现不可控因素，陕汽公司的市场份额和在中国重卡行业出口排名将会受到很大影响。因此，陕汽公司应尽快分析、查找其在销量比较落后区域的问题和原因，优化营销战略和策略，以全面实现国际化发展的运营目标。

（二） 陕汽重卡公司中东市场出口销量

陕汽公司在中东市场经过多年经营，已经形成持续销售，重卡出口至沙特、伊朗、阿联酋、卡塔尔等市场，近八年出口国家逐渐从之前的伊拉克、叙利亚等国家转向沙特、伊朗、卡塔尔、阿联酋。图 6 可见市场分布。

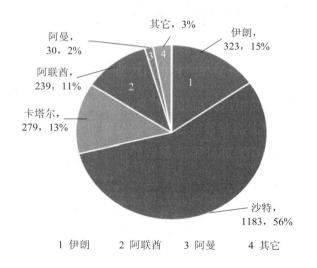

1 伊朗　　2 阿联酋　　3 阿曼　　4 其它

图 6　2010—2016 陕汽重卡公司出口中东市场各国销量分布

由图 6 可见，陕汽重卡公司过去八年在中东市场的销量分布也极不均衡，销量贡献大部分来自沙特市场，占中东整体的 56%。这主要是因为陕汽公司在中东区域的组织架构、人员配备对沙特市场的支持和对其他市场的忽视而造成的。

中国重卡品牌自 2000 年就陆续出口中东市场,据 2010 年至 2016 年中国重卡出口中东市场的数据显示,主销市场有:伊朗、沙特、卡塔尔、阿联酋以及阿曼市场。图 7 可见销量分布。

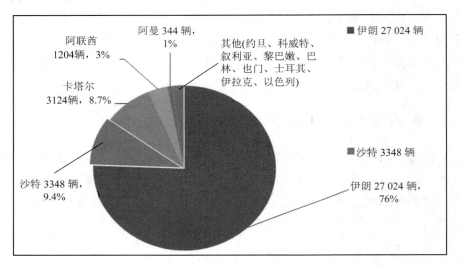

图 7　中国重卡中东市场出口量的各国占比

从图 7 明显看出,伊朗是中国在中东地区最大的重卡市场,中国出口伊朗的重卡总量占据出口中东地区总量的 76%。中国重卡出口以色列、土耳其的销量微小,原因在于这两个国家在重卡行业标准上采取和美国、欧洲同步的欧五欧六排放标准,对产品技术的先进性要求较高,而中国重卡在欧六发动机上暂时还没有完成整车匹配,在这一领域尚未具备竞争优势。还有,由于战乱纷争等各种原因,叙利亚、伊拉克等国家重卡出口停滞。因此,从市场需求上看,伊朗应被作为中东地区的重点区域市场研究。

进一步分析近年来中国重卡在中东市场的出口销量变化,见图 8。

图 8 显示,伊朗市场的销量曲线与中东整体的销量曲线基本一致,说明伊朗重卡的需求变化与中东重卡销量变化趋势相近。2013 年出现的销量骤降,原因在于美国对伊朗实施经济制裁,伊朗货币里拉尔大幅贬值,进口大幅下降。

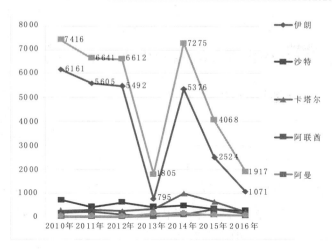

图 8　2010—2016 年中国重卡在中东市场的出口量变化曲线

(三) 陕汽重卡公司中东市场面对问题分析

中国重卡出口中东市场在整个国际市场仍然占比较小，分析其主要原因如下：

第一，中国重卡的产品设计和成长是完全基于中国市场的特点和用户习惯，在早期进入中东市场时大多采用低价策略，忽视对产品的质量把控，并较少针对当地使用环境做适应性改进。

第二，中国重卡公司缺乏品牌意识和对营销网络的长远规划。在进入市场时经常急于完成销量，草率选择经销商，将销量和资金实力作为最主要指标，不重视对经销商业务经验、经营理念、管理团队的考察，对广告宣传、品牌促销等活动支持较少，缺少对经销商的管理和培育。

第三，配件和售后服务投入不足。重卡作为生产资料，对出勤率要求高，而中国重卡公司进入中东市场时，低价策略没有留出对售后的投入成本，在经销商投入不足缺少配件的时候，常常出现车辆停工的现象。

第四，中东作为欧洲重卡品牌进入数十年的市场，长期以来习惯了欧洲品质可靠性高、舒适度高、售后服务有保障、产品残值高的产品，同时石油带来的财富让当地用户对价格并不高度敏感。

基于以上原因，中国重卡品牌在中东一直难以大幅提高市场占有率，无法与欧美品牌比肩。

(四) 陕汽重卡公司在中东市场的优势和劣势

1. 陕汽重卡公司在中东市场的优势分析

1) 产品质量

陕汽重卡公司 1968 年至今已发展为中国重卡行业领军者，位列中国企业 500 强中国机械工业 500 强第 20 位，中国汽车工业 30 强第 12 位，形成了以客户需求为中心，全力推进品质提升的企业文化。公司严控质量，先后通过了中国国家强制认证(3C)、国军标 9001B-2009 体系认证、汽车行业 TS16949 质量体系认证等一系列质量管理体系认证，以及欧洲"ECE R29"安全检测标准；海关联盟认证(俄罗斯、哈萨克斯坦)、澳大利亚 ADR 认证、中东 GCC、伊朗 E-mark、南非 SABS 等产品准入认证。

2) 研发能力和适应性优化能力

陕汽重卡公司拥有 1615 项专利技术、国家级技术中心、博士后科研工作站、600 余套各类研发、试制及检测设备以及 2000 余人科研开发队伍。产品全面覆盖牵引车、自卸车、载货车、专用车产品系列，在高端物流运输和中短途多功能运输以及工程领域成为领导者。在进入中东市场后，公司迅速完成产品细节的本土化适应性改进。陕汽重卡公司同时还积极进行欧六产品开发和认证，为进入以色列、土耳其等高端市场做好技术储备。

3) 服务型制造经营模式

陕汽重卡公司在行业内率先提出了"服务型制造经营模式"理念，即以重卡产品为载体，为客户提供售前、售中、售后及产品回收等全生命周期的服务，为各大项目提供全方位的工程物流解决方案。

4) 海外售后服务和配件保障体系

陕汽重卡公司在全球已建有 300 余家海外售后服务网点，11 家配件中心库，36 家配件专营店，实现销售区域全覆盖，有效保障了服务的及时性。海外服务政策执行行业最优，并针对客户要求提供定制化服务方案。严把配件供应质量关，确保原厂配件并提供行业最优质保期。

5）品牌价值

陕汽重卡公司是国内唯一一家五次参加国家阅兵的重卡公司，每年举办的卡车司机节和卡车越野大赛获得行业内外高度赞誉。在进入中东市场后，及时做出的产品适应性改进赢得了用户口碑，新车型X3000 550马力强势登陆阿曼，是中国高端大马力产品首次引入当地市场，为品牌在该地区继续发力打下了良好基础。

2. 陕汽重卡公司在中东市场的劣势分析

1）现有渠道实力弱

现有经销商营销能力弱，投入不足，销量和利润与竞争对手对比整体有较大差距。更换经销商需要付出时间成本。

2）产品辨识度低

陕汽重卡公司目前在中东地区销售的产品辨识度不高，缺乏对用户的吸引力和冲击力，和欧洲重卡在配置细节上有差距，和中国重卡相比产品差异化小，同质化竞争严重。

3. 品牌影响力小

对比欧美重卡，陕汽重卡公司的产品在中东品牌影响力较小，缺少有效的市场推广和宣传活动。

4. 产品线单一

陕汽重卡公司的主要产品集中在重型卡车领域，包括重型物流运输车、工程自卸车、各类运油运水、水泥搅拌专用车等，在中轻型领域不具备具有竞争力的产品。很多大型物流和工程公司，在需求重卡的同时也有中轻卡需求，大部分出于售后服务的便利和统一性，往往选择能同时提供不同车型的供应商。

5. 对中东市场的营销资源布局不均衡

虽然在伊朗、沙特、卡塔尔、阿联酋四个国家设有办事处，并长期派驻销售代表开发市场。但是，在实际业务中，鉴于沙特销量以及利润贡献较高，陕汽公司过多的将人力资源集中到沙特，过度依赖沙特市场。一旦沙特市场出现变化，直接造成该区域的销量大幅下降，而在需求量最大的伊朗市场投入不够，业务处于非常被动的局面。

三、陕汽重卡公司中东市场环境分析

(一) 中东重卡市场的 PEST 分析

PEST 分析法是对宏观环境的分析，P(Political)是政治、E(Economic)是经济、S(Social)是社会、T(Technological)是技术，从这四类影响企业的外部环境因素进行分析。

1. 政治因素

中东是全世界民族、宗教矛盾最复杂最集中的地区。能源引发的冲突、什叶派和逊尼派之间的斗争、阿拉伯人与犹太人之间的矛盾、不同政治意识形态的大国在中东地区的博弈，中东地区在过去数年一直处于不间断的动乱、冲突和战争中。受美国与苏联的影响，冷战期间整个区域发展成为今天的亲美与反美两种意识形态，国家发展也与美国提供的支持息息相关。自 2010 年底由突尼斯爆发的"阿拉伯之春"运动陆续引发了中东地区大规模动荡，埃及、也门、利比亚、伊拉克、叙利亚纷纷陷入政权更迭和内战，巴以冲突持续不断，伊朗和沙特的对抗升级。难民问题也给周边国家带来财政负担和安全隐患。近年来，中东地区较为稳定的国家只有阿曼、阿联酋、卡塔尔、科威特等重卡保有量较小的海湾国家。战乱影响了市场，战后次序的重建也具有巨大的潜力和商机。

2. 经济因素

中东地区拥有全世界 30%以上的能源，依托石油经济中东实现了高速腾飞，沙特、阿联酋、卡塔尔、科威特等海湾国家，能源出口创造了高额的外汇收入。根据中国国家统计局统计，以上国家的人均 GDP 都排在全球前 40 位之前。石油经济带来的财富改善了民生，但自然资源匮乏、工业以及高科技行业缺失，整个地区的经济结构单一，依赖国际市场和美国政策。政治局势引发的石油价格变化，对中东国家的经济会造成根本影响。

3．社会因素

影响中东重卡市场最重要的社会因素首先是伊斯兰文化。伊斯兰教作为文化因素，具有政教合一、教族混同、两世间重等特点，对这些国家的政治格局、世俗文化影响巨大，其商务采购倾向于高端可靠的产品。

4．技术因素

据陕汽重卡公司统计，中东重卡市场上保有量排在前列的国家主要有伊朗、土耳其、伊拉克、叙利亚、沙特，90%以上市场为欧洲品牌，如奔驰、沃尔沃、斯堪尼亚、依维柯等，行业技术由欧美重卡引领，中国品牌仅在伊朗、沙特有一定市场占有率。在产品准入要求上，伊朗、以色列、土耳其三国要求重卡排放分别在欧四欧五，整车采用欧盟标准认证，沙特、阿联酋等海湾国家则要求 GCC(Gulf Cooperation Council 海湾阿拉伯国家合作委员会)认证。如表 1 所示。

表 1　中东重卡市场保有量和品牌概况

中东重卡市场保有量和品牌概况					
项目	国家	面积(平方公里)	GDP(2016年数据；单位：亿美元)	2016年人口数量(万人)	目前重卡保有量(万辆)	主要现有重卡品牌
1	伊朗	1 648 195	3767.55	8028	60	奔驰、沃尔沃、斯堪尼亚、中国重汽、东风
2	土耳其	783 562	8577.49	7951	50	奔驰、曼、沃尔沃、斯堪尼亚、依维柯等欧洲品牌
3	伊拉克	437 072	1714.89	3720	30	奔驰、曼、沃尔沃、斯堪尼亚、依维柯等欧洲品牌为主
4	叙利亚	185 180	283.93	1843	25	奔驰、曼、沃尔沃、斯堪尼亚、依维柯等欧洲品牌为主
5	沙特	2 250 000	6464.38	3228	15	奔驰、曼、沃尔沃、斯堪尼亚、依维柯等欧洲品牌，陕汽、江淮等中国品牌，大量欧洲品牌二手车

续表

						中东重卡市场保有量和品牌概况
项目	国家	面积(平方公里)	GDP(2016年数据;单位:亿美元)	2016年人口数量(万人)	目前重卡保有量(万辆)	主要现有重卡品牌
6	也门	527 970	273.18	2758	8	奔驰、曼、沃尔沃、斯堪尼亚、依维柯等欧洲品牌为主
7	阿曼	309 501	662.93	442	7	奔驰、曼、沃尔沃、斯堪尼亚、依维柯等欧洲品牌为主
8	阿联酋	83 600	3487.43	927	5	奔驰、曼、沃尔沃、斯堪尼亚、依维柯等欧洲品牌为主,大量欧洲品牌二手车
9	以色列	25 740	3187.44	813	4	达夫、佩卡、沃尔沃等欧美品牌
10	科威特	17 820	1140.41	424	2.5	奔驰、曼、沃尔沃、斯堪尼亚、依维柯等欧洲品牌为主
11	卡塔尔	11 532	1524.69	257	2	奔驰、曼、沃尔沃、斯堪尼亚、依维柯等欧洲品牌为主
12	约旦	89 341	386.55	646	1.5	奔驰、曼、沃尔沃、斯堪尼亚、依维柯等欧洲品牌为主
13	黎巴嫩	10 452	475.37	601	1.5	奔驰、曼、沃尔沃、斯堪尼亚、依维柯等欧洲品牌为主
14	巴林	767	318.59	143	1	奔驰、曼、沃尔沃、斯堪尼亚、依维柯等欧洲品牌为主
	合计	6 380 732	32 264.83	31781	212.5	

简要来说,中东地区局部政治经济风险高、伊斯兰文化为主,重卡行业发展带有一定风险,但同时大部分国家依赖进口、行业准入门槛不高,整体发展不均衡,这也为中国重卡公司进入中东市场带来了机会。

(二) 中东重卡市场行业现状

在中东市场,奔驰、沃尔沃、斯堪尼亚在二十世纪六十年代就已经完成了国际化布局及重点国家的本土化生产，如奔驰和沃尔沃在伊朗分别和第一第二汽车集团进行了散件组装和销售服务等全面合作。

中国重卡主要品牌中国重汽、东风、一汽、陕汽等近年来在中东地区都有持续出口。但相比出口总量，中东地区的出口销量占比较小。如表 2 所示。

表 2　中国重卡出口量

序号	市场	2013 年	2014 年	2015 年	2016 年	合计(辆)
		2013—2016 年中国重卡出口量				
1	中东	1805	7275	4068	1917	15 065
2	非洲	27 520	29 011	21 084	11 324	88 939
3	亚太	16 387	20 291	38 173	23 598	98 449
4	亚俄	12 748	7262	3313	1977	25 300
5	中南美	6008	2899	6024	3740	18 671
6	合计(辆)	64 468	66 738	72 662	42 556	246 424

2013 年至 2016 年连续四年，中东市场中国重卡出口总量仅占整体出口的百分之六，并且出口数量变化起伏较大。2013 年至 2014 年从 1805 辆增至 7275 辆，增幅 300%，2015 年至 2016 年又降到 4068 辆和 1917 辆，降幅分别为 45%和 53%。这说明在影响中东地区重卡销量的因素中，存在着非常大的非正常需求之外的因素，这个地区地缘政治斗争、宗教冲突、局部战争、金融制裁等，都是造成销量剧烈变化的原因。

国内对于重卡中东市场营销策略的研究大多是基于在局部市场的实践，如中国重汽、东风等在过去十年间向伊朗出口累计超过 6 万辆重卡，均以散件形式以应对整车关税壁垒。

(三) 中东地区重卡市场行业现状，以伊朗为例

1. 伊朗重卡市场概况

1) 伊朗汽车工业现况

20 世纪 90 年代战争结束以后，伊朗开始开展经济恢复工作。为促进国内汽车产业发展，1993 年伊朗出台法案对进口汽车征收高额关税，同时

对本地化生产比例高的厂商给予税务优惠等鼓励措施,在政策作用下,1995年至 2000 年伊朗汽车工业年增长率高达 27.2%,是伊朗工业同期平均增长率的 5.5 倍,汽车产量在 2000 年近 30 万辆。伊朗在汽车组装、零配件生产、汽车设计等方面均获得很大进步。

到了 21 世纪,伊朗市场上的汽车品牌开始丰富起来,欧洲、韩国、日本等汽车品牌纷纷以技术输入和散件组装的方式与伊朗主要汽车制造厂家开展合作,其中奔驰、标致、起亚、现代、雷诺、菲亚特等品牌都取得了骄人业绩。技术引进增强了伊朗汽车工业的设计水平,散件组装增加了大量就业岗位,伊朗大力发展与国际各汽车品牌的合作,增加产能,成为中东地区汽车散件进口和整车出口的大国。伊朗乘用车产量、伊朗商用车产量、伊朗汽车产销全球排名表分别如图9、10、11 所示。

图 9　伊朗乘用车产量(万辆)

图 10　伊朗商用车产量(万辆)

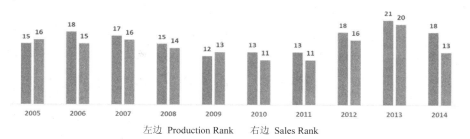

图 11　伊朗汽车产销全球排名表

2012 年伊朗共出口货值 5.2 亿美元的汽车和零部件，2013 年降至 2.63 亿美元，2014 年 2.43 亿美元。原因在于产量下降和价格上涨。如 2012 年产量下降大约 50%，同时价格上涨约 300%。伊朗汽车及零部件出口额、近 10 年伊朗乘用车进口品牌占比分别如图 12、13 所示。

图 12　伊朗汽车及零部件出口额(亿美元)

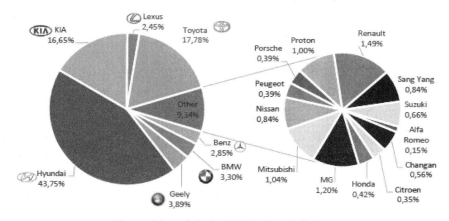

图 13　近 10 年伊朗乘用车进口品牌占比

中国品牌有吉利、名爵、长安，奇瑞在伊朗销售的乘用车采用的是本土品牌 MVM，因此没有体现在占比图里。

2) 主要汽车制造企业

伊朗最主要的汽车制造公司有 IKCO、SAIPA、PARS KHODRO、KERMAN KHODRO、BAHMAN，组装各种类型和品牌汽车。其中，IKCO 和 SAIPA 是两家最大的企业，市场占有率合计在伊朗整个汽车市场的 80% 以上。IKCO 和 SAIPA 销量对比如图 14 所示。

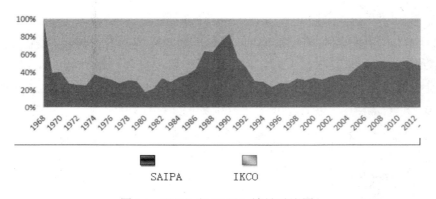

图 14　IKCO 和 SAIPA 销量对比图

伊朗霍德罗汽车集团总部位于德黑兰，是中东地区最大的汽车设计、生产、销售、服务制造商，有 40 多家子公司，产品覆盖轿车、SUV、轻卡、重卡等各个类型，年生产能力 60 万辆。IKCO 集团具有成熟的装配工艺、丰富的生产经验、严格的质量控制及覆盖伊朗全境的售后服务网络，在伊朗境内有办事处 9 家，各级经销商近 700 家。合作品牌包括：梅赛德斯奔驰、标志、韩国现代、中国重汽、陕汽重卡公司等。

塞帕(SAIPA)集团建于 1965 年，位于首都德黑兰，是集研发、生产、销售、服务一体的汽车制造集团，有 4 个乘用车工厂和 3 个商用车工厂，员工超过 35 000 人，供应商 1000 家以上，产品覆盖轿车、SUV、轻卡、重卡等各类车型，2014 年年产达到 45 万辆。SAIPA 集团有着完善的营销服务网络，能为用户提供全方位的保障以及金融支持，连续 6 年在售后服务口碑中排名第一。合作品牌有：沃尔沃、雷诺、东风等。

3) 伊朗重卡市场现况

伊朗重卡保有量大，且没有报废制度。目前市场运行的重卡约 80 万辆，其中有约 20 万辆超过 30 年的重卡等待更新换代。受制裁影响每年新进入市场的重卡需求量波动量非常大，从 3000 辆到 10 000 辆不等。

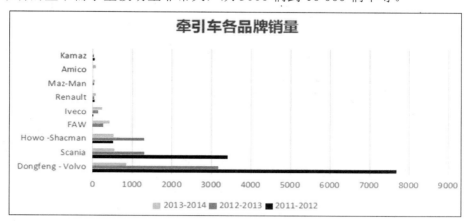

图 15　2011—2014 年伊朗重型牵引车销量

2011 年至 2014 年重型牵引车产销量分别是 11 706 辆、5599 辆、2754 辆。其中，由 SAIPA 公司组装的东风和沃尔沃品牌合计产销量最高，同车型市场占有率达到 60%。2011—2014 年伊朗重型牵引车销量、2011-2014 年伊朗重型自卸车销量如图 15、16 所示。

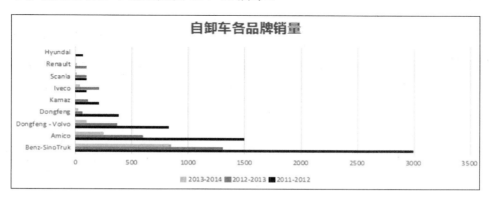

图 16　2011—2014 年伊朗重型自卸车销量

2011 年至 2014 年重型自卸车产销量分别是 6263 辆、2728 辆、1259

辆。其中，由 IKD 公司组装的奔驰和豪沃品牌合计产销量最高，同车型市场占有率达到 45%。2011—2014 年伊朗重型载货车销量如图 17 所示。

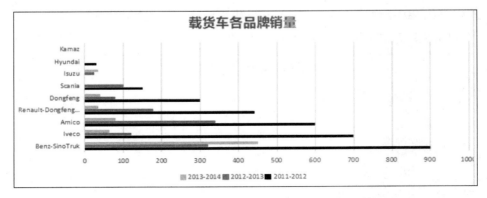

图 17　2011—2014 年伊朗重型载货车销量

2011 年至 2014 年重型牵引车产销量分别是 3120 辆、1161 辆、702 辆。其中，由 IKD 公司组装的奔驰和豪沃品牌合计产销量最高，同车型市场占有率达到 50%。由于长时期和欧美品牌的本土化生产进行合作，伊朗汽车市场已经参照欧盟汽车行业标准形成了一套严格规范的行业标准，从产品、技术、限重、排放、销售、服务标准，到用户的审美和操作习惯等等，都接近欧洲品牌。任何一个新品牌进入伊朗市场，都必须在工业部备案其代理商和服务商的信息，并做出长期服务并供应配件 10 年以上的承诺。

2. 中国重卡出口伊朗市场现状

自 2004 年伊朗汽车企业陆续开始寻找中国合作伙伴以来，制裁期间中国汽车品牌大规模进入并填补欧洲品牌退出的市场，伊朗汽车工业呈现出以几大国有巨头主导，数家中小型私企分羹，个别已经完全 100%本地化生产的欧洲车型和中国新入车型并行组装的市场格局。

1) 主要品牌出口量

乘用车如奇瑞、长城、中兴、力帆等均以合资或贸易形式与当地企业合作，都取得了较大销量。其中，奇瑞在 2011 年以后取得每年 2 万至 3 万辆乘用车销量。重卡品牌主要是散件出口，如重汽、东风、一汽、福田、陕汽重卡公司等。

表3　近年来中国重卡到伊朗的出口数据(辆)

年 地区	2010	2011	2012	2013	2014	2015	2016
中东(含伊朗、沙特和其他海湾6国、伊拉克、叙利亚等)	7416	6641	6612	1805	7275	4068	1917
伊朗	6161	5605	5492	795	5376	2524	1071
出口伊朗占出口中东比	83%	84%	83%	44%	74%	62%	56%

表3显示，2013年销量锐减，原因是美国对金融体系统的制裁，伊朗外汇剧减，里拉尔迅速贬值。

图18显示，2012年至2014年，中国重卡到伊朗市场出口量最大的两个品牌为东风、一汽，合计占68%，远超其他品牌的出口份额。

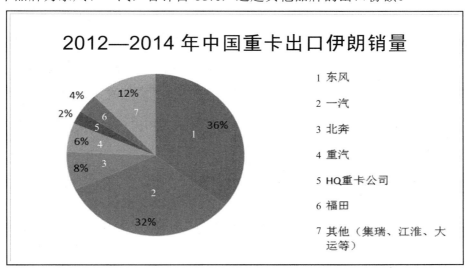

图18　中国重卡伊朗市场出口量

2) 主要品牌和经销商的合作情况

福田、陕汽重卡公司、奔驰的经销商目前都是 IRAN KHODROL DIESEL CO.(简称 IKD，IKCO 集团的重卡子公司)，它是伊朗最大的重卡生产企业之一，20 世纪 50 年代建厂，先后与奔驰、现代等公司开展合作。

总体来说，现有的伊朗大型商用车企业主要采取 CKD 组装的合作模式，思路基本一致，高端产品选择欧洲品牌，中低端选择中国品牌，且中国品牌与欧洲品牌属同一平台，便于宣传，并通过与中国品牌的合作促进其与欧洲品牌的关系。

3) 主要品牌成功因素分析

对伊朗市场上五个中国重卡品牌一汽、东风、重汽、福田、陕汽同一车型 4*2 牵引车调研，对比其产品配置、价格、渠道、促销、售后服务可以得出：

首先，在产品配置上，五个品牌都选择大马力发动机和多档位变速箱，同时加装 WABCO ABS + ASR 等。其次，在终端售价上，东风最高为 68 000 美元，一汽和福田是 65 000 美元，重汽和陕汽则分别是 60 000 和 61 000 美元。

主要中国品牌伊朗市场产品配置与价格分析如图 19 所示。

4X2 牵引车	一汽	东风	重汽	福田	陕汽
品牌	FAW	Dongfeng	CNHTC	FOTON	SHACMAN
型号	J6 CA4250	Tianlong	A7	GTL	F3000
发动机品牌	CA6DM2-42E3	cummins ISLC375 30	D12.42-30	Cummins ISM11E4 420	WEICHAI WP12.430N
功率/马力	420hp	375HP	420HP	420	430
变速器档位	Manual ZF16S221 OD	DC12J165T	HW20716A	ZF 16档	12JS200TA
驱动桥吨位	13	13	13	13	13
其余	WABCO ABS+ASR, 抛物线悬架+稳定杆（或多偏簧），600L+油箱、巡航控制、CAN总线等				
终端零售价格（美元）	65000	68000	60000	65000	61000
减二级经销商10%利润后	58500	61200	54000	58500	54900
减经销商利润10%	52650	55080	48600	52650	49410
减经销商运输和装配成本5%	50017.5	52326	46170	50017.5	46939.5
减7.5%关税	46266.1875	48401.55	42707.25	46266.1875	43419.0375
减海运费2000美元/车后FOB美元价	44266.1875	46401.55	40707.25	44266.1875	41419.0375
海关数据	44500	49000	36000	43000	41427

图 19 主要中国品牌伊朗市场产品配置与价格分析

可以看出，销量份额最高的是东风品牌，产品配置相对最低，价格相对最高，东风的销量得益于其渠道 SAIPA 公司的实力。同样，一汽的经销商 BAHMAN 公司在伊朗拥有数十家服务站，为用户售后提供保障。

可见，经销商渠道正是决定伊朗重卡经营成败的关键因素。福田、江淮等七年来一直在设法进入伊朗，但因没有甄选到有实力的经销商，导致其迟迟无法进入。

伊朗过去数年的经济极不稳定，市场和用户需要厂家给予融资支持以及可靠的售后服务保障。龙头汽车集团在市场上已经构建了稳定的营销服务网络和品牌口碑，在遇到市场波动风险时，有就业保障的大型集团更容易获得政府在融资等方面的支持渡过难关。

3. 陕汽重卡公司伊朗市场现状

陕汽重卡公司自 2005 年开展伊朗业务以来，经历了贴牌贸易、整车出口、散件出口等，并且还更换了两次经销商，十年内累计出口到伊朗的重卡约 1000 台，仅占中国重卡出口总量的 2%。市场上陕汽重卡保有量低，用户熟悉度低，售后和配件网点少。业务始终没有打开局面，分析合作和问题如下：

(1) 通过中间商以及 OEM 供货方式无法使一个品牌真正进入市场；

(2) 没有重卡营销经验和售后网点，缺乏对行业和法规的了解；

(3) 单纯的散件出口贸易模式下，伊朗公司掌握着车辆选型、产品定价、组装、销售、售后、配件供应等本土化营销的全部流程和资源，因此，在合作洽谈中伊方极其强势，中国公司的话语权小，只能被动接受其合作条件，只能牺牲部分利益换取销量。

四、陕汽重卡业务面临的机会和威胁

(一) 陕汽重卡公司在中东市场的机会分析

1. 政治环境机会

近年来美国对伊朗实施经济制裁，欧美公司纷纷退出了伊朗市场，空缺的市场需求给中国重卡品牌带来了巨大机会。近十年来，每年约有 4000 至 5000 辆中国品牌的重卡填补了欧美品牌的空缺。随着中国品牌产品品质和售后服务体系的提升，中国重卡品牌已经日益获得伊朗和中东各国的认可，随着美国对中东部分国家经济制裁的持续，中国品牌将进一步抓住机会优化营销策略、巩固市场份额。

2. 战后重建机会

伊拉克、叙利亚国家的战后重建必将带来重卡进入机会。战后国家百废待兴，基础建设和经济恢复带来大量的物流运输和工程项目，重卡需求将猛增。

3．"一带一路"战略红利

中国政府"一带一路"战略带来政策红利。中东国家在"丝绸之路经济带"和"海上丝绸之路"的合作建设中，是极为重要的环节，随着中国"一带一路"政策的推行，中东和中东各国的贸易将更加便利更加多元。随着中国政府对外投资项目的增多，重卡行业也会从中受益匪浅。

4．中国品牌价值提升

随着市场份额的增加，中国产品从"走进去"开始向"走上去"发展，重视品牌推广宣传，因而也有了良好的用户口碑。

(二) 陕汽重卡公司在中东市场的威胁分析

1．政治环境威胁

在经济制裁下，中东国家经济发展缓慢，货币贬值，购买力下降，需求受到压抑，整体销量下降。

2．同行业威胁

在战后重建时欧美公司在伊拉克、叙利亚市场的回归使竞争加剧；中国同行在伊朗等国的保有量更高，已经拥有成熟的渠道营销能力和售后服务体系，同时产品线更丰富，竞争难度增加。

3．贸易壁垒威胁

为保护本土重卡行业的发展，进口国随时出台新的进口关税政策和行业认证标准，对整车收取高关税，对散件的国产化率做出要求，进入难度增加。

4．议价能力弱

跟欧美品牌相比，中国产品过去给客户一个印象就是价格低质量差，且中国公司竞争激烈，价格透明，在急于占领市场的压力下，常常缺乏议价能力，被客户掌握最终成交价格。

5．原材料成本上升

近年来由于钢材价格持续上涨，陕汽重卡公司的原材料成本逐年增加，为了维持基本利润，陕汽重卡公司采取了价格上涨的办法，这在市场上将面临更大的竞争压力。

(三) SWOT 分析小结

对陕汽重卡公司的 SWOT 组合分析见表4。

表4　陕汽重卡公司的 SWOT 组合分析

优　势	劣　势
产品质量	现有渠道实力弱
研发能力和适应性优化能力	产品辨识度低
服务型制造经营模式	品牌影响力小
海外售后服务和配件保障体系	产品线单一
海外 KD 工厂运营经验	对中东市场的营销资源布局不均衡
品牌价值	企业运营和员工思想保守
人力资源	
机　会	威　胁
政治环境机会	政治环境威胁
战后重建机会	同行业威胁
"一带一路"战略红利	贸易壁垒威胁
中国品牌价值提升	议价能力弱
	原材料成本上升

可以看出，陕汽重卡公司具有产品质量控制、产品细节优化、提供全生命周期运营解决方案的经验，同时具有产品线单一、品牌影响力小、营销观念保守的劣势，因此陕汽重卡公司应在加强品牌推广、在拳头产品上集中资源、采用灵活的营销思路转变现在过于稳妥的营销思路。在外部环境中，政治环境的变化既是机会也是威胁，陕汽重卡公司应随时关注市场变化，快速做出反应，抓住机会，规避风险，调整营销策略，抢占市场。

五、陕汽重卡市场开拓面临的政策机遇

(一)"一带一路"倡议

2013 年 9 月和 10 月中国国家主席习近平分别提出建设"新丝绸之路经济带"和"21 世纪海上丝绸之路"的合作倡议。

丝绸之路经济带圈定:新疆、重庆、陕西、甘肃、宁夏、青海、内蒙古、黑龙江、吉林、辽宁、广西、云南、西藏 13 省(直辖市)。

丝路新图:中线:北京——郑州——西安——乌鲁木齐——阿富汗——哈萨克斯坦——匈牙利——巴黎

中心线:连云港——郑州——西安——兰州——新疆——中亚——欧洲

"一带一路"倡议提出 5 年多来,影响深远,成果斐然,海内外持续热议。对于这个惠及全球逾六成人口、迄今已获 100 多个国家和国际组织支持和参与的重大倡议,"一带一路"建设逐渐从理念转化为行动,从愿景转变为现实,建设成果丰硕。

(1)"一带一路"倡议实施 5 年以来沿线国家政策沟通不断深化,"一带一路"建设就是实现战略对接、优势互补。"一带一路"国际合作高峰论坛期间,我们国家同 60 多个国家和国际组织共同发出推进"一带一路"贸易畅通合作倡议。

(2)设施联通不断加强,我国和相关国家规划、实施了一大批互联互通项目。

(3)贸易畅通不断提升中国同"一带一路"参与国的合作,大力推动贸易和投资便利化,不断改善营商环境。2014 年至 2016 年,中国同"一带一路"沿线国家贸易总额超过 3 万亿美元。中国对"一带一路"沿线国家投资累计超过 500 亿美元。中国企业已经在 20 多个国家建设了 56 个经贸合作区,为有关国家创造近 11 亿美元税收和 18 万个就业岗位。

(4)资金融通不断扩大,中国同"一带一路"建设参与国和组织开展了多种形式的金融合作。亚洲基础设施投资银行已经为"一带一路"建设参与国的 9 个项目提供 17 亿美元贷款，"丝路基金"投资达 40 亿美元。这些新型金融机制同世界银行等传统多边金融机构各有侧重、互为补充，已形成层次清晰、初具规模的"一带一路"金融合作网络。

（5）民心相通不断，"一带一路"建设参与国弘扬丝绸之路精神，开展智力丝绸之路、健康丝绸之路等建设，在科学、教育、文化、卫生、民间交往等各领域广泛开展合作，为"一带一路"建设夯实民意基础，筑牢社会根基。

（二）陕西省支持政策

1. 政府政策

1）陕西省通过财税手段支持实体经济发展，降税减负让企业享红利

2016 年，陕西省财政充分发挥财政职能作用，有效实施积极财政政策，并创新支持方式，通过对企业实施结构性减税等方式，降低企业成本，激发企业经营活力，提升经营效益，为经济发展增添活力。陕汽控股集团及下属子公司 26 家公司，享受 10 亿元以上装备制造业税收优惠及减免 5915 万元、享受西部大开发税收优惠政策约 2000 万元，获得中央和省财政专项资金支持 1.79 亿元。得益于税收优惠减免和财政资金支持，2016 年陕汽控股业绩逆势上涨，各项指标均取得了较好的成绩，全年产销 11.2 万辆，同比增长 31%，重卡单月最高订单突破 2 万辆。

2）"一企一策"重点支持

从大中型工业企业的发展情况看，2015 年，针对部分大中型企业的生产经营困境，省委、省政府通过设立成长性企业引导基金、对省级龙头企业实施"一企一策"等政策，对骨干企业给予重点支持，进一步优化发展环境，对全省规模以上工业增长的下拉作用逐步扭转。陕汽集团等企业连续 5 年入围中国制造业 500 强。西安市发布"一带一路"建设 2017 年行动计划，深化对外经贸合作、加快国际合作产业园建设和陕汽集团等骨干企业"走出去"步伐，拓展"海外西安"发展空间，打造西安内陆型改革开放新高地并推动服务贸易与货物贸易的良性互动，让"西安智慧"服务全球。

3) 支柱产业转型

陕西省西安市政府日前发布《关于支持西安经开区千亿级汽车产业集群发展的若干意见》，计划用 5 年时间，扶持西安经开区打造千亿级汽车产业集群。具体目标是在西安建成集重卡、客车、轿车为一体的汽车生产基地，形成涵盖整车制造、专用车、零部件等为一体的较为完备的汽车全产业链条。政府着眼转型升级作出重要战略部署：把汽车产业打造成新的支柱产业，坚定不移地实施"百万辆汽车建设工程"。陕汽已成为我国重卡行业排头兵，综合实力跃升全国行业第三位。在整车制造方面，西安将着力加快陕汽重卡等企业的发展，积极引进知名汽车企业和先进汽车生产技术，形成较为完整的汽车产品系列，提升汽车整车生产实力。

2. 陕汽发展战略

陕汽控股党委书记、董事长袁宏明正式发布了"2035 战略"，明确了陕汽从 2017 年至 2035 年的总体目标、发展模式、空间格局、发展任务及实现路径。

在提出"2035 战略"规划的同时，袁宏明还强调要全力推进重卡业务转型升级、提质增效、迈向高端。其中，"2035 战略"的第二阶段，从 2020 年到 2025 年，用 5 年左右的时间，重卡业务进入全球行业前列。

六、陕汽重卡伊朗和沙特市场营销启示与借鉴

(一) 陕汽重卡公司伊朗市场营销策略

1. 产品策略

1) 选取高配置产品进入牵引车市场

陕汽重卡公司在伊朗市场的在售产品定型于 2010 年，竞争对手在之后三四年已经推出更有辨识度和吸引力的新型驾驶室，随着产品升级，陕汽重卡公司已有更新款车型上市，陕汽重卡公司应及时对伊朗市场的产品更新换代，引入更新款产品。在产品配置上，对标竞争对手，尽可能"高、大、上"，保证品质，提升口碑。

2) 引进自卸和载货车产品

伊朗牵引车市场品牌众多，自卸车和载货车市场仅重汽和东风两个中国品牌有销量，原因在于，伊朗的物流运输以公路为主，牵引车市场需求量大。受制裁影响，伊朗经济发展缓慢，基础建设较少，用于工程和短途运输的自卸和载货车市场受到压制，随着制裁放开，伊朗经济回升，自卸和载货车市场必然回升。在产品配置上，应采用和牵引车相同的高配置策略。

3) 从散件组装过渡到部分本土化采购

伊朗政府大力扶植本土 OEM 企业的发展，对散件的本地化采购制定了阶梯关税税率，陕汽重卡公司应组织 KD 项目组对伊朗 OEM 厂家进行调研，做好部分零部件本土化采购方案。

4) 产品认证储备

最后，及时对定型产品依照伊朗工业部汽车认证法规完成整车认证。

2. **价格策略**

陕汽重卡公司在伊朗占有率低、进入晚，渠道主导力弱，目前应采取市场跟随者的战略。

作为市场跟随者，价格策略需要根据市场主导者制定。中国品牌的整体售价较低，其中还有部分隐形费用，如代理费没有列出，其实，中国品牌出口伊朗经销商的实际售价更低，对比总体盈利水平较低。原因在于：

(1) 制裁造成里拉尔贬值，终端售价定价降低，各厂家竞争激烈，一些品牌为进入市场采取低价策略，如一汽经销商。经销商继而压企业的 FOB 价。作为市场跟随者，应先以低价策略进入市场，拥有一定市场份额后，再利用产品升级换代提价。

(2) 品牌销售依赖经销商渠道，政策和外围环境变化快，在合作中厂家议价空间小。在伊朗市场的价格战中，和中小型私企洽谈还有些许争取利润的空间，一般作为市场跟随者较难以正常价销售。

结论是陕汽重卡公司目前在伊朗市场应采取低价策略。

3. **渠道策略**

伊朗行规和法律非常保护本地制造商的发展和利益，代理制则决定了中国品牌的成败极大程度上取决于经销商渠道的选择。

选择一个用心专一、综合实力较强、有重卡经营经验的经销商对海外品牌在当地市场的成败有着至关重要的作用。作为后进入市场的品牌，陕汽重卡公司的渠道策略应该是：

(1) 现有重卡车型继续授权 IKD 独家代理；

(2) 发展集团下子公司其他产品的代理渠道，分散风险，如准重卡、矿卡。

4. 渠道策略

伊朗是个重视传媒的国家，在以当地经销商为主导的合作模式下，经销商为了自身销量对产品促销，突出的是其自身品牌价值和传播。中国品牌要提高影响力，需要加强品牌推广和促销。陕汽重卡公司应采取以下促销策略：

(1) 路牌广告。在大型交通枢纽、主要工矿地带、工业区附近做路边广告牌宣传。虽效果最好，但费用较高；

(2) 新产品上市推广会；

(3) 机械和汽车杂志；

(4) 展会。

5. 售后服务网络建设

按照伊朗行业规定，重卡质保期要求 2 年 20 万公里。售后服务网络建设和配件储备是这个市场形成持续销售的重要保障。

最后，可以得出结论，陕汽重卡公司在伊朗市场的营销中，渠道发展是取得市场的最关键因素。

(二) 陕汽重卡公司沙特市场营销策略分析

1. 产品策略

陕汽重卡在沙特市场中国品牌中是主导者，但和欧洲重卡品牌相比则是市场挑战者。

作为市场挑战者，在制定产品策略时，应首先分析行业主导者的产品。

表 5 显示，奔驰、曼、沃尔沃、依维柯选取了高端配置：品牌发动机、品牌 16 挡变速箱、16 吨后桥、ABS 制动防抱死系统等，陕汽自卸车则配置的是中国品牌动力总成，品质低于奔驰、曼等，给客户带来中国品牌品质低的印象。

表 5　陕汽自卸车与沙特市场欧洲主要品牌技术对标

HQ自卸车与沙特市场欧洲主要品牌技术对标					
车型图片					
	奔驰	曼	沃尔沃	依维柯	HQ重卡
型号	ACTROS4040K	TGS 40.400 BB	FM370 6x4	AD260T38H	自卸车
Drive type	6×4	6×4	6×4	6×4	6×4
车辆自重 (kg)	9500	10000	9000	12000	15100
最大车货总重 (kg)	30500	40000	40000	29000	33500
车辆外形尺寸					
长度 (mm)	7705	6892	7670	7412	8329
宽度 (mm)	2487	2500	2500	2550	2490
高度 (mm)	3289	3367	3355	3108	3450
前悬/后悬 (mm)	1305/750	1492/800	1360/825	1440/1225	1525/1654
轴距 (mm)	3900+1350	3900+1400	3700	3890	3800+1350
轮距 (mm)	2030/1992	2240/2120	1996/1890	2040/1827	2036/1850
最小离地间隙 (mm)	366	372	355	337	314
发动机					
品牌	奔驰	曼	沃尔沃	依维柯	潍柴
马力 (HP)	394	400	370	380	375
最大扭矩 (N.m)	1800	1900	1770	1800	1500
排量 (L)	11.946	10.5	10.8	12.88	11.596
气缸	6缸V90	6缸直列4阀门	6缸直列4阀门	6缸直列4阀门	6缸直列4阀门
排放标准	欧二	欧二	欧三	欧三	欧二
变速箱					
品牌	奔驰	采埃孚	沃尔沃	Euro Tronic	法士特
档位	16	16	9	16	9
离合器					
Type	双片干式	单片干式	双片干式	单片干式	单片干式
直径 （mm）	400	430	380	430	430
车桥					
品牌	奔驰	曼	沃尔沃	依维柯	汉德
前轴	9000kg	9000kg	8000kg	8000kg	Man 7500kg
后桥	2×16000kg	2×16000kg	2×16000kg	2×10500kg	2×13000kg
其他					
辅助制动	A.B.S. + A.S.R	A.B.S.	A.B.S.	A.B.S. + E.B.L	双回路气压制动
轮胎	325/95 R24	12.00 R 24	12.00 20	315/80R22.5	12.00 20
油箱 (L)	300	300	270	300	380
蓄电池	2 x 12v, 170Ah	2 x 12v, 155Ah	165Ah	2 x 12v, 220Ah	2×180Ah
大厢体积	16	16	18	16	18

作为市场挑战者，陕汽重卡的产品策略应为：

(1) 引入高端配置产品，如最新款 X 驾驶室、康明斯品牌发动机、采埃孚/伊顿变速箱、汉德车桥、ABS 制动防抱死系统等提升整体品质，在产品对比表中与奔驰和曼持平，进入高端梯队，吸引新客户。

(2) 保留原低配产品，满足部分老客户，并利用价格优势分享二手车市场份额。

(3) 打造热区版选装配置套餐，如加保温驾驶室、强制冷系统、加大水箱、防高温及紫外线管路等。

2. 价格策略

价格策略需根据市场竞品价格结合自身优势制定，首先对沙特市场重卡品牌做价格对比分析。

表 6　沙特市场中国品牌 6*4 自卸车售价对标

沙特市场中国品牌 6*4 自卸车价格对标(美元)				
生产厂家	陕汽重卡	重汽	福田	江淮
CIF 价格	$ 65,733	$64,220	$64,830	$62,300
总重	25 000 kg	25 000 kg	25 000 kg	25 000 kg
整备质量	15 100 kg	12 270 kg	12 495 kg	12 495 kg
发动机	WD12.375, 375hp	375hp	WD615.56	WP10.336
变速箱	ET-20109A	HW10	12JS160TA	12JSD160

表 7　沙特市场欧洲品牌重卡售价对标

沙特市场欧洲品牌重卡价格对标(美元)					
车型	奔驰	曼	沃尔沃	江淮	福田	陕汽重卡
6*4 自卸车	113 000	112 000	106 000	62 300	64 830	65 733
4*2 牵引车	85 000	83 000	80 000	55 500	61 000	56 000

表 6 和表 7 显示，陕汽重卡在中国品牌中定价最高，但对比奔驰、曼，价格仅为其 60%，有绝对优势。

其次，对陕汽重卡和欧洲重卡的运营成本调研进行分析。

表8　各品牌6*4自卸车运营成本对标分析

品牌	各品牌6*4自卸车运营成本对标分析				
	零配件费/月(里拉尔)	轮胎费用/月(里拉尔)	燃油、空滤器等其他费用/月(里拉尔)	运营成本合计/月(里拉尔)	运营成本合计/年(美元)
奔驰	310	700	320	1330	4300
曼	400	780	361	1541	4820
沃尔沃	450	820	430	1700	5500
陕汽重卡	224	504	205	933	2993

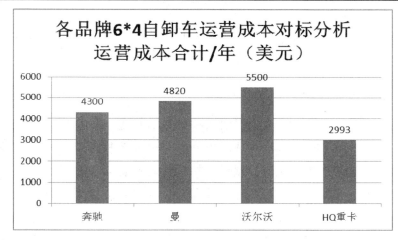

图20　各品牌6*4自卸车运营成本对标图

表8和图20显示，陕汽重卡运营成本比奔驰低31%，比曼低38%，比沃尔沃低45%。按自卸车全生命周期工作8年332 800万公里计算，比奔驰、曼、沃尔沃分别节约运营成本10 456美元、14 616美元、20 056美元。

可以得出结论，陕汽重卡和欧洲重卡在沙特市场，从售价和运营成本上看都有绝对优势，应保持正常售价。

3.渠道策略

陕汽重卡公司的现有经销商B公司位于西部城市吉达，经过几年建设占地面积约3万平方米，4S店和中心库已经全面建成，B公司可辐射西南西北部城市吉赞和麦地那, 逐步向沙特中部布点。但 B 公司缺乏重卡营销经验和团队, 实力难以覆盖沙特全境。因此, 陕汽重卡公司应采取以下渠道策略:

1) 非独家经销

保留 B 公司作为西部地区经销商的同时, 在东部地区增加一家经销商, 形成良性的竞争模式, 激励 B 公司加强销售。

沙特公司资金充足, 选择经销商时要重点关注其行业经验和社会资源。

2) 直销与分销共存

有实力的大型集团公司往往希望从生产厂家直接采购车辆, 而不是通过代理。这类客户影响力大, 重视产品质量和售后保障, 开发时需要事先准备充分, 制定细致的产品供应解决方案。借助现有大客户 A 公司和 R 公司的车辆运营示范效应, 派销售经理直接开发大客户, 建立直销的管理流程以及相关的管理办法和激励措施。

3) 中资公司项目

中国工程公司参加沙特工程建设项目日益增多, 项目所需车辆多数通过设备自带方从国内采购, 应从国内外同时关注招投标信息, 摸清沙特各地工程项目的实施进度、项目预算、招标计划, 提前做好产品参数对标、运营成本分析、售后支持方案等, 并和项目人员建立联系, 维护好现有中资公司客户, 做好随时介入新项目的准备。

4) 渠道价格管理

复合渠道模式的市场, 需要厂家规范价格, 避免扰乱市场。

对经销商执行经销商协议价格并规范其零售价格, 根据年任务量设置年终返利。

对终端大客户, 价格控制在经销商协议价格与市场零售价格之间, 根据订单辆予以阶梯折扣, 在保护经销商利益的同时增加厂家利润。

对国内自带设备的中资公司招投标项目, 价格参照国内竞品灵活定价。

4. 促销策略

沙特文化非常注重朋友亲人关系, 制定陕汽重卡公司的促销策略时应充分考虑到这点, 采取组合方式。

1）人员促销

人员促销就是通过面对面细致沟通，迅速发现客户的购买动机和潜在需求，及时发现问题，答疑解惑，获得客户信任。销售代表通过定期拜访和建立友谊，相互信任，有助于达成订单并长期合作。人员促销是沙特重卡市场最适合的促销策略，特别适用上面制定的渠道策略。但对销售人员的要求也较高，不但要具备产品知识、国际贸易知识、还要懂语言和沟通技巧，不合格的销售代表不但拿不到订单，还会破坏企业形象。考虑到沙特文化，应雇佣本土化阿拉伯员工和中国员工一起走访客户，既能零距离沟通又能制定出细致的产品价格方案，效果最佳。

用户答谢也是人员促销的一种方式。在高档酒店举办老用户答谢会，通过老用户介绍客户，比销售经理上门拜访的效果更好，但需要花费一定费用。

2）广告策略

举办新产品发布会，邀请大公司采购负责人和媒体参加，准备车辆微型模型做礼品等，有针对性的向目标客户推荐产品。

在主要高速干道投放路牌广告的方式对沙特市场并不是第一选择，原因在于做采购决策者通常不是重卡司机，而发布会的方式能直接面向核心人物。

3）客户群开发策略

通过老客户介绍，线上(网络)线下(工程项目)收集信息并制定拜访计划开发新客户。新客户群有些时候也存在于竞争对手的老客户中，需要对这类用户做长期跟踪，及时发现问题，有针对性的做好对标工作，在合适时候切入，跟踪客户的使用过程，从提升产品价值(竞争对手欠缺之处)，和降低用户运营成本两方面入手。

5. 售后服务策略

影响中国重卡在沙特市场销量差的重要因素是售后保障不足。

沙特客户普遍对使用中国重卡品牌缺乏信心，非常关注售后服务网点和配件储备数量。陕汽重卡公司要完成在沙特市场的挑战，不能完全依赖经销商，必须主动在售后服务和配件储备上策划具体方案。

1) 提升经销商售后服务能力

经销商 B 公司已建成占地面积约 3 万平方米的 4S 店和大型服务维修站，配备有世界先进理念设计的配件库存管理系统和车辆行驶保养维修系统。该服务站可同时为 40 余辆重卡做维修工作。陕汽重卡公司要求经销商严格遵守其售后服务标准规定，服务站在接到故障通知后到达现场的时间不大于 24 小时，并于当日解决故障问题，恢复车辆的运行状态。一般故障的排除时间为到达现场后 24 小时内解决，重大故障的排除时间为到达现场后 48 小时内解决。

为提升 B 公司售后管理水平，陕汽重卡公司应长期派遣服务代表进行现场技术指导和培训，解决难点技术问题，指导客户配件库的定期补充采购，并引导经销商在沙特中部和东部地区逐步建立配件体系，进一步完善沙特全境售后服务网点的建设。

2) 配件储备

为解决配件不足的问题，陕汽重卡公司应针对沙特市场车型将配件库房前置，通过经销商采购零售、大客户批量采购自给自足、陕汽公司建立自有配件库覆盖零散客户的组合方式，在配件种类和数量上就能完全满足车辆售后。

针对沙特特殊车型，编制单车型配件手册，提升配件查询、订购、发运效率；协同经销商建设配件库及线上查询系统。

3) 执行有竞争力的售后政策

售后服务政策要优于行业标准，例如牵引车质保期 2 年不限里程。

在经销商覆盖不到的城市，陕汽重卡公司应自行签约挂牌服务站。

对工程项目派驻服务小组常驻工地，储备配件库，保证车辆所需配件和车辆维修在最短时间内完成。

提供 GPS 车载系统，并为每辆车建立 GSM 账户，建立车队管理系统。使每一辆车都在工程指挥部的 GPS 系统服务器有效监控之下，便于工程指挥部掌握车辆的位置以及准确下达作业指令。

配备常驻沙特的服务经理，利雅得 3 人，覆盖沙特中部和东部地区；吉达 3 人，覆盖沙特西部地区。

6．金融策略

（1）灵活的付款方式：沙特银行信用度高，可接受灵活的付款方式，如远期信用证帮客户融资，灵活的付款方式是和大型工程公司合作的一个有利条件。

（2）融资租赁：利用沙特较好的信用等级和较成熟完善的非银行金融体系，寻找专业的融资租赁公司发展租赁业务就能为重卡业务打开一个新领域。应寻找机会开展海外融资租赁业务，但需关注风险防控，应派出专业的信用评审人员进行核查，采取车辆投保，承租人抵押等方式防控风险。

七、陕汽重卡公司中东市场拓展的对策建议

陕汽重卡公司中东市场的拓展落地需要从研发、质量管理、团队建设等方面保障。

（一）产品保障

1．新产品研发

和竞争对手在中东地区的产品类型相比，陕汽公司的优势集中在重型卡车上，尤其是自卸车，而牵引车、载货车和专用车市场表现并不突出。陕汽公司首先要加强细分市场的产品质量提升，结合中东市场对欧洲品牌的信赖，引入进口欧洲品牌零部件总成，不但可以提高产品质量，同时也增加了品牌附加值，提升利润。

2．整合集团产品资源

陕汽公司是其集团下专门生产重型卡车的子公司，集团同时有生产中重卡、轻卡、矿卡的子公司，产品较为丰富，但因品牌营销和售后服务不足，所以没有全面打入国际市场。中东地区不但有重卡需求，轻卡、矿卡也有较大市场。将子公司的产品纳入陕汽公司的海外营销体系，不但可以帮助子公司增加销量，更能提升陕汽重卡公司的品牌价值。要做好这点，需要从集团层面加强轻卡、矿卡的质量管控和进入国际市场时的资源投入。

3．固化热区版配置

产品是企业的立身之本，产品的一致性、可靠性、稳定性是公司业务持久运营的支柱。针对中东地区热带沙漠环境，陕汽公司要对产品完成适应性改进，要从研发层面将配置和技术文件固化，保障出口中东市场的产品一致性。

(二) 服务与配件保障

1．执行与欧洲品牌接轨的售后服务政策

一直以来中国品牌最为海外用户抱怨的就是售后没保障，配件买不到，这已成为中国重卡在中东市场始终难以上量的最主要原因。只有彻底保障了售后服务，才能让用户放心地买和放心地用。

首先要执行与当地行业政策接轨的质保政策，如伊朗公司 2 年 20 万，按约定向服务站支付服务工时费用，积极提高经销商和服务站的服务质量。

除了要求经销商储备配件，HQ 公司也应调整模式，建立区域服务中心、配件库，在伊朗、沙特、阿联酋规划区域建立配件库和服务中心，在保有量小的地区提前投入配件储备以带动市场。

2．打造具备综合能力的服务团队

海外售后服务代表作为厂家派往现场直接和用户打交道的代表，充当着救火队员的角色，需要及时解决所有车辆问题，同时也充当着培训师和规划师的角色，即培训用户、为车队提供管理方案，是营销团队里接触用户最多的人员。一名优秀的海外服务代表不但能够完成好售后服务方面的工作，还能起到信息收集、客户需求沟通的作用，做到比销售代表更了解用户车辆需求，从而提升企业形象。要达到这个目标，需要具备综合的专业知识、会外语、懂交流、学习能力强的特质。

陕汽重卡公司的海外服务人员大多是从国内工厂某一部门抽调出来的，通常只精通某一专业，例如有的熟悉配件，有的侧重于机械维修，有的精于电气维修，有的擅长服务与配件管理，大多数不懂海外市场当地语言，复合人才非常稀缺。这就造成走访用户时，常常需要销售代表陪同翻译，或者两名服务人员才能解决车辆技术问题，因而造成极大人员浪费。

另外由于缺乏细致、耐心、担当的意识，客户感受不到厂家的关心与支持。要改变现状保障好服务，就必须先打造出一支技术强、会外语、学习能力强的服务队伍。

3．准确完整的技术资料

车辆使用和维修保养离不开技术资料，如车辆使用说明书、维修保养手册、配件目录等。不同于国内重卡市场，出口海外的产品由于做了较多适应性改进，车型多且配置复杂，使用同一的配件目录等手册，在使用时很不方便，出现了零件号与实车不符，客户无法自行制作配件采购清单等问题，销售和服务代表只好花费大量时间挨个核实零件号，反复核对，这也给客户带来麻烦。售后保障需要从系统上提升，研发初期要考虑到海外服务与配件的便捷性，要确保不同批次车辆零部件型号和品牌的一致性。同时对海外市场的特定车型单独出具有当地语言的技术资料。同时开发IT线上售后跟踪及配件采购系统，授权经销商自行在线查询、下单、跟踪发运进度。

(三) 渠道模式创新保障

随着海外不同市场的开发，授权独家经销商负责一个市场的单一模式已经不适应大多数市场，需要考虑组合的渠道模式。

在伊朗、阿联酋、阿曼等市场，由于政策限制、汽车产业格局等因素，采取分产品授权经销商的模式。在沙特市场，根据社会文化、经济结构等环境，采取分区域授权经销商的模式。在大客户直接从厂家采购的市场，采取经销商分销与厂家直销相结合的模式，建立起直销模式的管理流程和激励措施。

组合渠道模式，需要厂家提高管理能力，制定管理政策。例如，通过系统培训、共同走访客户等，提高经销商的营销能力；加大经销商考核，做到优胜劣汰；全面实行出口授权商务政策，有效传递目标压力；规范市场秩序，通过抽查和举报，对扰乱行为坚决打击，同时密切关注和管理经销商库存和回款情况。

(四) 本地化项目

目前中国重卡在伊朗、沙特地区已经开展散件组装，其优势有：规避贸易壁垒、资金投入少、成本较低、风险较低，在不需要投入大量资金的情况下，能短期、快速提升销量；但同时存在一定劣势：对工厂的控制权只能通过技术转让协议约束，导致约束性不强，这对组装厂合作伙伴信誉要求也比较高，同时产品交付周期较长，不能快速根据市场情况满足客户需求。

中国重卡"走出去"到"走进去"，再想"走上去"真正扎根目标市场，应考虑在成熟稳定的地区，结合当地政策进行投资。打破单一的经销商授权和贸易销售，要通过合资的方式加大合作的话语权，因此，在长期战略上应考虑在伊朗、沙特地区进行合资以及本地化制造。在本地化工厂模式下，厂家能够掌握主动权，根据市场情况快速响应战略市场的客户需求，有利于长期竞争力的形成。但企业决策存在一定压力：所需资金多、初期成本高、风险大、投资回收周期较长、对国内产能消化贡献程度受当地法规的限制等，这就需要企业慎重决策。

本地化工厂目标国的选择应考虑以下原则：国家外交优先级"一带一路"战略重点影响区域、政治局势较为稳定、经济型重卡的目标市场、有一定规模能辐射周边区域、有一定汽车工业基础、本土竞争对手实力不强、可与关键动力总成形成国际化协调的市场。对照中东地区，伊朗从长期发展上可作为本地化工厂的目标国，但需密切关注其地缘风险。

(五) 财务政策保障

海外营销策略的实施离不开有竞争力的财务政策保障。陕汽重卡公司应提高财务管控水平，为客户提供多元化的金融解决方案。

首先，提高财务管控能力、降低成本、统一定价。通过降低回款和库存资金占用，提升资金管理的效率，加大历史风险欠款及应收账款的催收力度，并将其纳入考核。建立经销商货款回收动态管理台账，全方位监控管理。制定统一经销商价格，规范返利政策。

其次，提供金融支持多元化解决方案。利用人民币支付、远期信用证、中信保平台支持伊朗业务、针对银行资信可靠的中资公司等大客户，提供采用分期付款的政策。

(六) 人员激励政策

海外市场的竞争在很大程度上是海外营销人员的竞争，尤其在注重关系和情感关联的中东地区。要保障营销策略的实施，陕汽重卡公司需要调整大区和办事处人员配置，同时从公司层面做好国际化人才引进、考核与激励机制。

首先，根据陕汽重卡公司中东市场营销策略，调整中东大区及办事处的人员结构。中东大区人力资源相对匮乏、流动性差，应对现有人员的个人特点及能力进行调整，完善现有的考评机制，严格绩效考评。目前中东大区共 18 名员工，沙特 8 人(3 名销售代表，5 名服务代表)，伊朗 2 人(1 名销售代表，1 名服务代表)，阿联酋 5 人(3 名销售代表，2 名服务代表)，阿曼 3 人(1 名销售代表，2 名服务代表)。中东地区的整体营销是以伊朗、沙特为重点市场并辐射周边国家为目标，在提升市场占有率的关键时刻，需要加强销售代表人数。伊朗作为保有量最大的重卡市场，要实施营销策略，需要增加 2 名销售经理，1 名负责维护现有市场的经销商，1 名负责市场调研并开发潜在客户，所需人员可从阿联酋调入。沙特市场采取分销与直销共存的模式，3 名销售代表不足以完成渠道任务，应从当地招聘 2 名阿拉伯籍员工。

其次，公司要进一步完善人才引进、考核、激励机制。按照国际化发展中长期规划，做好人才储备，进行本地化人才储备。通过多渠道吸引人才，迅速扩充团队，引进与培养相结合，通过猎头公司引进国际化的高级管理人才和业务人才，选择与企业战略契合的、有奋斗精神、有海外营销经验的人员加入团队。引入竞争机制，干部岗位实行竞聘制，能者上，庸者让，组建后备干部队伍；团队人员知识结构多元化，多专业，加大培训力度，强化产品、市场营销、销售技巧方面的专业培训，提高市场开拓能力及员工的专业素质和水平；提升团队士气，打造团队激情，干部要做表率，激励鼓舞员工，让员工参与管理，凝聚人心。

最后，针对中东社会文化，应加强本土化穆斯林员工的招聘，以适应伊斯兰文化和阿拉伯语言。

参考文献

[1] 李佳霖，董嘉昌.一带一路开创对外开放新格局.人民日报，2018-04-30.

[2] 叶辅靖，李大伟，杨长湧.适时推进新一轮更大力度对外开放.经济日报，2018-04-16.

[3] 中国(陕西)自由贸易试验区总体方案.中国政府网.

[4] 李逸达，黄培昭，等.共同奏响"一带一路"新乐章——中东三国各界盛赞习近平主席国事访问.人民日报，2016-01-26.

[5] 康乔娜.西安发布"一带一路"建设2017年行动计划.西安晚报，2017-07-20.

[6] 4年来，"一带一路"建设取得哪些丰硕成果？.宣讲家网，2017-05-14.

[7] 习主席2016首访，中东舆论怎么看.新华网，2016-01-27.

[8] 金旼旼.思辨"一带一路"全球观.新华社，2016-12-21.

[9] 2017对外投资合作国别(地区)指南——伊朗.商务部网站，2017-12-28.

赵　武　西安电子科技大学经济与管理学院副教授、博士

王安琪　西安电子科技大学经济与管理学院技术经济及管理硕士研究生

戚　青　西安电子科技大学经济与管理学院本科生

西安与丝绸之路经济带沿线国家和地区科技交流与合作创新研究

尚娟　董李媛　杜黄蕊　李姜

摘要　丝绸之路经济带构想的提出，为西安与丝绸之路经济带沿线国家和地区的科技交流与合作提供了重大机遇，科技交流与合作不仅有利于推动丝绸之路经济带的建设，也有利于促进西安科技水平的提高，以带动其经济的发展。因此，对丝路经济带视角下的西安与丝绸之路经济带沿线国家与地区科技交流与合作问题的研究具有重要的意义。本文在借鉴相关已有研究成果的基础上，对西安和丝绸之路经济带沿线国家及地区科技交流与合作的战略意义、互补性、存在的问题挑战、影响因素等进行了分析，提出了西安与丝绸之路沿线国家和地区加强和深化科技交流与合作的对策建议。

关键词　丝绸之路经济带；互补性；科技交流与合作模式

一、绪　　论

在世界经济全球化、区域经济一体化日趋深化的今天，国际经济合作对于经济发展的促进作用日益加强。能否有效地参加国际分工，扩大与其他国家的经济技术交流与合作已成为决定一国经济发展态势的最重要因素之一。西安与丝绸之路经济带国家和地区科技交流与合作，同当前的背景环境有着极为密切的关系。

任何一个国家或地区都不可能具有其经济发展所需的一切资源和生产要素，不可能独立地解决所有的科技问题，也不可能同时在所有科学技术领域都居于世界前列，因而必须通过科技合作来取长补短、互通有无，使各类资源、知识、智力、技术和生产要素在国家或地区之间实现优化配置。

建设丝绸之路经济带构想的提出为西安对外科技交流与合作提供了重大的机遇，这不仅有利于推动丝绸之路经济带的建设，还有利于促进西安科技水平的提高，进而带动其经济的发展。因此，丝路背景下西安与丝绸之路经济带国家和地区科技交流与合作创新模式的研究具有重要的意义。

(一) 进一步丰富对外科技交流与合作模式研究

首先，国内对于科技交流与合作研究起步比较晚，也没有针对西安科技交流与合作的相关理论研究。其次，丝绸之路经济带的提出给西安科技交流与合作提供了新的契机，同时也意味着过去的研究成果已不能完全适应时代发展的潮流，这就需要我们提出新的理论与时偕行。因此，通过丝绸之路经济带背景下西安科技交流与合作创新模式研究，不仅可以丰富原有的理论研究，还可以提出新的理论顺应时代潮流，从而使西安科技交流与合作理论研究得到更好的发展。

(二) 有利于产生规模经济效益

科技交流与合作为西安和丝路沿线国家和地区产品生产规模的扩大和生产要素收益的提高，提供了广阔的前景。通过科技交流与合作，生产要素从丰裕的地区流向稀缺的地区，与当地丰裕的生产要素组合，形成新的生产能力，带来更大的经济效益。同时，西安与丝绸之路经济带国家和地区的科技交流与合作使不同国家和地区具有优势的生产要素结合在一起，产生较大的规模经济效益。这是因为在扩大各类要素投入的条件下，生产规模扩大，收益增加。

由于规模经济利益是建立在最低的生产成本和最佳的市场容量的基础之上的，所以选择适合的科技交流与合作模式，不仅可以把西安和丝路沿线国家和地区各自有优势的生产要素结合在一个实体中共同从事产品的生产，还可以在市场销售方面进行合作，共同研制、开发、生产和销售新产品，以致产生完全意义上的规模经济效益。

(三) 有利于从外部获得短缺的技术要素，推进产业升级

各国各地区由于社会条件不同，在科技合作中所处的地位不同，因而从经济全球化导致的科技合作中所获得的利益也不同。西安市场规模较大，比较齐全，配套能力强，低成本劳动力供给充裕，这些因素决定了西安在科技合作中有可能争取到有利的地位。将西安所具有的市场优势、产业规模优势以及劳动力优势与外部的资金优势、技术优势和管理优势等有效结合，就能形成具有较强竞争力的开放型经济。许多国家和地区的经验表明，经济的高速增长都要求产业技术结构升级，因此，西安可以在国际科技合作的大环境中，通过有效的科技合作方式，利用外部技术资源获得经济增长所需要的短缺要素，并使其与西安的后发优势有机结合，在更长时期内保持经济的较高增长速度，提高技术能力、研发水平等，缩小技术级差，从而实现产业升级。

(四) 有利于更多地获得国际分工，逐步形成核心技术开发能力

随着对外开放的扩大，西安通过多种多样的方式大量引进国内外资金、先进技术和设备，在若干产业中已形成较大规模和较低成本的制造能力。制造能力的扩大和成熟，有利于形成核心技术研究开发能力。较大规模的制造能力，使企业有能力分摊高额研发投资技术能力的资金问题，使企业开始形成必要的技术选择和技术组合能力配套产业群的形成及升级，使核心技术的突破能够较快地体现在成熟、有竞争力的最终产品和产品群上。上述能力的逐步形成，标志着在这些领域中自主开发核心技术的条件正在形成，并且具备了在商业上获得成功的可能性。在这些产业中，通过加大研发投入，研究开发和掌握核心技术，实现跨越式发展，能使我国在全球技术与制造分工格局中获得更多的利益。

另外，西安与丝路沿线的科技交流与合作有利于合作方的产业优势互补，改变西安产业外延式扩张的发展方式，不断提高西安的产业技术水平，形成合理的产业结构布局，从而为西安经济和社会持续发展提供科技支撑。

二、西安与丝绸之路经济带沿线国家和地区科技交流与合作的互补性分析

西安与丝绸之路经济带国家和地区在科技交流与合作方面，存在广阔的领域，互补性较强，下面是对它们的具体分析。

丝绸之路经济带沿线经过中亚的哈萨克斯坦、吉尔吉斯斯坦、塔吉克斯坦、乌兹别克斯坦和土库曼斯坦五国，西亚的伊朗、伊拉克、约旦、叙利亚、沙特、土耳其等国，高加索的阿塞拜疆、格鲁吉亚、亚美尼亚以及东欧的乌克兰、白俄罗斯和摩尔多瓦等国，还有俄罗斯以及阿富汗、巴基斯坦和印度，在国内主要途径西部九省，包括广西壮族自治区、重庆市、四川省、云南省、陕西省、甘肃省、青海省、宁夏回族自治区和新疆维吾尔自治区，以及连云港、徐州、郑州、洛阳等城市。科技进步与创新在经济发展中的作用越来越重要，丝绸之路经济带的建设将为西安与其他地区开展科技合作与交流带来新的机遇，并且西安在科技领域与这些国家和省市具有一定的互补性。

(一) 西安与丝绸之路经济带沿线国家科技交流与合作的互补性分析

西安与丝路沿线国家科技交流与合作的互补性主要体现在以下四个方面：

1. 装备制造技术的互补性

装备制造业是西安最大的支柱产业，而中亚、西亚及南亚地区的国家装备制造技术落后，对能源、矿产资源的勘探、开发、加工、再加工都急需技术装备。对西安市向中亚国家外贸出口结构进行分析，2013 年西安市向中亚出口机电产品(装备)8101.4 万美元，占西安市向中亚整个出口产品的 72.8%，充分体现了西安市装备制造业的产业优势和国际竞争力。

在西安市的装备制造业结构中，主要优势是能源装备，如石油天然气钻采设备、煤炭开采洗选设备、输变电设备、太阳能光伏、风电设备、核

电设备、节能设备、新能源汽车、重大煤化工、石油化工及盐化工设备、油气管道等，例如石油测井装备仅高新区就集中了七百多家企业。因此，西安与中亚、西亚、南亚地区的国家在装备制造技术上具有很大的合作空间。

2．经济技术水平的互补性

中亚、西亚、南亚地区的国家经济结构层次较低，技术水平较为落后，当前正面临产业结构及工业结构的转型升级，技术结构难以支撑，因此，大力实施进口替代战略(即以贸易壁垒限制国外制成品进口，进口生产线、零部件、元器件、科技成果和人才，生产国产品，替代往日的进口)，对外技术合作的需求强烈。西安高等教育发达，科研院所众多，在航天军工、载重汽车、软件信息技术等高技术领域居于国内领先地位。综合科技实力仅次于北京、上海，位列全国大城市第 3 位。因此，西安颇具优势的高技术和先进适用技术供给完全可以与中亚国家现阶段的工业化需求实现对接。

3．高新技术的互补性

中俄双方高层领导一致认为，中国与俄罗斯在高科技领域有很大的互补性，具有很好的合作前景，2014 年，陕西省政府与俄罗斯直接投资基金、中俄投资基金、俄罗斯斯科尔科沃创新中心在莫斯科共同签署了《关于合作开发建设中俄丝绸之路高科技产业园的合作备忘录》，确定在西安市和莫斯科分别建设一个高科技产业园区，借此加强两国科技经济合作，双方准备在航天、卫星导航、汽车等技术领域开展合作。

4．科技人才的互补性

西安市高等院校人才众多，学科领域覆盖面广。涉及化工、电子信息、汽车制造、新能源及环保、光机电一体化、生物技术与现代医药、新材料等产业领域，这些领域培养了一大批科研、教学骨干，也为社会输送了大量的科学技术人才。

中亚、西亚、南亚等地区对科技人才需求量很大，因此，西安可以加强科技人才输出，包括高级技能人才(高级工、技师、高级技师)、工程技术人才和工程管理人才。

(二) 西安与丝绸之路经济带沿线国内地区科技交流与合作的 互补性分析

西安与我国新丝路沿线的很多省市在科技领域都有很大的互补性，下文主要对以下互补性显著的省市进行分析。

1. 与甘肃省的互补性

甘肃的能源原材料工业与关中—天水的先进制造业形成互补之势。甘肃既可以为关中—天水先进制造业基地提供能源原材料，也可以成为关中—天水先进制造业的市场，并支持关中—天水先进制造业的发展。关中—天水既可以为甘肃能源原材料基地提供先进装备，也可以成为甘肃能源原材料的市场，从而带动甘肃能源原材料基地的发展。关中—天水作为丝绸之路经济带的新起点，西安与甘肃丝绸之路经济带黄金段合作，可率先建设丝绸之路经济带，成为丝绸之路经济带建设的排头兵。

2. 与西三角经济区的互补性

从资源情况和产业特征来看，陕西省的基础材料、矿产资源比较丰富，西安科研力量与研发能力较强，但科研成果转化能力偏弱；四川水电资源丰富，成都是一个典型的消费城市，其航空产业与西安互补，电子信息产业也相对发达；重庆是制造业基地，能迅速地承接成都、西安的研发成果，并将其转化为生产力。

从四川、重庆和陕西钢铁产业来看，四川省钢铁以年产钢材 780 万吨，产值 342 亿元的攀钢为龙头，占据着全国三分之一的钢轨市场，形成以 IF 钢板、汽车大梁板、高强度深冲镀锌板、GL 板等冷热轧板为代表板材系列，以三氧化二钒、高钒铁、氮化钒、钛白粉为代表的钒钛系列，以优质无缝钢管为代表的管材系列，以高温合金、模具钢为代表的特殊钢系列和棒线材等六大系列标志性产品。重庆钢铁则是以重钢为代表，作为十一五规划重点环保搬迁项目，如今已拥有年产 600 万吨产量，其中年 350 万号的船板产量，这使重钢成为全国最大的船舶用钢精品基地。陕西虽只有年产 500 万吨的总体产量，但是其年产 2 亿吨居全国产量之三的煤炭产量，却是钢铁产业不可或缺的上游原料。因此，如果陕西省与四川省、重庆市加强科技交流与合作，就能迅速提高三省的生产力，促进经济发展。

3. 与连云港的互补性

连云港与西安在科技领域有很强的互补性，在高新技术产业等产业中合作空间无限，例如在推进产权交易、科技成果、人力资源等区域性市场建设中的合作，组织企业参与对方举办的交易会和招商引资洽谈会；鼓励两市大中专院校、科研单位和企业研发机构开展多层次、多形式的科技交流和联合攻关，强化高新技术和先进适用技术联合开发和应用；加强两地科技中介服务机构的合作，促进科技资源共享；出台政策，鼓励两地高校相互异地独立联合办学；加强电子政务、电子口岸、电子商务的联网建设，实现互通互联。

除此之外，西安与广西壮族自治区、云南省、青海省、宁夏回族自治区和新疆维吾尔自治区，以及郑州、徐州、洛阳等省市之间在科技领域也有很强的互补性，西安应该把握好丝路建设的机遇，积极开展科技交流与合作。

三、西安与丝绸之路经济带沿线国家和

地区科技交流与合作现状

西安市是西部最大的城市之一，具有雄厚的科技资源。西安高等院校众多，科研机构林立，科研队伍庞大，科研成果多，在电子信息业、高端装备制造、新能源汽车领域、能源设备、3D 打印、军工技术、航空航天、现代农业技术等领域均取得了非凡的成果。

(一) 西安拥有丰富的教育资源和强大的科研基础

陕西是教育大省、更是教育强省，尤其是在高等教育方面。截至 2016 年年底，在最新统计的拥有大学最多的城市中(见表 1)，西安居全国第五位，西北地区第一位，其中有数所国家重点建设的"985"、"211"院校，西安交通大学等高校在全国都有重要的影响力，学生在校人数仅次于北京、上海，居全国第三，全市大专以上学历人口占总人数的10%左右，居全国第一。西安地区有各类科研院所94家，其中省部属科研院所77家。科研院所R&D经费占到全市R&D经费支出将近六成。

表1 2016年全国高校数量最多的十大城市

城市	北京	广州	武汉	上海	重庆	西安	长沙	天津	成都	郑州
排名	1	2	3	4	5	5	7	8	8	10
高校数量	91	82	80	67	63	63	57	56	56	55

资料来源：根据2016年的《西安统计年鉴》和《中国统计年鉴》整理得出。

西安科研机构和科学家众多，据统计，西安现有各类科研机构365个，国家和省部级重点实验室、工程技术研究中心、行业测试中心和平台160多家，有各类专业技术人员42万人，其中两院院士47人。科研人员数量也逐年增加，截至2015年年底，科研人数总共达到16万人(见图1)，每年有3000多项科技成果和发明专利诞生，其中重大科技成果就有1000多项。

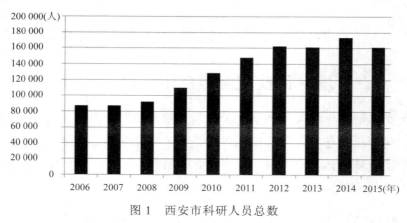

图1　西安市科研人员总数

(二) 西安拥有科技交流与合作的平台——高新区

西安高新技术产业开发区，一个代表西安与西部高新科技产业前沿的领地，以其众多的"第一"成为陕西和西安最强劲的经济增长极和对外开放的窗口。2014年，西安高新技术产业开发区在国家级高新区中综合排名第 6 位，其中，可持续发展能力分项指标排名第 2 位。西安高新区在电子信息业、3D 打印产业化、生物医药和科技服务业等领域均取得了不俗的成绩，西安高新技术产业开发区在推动技术创新、发展拥有民族自主知识产权的高新技术产业方面形成了自己的优势和特色。全区累计转化科技成果近 10 000 项，其中 90%以上拥有自主知识产权，并被列入国家各类产业计划，居全国高新区前茅。

(三) 西安军工技术实力雄厚

西安军工综合实力全国第一是公认的事实。西安是全国军事装备最强的城市，军工技术实力雄厚，尤其在航空航天、核、电子、船舶、兵器领域具有明显优势。西安聚集了中国航天三分之一以上的力量，"神舟"五号、六号火箭发动机和推进剂、箭载计算机和遥感装置等，均由西安制造。其中，西北工业大学为国内多家航空航天企业提供了可以达到国际先进水平的制造装备。

(四) 西安科技发展面临着前所未有的大好机遇

2014 年初，西咸新区正式成为国家级新区。国务院提出，要把建设西咸新区作为深入实施西部大开发战略的重要举措，要以丝绸之路经济带为支点，重建向西开放枢纽，这为西安科技发展提供了前所未有的机遇，为各类科研机构、科技创新企业提供了广阔的舞台，这为西安地区统筹利用科技资源、实现跨越式发展提供了战略支撑基础和现实需求基础。

四、西安与丝绸之路经济带沿线国家和地区科技交流与合作的主要问题和面临挑战

(一) 存在的主要问题

通过进一步的调研我们发现，科技合作与交流对提升西安的科技水平、

促进经济社会的健康发展起到了巨大的推动作用。但是，随着丝绸之路经济带的建设，西安与丝绸之路沿线国家和地区的科技合作与交流工作仍存在一些问题，主要表现为：

1．科技合作与交流的资金投入仍不足

由于受到西安科技总体投入规模和强度的制约，首先，政府投入到国际科技合作与交流中的经费较少；其次，企业投入也偏小，只有少数企业在科技合作与交流方面投入较大；最后，多数企业海外合作和投资力度不够，尤其是部分相对有实力和有条件的科技型企业。

2．科技合作与交流的平台建设仍不完善

西安信息平台建设滞后，尚未建立起较为完善的国际科技合作与交流的信息平台。首先，大多数管理机构的科技合作与交流信息平台相对简单、粗糙，信息涵盖面窄、信息量少、互动性差，信息发布不及时等问题突出，发挥作用有限；其次，活动平台有待加强和发展。近年来，西安国际展会取得了一定成绩。但是，国际科技展会、海外推介会、项目洽谈会等举办不足，特别是高新技术方面的国际展会、洽谈会需要进一步发展。

3．缺乏统一的协调共享机制

西安是我国军工资源最为聚集的区域，军工资源因分散在不同的体制内，所以缺乏协调和融合。因此，西安需要建立一个协调共享机制，把这些资源整合起来,央企和地方企业都应为促进地方经济发展进行有效沟通，防止出现分割。另外，西安尚未建立起丝路背景下全面统筹和管理科技合作与交流工作的领导机构，容易出现多头指挥、各自为政的现象。此外，多部门管理将造成考察、技术引进以及项目合作重复等事件的发生，从而导致资源浪费。

4．大规模科技成果未实现转化

西安与丝绸之路经济带国家的科技交流与合作更多局限在能源领域和一些低附加值产业上，技术交流也以学术型为主，并未形成大规模的科技成果转化。西安拥有众多的科研院所，但鲜有规模较大、创新能力较强的科技企业。众多研究成果未被实际投入生产。根据科技与产业"微笑曲线"，与中亚国家合作重点，不应停留在劳动密集的加工组装领域，应向研发、技术装备、市场营销等技术资本密集、信息与管理密集领域拓展，增加附加价值。

5. 企业缺乏国际化人才

西安科技型中小企业对世界各国市场的特征和规则有待深入了解，在知识产权保护、反倾销诉讼等方面自我保护能力不足，"走出去"举步维艰。企业在跨国合作中遇到的问题，在很大程度上与缺乏具有国际化视野的人才队伍、尤其是中高级经营管理人才和技术人才有关。跨国产能合作涉及各国法律、财会制度等各种复杂因素，企业只有拥有完备的熟悉国际市场分析、商务规则等人才的队伍，才能在错综复杂的国际市场中做出正确的投资决策。

(二) 面临的挑战

1. 各国经济发展不平衡和利益多元化

"丝绸之路经济带"作为横跨欧亚大陆的经济带，沿线国家经济发展程度不同，因而也就有不同的发展诉求。协调沿线国家的不同利益和不同发展诉求，是推进双方合作的关键。西安在进行科技交流与合作时会根据战略规划和经济目标的设定选择合作项目，这就有可能造成西安与其他合作国家之间形成利益冲突或诉求分歧，需要各成员国进行大量的政策协调和配合，但现在尚未建立一个能兼顾各方利益和目标的协调机制。

2. 各国文化信仰多元化

各国文化的差异与冲突对西安与丝绸之路经济带各国科技交流与合作产生了极其深远的影响。丝路沿线国家地理环境、文化及生活方式与我国存在一定差异，西安在与其进行科技交流与合作时，要充分考虑各个国家的宗教信仰、风俗习惯等与我方的差异问题。

3. 软硬件基础条件较为薄弱

西安与丝绸之路经济带国家和省份科技交流与合作软硬件基础条件比较薄弱。西安的合作方经济发展水平相对落后，需要利用和依靠基础设施建设增强其经济活力。相较发达地区，西安科技交流与合作所需的软硬件设施水平仍处于较低的水平，导致西安参与科技交流与合作的起点较低，也将制约后续合作的推进及展开速度。

4．缺乏完善的融资平台

进行科技交流与合作，加强筹集资金、建设有效的融资平台至关重要。科技交流与合作是一项庞大的工程，虽然能产生巨大效应，但耗资大，回收周期长，风险也大。丝路沿线多为发展中国家，经济发展比较落后。因此，建设有效的融资平台成为西安完善融资平台的关键。

5．制度环境和技术标准不兼容

企业"走出去"要面对与国内迥异的制度环境，然而西安企业在这方面应对准备不足。由于不熟悉国外商业习惯、法律环境以及缺乏国际项目经验等，西安企业与国外企业合作与交流时总会出现问题，主要是产能合作技术标准不对接。比如，部分中东国家推崇欧美的工业技术和标准，中资企业进入面临巨大压力；一些国家长期执行欧洲标准，已经形成固定渠道来源的欧洲技术标准体系和庞大的既得利益集团；一些国家电力项目甚至明确规定不能使用中国标准，而是采用日韩或欧美标准。

五、西安与丝绸之路沿线国家和地区科技交流与交流的

影响因素分析

丝绸之路经济带涉及的地区和国家有很多，它们具有不同的地缘优势和发展实力，因此，西安寻求与沿线省区及国家的科技合作与交流必然会受到多种因素的影响，其中主要的影响因素包括资源因素、政治因素、关税制度因素、知识产权因素、科技投入因素等。

(一) 资源因素

资源因素直接决定西安科技交流与合作的强度和水平。资源互补和类同并存是科技交流合作的基础，资源互补是资源流动的重要前提条件，是合作开展的自发需求。资源类同则是技术合作的重要引致因素，在资源类

同的情况下，具有相同的技术开发需求。西安与丝绸之路经济带国家和地区在矿产、能源、人才、技术等方面都有很强的互补性和类同性，有利于科技交流与合作。

(二) 政治因素

政府对地区之间的科技交流与合作的发展起着重要作用，政策的制定对科技交流与合作有着双重作用，完善的政策有利于推动科技交流与合作，反之，会起到阻碍作用。丝绸之路经济带作为我国重要的战略构想，成为了促进中国与沿线国家合作与发展的重要战略通道，得到沿线各国的积极响应，科技、产业等方面的合作是丝路合作的重要内容，这为西安开展科技交流与合作提供了重大的机遇。

(三) 关税制度因素

关税从某种程度上决定了国际科技合作的成本，进而影响合作的意愿和水平。在其他条件不变的情况下，世界主要国家关税税率的增减程度或非关税壁垒的加强程度与国际贸易的发展速度成反比关系，尤其是关税增加对于高新技术产品的进出口的限制，极大影响了西安的国际科技合作。

(四) 知识产权因素

知识产权包括专利权、版权等。有效的知识产权保护能够激励发明和创造性工作，这不仅有利于合作主体增加 R&D 方面的投入，增加新技术的供给，还有利于通过直接投资转移最先进的技术。合理的知识产权保护，能有效保护西安科技创新的效益和创新者的积极性，进而拓宽西安科技合作市场。

(五) 科技投入因素

科学技术是各国社会经济发展的巨大力量，也是提高各国综合国力的关键性因素。世界主要国家及地区意识到，通过加大科技投入力度能够有效地提高国家的科技水平，从而推动自身发展。加大科技投入力度，不仅有利于促进西安科技的发展与进步，而且还能使西安能够与沿线地区更好地开展交流与合作。

六、西安与丝绸之路沿线国家和地区科技交流与合作的模式选择

本文根据目前开展的科技交流与合作的领域与空间选择进行分析，为西安及丝绸之路沿线地区的科技合作模式的选择与优化提供决策依据。

(一) 科技交流与合作模式分析

根据西安丝绸之路沿线地区科技要素的空间组织形式及相互之间的整合力度，将其科技合作与交流划分为互补型合作模式、分布式合作模式、矩阵式合作模式、虚拟合作模式四种。本文从西安开展科技交流与合作模式的时间阶段性、组织结构、合作成本三个方面进行比较，以期为西安科技合作模式的选取提供理论依据。

就科技合作模式的阶段性而言，随着经济社会及现代科技的发展，合作的模式不断创新。最初的西安科技交流与合作只是科技资源的交换，随着科研的发展，简单的交换活动无法满足科技发展的需求，合作双方需要借助对方的优势资源进行科研活动，互补型双边合作模式产生；与此同时，在互补型双边合作模式的基础上，分布式多边合作模式与矩阵式合作模式应运而生；20 世纪 80 年代末，由于以计算机为载体的现代网络与通讯技术迅速发展，虚拟合作模式雏形得以形成。

从合作模式的空间组织形式与结构来看，丝路沿线国家和地区的经济社会发展水平存在差异，合作过程中往往会出现以其中一方为主导的科技合作模式，处于合作主导地位的国家和地区通过提供资金和技术来换取处于从属地位的国家和地区的自然和人力资源，即互换型双边合作模式，该模式组织形式与结构较为简单，不存在共同的科研任务。当双方在某一科技领域水平相近时，分布式多边合作模式与矩阵式合作模式则成为主导合

作模式，合作各方有效整合资源，共建科技合作与交流平台，共享科研成果。

从科技合作成本来看，国际科技合作成本主要包括直接投入资源的成本、组织协调和管理成本、计划执行和方案实施过程中的成本共三大块。科技合作的程度在一定程度上取决于合作项目及组织形式与结构的复杂程度，随其复杂程度的增加，那么组织、协调和管理的成本也就上升，同时在实施过程中需要的人力、物力和财力也相应越高，成本就会更大。综合以上这四种科技合作模式，其成本走势如图 2 所示。

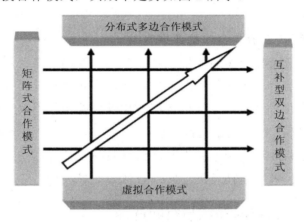

图 2　科技合作模式成本趋势

(二) 西安与丝绸之路沿线国家和地区科技交流与合作的战略构想

1．西安科技交流与合作的广度维

西安科技交流与合作的广度维即西安与丝绸之路经济带国家开展科技合作的领域和范围。西安与丝绸之路经济带的国家和地区在科技领域有很强的互补性，可在装备制造技术、经济技术、高新技术、科技人才等领域开展交流与合作。

2．西安科技交流与合作的深度维

西安科技交流与合作的深度维即科技合作所涉及的理论技术以及应用核心领域等相互交流的程度。丝绸之路经济带伟大构想的提出和现代网络通讯技术的发展，会不断加强西安与沿线国家的科技合作深度。

3．西安科技交流与合作的可持续度维

西安科技交流与合作的可持续度维即科技合作的时间和周期。随着西安与丝绸之路经济带国家和地区科技合作领域与技术向深度和广度扩展，随着科技领域的空间尺度、投资强度、复杂程度以及信息资源传输工具的不断发展，现代科技合作已进入大科学时代。由于科技的系统建设、科学目标、投资规模以及技术研发的复杂程度和尖端性已超出一国的范围和能力，因而，西安在开展科技交流与合作时必须遵循长期性、系统性以及可持续的原则。

4．西安科技交流与合作的效果度维

西安科技交流与合作的效果度维即西安与丝绸之路经济带国家和地区开展科技交流与合作产生的利益，体现在经济效益与社会效益两个方面。西安与丝绸之路经济带国家和地区在科技领域的合作不仅有利于促进各国科技水平的提高，也有利于提高各国生产力，促进各国经济的增长。为此，西安与丝绸之路经济带国家和地区应该有效整合各方面资源，选取恰当的合作方式，促进各国科技发展，实现合作效益最大化。

(三) 西安科技合作的领域与空间选择

通过对西安与丝绸之路经济带国家和地区的科技交流与合作的互补性分析，得出西安在装备制造技术、经济技术、高新技术等科技领域与丝路沿线国家和地区有很大的合作空间，双方应在继续推进已有合作领域的基础上，积极探讨在其他领域进一步加强合作的可能性。

西安应根据具体的情况选择最佳的模式与丝路沿线国家和地区进行科技交流与合作。

1．装备制造技术

西安较中亚、西亚、南亚地区在装备制造技术方面先进，故应采取互换型双边合作模式。西安向这些地区输出能源、矿产资源的勘探、开发、加工、再加工等技术装备，再向这些地区引进能源、人力资源等生产要素。

2．低碳技术研究领域

西安与丝绸之路经济带国家和地区在低碳技术方面水平相近，综合考虑合作成本，应采用矩阵式合作模式，加快低碳技术研发、示范和产业化，培育以低碳排放为特征的工业、建筑和交通体系，强化工农业、建筑、交通、居民生活等综合方式节能，增加森林碳汇，全面增强应对气候变化的能力，加快在建立低碳循环经济发展模式等方面开展合作。

3．高新技术研究领域

在高新技术合作方面，应采用矩阵式合作模式和虚拟合作模式，在纳米技术和材料、生命科学、能源和节能、合理使用自然资源、信息和通信技术等领域优先开展合作，可以利用其他国家已有的设备和实验条件完成重大实验项目，还可以选取一些技术出售方的高新技术和关键设备，在西安创办高新技术合作企业。为保证合作的顺利开展，西安与丝绸之路经济带国家和地区可以在其他国家设立相应的科技机构的代表处，积极推动所在国与本国间的合作。

4．科技人才领域

西安与丝绸之路经济带国家和地区可以通过科技考察、人才引进、国际会议、人才培养、信息交流、科技展览等交流合作方式，开展科技人才的合作，促进科技人才的流动。以专家互访的形式，支持研究人员的培训和职业发展。专家互访是实现技术交流的最有效形式，专家引进是引进技术的最高级形式，可有效激励人才流动，推动互惠互利的研究合作，还可以通过引智的手段促进双方的科技人才交流。通过引智、国际会议、人才交流与培养等交流与合作形式，以较低成本引进国外的技术和经验，促进西安科技发展。

七、促进西安与丝绸之路经济带沿线国家和地区科技
交流与合作的政策建议

针对西安与沿线国家地区的科技交流与合作中存在的问题，提出以下

建议：

(一) 建立健全政策法规，为科技合作保驾护航

为了加强西安与沿线国家和地区的科技合作与交流，建立健全政策法规至关重要。其中尤以两类最为重要。首先，要加强知识产权类法规，一个国家想要引进先进技术，完善的产权保护制度尤为重要，如果西安的产权保护制度跟不上，在技术引进上会处于被动位置，也会削弱西安企业的科技创新积极性。

其次，要整合与科技有关的法律法规，以法律形式明确相关部门的职能。西安尚未建立起丝绸之路经济带背景下统筹管理科技合作与交流的领导机构，往往出现多头指挥、各自为政、考察重复等现象，这将会增加企业的成本，不利于科技合作与交流。只有整合优化相关的法律法规，明确相关政府部门的职能，建立起一个完善的协调机制，才能使科技交流与合作方便易行，进而提升西安与经济带沿线国家和地区的科技合作水平。

(二) 建立国际科技合作的中介机构

丝绸之路经济带沿线国家众多，各国文化存在差异，这使西安很多中小企业很难对各国的市场特征和规则进行深入了解，在品牌形象维护、知识产权保护、外方违约责任追究等方面自我保护能力不足，从而使这些企业"走出去"变得困难。除此之外，中小企业的国际科技合作项目往往是企业内部的相关部门负责，这种模式获得的信息成本高昂，且容易出现疏漏和错误。这就需要通过建立国际科技合作中介机构，为中小企业提供专业的跨国项目服务，从而减少中小企业搜寻国外市场相关信息的成本，为中小企业制定更加科学合理的政策，避免不必要的法律纠纷，为西安的企业走出去保驾护航。

(三) 建立国际融资平台

科技合作投资大，回收周期长，风险较大，因此，建立一个流动性高、市场容量大的国际融资平台十分必要。同时要加强双边"货币兑换机制"，

在科技交流与合作中加强与周边国家的本币兑换，减少交易成本和提高本币在区域合作中的地位，在中亚区域合作中形成有效稳定的区域金融货币体系。同时利用亚洲开发银行、PPP 等有效机制的推动和建设，调动各方的积极性，筹集资金，推进西安科技交流与合作的顺利进行。

(四) 建立科技交流与合作协会

西安与沿线国家的科技交流与合作的参与主体众多，各类别的参与主体又有众多的微观主体，但缺乏一个主导机构，各个主体都是各自为政，信息交流不顺畅，容易出现重复、遗漏的现象，使资源无法最优配置。

建立西安与沿线国家科技交流与合作协会，再由协会统筹各参与主体，有利于提高效率，优化资源配置。首先，协会要建立一个权威的信息平台，负责信息的收集与发布，保证各参与主体获得及时而全面的信息，从而减少信息收集成本，提高市场的竞争性；其次，协会应该制定一套科技交流与合作的标准，从而提高西安企业的科技实力，也使沿线国家更容易了解和接受西安企业；除此之外，协会应该定期举办相关会议，向世界展示西安的科技实力，使西安的企业更好地"走出去"。

参考文献

[1] 尚娟，孔尕平.城镇化背景下丝绸之路经济带产业发展研究——以西北五省为例.丝绸之路经济带发展报告(2014)[R].2015(3)：P196-210.

[2] 尚娟，宁婷.丝绸之路经济带视域下中信银行发展策略研究.第二届"丝绸之路发展论坛"论文集[C].2015(3)：P271-281.

[3] 陈晨."丝绸之路经济带"有望成为科技合作示范带.http://jjckb.xinhuanet.com/2014-06/ 12/content_508434.htm，2014-6-12.

[4] 崔巍平，何伦志.科技创新、经济增长与丝绸之路经济带的构建.开发研究，2014，(3):42-45.

[5] 郭菊娥，王树斌，夏兵."丝绸之路经济带"能源合作现状及路径研究.经济纵深，2015，(3)：88-92.

[6] 郭科.丝绸之路经济带区域科技发展水平评价.智富时代，2015,(10)：11.

[7] 惠宁，杨士迪.丝绸之路经济带的内涵界定、合作内容及实践路径. http ://www. faobserver.com/NewsInfo.aspx?id=10714，2014-11-25.

[8] 李建民.丝绸之路经济带合作模式研究.中国党政干部论坛，2014, (5)：85-89.

[9] 李小兵.我国企业国际科技合作现状及对策研究.企业技术开发[J]. 2015，24(6):59-61.

[10] 李毅，夏红梅.丝绸之路经济带科技合作模式及平台构建分析.攀登，2015, 35(6)：86-92.

[11] 袁胜育，汪伟民.丝绸之路经济带与中国的中亚政策.世界经济与政治，2015, (5)：21-41.

[12] 张超.丝绸之路经济带研究综述.理论月刊，2015, (5)：112-115.

[13] 张磊."丝绸之路经济带"框架下的能源合作.经济问题，2015，(5)：6-11.

[14] 李红军，等. 科技全球化背景下国际科技合作及其对我国的启示[J]. 科技进步与对策，2011，28(11)：14-18.

[15] 李梦学. 地球观测领域国际科技合作机制与模式研究[D]. 武汉理工大学，2008.

[16] 李楠.基于自主创新的国际科技合作平台运行机理研究[D].吉林大学硕士学位论文，2008.

[17] 李盛竹.科研全球化背景下的我国高校国际科技合作对策[J]. 社会科学家，2010(10):63-66.

[18] 刘启明. 浅析我国农业科技战略的定位与导向[J]. 中国流通经济，2011(3):69-73.

[19] 刘秋生，赵广凤，彭立明. 国际科技合作模式研究[J]. 科技进步与对策，2007(2):38-40.

[20] 刘伟，曹建国，吴荫芳. 搭建国际技术转移平台，实践科技服务社会宗旨[J]. 2010(2)：107-110.

[21] 吕磊，等. 基于政府视角的国际科技合作模式研究[J]. 科研管理，2008(10):80-84.

[22] 倪健. 论大科学时代的国际科技合作[J]. 技术经济，2006，25(6)：8-10.

[23] 潘华. 我国科技外交研究的现状与思路[J]. 中国科技论坛，2009(5):104-408.

[24] 李文俊.西安依托"丝绸之路经济带"发展经济问题探究[J]. 丝路聚焦，2015:46-47.

[25] 卫玲，戴江伟. 丝绸之路经济带背景下西安迈向国际城市的路径选择[J]. 西北大学学报，2015(7)，第 45 卷第 4 期.

[26] 郝云菲. 国家级"一带一路"合作平台将落户西安[N]. 西安晚报，2015-03-08.

[27] 丝奇雅沙森. 全球城市：纽约、伦敦、东京[M]. 周振华，等译. 上海：上海社会科学院出版社，2001.

[28] 渠然，王艳. 西安国际化大都市建设中存在的问题研究 [J].经济研究导刊，2012，(2).

[29] 陈鼎藩，王林雪，杨开忠. 西安建设国际化大都市的路径探析 [J]. 科技和产业，2012，(11).

[30] 王丽梅. 基于建设国际化大都市背景下的西安文化产业发展方式研究 [J]. 生态经济，2012，(2).

[31] 裴成荣. 西安城市空间布局及国际化大都市发展战略研究 [J]. 人文杂志，2011，(1).

[32] 郭爱君，毛锦凰. 丝绸之路经济带：优势产业空间差异与产业空间布局战略研究[J]. 兰州大学学报：社会科学版，2014，(1).

[33] 卫玲，戴江伟. 丝绸之路经济带：超越地理空间的内涵识别及其当代解读 [J]. 兰州大学学报：社会科学版，2014，(1).

尚　娟　西安电子科技大学经济与管理学院教授、博士生导师
董李媛　西安电子科技大学经济与管理学院博士研究生
杜黄蕊　西安电子科技大学经济与管理学院硕士研究生
李　姜　西安电子科技大学经济与管理学院硕士研究生

"一带一路"倡议下陕西金融服务的回顾与展望

滕昕

摘要 本文回顾了陕西省金融业在深度融入"一带一路"倡议过程中所取得的成绩，并分析了金融业在支持陕西地方建设和自身发展过程中、陕西建立丝绸之路沿线国际金融中心实践中存在的问题与不足，认为借势"一带一路"，陕西省应该着力打造区域金融中心，以多角度、多层次、多元化的金融服务方式为本省经济发展助力，让金融力量不断散发辐射效应。

关键词 金融中心；金融服务；金融市场；金融创新

"一带一路"倡议的提出，为陕西再造历史辉煌提供了难得机遇。陕西金融业拥有了更广阔的发展空间，也将迎来愈加激烈的竞争与严峻的挑战。近年来，金融业在支持陕西"一带一路"建设中主动作为，不断创新，千方百计服务实体经济增长，努力打造"一带一路"沿线上具有影响力的区域金融中心，推动"一带一路"倡议在陕西落地实施。陕西已基本形成了以货币金融为龙头，资本市场和保险业为支撑，其他金融业为辅助的广覆盖、多元化、多层次、多样性的金融市场体系。

一、深度融入"一带一路"，陕西金融发展成效显著

(一) 陕西金融行业发展思路进一步明晰

围绕加快推动枢纽经济、门户经济、流动经济发展，打造内陆改革开放新高地，持续推进"一带一路"五大中心建设，强化我省在"一带一路"

建设中的支撑作用，《陕西省"一带一路"建设 2018 年行动计划》提出了陕西省构建丝绸之路金融中心的规划。规划的主要内容包括：围绕丝绸之路金融中心定位，编制了《丝路金融中心建设规划》；加大外资机构引进力度，争取有意向的银行落户陕西；争取境内外金融机构区域总部、功能性总部落户陕西；加快推进丝绸之路经济带跨境资金结算功能建设；创新国际化融资模式，与国际金融机构和丝路基金等在开展境外重大项目投资方面加强合作。

西安是"一带一路"的重要节点，西安市委十三届四次全会，结合党的十九大"三步走"战略目标和西安的发展条件，提出了建设西安国际化大都市"三步走"战略。第一步：到 2020 年，建成具有科技、能源、文化特色的金融"金三角"，"三个示范区""三个功能区"作用显著增强，使金融产业成为西安市战略性支柱产业和千亿级现代产业，区域性金融中心地位得到巩固和强化，金融触角向中亚、西亚、欧洲国家延伸，西安丝路国际金融中心支点作用初步彰显。

第二步：到 2035 年，建立与丝路沿线国家金融市场联动发展的常态化机制，积极服务于"一带一路"、东西双向互济和亚欧合作，使西安成为我国与中亚、西亚、欧洲金融联通的重要枢纽，成为具有国际影响力的丝路国际金融中心。

第三步：到 2050 年，建立服务于国际国内两个市场的特色金融功能体系，加强与国际金融中心城市的交流合作，使西安成为我国进入国际金融市场的重要渠道，成为具有国际竞争力的丝路国际金融中心。

(二) 陕西金融生态环境进一步优化

1. 全省金融机构不断加大对实体经济的支持力度，为全省经济发展营造了良好货币环境

截至 2017 年年末，全省人民币各项贷款余额达 26 679.06 亿元，同比增长 11.53%；2017 年全省新增人民币贷款 2757.31 亿元，同比多增 596.17亿元。新增贷款以中长期为主，对重点项目和重点领域信贷投入较多，新兴产业贷款增长较快。2017 年年末，陕西中长期贷款余额 19 956 亿元，

同比增长 16.84%，高于各项贷款增速 5.31 个百分点。全年中长期贷款新增 2873.30 亿元，主要投向房地产业、水利环境和公共设施管理业、建筑业、交通运输仓储和邮政业。此外，部分新兴产业中长期贷款增长迅速，为陕西经济发展积蓄了更多动能。

2. 陕西金融发展政策布局优化成效显著

陕西省金融发展外部环境的改善主要是地方政府和人行西安分行从政策上推进。《陕西省"十三五"社会信用体系建设规划》、《陕西省人民政府关于建立完善守信联合激励和失信联合惩戒制度加快推进社会诚信建设的实施意见》等政策的出台深化了金融外部环境诚信化建设；《陕西省供给侧结构性改革补短板行动计划》、《陕西省推进供给侧结构性改革去杠杆行动计划》等政策加速金融关键领域的市场化改革和创新；《陕西省人民政府关于进一步促进民间投资健康发展的若干意见》、《关于推进陕西民营银行设立工作的实施意见》等政策进一步促进了陕西现代金融产业体系的构建；《关于进一步做好陕西省服务业金融支持的指导意见》、《关于进一步做好小微企业金融服务工作的指导意见》等政策的出台指导金融机构加大对"一带一路"领域的支持力度。陕西在全国率先出台《陕西知识产权质押贷款管理办法》，大力发展知识产权融资；出台了全国第一部《科技支行监督管理办法》。

为了助推丝绸之路国际金融中心的建设，西安市还出台了《西安市加快金融业发展的若干扶持办法》(以下称《办法》)，《办法》提出，广泛吸引各类金融机构、类金融机构和金融中介服务机构入驻西安。根据《办法》，西安将对落户的金融机构给予真金白银的支持，对新设立的法人金融机构补助最高限额 6000 万元，力度空前。此外，还将修订完善《西安市金融机构支持地方经济发展评价奖励办法(暂行)》，加大对金融机构的奖励扶持力度，吸引境内外金融资源汇聚。

3. 多元化、多层次金融体系初步显现

陕西银行业快速发展，金融机构类型不断完善，各类金融机构从各个维度有效地优化了陕西现代金融产业发展的生态环境，提升了陕西金融服务"一带一路"的能力。

2013 年以来，平安银行西安分行、广发银行西安分行、渤海银行西安分行先后开业，随着商业银行陆续进入西安，我国 12 家全国性中小型股份制商业银行已全部登陆陕西。2016 年 1 月初，坐落在西安金融商务区的中国银行西安全球客服中心投入运营；1 月 27 日，新加坡星展银行西安分行开业试营业，成为落户西安的第五家外资银行。

陕西银监局还积极推进民营银行组建工作，制定并提请省政府转发了《关于推进陕西民营银行设立工作的实施意见》，鼓励辖内优秀民营企业发起设立民营银行。我省已开业农商银行 51 家，获批准筹建 3 家，农商银行较 2012 年 6 月增加 46 家。与此同时，陕西村镇银行组建步伐不断加快。截至 2017 年 6 月末，我省已开业村镇银行 29 家，共设分支机构 19 家，村镇银行较 2012 年 6 月末增加 20 家，金融服务触角不断向基层延伸。

陕西地方法人金融机构不断发展壮大。长安银行营业网点实现了省内全覆盖。西安银行 2013 年度监管评级上调为 2C 级，成为当年全国城商行唯一上调评级的机构。截至 2017 年 6 月末，上述两家法人银行资产规模较 2012 年 6 月增长 1.44 倍。秦农银行开业，开创了陕西省多家城区农信机构整合重组的范例；比亚迪汽车金融公司开业，成为西北地区首家获批的汽车金融公司。

2016 年 8 月，在西安成立了具有金融不良资产批量收购业务资质的金融资产管理机构——陕西金融资产管理股份有限公司，成立了陕西首家具备公开市场增信资格的大型担保机构——陕西投融资担保公司，2018 年 1 月 19 日，陕西投融资担保公司的成立，是陕西金融资产管理公司加快建设综合性金融服务平台的新进展，是完善我省融资担保体系，发展壮大地方金融机构的新举措。陕西黄河金三角大宗商品交易中心的建立是在不断借鉴与探究国内外市场模式的基础上，实现多层次资本市场体系的互补与创新。

(三) 陕西金融服务"一带一路"的发展成效

1. 人民币国际化水平稳步提升

陕西省人民币国际化发展水平有所提升，陕西省跨境投资和海外产业基金发展稳步增长。截至 2017 年年底,陕西已向"一带一路"沿线国家和地区投资了 76 个项目,涉及马来西亚、新加坡、印度、塔吉克斯坦、吉尔吉斯斯坦等 23 个国家和地区,协议投资总额达 14.37 亿美元,累计汇出 5.18 亿美元。①陕海投公司与哈萨克斯坦国际一体化基金会建立战略合作关系,2016 年陕西非洲产业发展基金的设立,使陕西省成为中非发展基金合作的第一个省级政府,标志着陕西省海外产业基金的启动,人民币国家化水平在稳步提升。

2017 年 1 月 18 日,丝绸之路农商银行发展联盟在西安创立。丝绸之路农商银行发展联盟成立后,各成员单位将通过资金、业务、技术、产品、人才等方面的合作和信息共享,组成利益共同体,实现经验交流、资源共享、共谋发展,提升经营管理水平和创新能力。同时,还将打破丝绸之路沿线各省的区域壁垒,促进资金要素有序流动,降低交易成本和信息成本,提高资金配置的速度和效率。

2. 陕西跨境人民币业务发展提速

2016 年陕西省跨境人民币业务结算量实现增长局面,增幅为 3.93%。2016 年度结算金额 430.38 亿元、收入 220.57 亿元、支出 209.81 亿元、净流入 10.76 亿元,根据公开资料显示,陕西省在全国人民币跨境流动双向平衡情况考核中排名第 7。其中,资本项目人民币跨境投融资结算 203.14 亿元,同比增长 117.98%。截至 2016 年底,陕西省累计实现跨境人民币结算 1777.59 亿元,涉及境内企业 2300 余家,金融机构 30 家,境外参加银行 1253 家,辐射境外 104 个国家和地区,有效提升了陕西对外开放水平。截至 2017 年 9 月末,陕西跨境人民币结算突破 2000 亿元大关,结算金额已达 2020.14 亿元,省内外 2563 家企业、31 家商业银行的 223 个分支机构办理了跨境人民币业务,涉及 1513 家境外参加银行,交易辐射至 108 个国家和地区。陕西已成功为 7 家跨国企业集团开办了跨境双向人民币资金池业务,资金池流入上限为 632.04 亿元,为陕西省带来跨境资金流动规

---

① 数据来源:陕西日报. 陕西省已向"一带一路"沿线国家和地区投资 76 个项目,2018-03-13.

模 98.25 亿元。①

3. 各银行积极服务"走出去"企业

在陕金融机构积极与丝路经济带沿线国家银行建立和扩大代理行关系，以互惠合作的方式提供跨境资金转账、资金管理、支票结算、贷款和转贷款、信用证等服务。努力通过搭建融资机制、创新金融产品、支持企业境外发债等方式，提供全方位、多层次的金融支持。

建设行陕西分行利用其平台优势，已累计为陕西省内"走出去"企业授信超 500 亿元，先后融资 70 亿元支持陕企参与海外工程；办理内保外贷业务 1 亿美元；开出了 7 亿多美元国际信用证；为"走出去"企业办理外汇资金交易 4 亿多美元，显著降低了企业存量外汇资金及外币融资的汇率及利率风险。同时，建行陕西分行还通过抢抓政策红利为普通内资企业利用境外资金带来新机遇。2016 年全年累计办理境内外联动融资业务 1.59 亿美元，带动跨境人民币结算量 11.35 亿元，并坚持利用创新产品提升该行市场竞争力。近 3 年，该行累计提供融资 2.66 亿美元，涉及多个境外项目。②在产品服务上，建行陕西分行定时向企业发布汇率市场分析报告，帮助企业第一时间了解全球市场，通过"跨境人民币双向资金池"帮助"走出去"企业进行全球资金管理，开发"智慧银行"方便企业进行结算。

中国银行陕西省分行充分利用中国银行在 50 多个国家和地区的 600 多家分支机构的布局优势，与相关海外分行联动合作，积极服务陕西"走出去"企业，为我省"一带一路"建设提供有力的金融支持。在为企业提供的对外担保、"走出去"资金支持、投议标项目支持方面，走在了省内同业前列。据了解，陕西中行已经将我省 46 家外向型企业、81 个"走出去"项目推荐给 24 个海外分行，项目涉及五大洲 42 个国家，投资总额约 900 亿元。此外，在引导项目合作，对接合作项目上，该行还与中行 20 余家海外机构展开了全面合作，对接项目信息，为陕西企业介绍当地政策并

---

① 数据来源：金融时报，2017-11-16 07:20:11.

② 数据来源：中国银行陕西省分行. 推动一带一路建设 陕西金融积极服务"走出去"企业，2016-12-30.

为其在当地的投资提供支持。为了把服务能力向外延展,陕西中行还抽调精兵强将组建海外工作组,奔赴中亚、东南亚、非洲等区域的十多个国家实地考察,了解企业在海外的需求。通过提供海内外联动的金融服务,让陕西企业在"走出去"方面减少了后顾之忧。

农业银行陕西分行营业部为满足企业金融服务需求,该部坚持传统与创新并重,以国际业务扩户提质为重心,量质并重优化国际业务客户结构。不断加大新客户的培育力度,分析企业经营模式,积极寻找银企合作切入点,根据企业经营特点以及利率、汇率、信贷计划变化情况,以国内信用证、保函、议付等综合性的金融服务,满足客户跨境业务需求。截至 2016 年 6 月末,该部累计为企业办理结售汇 2.7 亿美元,国际结算 3.91 亿美元,其中,为核心企业办理结售汇业务达 1.81 亿美元。自陕西自贸区揭牌运行以来,该部从机制建设和服务能力提升等方面做了大量工作。建立了营业部级、支行级自贸区工作领导小组管理体系,成立了 3 家自贸区支行,分别覆盖自贸区中心片区和港务区,指定 4 家一级支行负责 6 个自贸功能区政府、综合服务大厅的具体业务合作与自贸区联动平台的准入工作,组织14 家城区行对辖内开户企业进行全面筛查,为做好自贸区金融服务打下坚实基础。①

工商银行陕西分行两年来已累计向我省提供各项融资 1571 亿元,提前一年完成协议目标。该行通过境内外市场和资源拓宽陕西企业融资渠道,全力支持陕西自贸试验区建设。截至目前,该行累计为陕西自贸试验区内企业提供外币融资约合人民币 34.2 亿元,为全省企业提供 1.1 亿美元对外担保服务。②

恒丰银行西安分行截至 2017 年年末,累计为"一带一路"相关项目和企业提供各类信贷支持 210 亿元。③

---

① 数据来源:陕西日报. 农行陕西分行营业部多措并举支持"大西安"建设,2017-07-12.
② 数据来源:陕西日报. 工行陕西分行为陕西融资 1571 亿元,2017-12-14.
③ 数据来源:陕西日报. 恒丰银行西安分行 210 亿元支持"一带一路"建设,2017-12-29.

4. 保险业支持陕西企业"走出去"，服务"一带一路"和自贸试验区建设[①]

2017 年陕西省保险业累计实现保费收入 868.69 亿元，同比增长 21.54%，高于全国平均增速 3.38 个百分点。2017 年，陕西保险业为社会提供风险保障 32.28 万亿元，充分发挥了行业优势，积极服务地方经济社会发展。

截至 2017 年年底，陕西保险业为全省 417 家出口企业提供信用风险保障 206.79 亿元，累计支持全省外贸出口 17.4 亿美元，通过保单融资功能带动全省外贸企业获得银行融资 4744 万美元，为企业出口"一带一路"沿线国家提供保险增信服务。重点支持巴基斯坦、伊朗、马来西亚等"一带一路"沿线国家的工程承包、成套设备和境外投资项目，涉及合同金额超过 6 亿美元。针对自贸试验区海外投资项目和出口业务，陕西保险业大力发展责任保险、信用保险、综合物流保险等，为企业提供定制化保险方案，增强了辖内企业的风险管理水平和竞标优势。

出口信用保险助力小微企业"走出去"。面对复杂多变的外贸环境，中国出口信用保险公司陕西分公司积极发挥政策性职能作用，创新产品、提升服务，采取多项措施支持小微企业发展。2017 年，陕西信保支持小微企业 542 家，同比增长 19.1%；支持小微企业出口金额达 6.55 亿美元，同比增长 9%。[②]

政策性信用保险拉动出口作用日趋明显。为进一步加大对小微企业的服务支持力度，中国信保与政府、银行、商协会等渠道平台积极合作，通过搭建百余个投保平台，为小微企业提供集约、便捷、优惠的综合性金融服务。省商务厅与陕西信保联合搭建了陕西省小微企业出口信用保险统一投保平台，为省内出口额 3000 万元人民币以内的小微企业提供专属的政策性金融服务。

---

① 数据来源：陕西日报. 去年陕西省保险业提供风险保障 32 万亿元，2018-03-07.
② 数据来源：陕西日报，2018-03-06.

5. 投融资体制机制创新工作有所突破，多家银行在陕西发起设立"丝路"专项基金

2015年5月兴业银行西安分行发起设立的目前国内规模最大的"丝路"黄金基金落户西安。国开行陕西省分行在省内组建了"西安开元城市发展基金"和"陕旅国开丝路旅游产业投资基金"，重点支持陕西文化丝路建设，实现社会融资逾100亿元。工行陕西省分行出资设立"陕西省丝路新起点产业引导基金"与"陕西省中小企业成长产业引导基金"，基于不同定位对中小企业进行差异化投资。2016年中国建设银行成立"陕西省国有企业改革发展基金""西咸新区丝路产业发展基金"和"陕西旅游产业投资基金"三支"丝路"系列基金，总规模700亿元。北京银行西安分行主导的陕西北银丝路股权投资管理企业已正式启动，基金总规模100亿元。北京银行带着百亿元资金来到陕西，主导成立全国性北银丝路基金。

(四) 西安"一带一路"区域金融中心建设稳步推进

2017年7月《陕西省"十三五"建设内陆改革开放新高地规划》提出西安"建设'一带一路'区域性金融中心"。[①]

在金融体系建设方面，目前全市共有金融机构156家，其中银行业机构55家，证券期货业机构42家，保险机构59家。境内上市挂牌公司175家。融资性担保公司67家、小额贷款公司36家、网络小贷公司6家、网络借贷平台机构16家，初步建立起了符合西安市经济发展特色的较完善的现代金融组织体系。

在资本市场领域，目前已入库企业160多家。截至2017年11月底，西安新增境内上市挂牌企业共26家，累计达到175家，居全国副省级城市第8位。

西安的金融创新也非常积极活跃。目前，全国第四、西北唯一的西安民间金融街汇集民资73亿元，累计为2500家小微企业提供130亿元的融资贷款，贡献税收1.6亿元。西北首家基金小镇——灞柳基金小镇吸引了

---

① 数据来源：陕西日报. 西安打造丝绸之路国际金融中心，2018-01-04.

150多家基金公司入驻，成为国务院发布的"百座特色小城镇"之一。西科天使基金形成了"人才+技术+资本+服务"的科技成果转化新模式。西安金博会成功举办五届，成为具有较大影响力的品牌展会。

同时，西安金融业的特色板块竞相发展。高新科技金融示范区汇聚金融机构及要素平台网点1400多家，"科技路—唐延路—锦业路"带状科技金融聚集区已初步形成。曲江文化金融示范区累计注册文化类企业11 000多家，逐步形成了文化产业投融资机制建设的"西安路径"。西安金融商务区已初步形成了"金融总部+后台+要素市场+金融配套"的产业布局。

(五) 科技金融成为金融业发展亮点

陕西是科技资源大省，西安被列入国家全面创新改革实验区，发展科技金融有着天然优势。西安市科技局、财政局对科技金融政策持续创新，加大科技中小企业融资力度，进一步分担银行、投资机构投资风险，支持科技企业创新发展。

据统计，过去6年通过政府承担风险并给予贴息补助的方式，累计有1959家科技中小企业获得了91.89亿元资金，合作科技金融机构为科技企业融资210亿元。进入2016年，科技金融融资规模快速放量，全年通过市科技局出具推荐函的方式支持科技中小企业406家，其中高新技术企业183家，小巨人企业90家，累计融资19.2亿元。通过组织合作银行与产业园区、科技企业对接及宣传活动，服务科技企业1260家，合作金融机构为科技企业融资130亿元。

自2011年出台《西安市科技金融结合业务风险补偿暂行办法》以来，西安市陆续出台了《西安市科技金融结合业务贷款贴息实施细则》、《关于开展科技保险试点工作的通知》、《西安市科技型中小企业成长基金集合资金信托计划》、《西安科技创业种子投资基金实施方案的通知》等政策系列，搭建起了包括信贷、信托、股权融资、科技保险等适合不同类型科技中小企业的多元融资渠道。合作银行和担保公司从最初6家(4家银行、2家担保机构)发展到2016年的33家(21家银行、12家担保机构)。在科技金融政策引导下，各合作银行均推出创新信贷产品，如建设银行的"高新贷"(西安市科技局、高新区和建行共同开发的创新信贷产品,两级政府承担 80%风险、建行承担 20%风险的纯信用信贷创新产品)、浦发银行的"微小宝"、北京银行的"智权贷"等近十个针对科技中小企业的创新产品,产品创新力度强、种类多,有效满足了中小科技企业不同的融资需求。[①]

二、服务"一带一路",陕西金融发展存在的问题

尽管过去几年,陕西省金融业发展取得了一定成绩。但与追赶超越、发展实体经济的需求相比,陕西金融业无论是在规模还是结构上都还存在较大差距,金融市场广度和深度都亟待拓展,传统金融转型和新金融创新任重道远。

(一) 陕西金融的市场化改革还有待提升

非银行类金融机构发展缓慢。以西安为例,金融机构总数约为 200 余家,在全国副省级城市中处于中等水平,从总体上看市场规模不大,突出表现在存贷款规模有待提高,上市公司数量少、规模小,保费收入和保险深度有待提高。信托公司、风险投资公司、融资租赁公司、担保公司、财务公司、评估公司等非银行类金融机构数量相对更少,对经济的支持作用尚未有效发挥。

随着陕西省 2017 年 GDP 突破 2 亿大关,地方金融机构将有着更大的发展空间。地方金融机构的快速发展,对于支持地方经济发展将大有裨益,同时对于打造大西安丝路国际金融中心而言,也是巨大的助力。长安银行、秦农银行、陕国投等地方金融机构的发展步伐应进一步加大。民营银行是国内银行业市场化改革的有效途径。综观国内,试点民营银行发展趋于常态化、规范化。从区域来看,相比较"西三角"的四川和重庆,陕西的起步已经滞后。据中商产业研究院的数据显示,2017 年 6 月份,全国共有 15 家民营银行核名,1 月份至 6 月份,民营银行核名总数共计 68 家。陕西省

---

① 数据来源:陕西日报. 西安市科技金融政策持续创新,2017-01-11.

工商联牵头组织 7 家民营企业发起筹建陕西省首家民营银行——西京银行。西京银行注册资本 36.8 亿元，以军民融合产业金融服务为立足点，逐步扩展至高新技术领域，运用投资银行、风险投资等产品为高新技术企业提供专业、专注的服务。目前，西京银行正按照银监会的最新要求，调整、完善申报资料，准备正式申报。

(二) 证券业发展不充分，资本市场活力不足，中小企业融资难

在一定程度上，上市公司代表了地方经济增长的活力，利用多层次资本市场，更有助于现代企业规范、快速的发展。我省一直在鼓励企业在多层次资本市场挂牌上市，支持企业通过公司债、企业债等方式融资。截至 2017 年 11 月末，我省共有沪、深交易所 A 股上市公司 47 家，上市数量在西北排名第二。但是，全省证券期货经营机构规模小，业务资格单一，盈利模式趋同，严重依赖股市行情。我省企业的资本化之路还有很大空间。

较之证券交易所市场，以创业板为主的场外市场更适合中小企业的融资特点，更能满足中小企业的资本需求。随着信息技术的发展，发达国家的场外市场已经摆脱了当初的分散状态，发展成为一个受到严格监管的实时报价交易系统，并且实现了区域性或全国性的联网。场外市场的现实价值和作用大大提升，产品层出不穷。20 世纪 80 年代以来，场外市场的名义合同金额每年以两位数的比率强劲增长，总市值也大幅上升，交易规模和发展速度远远超过了证券交易所市场。显然，在中国，场外市场对满足中小企业融资需求的意义和作用，远远大于中小企业的创业板市场。因此，在建立多层次资本市场体系的过程中，应把场外市场的建立置于优先地位，从法律规则制定等方面积极创造条件。可以考虑以创业为主的三板市场为依托，建立场外市场。

目前，陕西企业进入发行审核的公司只有 8 家，进入发行辅导期的有 12 家，后备力量不足。陕西省资产证券化率仅 33%，只达到全国水平的一半，在西北五省倒数第一。西安乃至陕西的上市公司数量少的原因主要有：第一，陕西的国有企业经济占比较高，能源、化工、装备制造等占比过重，缺乏优势新兴产业。在国资控股的 20 家上市公司中，除了在 2017 年将曲

江文旅和西安饮食划归华侨城外，别的公司基本没有资本市场的动作，缺乏活力；第二，民营经济的活力不够，很多企业也没有上市意愿。很多本地企业满足于"小富即安"，没有想过要在资本市场上有所作为。第三，从纳税指标、企业盈利情况、企业规模等各个方面来衡量，适合上市的后备企业数量少。[①]

(三) 自贸区等改革平台的金融建设有待加大力度

从数量上看，国家批建自贸区的省市有 11 个。从发展水平上看，首批设立的五大沿海自贸区发展模式逐渐成熟，金融领域的开放引领作用渐显，而包括陕西等省市设立的内陆自贸区发展滞后，金融创新举步维艰。陕西自贸区还未和央行形成有效对接，还未获得央行的政策支持。陕西保监局推行了三个保险试点，还没有形成类似宁波市国家级保险试点的试验区，杨凌农业金融改革也尚未形成国家级农业金融改革试验区。金融创新没有国家的鼎力支持，推进难度加大。

随着"一带一路"国家战略的进一步明晰和不断推进，金融机构如何通过创新产品和服务加大这一战略的支持，已成为金融机构面临的一大挑战。金融助力丝绸之路经济带建设，不是短期的任务，而是需要具备战略视野和前瞻意识；不是将其简单理解为短期内金融资源甚至仅仅是信贷资源投入的大幅增加，而是基于国家和区域层面丝绸之路经济带的战略规划，深入研究其未来可能在哪些领域带来全新的金融服务需求，还需哪些金融工具创新，金融基础设施和机构自身战略还存在哪些短板。

(四) 金融领域的"海外陕西"建设滞后

建设开放型经济新格局的金融需求，需快速启动"海外陕西"的金融建设，但是现阶段的发展水平还比较落后，在国际上的影响力有限。从企业跨境投资的效应看，部分投资项目出现水土不服，企业投资积极性有所

[①] 张卫平. 关于陕西加大金融服务实体经济的几点对策(2018-01-10 14:48:11).
http://blog.sina.com.cn/s/blog_4b9fff490102xgsp.html.

削弱，政府层面的项目审批更加审慎，盈利格局尚未形成；从海外产业基金发展来看，还没有形成规模，发展水平还比较落后，规范陕西省海外产业基金管理和运作的环境不健全；从人民币国际化来看，离岸金融业务和跨境双向人民币资金池业务有待进一步推进。

整个陕西金融市场仍然存在一些短板问题，主要表现为金融支持实体经济不给力；普惠金融发展不足，对县域、民营、涉农等领域的金融服务不到位；金融创新不够，科技、资源、文化等资源转化缺乏金融支持；新金融机构发展较缓；金融市场活跃度不够高。①

三、提升陕西金融服务"一带一路"能力的展望

借势"一带一路"，陕西省着力打造区域金融中心，以多角度、多层次、多元化的金融服务方式为经济发展注入新鲜血液，让金融力量不断散发辐射效应。

(一) 实现陕西自贸区金融和丝绸之路经济带区域金融中心的联动发展，充分释放陕西省金融的开放效应

陕西自贸区是"一带一路"开放合作的新高地，是加速陕西省金融创新和区域合作的高端平台。截至 2017 年 2 月，国内设立自贸区共计 11 个，部分自贸区已发展成熟和稳定，在金融领域大胆创新，先试先行，比如上海自贸区，已经获得央行及其他国家部委出台的金融支持政策，优势比较明显。上海自贸区复制推广的试点经验有利于缩短陕西省自贸区的加速和成长期。丝绸之路经济带战略是提高人民币国际化的重要载体，建设丝绸之路经济带区域金融中心是陕西省"十三五"的重要内容之一，陕西自贸区和丝绸之路经济带区域金融中心的联动建设，能加速陕西省金融的开放速度，达到事半功倍的效应。

1. 进一步简政放权，促进贸易投资便利化

推进外汇管理简政放权，如进一步简化经常项目外汇账户管理、放宽

---

① 李忠民. 如何破解陕西金融短板问题. 大秦财经腾讯·大秦网，2017-12-07 17:13.

货物贸易电子单证审核条件、推动直接投资便利化、支持国际贸易"单一窗口"建设、深化支付机构跨境外汇支付业务试点等；进一步提高跨境资金配置效率，如放宽跨国公司外汇资金集中运营管理准入条件、进一步简化资金池管理、便利融资租赁公司境内外融资、支持企业利用全口径跨境融资宏观审慎管理政策融资等。有效拓宽企业融资渠道，提高跨境资金配置效率。

2．大力创新金融服务，支持实体经济加快发展

支持发展供应链融资，提升自贸区内供应链相关企业的竞争能力。支持自贸区内企业在银行间市场进行直接融资，探索区内企业发行"双创"、军民融合等专向债券融资。推动自贸区金融基础设施建设，如支持自贸区引进第三方征信机构，开展信用登记、信用调查、信用咨询等业务，完善自贸区支付结算基础设施建设等。

3．深化金融改革创新，推进人文交流和现代农业国际合作

结合陕西省自贸区战略定位、发展目标和经济发展特色，将人文交流和现代农业国际合作作为重点突破方向。支持金融机构围绕建立与"一带一路"沿线国家经济合作和人文交流新模式加大支持力度。鼓励金融机构结合文化行业特点开展针对性金融创新，破解文化行业融资难题。提出支持现代农业国际合作，鼓励金融机构建立综合授信联盟，针对"走出去"涉农企业开展统一信用评级，引导金融机构利用杨凌众创田园平台和跨境农业电子商务平台，向新型农业创客开展创业贷款。借助跨境农产品电子商务平台，优化创业环境，吸引优质创业项目，促进线上线下相结合、孵化与投贷相结合，推动杨凌农业高新技术产业发展，加强现代农业国际合作。

(二) 在国家推动"一带一路"资金融通建设中，提升陕西的人民币国际化水平

人民币加入特别提款权篮子、亚投行和丝路基金保持良性运作、离岸金融市场建设稳步推进、人民币在资本项下的开放有序推进、人民币跨境支付系统启用、中国银行在纽约设立首家美国人民币业务清算行，优化了金融国际化大环境，将使陕西省的金融开放受益匪浅。提高陕西北银丝路

基金、丝路黄金基金、陕西中非产业基金等产业基金的发展水平，设立与中亚各国的合作发展基金，促进陕西离岸金融业务、跨境人民币双向资金池等业务发展，在跨境投资方面力争实现 2020 年对外直接投资额突破 10 亿美元。

简化人民币跨境交易流程，大力推进人民币跨境使用，如"简化跨境贸易和投资人民币结算业务流程""支持开立跨境人民币结算账户""支持开展个人跨境贸易人民币结算业务"等，进一步促进贸易和投资便利化。拓宽企业境内外融资渠道。提出"支持跨国企业集团开展跨境双向人民币资金池业务""鼓励境外发行人民币债券""支持境外母公司境内发行人民币债券"和"支持自贸区银行发放境外人民币贷款"等措施，有效拓宽自贸区企业人民币融资渠道，强化陕西省跨境人民币结算中心功能建设。搭建"网上丝绸之路"陕西跨境电子商务人民币结算平台——"通丝路"，支持银行和符合条件的支付机构为企业和个人跨境货物贸易、服务贸易提供人民币结算服务。

(三) 进一步整合金融试点资源和政策优势，充分发挥试点对"一带一路"的开放引领功效

陕西省内国家级及省市级金融试点平台超过十个。其中包括国家级铜川市宜君县农村普惠金融综合示范区试点、陕西保监局推进的韩城保险创新实验区"政银保"试点等等。金融试点具有先试先行的权限，建议建立金融容错纠错机制，第一，大胆试用国内各类金融试验区复制推广的符合陕西特点的试点经验，甄别研判，形成具有陕西特色的再创新；第二，金融改革试验区发展意识要适度超前。陕西发展思维保守、审慎，虽然有利于回避改革风险，但是却容易错失改革良机。比如正在申报的曲江文化金融改革试验区，延误了最佳时机，前期筹备阶段拉长。第三，金融试验区紧抓国家鼓励创新的发展契机，加快建设，提质升效，在地方政府的推动下，争取纳入国家战略层面，形成最大的政策优势，释放服务"一带一路"的开放引领作用。

(四) 建设层次分明、功能齐备、结构合理、互为支撑的金融产业新格局

西安在推进金融"金三角"建设的基础上,进一步打造三个示范区+三个功能区。三个示范区即科技金融示范区、文化金融示范区、军民融合金融示范区;三个功能区即能源金融功能区、物流金融功能区、绿色金融功能区。此外,在陕西自贸试验区西安核心区范围的金融功能区内,积极发展离岸金融,最终形成科技金融、文化金融、军民融合金融、能源金融、物流金融、绿色金融及离岸金融等七大特色,构建层次分明、功能齐备、结构合理、互为支撑的金融产业新格局。

丝路科技金融示范区:充分发挥西安高新区金融核心区、科技金融示范区的作用,创新科技金融工具,发展科技金融机构,完善科技金融服务体系,重点构建"一带两港一基地"科技金融功能聚集区,打造以科技金融为重点的全国性专业金融中心和以金融科技为先导的金融创新示范区,建设丝路科技金融示范区。

丝路文化金融示范区:充分发挥曲江新区的文化资源优势,构建面向文化基础设施、文化旅游服务、文化创意产业的文化金融模式,构建政府部门、融资平台、文化企业、金融机构、配套服务"五位一体"的文化金融发展体系,创新文化金融产品和服务,拓宽文化金融融资渠道,将曲江新区建设成为国内一流、特色鲜明的文化金融示范区。

丝路军民融合金融示范区:以军民融合发展战略为依托,通过金融工具、金融政策和金融服务的创新和改革,坚持"产业+资本"的发展理念和战略,引进金融机构及现代金融企业,通过引入社会资本,实现资本融合,将经开区打造成为军民融合金融示范区。

丝路能源金融功能区:依托沣渭能源金融贸易区,紧抓陕西煤炭、石油、天然气等能源优势,发挥科技优势,聚焦能源金融和贸易金融,打造在全国具有一定影响力的能源投融资中心、能源定价中心、能源金融产品中心、能源风险管理中心和能源人民币贸易结算中心,打造特色突出、功

能完备的丝路经济带能源金融贸易区和大西北能源金融中心。

丝路物流金融功能区：以打造"中国孟菲斯"为契机，依托西安咸阳国际机场、西咸空港保税物流中心、西安综合保税区和西安铁路口岸，进一步推动支持物流资源整合，通过中亚五国能源交易平台，将物流金融中心金融服务范围辐射至丝绸之路经济带沿线地区，促进外贸进出口稳定增长。

丝路绿色金融功能区：依托浐灞生态区产业基础，发展以绿色债券为主导，绿色保险、碳金融等多种绿色金融产品为补充的绿色金融体系，培育和聚集专业化、市场化、国际化的投融资、咨询、财务、法律等专业服务机构，打造绿色金融功能区。

丝路离岸金融功能区：依托陕西自贸试验区西安核心区，积极探索发展离岸金融业务，大力发展国际物流和贸易结算，积极推动人民币跨境贸易支付结算，实现金融资本的有序流动和聚集，打造国内重要的离岸金融功能区。

参考文献

[1] 陕西传媒网 http://www.sxdaily.com.cn.

[2] 陕西省人民政府网 http://www.shaanxi.gov.cn.

[3] 白鹤祥. 金融支持陕西丝绸之路经济带建设的思考[J]. 西部金融，2017(8).

[4] 李昕阳. 深度融入"一带一路"陕西金融创新发展研究[J]. 新西部，2017(5).

[5] 王小霞，屈婉聪，程远. "一带一路"战略下陕西的金融发展与经济发展[J]. 经贸实践，2016(6).

[6] 李忠民. 建设丝绸之路经济带金融中心：陕西在行动[J].清华金融评论，2016(3).

[7] 王旭明. 陕西综合金融服务助力，打造丝绸之路经济带新起点[J]. 中国银行业，2015(12).

[8] 权永生. 陕西建设"丝绸之路经济带"金融中心的战略研究[J].西部金融，2015(7).

滕昕　西安电子科技大学经济与管理学院副教授、博士

"一带一路"背景下西安国际旅游合作研究

程圩

摘要 "一带一路"构想的提出与实施,给沿线国家和地区之间的国际旅游合作提供了前所未有的机遇。西安作为古丝绸之路的起点,必须站在"一带一路"的高度,以旅游产业高度的融合渗透性为切入点,与沿线国家和地区加强国际旅游合作开发,建设亚欧合作交流的国际化大都市,在亚欧大陆合作共赢建设中发挥重要的支点作用。本文构筑了西安在"一带一路"背景下与沿线国家和地区国际旅游合作的基本框架,立足国际旅游合作载体开发、产品设计和线路规划、品牌营销战略和信息化路径、国际旅游合作行动四大方面,对西安国际旅游合作进行了理论与实践探究。

关键词 "一带一路";国际旅游合作载体;国际旅游合作产品;国际旅游合作线路;品牌营销战略与信息化;国际旅游合作行动

西安建都史长达千年,文化资源之丰富,历史底蕴之深厚,在世界范围内实属罕见。汉唐时期丝绸之路的开辟,西安的国际影响力就此彰显,一度成为亚欧大陆的经济、文化中心。而今在"一带一路"战略的高度领导下,在关中—天水经济区建设和新一轮西部大开发的政策支持下,西安作为古丝绸之路起点,在亚欧大陆合作共赢建设中起着重要的支点作用。在国际化大都市发展的理念指导下,在西安旅游产业蓬勃发展的支持下,在长安—天山廊道路网跨国申遗成功的契机下,通过现有资源整合优化,借道"一带一路"区域合作,西安国际旅游合作空间多层次、高水平、大格局的特点日益鲜明。

一、国际旅游合作载体的建设开发

2009 年国务院颁布的《关中—天水经济区发展规划》从国家战略层面将西安的城市定位提升，成为与北京、上海并列的第 3 个国际化大都市。构建国际化旅游合作平台，是经济全球化的必然趋势，是"一带一路"战略实施的发展要求，是推动西安走向世界的国际桥梁。

(一) 建设"一带一路"国际旅游合作走廊

2015 年 4 月 27 日，中共中央政治局常委、国务院副总理张高丽在重庆出席亚欧互联互通产业对话会开幕式时首次明确宣布中国正与"一带一路"沿线国家一道，积极规划中蒙俄、新亚欧大陆桥、中国—中亚—西亚、中国—中南半岛、中巴、孟中印缅六大经济走廊建设，构建丝绸之路经济带的物质载体，同时亚洲基础设施投资银行和丝路基金将为亚欧互联互通产业合作提供资金支持。六大经济走廊的建设，是"一带一路"倡议的主要骨架。国际旅游合作走廊必将依附于六大经济走廊。从西安的地理位置来看，新亚欧大陆桥、中国—中亚—西亚经济走廊、中巴经济走廊、孟中印缅经济走廊的建设都将惠及西安国际旅游合作建设。

新亚欧大陆桥又名"第二亚欧大陆桥"，是从江苏省连云港市到荷兰鹿特丹港的国际化铁路交通干线，国内由陇海铁路和兰新铁路组成。大陆桥途经江苏、安徽、河南、陕西、甘肃、青海、新疆 7 个省区，到中哈边界的阿拉山口出国境。出国境后可经 3 条线路抵达荷兰的鹿特丹港。

中国—中亚—西亚经济走廊从新疆出发，抵达波斯湾、地中海沿岸和阿拉伯半岛，主要涉及中亚五国(哈萨克斯坦、吉尔吉斯斯坦、塔吉克斯坦、乌兹别克斯坦、土库曼斯坦)、伊朗、土耳其等国。

中巴经济走廊起点在新疆喀什，终点在巴基斯坦瓜达尔港，全长 3000 公里，贯通南北丝路关键枢纽，北接"丝路经济带"、南连"21 世纪海丝之路"，是一条包括公路、铁路、油气和光缆通道在内的贸易走廊。2015 年 4 月，中巴两国政府初步制定了修建新疆喀什市到巴方西南港口瓜达尔港的公路、铁路、油气管道及光缆覆盖"四位一体"通道的远景规划。其间，中巴签订 51 项合作协议和备忘录，其中超过 30 项涉及中巴经济走廊。

孟中印缅经济走廊建设倡议是在 2013 年 5 月国务院总理李克强访问印度期间提出，并得到印度、孟加拉国、缅甸三国的积极响应。2013 年 12 月，孟中印缅经济走廊联合工作组第一次会议在昆明召开，各方签署了会议纪要和孟中印缅经济走廊联合研究计划，正式建立了四国政府推进孟中印缅合作的机制。

西安应发挥新亚欧大陆桥节点优势，以新亚欧经济走廊建设为契机，增强国际影响力，搭建国际旅游合作平台。同时，作为我国西部大开发重点城市，西安应充分利用经济、科技、文化的先导优势，为中国—中亚—西亚经济走廊、中巴经济走廊、孟中印缅经济走廊建设提供资源支撑，加强与边境口岸城市的旅游合作，扩大旅游国际合作范围。四大经济走廊的建设，为西安国际旅游合作打开了通往周边国家的桥梁，同时也为旅游的合作发展提供了经济保障。

(二) 开发丝绸之路经济带跨国旅游合作区

随着经济一体化和区域经济组织化进程的加速，世界各国各地区旅游区域合作交往愈加密切，欧盟的区域旅游一体化已成为世界各国区域旅游合作的优秀范例，近年来亚太地区以及金砖国家的区域旅游合作也开始呈现出蓬勃发展之势。在建设"丝绸之路经济带"的倡议中，习近平主席指出未来推进亚欧区域合作的一个重要方向就是实现区域互联互通，而推动区域交通和旅游的便利化，实现区域旅游合作一体化是实现丝绸之路经济带"五通"建设的有效手段。

丝绸之路经济带辐射亚太、欧洲、非洲经济圈，覆盖 40 多个国家、30 多亿人口，涉及交通、能源、电信、金融、农业、科技、旅游等多项领域，是沿线各国与地区实现生产要素互通有无、互利共赢的区域合作平台。丝绸之路经济带沿线具有丰富的自然、人文等旅游资源，为开发世界级的旅游产品提供了良好的基础条件。根据世界自然联盟和联合国教科文组织 2014 年的统计数据，丝绸之路经济带区域各国拥有世界文化遗产 386 个，世界自然遗产 62 个，自然保护区 18 404 个。据统计，丝绸之路经济带各区域接待国际入境游客总数约占全球入境旅游市场接待总量的一半。因而，旅游必将成为推动丝绸之路经济带各国交流合作的先导产业，构建丝绸之路经济带跨国旅游合作区是大势所趋。

丝绸之路经济带跨国旅游合作自 2001 年上海合作组织成立时业已提出，至 2015 年"一带一路"战略规划的正式提出，经历了多国家多区域不断探索的过程，西安在这个探索过程中扮演着召集人的角色。2005 年 11 月，首届欧亚经济论坛在西安举行，与会的中国、俄罗斯、中亚五国以及相关国家代表就提出丝绸之路旅游合作构想，并达成《西安共识》。2013 年 9 月，中国西安联合欧亚国家 13 个城市共同发表《共建丝绸之路经济带西安宣言》，提出在丝绸之路经济带自由贸易区建设中加强各国城市旅游合作的构想。西安处于"一带一路"的核心区位，是中国向西开放的前沿位置，建设丝绸之路经济带跨国旅游合作区，应做到以下两点：

(1) 充分发挥好内陆港作用，积极带动西北地区国际旅游合作建设，与丝路沿线国家、重点城市协调统一，从战略高度来规划丝路旅游资源的开发模式。

(2) 加快国际旅游集散地建设，发挥丝路旅游集散作用，形成一点多轴的发展格局，扩大西安旅游的国际辐射作用。

(三) 国际旅游合作的切入点：长安—天山国际旅游廊道旅游市场建设

2014 年 6 月 22 日，第 38 届世界遗产大会正式宣布，中、哈、吉三国联合提出的"丝绸之路：长安—天山廊道的路网"成功申报为世界文化遗产。世界文化遗产具有突出的普遍价值，是人类历史文化的载体，也是民族认同感的体现，其保护和开发需要全民族的共同参与。首次跨国联合申遗的成功拉开了国际旅游合作的序幕，不仅促进了中亚地区国家的合作与交流，也为全球国际旅游合作树立了榜样。

从中国丝绸之路沿线省份入境旅游客源来看，日本、美国、韩国、俄罗斯以及欧洲和东南亚是丝绸之路遗产廊道旅游市场的主要客源国。丝绸之路遗产廊道旅游市场的开发要以世界遗产资源整合为基础，以客源国消费者行为为导向，以丝绸之路经济带战略为驱动力，以国际旅游合作机制为保障，加快世界遗产旅游廊道网的优化建设，完善旅游基础设施和服务设施建设以及国际旅游合作平台建设，将国际旅游合作落到实处，共同致力于世界遗产的开发以及保护工程。

(1) 整合丝路沿线旅游资源。以丝绸之路世界文化遗产为核心，以其他沿线重要风光、文化空间为重要节点，形成网状格局，调动沿线国家旅游合作的积极性，整合内部资源，协调丝路旅游开发建设。

(2) 研究消费者偏好。以中国西北五省为例，分析丝路沿线旅游者结构、动机、行为偏好以及感知差异。细分市场，针对消费者需求，制定旅游产品策划和营销方案。

(3) 借力丝绸之路经济带建设。充分发挥旅游新兴支柱性产业的优势，通过加强旅游产业往来，促进丝路沿线国家政策沟通、道路联通、贸易畅通、货币流通、民心相通。

(4) 加强国际旅游合作。不仅增加丝路沿线国家的旅游合作，还应加强与客源国合作，通过为丝路入境者提供本土化待遇，破除语言、交通、安全等阻碍因素。

(四) 构建基于"一带一路"战略的国际旅游合作旅游交通网络建设

西安地处中国的地理中心，是西北通往西南、中原、华东和华北的门户，也是连接我国东西、贯通南北的"大十字"交通的重要枢纽，连接着我国中西部四大经济区域——关天经济区、成渝经济区、中原经济区、武汉城市圈。截至 2016 年 11 月 14 日，西安咸阳机场新开通了到墨尔本、旧金山等 8 个国际航点，形成了覆盖东南亚，连接欧美澳的 42 条国际航线；作为西北最大的铁路运输枢纽，西安衔接陇海、西康、包(头)西(安)、西(安)南(京)、侯(马)西(安)等 5 条干线铁路；市内地铁一、二、三号线已开通运营。目前，西安已形成了以航空、铁路、公路为主的现代化立体交通网络，西安咸阳国际机场的扩容提升及多条高铁的建设将进一步提升西安的交通枢纽地位，西安的集散中心区位优势将进一步凸显。推进西安国际旅游合作建设，完善旅游交通网络建设，应加强旅游与交通的融合，加强区域合作。

(1) 构建海陆空便捷高效的旅游交通网络。加强西安综合保税区、西安高新综合保税区、出口加工区等 5 个海关特殊监管区域的建设,积极参与邮轮旅游合作拓展,创建西安国际旅游新体验;扩展公路旅游交通,加快建设西安陆路国际旅游大通道;完善铁路旅游交通,推进高铁旅游时代的到来;加快空中廊道建设,开通西安直飞欧亚各国主要城市的航线,构建西北地区与国际主要城市之间的空中旅游航线网络。

(2) 努力推动西安与欧亚各国无障碍旅游区建设。以资源、客源和市场共享为目标,积极推动西安与欧亚国家旅游市场相互开放,共同促进旅游便利化,努力形成资源共享、客源互流、联动发展格局。争取国家支持,扩大国际游客落地签证范围;通过与欧亚国家协商,实施旅游护照免签证制度,使西安与丝路沿线国家形成一个大的互免签证区域;规范边境旅游出入境管理,实行通关便利化,提高通关效率,实现"一站式通关"和"电子通关",为跨境旅游的游客提供最便捷的出入境服务;完善、简化跨境旅游列车、旅游公共巴士和旅游自驾车的出入境手续,实现自驾车旅游通关手续常态化。

二、国际旅游产品设计和线路规划

以国家"一带一路"战略为指导,以建设西安国际旅游合作城市为目标,以《西安市旅游发展总体规划》为纲要,依据西安·世界古都、丝绸之路起点、秦岭·国际名山三大垄断性旅游顶层品牌优势以及西安绚丽多彩的自然景观和深厚积淀的文化遗存来设计国际旅游产品和线路规划。

(一) 国际旅游产品设计

1. 丝路溯源遗迹寻踪类旅游产品(见表 1)

【功能定位】丝路旅游、古都旅游、文物探秘之旅。

【资源依托】秦始皇陵兵马俑博物馆、秦阿房宫遗址、唐长安城、大明宫遗址公园、汉长安城遗址公园、陕西历史博物馆、西安博物院、半坡博物馆、周沣镐遗址、丝路群雕、大雁塔。

【产品设计】从国际游客需求出发,依托西安"千年古都"与"丝路起点"重要文化品牌,设计丝绸之路城市观光产品,挖掘感官体验和精神享受，重视西安整体形象感知，推动印象·西安文化品牌的建设。

表1　丝路溯源遗迹寻踪类旅游产品

❖　历史文化慢品游 ❖　将兵马俑、华清池、大明宫、唐长安城、汉长安城遗址公园、大唐芙蓉园等景区串联，重现西安古都历史风貌，使游客多空间的感受西安深厚的历史文化底蕴	❖　"博物馆之城"观光体验游 ❖　整合陕西历史博物馆、西安博物院、半坡博物馆以及兵马俑博物馆，借助博物馆先进的导览设备和璀璨夺目的历史文物，为国际游客提供视听盛宴

❖　"遗址公园之城"观光体验游 ❖　以大明宫遗址公园、汉长安城遗址公园、秦阿房宫遗址、周沣镐遗址为主要景区，以浓缩景观再现历史原貌，以遗存景观品鉴历史遗迹，展示华夏璀璨文明	❖　丝绸之路·西安之旅 ❖　以大雁塔、小雁塔、大明宫遗址公园以及兴教寺塔为重要节点，探寻丝绸之路与西安的历史渊源。借助丝路群雕等景观小品，讲述丝路故事

设计历史文化慢品游、"博物馆之城"观光体验游、"遗址公园之城"观光体验游、丝绸之路·西安之旅，满足国际游客对西安市的猎奇心理，通过城市观光，体验古都生活韵味，增加游客停留时间。

景区强调古城特色韵味，引入国际先进设备，提供一流旅游服务，破除语言交流障碍和理解障碍。参考客源国餐饮住宿等生活习惯，开设相应的酒店和娱乐场所，满足国际游客的生活需求。在机场、火车站等重要旅游集散地，提供多语言版本的西安导游图，并与音频视频等APP技术相结合，推动国际游客西安旅游的便利化和舒适化。

2. 古都文化深度体验类旅游产品(见表 2)

【功能定位】研学旅游、非遗旅游、民俗体验旅游、红色旅游、宗教旅游。

【资源依托】秦始皇陵兵马俑博物馆、大唐芙蓉园、华清池、大明宫遗址公园、大雁塔、汉长安城遗址公园、周沣镐遗址、法门寺及法门寺文化景区、世界佛教大会、三论宗祖庭草堂寺、法相宗祖庭大慈恩寺和兴教寺、律宗祖庭净业寺、净土宗祖庭香积寺、华严宗祖庭华严寺和至相寺、密宗祖庭大兴善寺和青龙寺、楼观中国道文化展示区、西安大清真寺、北院门回坊社区、八路军办事处、革命公园、张学良公馆旧址、高桂滋公馆旧址、杨虎城将军纪念馆、清真寺、东方儒学、佛教、易经、礼仪、书画、诗词、服饰、"长恨歌"、《盛世大唐》、易俗社、陕西省戏曲研究院、华县老腔、户县眉胡、碗碗腔、西安回坊、秦岭人文遗迹、山水田园文化、山野隐居文化、关中民俗、财神文化。

【产品设计】依据西安文化资源依次分为周秦汉唐文化、佛教文化、道教文化、穆斯林文化、红色文化、民俗文化、饮食文化等，设计交叉或独立的产品体系，既使游客体验完整文化，又激发游客多层次旅游需求。

设计东方文化研学游、中华盛世文化体验游、中国佛都舍利朝拜游、佛教六大祖庭朝拜游、楼观中国道文化体验游、伊斯兰教文化体验西安之旅、古城红色社区体验游、秦腔文化体验游、老腔文化体验游、秦岭文化生态体验游、关中民俗文化风情游、伊斯兰教文化之旅，提炼西安文化国际特色，同时相互渗透，使游客体验更加丰富多彩。

加强西安无缝隙旅游建设，加强西安市内交通多语种服务设施的完善，优化外币兑换平台，方便国际游客出行消费。

3. 人文康养休闲度假类旅游产品(见表 3)

【功能定位】温泉旅游、休闲度假、山水旅游、田园体验游。

【资源依托】骊山温泉、蓝田焦汤温泉、东大温泉、楼观温泉、北书院门、湘子庙街、德福巷、大唐西市、七贤庄、环山路农家乐产业带、白鹿原葡萄园、白鹿原樱桃沟、白鹿原樱桃文化旅游节。

表 2 古都文化深度体验类旅游产品

❖ 东方文化研学游 ❖ 以西安博物院、碑林、大唐芙蓉园、城墙等为活动体验地，融合东方儒学、佛教、易经、礼仪、书画、诗词、服饰等特色文化，设计成人礼等形式活动，吸引国际游客参与体验	❖ 中华盛世文化体验游 ❖ 秦始皇陵兵马俑博物馆、华清池、大唐芙蓉园、大明宫遗址公园、汉长安城遗址公园、周沣镐遗址，以景点参观和歌舞表演为主要形式，结合 3D 仿真体验，展示周秦汉唐盛世文化

❖ 中国佛都舍利朝拜游 ❖ 以西安法门寺、华严寺、大雁塔、草堂寺等寺庙供奉佛祖舍利为主要吸引力，增加佛法舍利文化交流活动，举办国际舍利朝拜大型仪式活动，吸引各国佛教信徒参与，增加西安与泰国、柬埔寨、越南、缅甸、朝鲜、日本、斯里兰卡、尼泊尔、不丹、蒙古等国的佛法活动交流	❖ 佛教六大祖庭朝拜游 ❖ 依托三论宗祖庭草堂寺，法相唯识宗祖庭大慈恩寺，律宗祖庭净业寺，净土宗祖庭香积寺，华严宗祖庭华严寺，密宗祖庭大兴善寺六大佛教祖庭，设计佛法论辩活动，吸引各国高僧讲佛论道，研究佛教派别发展、贡献极其传承。以国际礼仪招待国外使僧，促进中西佛法文化交流，弘扬佛法精髓

表3　人文康养休闲度假类旅游产品

❖　温泉养生度假游

❖　以骊山温泉、蓝田焦汤温泉、东大温泉、楼观温泉等为主题，注入文化体验，增加康体养生的人文内涵，打造国际化的主题温泉产品，提升游客精神体验

❖　道文化康养体验游

❖　将楼观台道文化展示区、楼观温泉相结合，融合道家养生文化，营造以道养生，以德蓄寿的康养空间，结合书法茶道等中国传统文化，打造道法自然的休闲度假品牌

❖　田园农事体验游

❖　基于西安周边丰富的农家乐和田园采摘活动，建设樱桃、草莓、葡萄采摘基地，以中国特色田园农事活动吸引外国游客，通过采摘、认领、加工等环节，为游客带来满足感。通过游客中国式农园的体验，丰富国外游客对中国的形象感知，拉近地域关系

❖　古都社区休闲游

❖　依托西安丰富的人文资源和极具特色的民俗资源，打造集回坊、书院门、文昌门、北院门、大唐西市以及西安古玩街和雁塔西路艺术一条街为一体的都市休闲特色文化体验旅游线路，增加民生互动项目，以原汁原味的西安民生百态吸引国际游客

【产品设计】依托西安温泉旅游资源、农业旅游资源、道家养生以及休闲文化等，整合设计休闲度假产品，主打康养体验产品，既充分挖掘西安自然资源特色，又结合西安农家乐特色资源优势，以温泉山水建设国际康养度假胜地，以休闲文化、田园生活等提供多层次的旅游体验，打造多元化的国际旅游品牌。

设计温泉养生休闲游、楼观康养休闲游、古都社区休闲游、田园农庄休闲游、农事体验休闲游等。将西安特色文化融入休闲体验之中，如温泉水滑洗凝脂的华清池；正道行修益寿延年的楼观台等。将文化与休闲体验游相结合，增加体验的内涵和二次吸引力。

对国际休闲度假市场进行调研，打造满足国际游客需求、突显西安特色的国际休闲度假胜地。与国际旅游公司进行合作，引入高端旅游品牌和人性化服务理念，为国际游客打造宾至如归、东方特色康养休闲体验。

4．丝路山水生态观光类旅游产品(见表4)

【功能定位】山水观光、生态旅游、地质景观、山地探险、森林氧吧。

【资源依托】华清池、翠华山地质公园、骊山国家森林公园、浐灞国家湿地公园、秦岭野生动物园、秦岭72峪口、秦岭天坑群、黄柏塬、蓝田辋川溶洞、周至国家级自然保护区、楼观台国家森林公园、朱雀国家森林公园、王顺山国家森林公园、南五台山景区、牛背梁、老县城自然保护、太兴山森林公园、太平森林公园、白鹿原生态旅游区、杜陵。

【产品设计】围绕秦岭地貌、气候、水文、植被等独特景观和享誉国内外的长安八景，以其"中草药天然药库"、"生物资源基因库"等世界罕见的自然类旅游资源为主要吸引力，整合森林湿地旅游资源，打造秦岭自然风光生态休闲游，推动西安国际化山水氧吧建设工程。

设计秦岭天坑寻幽游、森林公园氧吧游、流峪飞峡探险游、穿越秦岭低碳旅游、秦岭科考游等多种主题的旅游产品，整合秦岭山水旅游资源，如典型岩溶景观的秦岭天坑、翠叶障木的森林公园、三秦辅胜的浐灞生态区、寻幽咏怀的秦岭72峪、飞浪溅花的流峪飞峡等，结合生态保护、山地探险等地质旅游形式，在塑造最美秦岭的旅游品牌时，丰富旅游产品的多样化和潮流化，提升西安山水旅游的综合实力。

将地质旅游与生态保护、可持续发展理念相融合，吸收国际先进绿色旅游理念，开展线上山水旅游网站或社区活动，吸收国际会员，开展主题论坛，实现线上线下相结合。借助大事件或新闻话题，策划西安旅游的国际营销活动。

表4　丝路山水生态观光类旅游产品

❖　秦岭天坑寻幽游 ❖　以秦岭 49 个天坑组成的罕见超大规模天坑群为核心吸引力，整合坑底的瀑布、原始森林、珍稀植物和珍稀动物飞猫等旅游资源，结合遗迹保护理念，开展漏斗形岩溶地质景观观光和古气候科考活动	❖　森林公园氧吧游 ❖　依托秦岭山地森林公园和湿地公园等良好的自然条件，为都市游客营造逃离喧嚣与污染的山水纯净氧吧，通过登山比赛、我与珍稀动物合影等活动，吸引国内外游客参与，鼓励游客以视频形式上传游览活动，掀起朋友圈营销活动

❖　流峪飞峡探险游 ❖　整合秦岭古道秀丽风景，推出以流峪飞峡为代表性的探险旅游活动，既能领略山石风貌、原野瀑布、飞浪冰花等自然美景，又能寻幽僻静，探险猎奇。依托秦岭国际品牌，设计系列探险旅游，或设计全球范围内景观命名活动，调动游客的全球参与性，激发游客亲身体验的兴趣	❖　穿越秦岭低碳游 ❖　以低碳出行，绿色环保的生活理念为指导，组织穿越秦岭低碳旅游。将自然景观与现代户外旅游相结合举办骑行活动。将观光旅游与生态保护相结合，举办学生素质体验游，通过身体力行维护秦岭卫生环境，体验景区工作人员的辛勤劳动，唤起游客环保意识，树立生态发展理念

5. 丝路古城时尚趣游类旅游产品(见表 5)

【功能定位】商务旅游、节事旅游、美食之旅、现代都市娱乐旅游、创意旅游。

【资源依托】曲江文化景区大唐不夜城、大唐新乐汇、开元广场、秦岭蜀栈道、秦岭楚栈道、华清池长恨歌、盛世大唐、梦幻长安、追梦大唐、关中小吃、德发长饺子宴、同仁祥羊肉泡馍、老孙家羊肉泡馍、德福巷、粉巷、湘子庙街、顺城巷、西洽会、西安世界园艺主题园、欧亚经济论坛、西部旅游博览会、丝绸之路国际合作论坛、WTTC、中国曲江"欢乐世界"、纺织城文化创意产业、大华 1935、碑林文化创意产业。

【产品设计】基于后旅游时代的到来，迎合小众旅游需求，充分发挥西安国际化大都市的魅力，整合餐饮、娱乐、文艺等时尚元素，吸引具有小资情调、文艺情怀、冒险精神的青年群体以及爱好美食、勇于尝试新的生活方式和会展商务出游的游客。通过满足多种旅游需求、引入国际先进的旅游创意，充分挖掘西安市的国际化特色，打造多元时尚的丝路之都。

设计曲江大唐不夜城娱乐体验游、秦岭古栈道旅游、舞台艺术虚拟体验游、美食文化体验游、"时尚"社区现代都市休闲游、中国西安•节庆会展游、中国曲江欢乐世界游、纺织城文化创意休闲游、穿越秦岭低碳旅游、秦岭科考游等多种主题的旅游产品，在顺合现代旅游需求的同时，引领旅游新潮流，以智慧体验、舌尖美食、欢乐多彩、生态健康的旅游产品，丰富旅游出游形式和意义。

借助国际旅游合作平台，吸收国际旅游潮流，结合西安特色，设计新型旅游产品，与国际旅游目的地合作，开发系列旅游产品、活动来吸引国际游客。做好国际游客旅游公关，树立健康、欢乐、意义独特的国际旅游目的地形象。邀请国外流行明星做形象代言或来西安旅游，从而带动粉丝追星旅游，引领新型旅游方式。

表5 丝路古城时尚趣游类旅游产品

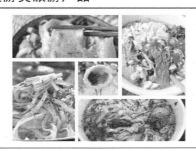

❖ 舞台艺术虚拟体验游 ❖ 以华清池、大唐芙蓉园、西安城墙等为背景,以长恨歌、盛世大唐、梦幻长安、追梦大唐等为主题,举办大型演艺活动,结合虚拟体验技术,将游客带入历史情境。组织游客进行舞台话剧演艺,聘请专业人员进行指导,增加游客娱乐体验	❖ 舌尖上的西安 ❖ 以舌尖上的中国为向导,通过美食节目,宣传西安美食传统制作工艺,俘获观众味蕾。通过将袁家村、回坊、马嵬驿等美食街进行品牌包装和宣传,通过美食制作过程展示、典故讲解、场景再现等活动形式,激发国际游客对西安美食的兴趣,并以美味留住游客

❖ 中国曲江欢乐世界游 ❖ 以美国迪斯尼,德国欧罗巴,韩国爱宝乐园、佛罗里达斯尼动物王国、日本海洋世界为行业榜样,打造集时尚、餐饮、购物、娱乐、度假为一体的国际化主题娱乐休闲区。以欢乐家庭、科幻世界、极限天地、激情体验、亲水世界为主题模块,整合旅游产业链,打造国际一流的娱乐旗舰	❖ 创意市集主题游 ❖ 借助西安纺织城、大华1935、碑林等文化创意基地吸引国际展览会、市集、话剧表演以及比赛等入驻,结合工业遗址旅游,保持文化创意的鲜活力,吸引先锋、潮流前卫的年轻人组织活动。以创意市集为主题,与国际青年社区平台对接,调动青年积极性,创造自由贸易交流的空间

(二) 国际旅游线路规划

1. 四大古都探秘游(见表6)

【设计思路】以四大文明古国灿烂深厚的历史文化为依托,以西安、开罗、雅典、罗马四大城市文明为支点,设计人类文明起源探索旅游。将西安与开罗、雅典、罗马国际化大都市绑定营销,吸引国际游客古都观光和遗址考察,展示华夏文明的不朽魅力。

表6　四大古都探秘游

游览线路	文化支撑	主要景点
西安	世界历史名城。"金城千里,天府之国",历史上第一座真正意义上的城市。中华文明的发祥地、天然的历史博物馆,是国际著名旅游目的地城市	唐大明宫遗址公园、秦始皇陵兵马俑博物馆、西安明城墙、大小雁塔、钟鼓楼、回坊、碑林博物馆、书院门、曲江遗址公园、大唐芙蓉园、大唐不夜城、陕西历史博物馆、楼观中国道文化展示区、蓝田猿人遗址、丰镐遗址、化觉巷清真寺等
开罗	埃及首都及整个中东地区的政治、经济、文化和交通中心。伊斯兰古代文化和建筑保存最好的一个城市,历代代表性的建筑和清真寺都受到统治者的维修和保护	埃及博物馆、开罗塔、金字塔群及狮身人面像、卡斯安尼尔桥、前萨卡基尼宫、亚历山大灯塔、埃及博物馆、穆哈迈德-阿里清真寺、阿慕尔清真寺和艾资哈尔清真寺、赛义德·宰纳卜清真寺、侯赛因清真寺、孟菲斯城、释伯尔斯一世清真寺和撒丁堡、国家图书馆、伊斯兰艺术博物馆与阿布丁宫博物馆等
雅典	"西方文明的摇篮",欧洲哲学,现代奥运会起源地,诞生了苏格拉底、柏拉图等一大批历史伟人,被称为民主的起源地	卫城、帕特农神庙、伊瑞克提翁神庙、埃雷赫修神庙、帕那辛纳克体育场、雅典宪法广场、国家考古博物馆、雅典科学院、奥林匹亚宙斯神殿、苏尼翁角、拜占庭和基督教博物馆、利卡维多斯山等
罗马	意大利的首都,全球最大的"露天历史博物馆",罗马天主教廷所在地,是意大利政治、历史和文化的中心,世界灿烂文化的发祥地	帝国元老院、纪功柱、古罗马竞技场、君士坦丁凯旋门、万神殿、圣彼得大教堂、西班牙广场、圣母玛利亚大教堂、梵蒂冈博物馆、图拉真集市、威尼广场、特雷维喷泉、《奥古斯都像》、纳沃纳圣诞市场

2．丝路重镇修学游(见表7)

【设计思路】以丝绸之路重要城市为节点，以丝路世界遗址为主要吸引力，组织研学旅游，通过对现存遗址历史渊源的考察，研究丝绸之路对中西方文明交流的重要作用，肯定丝绸之路对世界历史发展的推动作用，助力"一带一路"政策对沿线国家发展的带动作用。通过揭开古丝绸之路的面纱，再现丝路沿线文明。

表 7　丝路重镇研学游

游览线路	历史渊源	主要景点
洛阳	汉魏洛阳城作为公元 1～6 世纪中华帝国的都城以及联系中原与华北、淮河流域、长江流域的交通枢纽，是继汉长安之后东汉至北魏丝绸之路沙漠绿洲段的东方起点。公元前 2 世纪之前开通连接西安与洛阳两个丝绸之路东端起点的汉唐两京故道	汉函谷关与崤函古道、汉魏洛阳故城、隋唐洛阳城定鼎门遗址三处丝路世界文化遗产以及白马寺
西安	古称长安。历史上曾有西汉、新莽、东汉(汉献帝)、西晋(晋愍帝)、前赵、前秦、后秦、西魏、北周、隋、唐等十三个王朝在此建都。汉唐时为王朝政治经济文化中心，著名的国际大都会，丝绸之路的起点。明代改今名至今	汉长安城未央宫遗址、张骞墓、唐长安城大明宫遗址、大雁塔、小雁塔、兴教寺塔、彬县大佛寺石窟七处丝路世界文化遗产以及西安清真寺、鸠摩罗什舍利塔、大秦寺塔
固原	固原城是公元前 114 年汉朝为防匈奴南下而设置的安定郡郡治高平县所在，自汉代至元代一直是丝绸之路东段北道上北通大漠、南扼关中的重要军镇，并在此形成了古代中原文化、秦陇文化、草原文化和中亚文化的交汇圈	固原北朝—隋唐墓地、须弥山石窟、开城遗址、固原古城、朝那城、禅佛寺石窟
天水	现存有汉长安城未央宫遗址、张骞墓、唐长安城大明宫遗址、大雁塔、小雁塔、兴教寺塔等丝绸之路重要遗址	后秦开凿的麦积山石窟是丝绸之路重要的世界文化遗产
兰州	汉为金城县，唐及宋元为兰州治所。清为甘肃省治，改今名，相沿至今。今为甘肃省省会，系丝绸之路东段中线所经重镇	西南130公里有后秦始凿的炳灵寺石窟是丝路世界文化遗产

续表一

游览线路	历史渊源	主要景点
武威	汉武帝收河西地,置武威郡。后历代为凉州或西凉州(府)治所,称武威,民国时废府存县。为丝绸之路东段主干线河西走廊之重镇	白塔寺、雷台汉墓、鸠摩罗什寺、凉州孔庙、天梯山石窟
西宁	东汉至隋代为西平郡治所。唐为鄯城镇。北宋唃厮啰时又名青唐城,后改为西宁州。清改州为县,今为青海省省会。丝绸之路东段支线青海路和唐蕃古道的必经之重镇	塔尔寺和隆务寺、瞿昙寺、马厂垣遗址、西海郡故城、热水墓地、东关清真大寺
海晏	公元1世纪西汉王莽时期设置的西海郡治所,是丝绸之路河南道祁连山分道走廊南山支道的南出口	西海郡故城、尕海古城
张掖	位于甘肃省河西走廊中段,在古"丝绸之路"南北两线和"居延古道"交汇点上,是古"丝绸之路"上进入河西走廊的重镇,历来为中西贸易的交通要塞、兵家必争的军事要地。汉武帝元鼎六年(前121年)设郡,取"张国臂掖,以通西域"之意	西夏大佛寺、马蹄寺石窟群、文殊寺、山丹大佛寺、张掖大佛寺、张掖丹霞国家地质公园
酒泉	汉武帝收河西地,置酒泉郡,治禄福。西晋改禄福为福禄。后历代为肃州治所,更今名。为丝绸之路东段主干线河西走廊重镇	西汉酒泉胜迹、大法幢寺
嘉峪关	明洪武五年(1372年)建置。位于明长城的最西端,是当时西域进入中原地区的唯一门户。素有"河西重镇"、"边陲锁钥"之称,并被誉为"天下第一雄关"	万里长城——嘉峪关丝路世界文化遗产以及石关峡黑山岩画、果园——新城魏晋墓群
瓜洲	唐武德五年(622年)置,治晋昌县,历代因之。清代于此置安西州。1913年改安西县,2006年改瓜州县,为丝绸之路东段所经重镇	榆林窟,以及古瓜州治所晋昌城遗址,即丝路世界文化遗产锁阳城遗址
敦煌	汉武帝收河西地,置敦煌郡,治敦煌。北魏为敦煌镇。后历代为沙州治所。清置敦煌县,民国迄后因之,为丝绸之路东段入西域之门户	玉门关及河仓城遗址、阳关、汉代驿站以及世界文化遗产莫高窟、悬泉置遗址

续表二

游览线路	历史渊源	主要景点
玉门关	古代敦煌西北的重要关隘,出此关即入西域之中道和北道	小方盘城遗址,即丝路世遗玉门关遗址
楼兰	汉代西域国名,位于今新疆罗布泊西北岸,为早期丝绸之路中段所经的要地。汉昭帝时,灭其国,更名为鄯善,都城迁至扜泥城(今若羌)	古楼兰遗址
吐鲁番	汉代为西域车师前国,治交河城,又有高昌壁。前凉始于此置高昌郡。北魏至隋,先后为阚、张、马、麹四姓所建之高昌国。唐平高昌,置西州。五代、宋时又为西州回鹘所据。元朝平其地,号畏兀儿,置和州宣慰司,后又分其地为柳城、火州、吐鲁番三部,设万户府监之。清代在此设吐鲁番厅,1913年改称今名,丝绸之路门户之一	及阿斯塔那古墓群、吐峪沟石窟、柏孜克里克千佛洞、台藏塔
焉耆	汉代为西域车师前国,治交河城,又有高昌壁。前凉始于此置高昌郡。北魏至隋,先后为阚、张、马、麹四姓所建之高昌国。唐平高昌,置西州。五代、宋时又为西州回鹘所据。元朝平其地,号畏兀儿,置和州宣慰司,后又分其地为柳城、火州、吐鲁番三部,设万户府监之。清代在此设吐鲁番厅,1913年改称今名,为丝绸之路门户之一	世界文化遗产高昌故城、交河故城等丝绸之路重要遗址
库车	汉代为西域龟兹国,王置延城。东汉为西域都护治所。唐贞观年间平定龟兹,置龟兹都督府,为安西四镇之一,后又为安西都护府治所。又有屈支、丘慈等不同译名。元时称此为苦叉,明称苦先,清改今名,相沿至今。为丝绸之路中段重镇,古西域佛教中心之一	库木吐喇千佛洞、森木塞姆千佛洞以及丝路世界文化遗产克孜尔尕哈烽燧、苏巴什佛寺
阿克苏	汉代为西域姑墨国,王治南城。唐平定龟兹,设姑墨州于此,又译作亟墨、和墨、跋禄迦等名。元明称此为阿速。清代改今名,相沿至今。为丝绸之路中段所经重要城镇	世界文化遗产克孜尔千佛洞(拜城县)

游览线路	历史渊源	主要景点
阳关	古代敦煌西南的重要关隘,出此关即入西域之南道	敦煌西南古董滩
若羌	汉代为西域婼羌国,国亡后为鄯善国都扞泥城。隋为鄯善郡治所,唐时为石城镇。元明称萝卜,清称卡克里克。1902 年改置今县名,相沿至今。为丝绸之路中段南道所经重镇	楼兰古城遗址、米兰古城遗址、小河墓地
和田	两汉时为西域于阗国,王治西城。唐朝平定西域,于此设毗沙都督府,并为安西四镇之一。又称瞿萨旦那国。元时称斡端,明称于阗,清称和阗。1913 年改和阗直隶州为和阗县,1959 年改名今县名。为丝绸之路中段南道所经重镇,古西域佛教中心之一	尼雅遗址、阿克斯皮力古城、买力克阿瓦提古城、喀拉墩古城、安迪尔古城、阿西、阿萨古城堡以及约特干遗址、热瓦克佛塔、库克玛日木石窟
喀什	两汉以迄魏晋南北朝,为西域疏勒国的王治城,名疏勒城。又译作竭叉、竭石、迦舍。唐置疏勒镇,为安西四镇之一,并设疏勒都督府于此,又名佉沙国。喀喇汗王朝时称为喀什噶尔,西辽及元时作可失哈尔或可失哈耳,明作哈实哈儿,清又作喀什噶尔。清末新疆建省,在此设疏勒府。1913 年废府设疏勒县,1952 年改今名。为丝绸之路中段重镇,由此通向中亚、印度等地	麻赫穆德喀什噶里麻扎、玉素甫·哈斯·哈吉甫墓、艾提尕尔清真寺、卡拉汗王庭遗址、张骞公园、莎车王墓
哈密	古称伊吾,曾为唐伊州治所。元代称哈密力,明置哈密卫,清设哈密厅。1913 年改称今名。为丝绸之路中段北线重镇	哈密王陵、拉甫却克古城、大河唐城、白杨沟佛寺遗址、五堡古墓群、哈密回王府
吉木萨尔	两汉时为西域车师后国,王治务涂谷。西突厥在此曾建可汗浮图城。唐于此置庭州和金满县,后北庭大都护府治此。宋辽元明时称别失八里,或别石把。清乾隆年间在此曾筑恺安城,1772 年设吉木萨县丞。1894 年改吉木萨为孚远,1902 年设孚远县,1953 年改今名。为丝绸之路中段北道重镇	唐朝路、车师古道以及世界文化遗产北庭故城遗址

续表四

游览线路	历史渊源	主要景点
乌鲁木齐	两汉时为西域卑陆与劫国地，唐属庭州。宋元时为回鹘属地，明时为厄鲁特蒙古和硕特部游牧地。清始筑城于此，取今名。后名迪化，清末新疆建省省会。1953 年又改今名，系新疆维吾尔自治区首府，为丝绸之路中段北道所经重镇	丝绸之路冰雪风情游，丝绸之路服装服饰节
拉萨 (Lhasa)	公元 7 世纪初，吐蕃松赞干布统一西藏高原后，从雅隆迁都于此。唐代译称逻娑、逻些，清代改译今名至今，藏语意为"圣地"和"佛地"。现系西藏自治区首府，佛教圣地。为丝绸之路唐蕃古道必经之重镇	现存有布达拉宫、大昭寺、小昭寺及《长庆会盟碑》等古迹
阿拉木图州	位于哈萨克斯坦，卡鲁克国首都，伊犁河流域的重要贸易城市，公元 8 至 13 世纪，该地区与其他国家进行贸易联系，是丝绸之路上重要的商贸城镇	世界文化遗产：开阿利克遗址，塔尔加尔遗址，卡拉摩尔根遗址
江布尔州	位于哈萨克斯坦，是塔拉斯河流域的重要贸易城市，楚河和塔拉斯山谷的游牧与农耕文明交汇地，是丝绸之路上的大型贸易和工艺城镇，七河地区西南的文化、商业和制造业中心。现有遗址建筑均可追溯到公元 9 至 10 世纪，展现了丝绸之路沿线塔拉斯河谷城市的文化和商业关系	世界文化遗产：阿克托贝遗址，库兰遗址，奥尔内克遗址，阿克亚塔斯遗址，科斯托比遗址
托克马克城	位于吉尔吉斯斯坦，楚河谷的重要中心城镇，西突厥、突骑施汗国和葛逻禄汗国的首都，在中亚政治历史中曾经发挥了重要作用，曾是唐朝的主要边境要塞——"安西四镇"之一	世界文化遗产：碎叶城(阿克·贝希姆遗址)
楚河州	位于吉尔吉斯斯坦，中世纪时期楚河流域最大的城市之一，古丝绸之路上重要的商贸中心。宗教遗址和民间建筑融合了突厥、印度、粟特和中国文化，展现了祆教、景教和佛教的传播，是见证丝绸之路发展轨迹的重要遗存	世界文化遗产：巴拉沙衮城(布拉纳遗址)，新城(科拉斯纳亚·瑞希卡遗址)

续表五

游览线路	历史渊源	主要景点
费尔干纳	汉代称大宛国,魏晋时名破洛那国,唐代称拔汗那国,曾改名宁远。现是乌兹别克斯坦的重要城市	丝绸之路所经重镇
塔什干	中国史籍《魏书》称为者舌,隋唐史籍作柘析或赭时、赭支,《元史》作塔史或察赤,明代文献称迭失干或塔什干,均为 Tashkent 之音译,意为"石头城"。现为乌兹别克斯坦的首都,中亚地区第一大城市和重要的经济和文化中心。为丝绸之路所经中亚重镇	现存有巴拉克汗马德拉斯神学院、伊斯麦布卡利清真寺等古迹
片治肯特	为塔吉克斯坦西部重要城市。城东南有古城遗址,始建于 5 世纪,是古代粟特重要城市,760 年毁废,是丝绸之路上中西文化交汇的重要城市	中亚古代粟特城市遗址
泰尔梅兹	为古代巴克特里亚(汉代称大夏)的重要城市。东汉时为贵霜王朝的佛教中心之一。唐初,名呾蜜国,或名怛满、怛没。元代称忒耳米、帖哩麻、塔米设等。明代作迭里迷。现为乌兹别克斯坦苏尔汉河州首府,是进入阿富汗的交通要道	现存有泰尔梅兹古城、佛教寺院遗址及苏丹陵等古迹,为丝绸之路所经重镇
布哈拉	汉唐史籍称罽城、忸密城、安国、捕喝国、薄伐罗国、蒲华、不华剌、不合儿等,为中亚古国之一。9~10 世纪为萨曼王朝首都。15 世纪后期,蒙古帖木儿帝国瓦解,乌兹别克人建布哈拉汗国,定都于此,为中亚伊斯兰教的中心。现为乌兹别克斯坦布哈拉州首府,丝绸之路所经重要城镇	存有著名的伊斯梅尔萨曼王陵(10 世纪),卡里安尖塔(11 世纪)和马高基—阿塔里清真寺等古老的伊斯兰建筑
伊斯坦布尔	公元前 561 年为波斯帝国属地。396—1453 年为东罗马帝国首都,改名君士坦丁堡。唐代称拂菻。1204—1261 年为欧洲天主教十字军占领。1454 年土耳其奥斯曼帝国于此建都,改今名,意为伊斯兰城。现是土耳其最大城市和港口,为唯一地跨欧、亚洲的城市,丝绸之路所经最重要的城市	现存清真寺达 450 所,有著名的苏里曼尼耶和苏赫迈特六塔清真寺等

续表六

游览线路	历史渊源	主要景点
雅典	原为古希腊奥尼亚人所建城邦,以雅典娜女神命名,古希腊文明发源地。公元前 6 世纪后日益繁荣。后与波斯帝国发生战争,胜利后建雅典国。公元前 2 世纪中叶并入罗马帝国。1204 年为十字军占领,1456 年又为土耳其属地。1833 年希腊独立后,成为首都至今。为丝绸之路西端最重要的城市	现存有卫城、神庙等众多古希腊、罗马和拜占庭古迹
巴米扬	中国史籍《魏书》记作范阳。《隋书》作帆延。唐代称梵衍那、范引、望衍等。现系阿富汗中部城市,巴米扬省省会。为丝绸之路南入印度之重要城镇	附近有著名的巴米扬石窟
巴格达	762—1258 年为阿拉伯阿拔斯王朝哈里发都城。唐代称缚达城,宋代称白达,元代称八吉达、巴哈塔、报达等。786—833 年最为繁盛,成为中东地区最重要的文化与贸易中心,丝绸之路所经重要城市。现为伊拉克首都	信徒宫、巴别通天塔、巴比伦古城遗址
大马士革	公元前 25 世纪该地已出现了城镇,名塞姆。前 16 世纪阿拉美人建立沙马尔王朝,以为国都。后相继为马其顿国、罗马帝国、拜占庭帝国属地。661 年阿拉伯倭马亚王朝(白衣大食)以为都城。1516 年后为奥斯曼帝国属地 400 余年。现为叙利亚首都。处于通往黎巴嫩山脉通道的东端,是丝绸之路的贸易中心之一。伊斯兰教兴起后,成为通往阿拉伯半岛穆斯林诸圣地朝觐之路的起点,是丝绸之路所经重要城市	大马士革古城、圣保罗教堂、倭马亚清真寺、萨拉丁陵墓
亚历山大	始建于公元前 332 年,以其奠基人亚历山大命名。后为托密斯王国首都。罗马帝国时,成为东西方海陆贸易集散地和文化交流的枢纽,是丝绸之路西端最重要的城市之一。现为埃及最大海港和第二大城市	有古代世界七大奇迹之一的法罗斯灯塔(亚历山大灯塔)和亚历山大图书馆等古迹

续表七

游览线路	历史渊源	主要景点
白沙瓦	梵文意为"百花之城",旧译"布路沙布逻"。1~2世纪,贵霜帝国伽腻色伽王曾在此建都,为佛教文化的中心之一。魏晋至隋唐作健陀卫、乾陀罗城、健驮逻国、建驮罗,又称为香行国、香遍国。从12世纪起,伊斯兰文化逐渐代替了佛教文化。现为巴基斯坦西北边境省首府	城郊有莫卧儿王朝巴布尔大帝所建的巴拉希萨城堡、16世纪的麦罕白·赫尼清真大寺及白沙瓦清真大寺等古迹
阿拉木图	1854始建城,名维尔纳。中国文献称古尔班阿里玛图。1867年成为俄国土耳其斯坦总督辖区的行政中心。1921年改今名。1929年成为苏联加盟共和国哈萨克斯坦首都。1997年,哈萨克斯坦迁都阿斯塔纳,但仍为哈萨克斯坦第一大城市。古代中国通往中亚的丝绸之路多经此地	潘菲洛夫28勇士公园
托克马克	唐于此置碎叶镇,建碎叶城,曾为唐安西四镇之一。喀喇汗国时,于此建八剌沙衮城,为其西都。西辽改名为虎思斡耳朵。1927年改今名。现系吉尔吉斯斯坦重要城市	现存有唐碎叶城故址(阿克·贝希姆古城遗址)、喀喇汗王朝的八剌沙衮故址(布拉纳遗址)和新城故址(拉斯纳亚·瑞希卡遗址),古代丝绸之路所经重镇
塔拉兹	唐代名怛罗斯,玄奘往印度求法途经此地。751年唐与阿拔斯王朝曾于此大战,史称"怛罗斯之战"。后中国史籍又译称塔剌思、塔剌寺或塔拉斯。1938年名米尔卓扬,后改称江布尔。1997年改今名,现系哈萨克斯坦江布尔州首府。为丝绸之路所经中亚重镇	塔拉兹地区博物馆
希瓦	始建于2500年前,曾经是花剌子模及希瓦汗国的首都,中亚古国之一。现属乌兹别克斯坦花拉子模州管辖。为丝绸之路所经重要城镇	现存有完好的古城、宫殿、军事设施及住宅,被列入世界文化遗产名录
罗马	中国史籍作洛马、乳目。始建于公元前8世纪,是古罗马帝国的发祥地,欧洲最早形成的国际化大都市,丝绸之路的西端终点。1867年后为意大利的首都	市内多大型文物古迹,有著名的竞技场、万神庙、弗拉维安半圆形剧场和潘提翁神庙等古迹

3．重走丝路观光游(见表 8)

【设计思路】依托丝绸之路奇特壮丽的自然景观，设计观光旅游线路，结合骑行、自驾、房车等现代旅游方式，以活动、节庆、赛事等形式，召集国内外游客，重走丝路，感受古城魅力的同时，领略秀美神奇的自然风光。

表 8　重走丝路观光游

游览线路	主要景点
洛阳	老集、白马寺、龙门石窟、龙潭大峡谷、白云山、重渡沟
西安	兵马俑、华清池、骊山、秦岭、终南山、太白山、大唐西市
宝鸡	太白山、关山草原、云台山、嘉陵江源头
平凉	崆峒山、回山王母宫
天水	麦积山石窟、水帘洞-大像山石窟
兰州	黄河母亲、兰州水车
武威	莲花山、天马湖、摩天轮主题公园
张掖	丹霞国家地质公园、黑河国家湿地公园、焉支山森林公园、山丹军马场
西宁	塔尔寺、日月山、倒淌河、青海湖
敦煌	莫高窟、鸣沙山、月牙湖
哈密	天山风景名胜区、五堡魔鬼城、鸣沙山
吐鲁番	火焰山、高昌古城、苏公塔、葡萄沟、坎儿井
乌鲁木齐	天山山脉、红山、水磨沟、南山、一号冰川
拉萨	布达拉宫、罗布林卡、纳木错、药王山
伊朗	恰高·占比尔、大不里士的古老的大集市、里海沿岸自然风光
伊拉克	底格里斯河沿岸的塞琉西亚、尼姆路德
土耳其	地中海、乌鲁塔山
欧洲	希腊的扎金索斯、圣托尼里，德国国王湖，瑞士少女峰、采尔马特，苏格兰尼斯湖，罗蒙湖，威尔士斯旺西、斯诺登尼亚山脉，法国皮拉沙丘

4．东方文化朝圣游(见表 9)

【设计思路】以华夏文明为核心吸引力，凝聚西北五省，共同打造中国传统文化主题的文化寻踪游。围绕华夏起源文化、佛教以及道教文化为中心，形成具有西安特色的华夏文明溯源游、汉传佛教祖庭朝圣游、道家文化体验游三种不同派系的文化朝圣游，通过寻古问迹，享受原真文化的熏陶，领略东方文化的精髓。

表 9 东方文化朝圣游

线路主题	城市	主要景点	文化依托
华夏文明溯源游	西安	半坡遗址	距今大约6000多年前的新石器时代仰韶文化母系氏族聚落形态
		蓝田猿人遗址	亚洲北部迄今发现的最古老的直立人类，旧石器时代古遗址
		丰镐遗址	西周都城，周礼诞生地
		姜寨遗址	新石器时代
		华胥陵	上古时代伏羲和女娲之母华胥氏的陵冢。华胥上古文化是中华民族文化的重要根源
	延安	黄帝陵	中华民族始祖轩辕黄帝的陵寝，是《史记》记载的唯一一座黄帝陵
	宝鸡	周公庙	儒学奠基人周公旦长眠之地；周公吐哺，天下归心
		周原遗址	中国十大考古之一，周朝起源地
		炎帝陵	感受人文始祖神农的大地情怀
		北首岭遗址	7100多年前的古文化遗址
		关桃园遗址	8000多年前的古农业文明遗址
		姜城堡遗址	仰韶文化遗址
		中华礼乐城	周礼之邦，周礼起源地
汉传佛教祖庭朝圣游	西安	草堂寺	三论宗，创建者为：吉藏(549－623)。以《中论》、《十二门论》、《百论》为经典
		华严寺	华严宗，创建者为：法藏(643－712)，依《华严经》立名
		敬业寺	律宗，创建者为：道宣(596－667)，着重研习及传持戒律。依五部律中的《四分律》以弘通戒法的大乘宗派
		大慈恩寺	唯识宗(法相宗)，创建者为：玄奘(600－664)，以六经、十一论为依据的主要经论

线路主题	城市	主要景点	文化依托
汉传佛教祖庭朝圣游	西安	大兴善寺	密宗,创建者为:善无畏、金刚智、不空等三人。以密法奥秘,不经灌顶,不经传授不得任意传习及显示别人,经典主要为《大日经》、《金刚顶经》
		香积寺	净土宗,创建者为:善导(614-681),专修往生阿弥陀佛极乐净土,经典是"三经一论",即《无量寿经》、《观无量寿经》、《阿弥陀经》,《往生论》
道家文化体验游	西安	楼观台	中国道教最早的重要圣地,道教楼观的发源地,号为道家七十二福地之首
		重阳宫	"天下祖庭"、"全真圣地",全真派的三大祖庭之首,是全真道祖师王重阳早年修道和遗蜕之所
		朝元阁	中国现存著名的道观,亦称为老君殿或降圣观
		都城隍庙	道教主流全真派圣地,城隍神是古代汉民族宗教文化中普遍崇祀的重要神祇之一,大多由有功于地方民众的名臣英雄充当,是汉族民间和道教信奉守护城池之神
		湘子庙	全真道观。传说是八仙之一的韩湘子故居。
		青华宫	古代皇家祭祀庙院,现为西安城南唯一一座经政府登记的合法道教活动场所
		明圣宫	台湾道教徒,著名爱国人士颜武雄等人为报答映登仙祖保佑之恩,捐此修建一座大型道教观,表达了台湾同胞认祖归宗,渴望回归的爱国之情
		万寿八仙宫	"八仙宫",最早名为"八仙庵",是道教主流全真派十方丛林。民间传说万寿八仙宫为唐代吕洞宾遇汉钟离"一枕黄粱"点破千秋迷梦而感悟成道之处
		老母殿	骊山著名的道教宫观,骊山老母即女娲

5. 丝路非遗体验游(见表 10)

【设计思路】以丝绸之路沿线联合国世界非物质文化遗产为核心吸引力，以体验神秘的非遗文化为主题，设计经由中国陕西、新疆、青海和阿塞拜疆、印度、伊朗、吉尔吉斯斯坦、乌兹别克斯坦、塔吉克斯坦、巴基斯坦、土耳其的丝路体验旅游，意在揭开丝路沿线地区传统历史文化，并通过音乐、舞蹈、文学作品的形式传达人类历史文明，同时辅之以中国传统古琴艺术和书法艺术，展示中华文明。

表 10　丝路非遗体验游

游览线路		非遗	简　　介
中国		古琴艺术	古琴在中国已有 3000 多年的历史。它的演奏是一种高雅和身份的象征，是一种贵族和文人的精英艺术。古琴艺术吸纳了大量优雅动听的曲调，演奏技法复杂而精妙，而且有着独特的记谱法，大量乐谱都是人们口头流传下来的
		中国书法	以笔、墨、纸等为主要工具材料，通过汉字书写，在完成信息交流实用功能的同时，以特有的造型符号和笔墨韵律，融入人们对自然、社会、生命的思考，从而表现出中国人特有的思维方式、人格精神与性情志趣的一种艺术实践
	陕西	西安鼓乐	流传在西安及周边地区的鼓吹乐。乐队编制分敲击乐器与旋律乐器两大类，演奏形式分为坐乐和行乐。至今使用着唐(公元 618 年至 907 年)、宋(公元 960 年至 1279 年)时期俗字谱的记写方式
	新疆	新疆维吾尔木卡姆	中国新疆各维吾尔族聚居区的各种木卡姆的总称，是集歌、舞、乐于一体的大型综合艺术形式。在维吾尔人的特定文化语境中，"木卡姆"已经成为包容文学、音乐、舞蹈、说唱、戏剧乃至民族认同、宗教信仰等各种艺术成分和文化意义的词语。代表作《十二木卡姆》外，还流传着《刀郎木卡姆》、《吐鲁番木卡姆》、《哈密木卡姆》
		麦西热甫	维吾尔人民文化传统的最为重要的承载者，完整的麦西热甫活动包括一系列丰富的习俗和表演艺术，如音乐、舞蹈、戏剧、民间艺术、杂技、口头文学、饮食及游戏。麦西热甫既有"法庭"的作用，也是"课堂"，在这里司仪调解冲突，并且维持道德标准，人们还可以在这里学习了解他们的传统风俗习惯

续表一

游览线路		非遗	简　介
中国	新疆	《玛纳斯》	柯尔克孜史诗《玛纳斯》传唱千年，是中国三大史诗之一，其演唱异文繁多、篇幅宏大，其中最有名的是玛纳斯及其后世共 8 代英雄的谱系式传奇叙事，长达 23.6 万行，反映了柯尔克孜人丰富的传统生活，是柯尔克孜人的杰出创造和口头传承的"百科全书"
		《格萨(斯)尔》	藏族古代英雄格萨尔神圣业绩的宏大叙事诗。史诗全面反映了藏族以及其他相关族群关于自然万物的经验和知识，成为藏族等族群普通民众共享的精神财富，至今仍是藏族等各族群历史记忆和文化认同的重要依据
	青海	藏戏	藏戏是戴着面具、以歌舞演故事的藏族戏剧，形成于 14 世纪，流传于青藏高原。常演剧目为八大传统藏戏，内容大都是佛经中劝善惩恶的神话传说
		热贡艺术	主要指唐卡、壁画、堆绣、雕塑等佛教造型艺术，是藏传佛教的重要艺术流派。发端于 13 世纪的热贡艺术，主要分布在青海省黄南藏族自治州同仁县隆务河流域的吴屯、年都乎、郭玛日、尕沙日等村落，其内容以佛教本生故事、历史人物和神话传说等为主
		花儿	产生于明代初年(公元 1368 年前后)，是流传在中国西北部甘、青、宁三省(区)的汉、回、藏、东乡、保安、撒拉、土、裕固、蒙等民族中共创共享的民歌
吉尔吉斯斯坦		吉尔吉斯史诗弹唱阿肯艺术	史诗吟唱是吉尔吉斯游牧民族最重要的文化表现形式，几个世纪以来，经过艺人的口传心授，一直保留至今。史诗吟唱是一门把歌唱、表演、即兴发挥和作曲结合在一起的艺术。这种表演一般是在宗教节日、私人喜庆、节令典礼或国家节日期间举行，是一部有着社会、文化和历史价值的口传百科全书。其中最著名的是有 1000 年历史的《马纳斯》三部曲，即《马纳斯》、《塞米提》和《塞特克》

续表二

游览线路	非遗	简　介
阿塞拜疆 印度 伊朗 吉尔吉斯 斯坦 巴基斯坦 土耳其 乌兹别克 斯坦	诺鲁兹	在横跨阿塞拜疆、印度、伊朗、吉尔吉斯斯坦、巴基斯坦、土耳其和乌兹别克斯坦的广阔地域上，诺鲁兹标志着新年和春天的开始。这些地方的人们在每年的 3 月 21 日庆祝诺鲁兹节日，这个日子起初是由天文学的计算确定的。诺鲁兹与各种各样的地方传统相关联，诸如詹姆希德招魂，詹姆希德是波斯神话中的国王，以及其他许多故事和传说。诺鲁兹提倡的价值观包括：世代之间、家庭之间的和平与团结，以及和谐与睦邻友善，从而对不同群体和不同社团的文化多样性和友谊做出贡献
吉尔吉斯斯坦 塔吉克斯坦 乌兹别克 斯坦 土耳其	沙土木卡姆音乐	木卡姆是一种复杂的音乐形式，它的定义，简而言之，就是"根据弦乐优美的音阶创作出来的旋律和歌曲"。沙土木卡姆(用塔吉克的阿拉伯语可直译为"六个木卡姆")是多种文艺品种的综合体，包括声乐、器乐、旋律和节奏性语言、文学以及美学观念等。它可以独唱，也可以合唱，由弦乐、弓弦乐、打击乐和管乐组成的乐队伴奏。通常以器乐为先导，随后是主要部分纳斯尔(nasr 声乐部分)，包括两套不同的歌曲组合
乌兹别克 斯坦	博逊地区的文化空间	博逊，现有居民 82 000 人，是世界上最早的人类定居地之一。该地区位于从小亚细亚至印度的通道上，至今仍保留着古老的文化和诸多宗教遗迹，如拜火教、佛教和八世纪时传入的伊斯兰教以及前伊斯兰信仰，如萨满教和图腾崇拜。很多传统仪式仍存在着，如在春节除夕，用食物作为播种仪式的供品
	卡塔阿苏拉	卡塔阿苏拉(Katta Ashula,字面意思是"大歌")，是乌兹别克斯坦费尔干纳河谷地区的一种传统歌曲，它是居住在那里的各民族的共同的文化传统的一部分，包括塔吉克人、维吾尔人、土耳其人，和一部分吉尔吉斯斯坦、塔吉克斯坦、哈萨克人。卡塔阿苏拉是一种独创的艺术种类，综合了表演艺术、歌唱、器乐、东方诗歌和宗教仪式，主题广泛，从爱情到有关宇宙和自然的哲学与神学的概念，也有一些即兴创作的空间。这种技艺世代在师徒间口头传承，其间经历一个严格的学徒期，最少由两名歌手、最多由五名歌手演唱

6. 玄奘西天取经游(见表11)

【设计思路】以玄奘取经重要经由地设计旅游线路,重走取经路。以古城、关隘、石窟、寺庙为主要文化节点,举办国际丝路取经游,通过在每一关口设置论道、讲经、译经等比赛活动,促进佛教文化的国际传播与交流,推动佛法的繁荣发展。在每一关口,聘请德高望重的法师、主持,邀请佛教各分支代表人进行交流互动。依托"一带一路"发展战略,加强佛学院间的国际合作与交流,派遣留学僧人和高僧异地学习、钻研佛法。

表 11　玄奘西天取经游

游览线路		主要景点
陕西	西安	大雁塔、唐长安城遗址、兴教寺塔
甘肃	兰州	炳灵寺百窟
	敦煌	莫高窟
	武威	罗什寺塔
	酒泉	玉门关、阳关古城、榆林石窟
新疆	焉耆	塔里木盆地古国
	库车	克孜尔千佛洞、库车王府
	哈密	拉布楚克古城
	吐鲁番	焰山、高昌故城、交河故城
	喀什	山头城、艾斯克沙尔古城、红其明屋、四十里堡旧城
	阿克苏	皮朗古城、库木吐喇千佛洞、克孜尔千佛洞、埃格麦里央达古城、夏特古道
吉尔吉斯斯坦	托克马克	碎叶城
	撒马尔罕城	"Afrasiab 遗址区"、"帖木儿时期建成区"
乌兹别克斯坦	南部	布兹嘎拉山口
阿富汗	亚洲中南部	兴都库什山
	巴米扬	巴米扬山谷
巴基斯坦	白沙瓦城	中亚和南亚之间的贸易通道
印度	巴达加欧	那烂陀寺(玄奘受戒讲学之地)

7. 千年栈道寻踪游(见表12)

【设计思路】以古丝绸之路历史遗迹为核心文化吸引力,通过古道寻踪,既加深对丝绸之路贸易交流的巨大影响的认识,同时领略藏在深山的自然风光和人文风情。以专家、学者、历史爱好者为主要受众,设计研学考察的丝路古道发现之旅,增加国际对丝绸之路重要栈道的研究科考,寻找遗留的丝路文化。

表 12　千年栈道寻踪游

游览线路	景点	简　介
河南	崤函古道	为古代中原通往关中的咽喉,是东至洛阳西达长安的交通要道,也是我国古丝绸之路上一处极其珍贵的文化遗存
陕西	汉中石门栈道	褒斜道、石门及其摩崖石刻的所在地。秦蜀栈道,连接南北丝绸之路的重要枢纽,将从长安为中心的三条北丝路(草原之路、玉帛之路、唐蕃古道)和以成都为中心的东西两条南丝路连为一体,使丝路成为辐射整个中国西部的网络状的国际通道
	渭水峡道	渭水峡谷地带在先秦战国时期就有经宝鸡至天水东部的交通线路,诸如自宝鸡陈仓境到天水三岔之间,就有平套"北崖"、漆树崖"板桥"、关桃园、北峪嘴、史家窝等古栈道遗址,是秦岭深处茶马古道的组成部分
	陕甘茶马古道	中国内地茶叶西行并换回马匹的主道,唐朝时发展成为丝绸之路的主要干线之一
	蹚古道	西南丝绸之路,由陕西商人与古代西南边疆的茶马互市形成
	子午道	北起长安区子午镇西的子午谷,正南正北穿越秦岭,至汉水河谷,接蜀道,连四川盆地,为古茶马道和丝绸之路的组成部分。战国以后逐步修筑而成,是古代川蜀通往关中地区的重要通道

续表

游览线路	景点	简　　介
陕西	关山古道	古人跨越关山(即陇山),沟通中原和西域的通道,位于回汉杂居区,是连接关中与西域的一条名通道,当年文成公主进藏走的就是这条古道。自汉唐以来,就以其东接汉中西控陇右的地理位置,和丝绸之路的形成基本同步
甘肃	炳灵寺天桥古栈道	炳灵寺天桥是连接第169窟和172窟的古栈道,古人称为"仙阁"。北朝、唐、明等朝代时,天桥是畅通的,栈道崖壁外布满造像、壁画及石刻题记。清代战火后,现仅存部分残像,但这些造像的价值却不容忽视,它们是构成炳灵寺石窟艺术文化中不可分割的载体
	阳关古道	汉武帝时设在河西走廊西端的重要关隘,在军事上有极为重要的地位。自古为丝绸之路西出敦煌,通西域南道的必经关卡,西部边境之门户,高僧玄奘从印度取经归国,就是从天山南麓西入阳关回到长安的
新疆	叶尔羌河流域的古栈道	丝绸之路——昆仑河源道,从远处看,叶尔羌河峭壁上时不时会出现洞穴。穿过洞穴的细线便是古栈道。古栈道位于叶河的主干道上。道路简陋而陡峭,宽度基本不超过1米,窄处宽度甚至只有20至30厘米左右,仅容一人通过
四川	牦牛道	南方丝绸之路在雅安境内的这条道路在汉代称为"牦牛道",早在战国时期这条路就被广泛使用,在这条古老的路上,不仅有1986年出土的秦汉时期刻有"成都"二字的青铜矛,还有荥经段一块刻于悬崖绝壁上的东汉摩崖石刻"何君阁道碑"遗迹,这块距今1900年前的东汉石碑记载了东汉年间修建南方丝绸之路的伟大事迹
云南	永昌古道	南方丝绸之路上的纺锤柄,被人们喻为西出印度的咽喉

三、西安国际旅游品牌营销战略和信息化路径

(一) 品牌营销战略

"一带一路"战略背景下,西安国际旅游合作的发展项目应积极推动西安国际旅游目的地品牌建设,加强西安在区域旅游合作、国际旅游合作方面的战略部署。基于眼球经济时代背景,把握旅游营销切入点,积极构建城市旅游形象联合推广机制,形成政府主导、企业参与运作,聚集全市力量共塑旅游形象、共拓旅游品牌营销格局,立足于建设国际一流旅游目的地城市的宏伟战略目标,放眼国际市场,遵循现代营销理念,强势推进品牌营销机制创新,破解市场瓶颈,实现西安国际旅游市场的跨越式拓展。

1. 拓宽国际旅游营销渠道

在西安旅游重要客源地国家,有重点地遴选若干经营能力强、水平高、信誉好的旅游经销商,并与之建立长期合作关系,通过契约形式,鼓励国外旅游经营商、批发商开展西安旅游宣传,经营西安旅游组团业务,构建通畅、完善、长效化的西安国际旅游营销渠道体系。

加强与各大航空港管理集团的业务合作,有计划地在与西安通航城市的航空港布设西安旅游销售窗口,拓展西安旅游营销渠道,构建国际化的销售渠道。

2. 实施西安国际旅游品牌媒体大营销

通过各种渠道,在国际著名媒体和重点客源国、客源地媒体投放广告,进行旅游宣传造势,激励著名媒体向往西安、走进西安、传播西安、推广西安。

在中央电视台收视率高的频道,选择黄金时间持续投放西安旅游广告。同时,邀请中央电视台相关栏目的节目策划、编辑、记者前来西安采风,制作旅游专题片,宣传推广西安旅游。

在中国旅游报等设立"东方文化之都—西安旅游"专栏,连续介绍西安历史、文化、风情,追踪报道西安旅游节活动或旅游文化大事,发布旅

游信息，传播"东方文化之都，国际生态名城"旅游形象。

3. 全球网络展示与推广

以西安旅游网为依托，整合企业、景区网站，按照国际一流旅游目的地要求实施国际化提升；网站风格、内容、功能要适应消费群体的需求，多语种化、不同文化背景的宣传形式，建立便捷的链接方式和多种应用功能。

加强西安旅游网站与国内外主要搜索引擎的相互链接；增强西安旅游网站的论坛、博客、微博、在线咨询等互动活动；强力提升西安旅游网站的浏览量及知名度。

依托"数字西安"项目建设，进一步拓展提升功能，实现西安旅游吃、住、行、游、购、娱六大要素的网络三维虚拟展示，促进旅游传播效果，增强吸引力。

整合西安景区、旅行社、饭店、旅游商品购物中心及旅游交通公司等，构建现代化旅游商务网系统，打造旅游电子商务平台，实现西安旅游景点、饭店、宾馆、交通、票务等在线便捷咨询、预订、交易功能。

集成全市旅游信息渠道，搭建"云计算"旅游信息快速搜集和发布系统(旅游信息"高速公路")。各旅游企业和单位通过该系统动态上报即时旅游信息，反映接待状况及相关信息，并利用免费手机信息发布或语音提示等手段，及时向旅游部门和游客提供动态信息服务，为旅游预警与调控、游客旅游行程安排、调整提供快速信息通道。

4. 事件连环引爆全球营销

由西安市牵头，联合咸阳、宝鸡、天水等城市，整合丝路申遗名录景区，大手笔策划丝路旅游活动；推出高端系列丝路旅游精品线路；邀请国内外政府高官及知名人士，举办"丝绸之路国际合作论坛"；在国内外重要广播、电视、网站、报刊上，对丝路跨国申遗与丝路旅游进行动态跟踪报道，开展媒体大讨论，从过程与结果角度持续激发西安旅游连环效应。

策划文化、旅游、商贸等大型活动，连环引爆西安旅游，拓展客源市场。联合 WTO、WTTC 开展"国际旅游高端对话"，增强西安国际知名度。做到每年都有几个文化交流的大事件,形成旅游事件营销引爆的持续效应。

借势 2016 西安丝绸之路国际旅游博览会成功举办的扩散效应,通过每年旅游推介会、大型旅游活动、媒体采风与跟踪报道、人员推介、价格优惠、赠票等方式,加大宣传促销力度,提升国际国内对西安旅游的关注度,扩大西安旅游的市场影响力。

5. 借势品牌节会营销

由中华文化促进会和陕西省政府联合主办、西安市政府承办,定期举办具有游乐狂欢、大巡游特色的古都西安"国际唐人节";挖掘整合唐乐舞、唐建筑、唐服饰、唐文化工艺品、唐礼仪等旅游资源,高端策划组织旅游活动与项目,实施多维营销推介,盛情邀请国内外名人出席、知名媒体记者采风,使其成为我市世界级旅游品牌节会。

依托西安"欧亚经济论坛"等平台,以丝绸之路跨国申报世界文化遗产为契机,定期举办"国际丝绸之路旅游节",具体包括节会论坛、峰会、媒体集中展示等不同形式,创办世界文化论坛活动。

(二) 国际旅游合作信息化的路径

旅游信息化合作是实现资源共享与整合,树立旅游品牌,满足旅游者多样化和个性化需求的必然条件,是解决西安国际旅游合作中旅游客体的地方差异性与旅游主体的选择组合性之间矛盾的关键。通过借鉴国内外旅游信息化以及其他行业信息化发展模式,西安国际旅游合作信息化路径应从以下五个方面入手:

1. 联合-联盟式合作模式

基于统一的战略目标,聚集区域旅游企业,形成旅游联合体,在外部环境信息共通的情况下,成立旅游信息化联合研究中心,分别设立旅游合资开发联盟,功能开发联盟,上下游战略联盟等旅游信息化合作联盟,做出合作决策。该模式既能降低风险及成本,产生规模经济,又能填补市场和技术基础的缺陷,加快技术应用进程,克服政府壁垒及竞争。西安国际化旅游合作平台建设应以多元化合作主体为中心,在服务、产品、技术方面开展深化合作,加快转化应用联合研究成果,从战略上出发制定一组兼容并蓄的目标。

2．产业链式合作模式

以西安旅游行业现有职能部门为依托，以旅游企业为主体，构建国际旅游合作中心，实现各旅游目的地与中心的互动，在产业链基础上实现旅游信息化合作。该模式专业性强，结构简单，与企业职能部门联合紧密，便于发挥优势，但存在路径依赖，且目前区域旅游经济同构性已成为旅游一体化发展的最大障碍。旅游产业链合作主要依据旅游外部六要素进行业态扩伸以及内部计划、生产、营销及财务等环节进行合作发展。中国首个无障碍旅游区，广东与广西的六市合作就是通过产业链的整合，推动旅游信息联动化发展，为西安国际旅游合作发展树立了典范。

3．点式合作模式

依据项目管理整合中节点与节点间的渠道关系理论，提出旅游企业点式合作模式，运用于旅游信息化发展不平衡的区域以及合作初期和中期。通过加强不同类节点间的交流和沟通，掌握行业相关动态信息，制定旅游决策。中国民航信息网络公司与中国国际旅行社在航空旅游信息化方面的合作，张家界与微软合作开发的"张家界视窗"系统，以及珠江三角形成的"9+2"模式，都是行业点对点合作的成功范例，西安旅游企业可借助旅游+，与科学技术、交通、民宿、演艺等多个行业进行一对一合作，扩展旅游产业外延，加快旅游信息化合作的全面发展。

4．梯级合作模式

依据旅游合作发展阶段，将旅游合作分为关注效率阶段、塑造区域能力阶段。前者从旅游信息化局部开发与应用，到各合作方网络互联的技术集成与网络应用互通的业务流程集成阶段；后者从技术开发、服务满意、信息管理的业务流程重组层到基于区域旅游网络的信息化合作层。关注效率阶段，以行业内部同类企业间的横向合作和不同类企业间的纵向合作为主，如旅游企业间的虚拟联合以及电子商务"产品专营体系"等，互相弥补品牌、技术、管理以及产品方面的不足，实现共赢。塑造区域能力方面，主要是旅游企业与政府主管部门、其他行业企业间的混合合作占优势，通过加强区域旅游合作能力，构建更高水平的国际旅游合作平台。

5. 两波叠加式合作模式

两波叠加即实体化波与虚拟化波的叠加，通过传统旅游业与信息化建设的全面接轨，借助合作平台的实体化力量提升合作的虚拟化水平，达到两波同步的双增效应。实体化方面主要指旅游资源开发与营销、旅游企业结构调整，旅游企业集团化发展，旅游管理规范化；虚拟化方面主要指提供区域旅游信息平台。两波叠加是对资源整合、网络品牌化营销、旅游电子商务、电子政务以及旅游公共信息服务的集成应用。美国犹他州已经通过应用新技术手段，实现政府、通信、旅游部门合作，将信息化与传统旅游服务相结合。

四、西安国际旅游合作行动

(一) 加快区域协调行动

"一带一路"国家战略的提出和"丝绸之路:长安—天山廊道路网"的成功申遗为丝绸之路旅游合作的加速提供了重大契机，培育核心旅游资源吸引力，调动区域旅游资源的互补性，打造西安旅游国际化品牌，同时避免旅游开发、管理、竞争过程中的无序现象，区域协调机制的发展就显得尤为迫切。丝路沿线国家以其不同的地理环境、资源赋存以及经济基础、发展目标，在合作过程中难以协调统一，只有建立在共同的国家发展愿景上，受利益驱动、政策走向，树立共同的价值取向，才能破除客观阻碍，统一行动，实现多方利益最大化。

1. 政府层面

建立区域旅游利益分享机制，合作成员通过整合区域旅游业发展政策、规范区域旅游业制度建设来实现地方与地方、企业与企业的利益转移，从而实现利益在各个合作成员之间的合理分配。各合作成员在共同发展区域旅游业的前提下，通过协商制定区域旅游利益分享机制，以实现区域旅游利益在各合作成员之间的合理分配,解决各地方政府在合作中的利益冲突，为区域旅游协调发展提供保证。

建立利益补偿机制，中央政府以公平行为为原则，以市场调节为基础，通过建立规范的财政转移支付力度以及调整包括区域旅游协调政策、旅游产业政策在内的宏观政策，来实现中央与地方、地方与地方的利益转移，并特别强调旅游业发达地区与欠发达地区之间的利益补偿与平衡。

2．企业层面

协调利益相关者的利益，寻找利益共同点，追求共同目标。旅游企业在合作过程中，应建立相互信任的关系，达成书面合作协议，制定共同的整体目标和市场策略，并以此为章程，调整各企业目标，服务于整体目标，同时各旅游企业还要相互沟通和包容，以正确地对待合作过程中出现的问题或分歧，共同致力于利益最大化目标。

打造核心竞争力，提高企业竞争优势。各个旅游企业和旅游景区应该着力挖掘各自的历史渊源和独特文化来确定各自的目标市场。在规模经济能力、产品差异能力和文化战略能力方面加以提高和深化，以增强核心竞争力，提高进入门槛。

加强权威机构对企业项目的可行性研究和市场分析，在体制改革与经济发展过程中。必须有一批熟悉行业和旅游目的地状况、专门研究旅游业生产与经营、了解技术进步与革新的专家对建设项目进行论证与分析，并提出合理化的建议，以提高旅游企业投资和开发的前瞻性。

3．国际合作层面

丝绸之路跨国旅游合作必须以全局的视野进行资源规划和开发，把旅游资源及基础设施条件较好的各国重要节点城市作为区域内的增长极，通过这些热点城市的聚集和辐射效应，使若干具有特色的旅游经济区域在沿线合理分布，最终使丝绸之路全线旅游的整体发展得以实现。注重丝路国际旅游品牌的整体打造，要依据游客的多元化需求，借助沿线重镇的知名度和民俗文化，推广丝路旅游品牌。

国际旅游合作要发挥政府的主导作用，建立区域旅游发展的协调机制，要形成国内外旅游联盟，制定共同行动准则、标准和章程，解决旅游发展过程中政府公共服务和管理等方面的问题；研究地区间统一的财政税收政策、市场政策，尽可能统一标准，为旅游企业创造公平竞争的市场环境；

成立区域旅游协调发展委员会，使其具有法人地位及相应的权利，使区域内旅游业发展真正做到统一规划、统一开发、统一营销、统一管理。

(二) 推动无障碍旅游行动

2003 年 7 月，长江三角洲 15 个旅游城市和安徽的黄山市在杭州共同签署《长江三角洲旅游城市合作宣言》，我国首个跨省市无障碍旅游区合作正式开始。随着丝路旅游的国际合作的推进，必须打破旅游业地方保护主义壁垒，建立公平的竞争机制，淡化行政区划分的观念，强调区域内旅游合作意识，推动旅游发展战略一体化，从食、住、行、游、购、娱各方面落实无障碍旅游，建立多个旅游集散中心，以大旅游的格局，配合网点销售，实行统一采购、统一销售、统一分配等统一模式推动区域内无障碍旅游发展。

1. 市场无障碍

开放丝路沿线国际旅游市场，吸引国际旅游集团加盟，鼓励合作各方在异地异国开办分支机构，推动旅游公司合作建立跨国旅游企业集团；丝路沿线国家的景区给予区域内旅行社和导游境内同等待遇，实现丝路国际旅游区域内品牌共享、资源共享、市场共享。

2. 服务无障碍

培养多语种人才，提供国际游客市民待遇；打破文化障碍，完善旅游服务和解说设备，取消旅行社地陪，实行旅游组团、接团一条龙服务；设立丝路异域小镇，提供客源国的餐饮设施，娱乐活动，营造舒适的旅游生活环境满足客源国游客的需求。

3. 交通无障碍

建立畅通的旅游交通体系，增强沿线旅游节点城市交通衔接能力；开发专业的旅游专线，提高景点的可达性；逐步开放签证政策，开通旅游专线列车，加强与国际旅游线路规划的合作，减少游客出游的道路障碍。

(三) 促进旅游投资合作行动

基于"一带一路"国际战略和西安国际化大都市建设的发展目标，丝路旅游国际合作需要政策保障和专项资金支持，为旅游国际投资合作创造肥沃的市场，吸引跨区域、跨行业旅游投资。

1. 政策层面

在国家宏观政策的指导下，西北五省在联合发展丝路沿线旅游业的同时，应从政策上倾向于扩大旅游行业规模，构建旅游行业投资合作平台，引导国际企业加盟合作，促进丝路旅游扎根国际市场。资金规模视财力情况及项目建设需要科学设定，全力保障西安国际一流旅游目的地城市建设工作以及"一带一路"区域旅游发展的需要。对大型企业、民营企业、外资企业通过股份制等合作方式进入旅游新业态各领域的，予以用地、减免税费等优惠。

2. 资金层面

由丝路沿线国家政府牵头，依托亚洲基础设施投资银行，设置丝路旅游开发专项基金，完善旅游沿线国际基础设施建设；依托国际旅游投资协会以及中国旅游投资网站以及国际旅游投资大会的举行，成立丝路国际旅游投资基金会，通过成熟的项目策划、政策倾向和发展前景，吸引国际企业融资；通过国际平台进行民间众筹活动，筹措资金支持。

(四) 开展国际旅游合作营销和培训教育行动

为了丝路国际旅游的长久发展，必须营销先行，把拓展市场、培训教育作为保障。国际营销活动的开展是丝路旅游的预体验，要避免旅游活动的不可移动性，增强国际游客的主观感知，激发其旅游动机。国际旅游培训教育是为丝路国际旅游合作提供人才保障，为其注入源源不断的精英骨干，保证其长远的发展力和创新力。

1. 国际旅游合作营销

国际旅游合作营销依据国际旅游市场需求变化与西安旅游市场现状，积极构建城市旅游形象联合推广机制，形成政府主导、企业参与运作，聚集全市力量共塑旅游形象、共推品牌表产品、共拓旅游市场的营销格局；遵循现代营销理念，实施高端创意策划，借助现代传媒载体、商务会展活动，大力开展品牌营销、精准营销、组合营销、联合营销及激励营销，创新营销方式；基于眼球经济时代背景，把握旅游营销切入点，通过"事件引爆"刺激与市场需求，实现旅游营销大突破、客源市场大拓展；形成政府财政资金、企业资金、社会募集资金等多元营销资金筹集格局，增强营销实力，逐步实现西安旅游市场营销的跨越式发展。

2．国际旅游培训教育

开展国际旅游培训教育行动，制定《西安市旅游教育培训规划》，突出一揽子培训计划，对旅游培训教育进行宏观指导；立足培训"国际化""产业化"理念，构建培训活动国际化、产业化、对象序列化和内容科学化的培训体系；成立中国中西部旅游研究院，建立旅游从业人员教育提升机制；搭建国际旅游人才培养摇篮，实行多边交流模式，借助外语类院校国际交流平台，提供资金支持，吸收国际人才并促使其向旅游方向转型。

参考文献

[1] 国家发展改革委、住房城乡建设部．关中平原城市群发展规划[R]．北京：2018 年．

[2] 白长虹，妥艳娵．京津翼旅游一体化中的理论与实践问题——多中心治理理论的视角[J]．旅游学刊，2014,11(29):16-19.

[3] 邹统钎．"一带一路"旅游合作愿景、难题与机制[J]．旅游学刊,2017,6(32):9-11.

[4] 孙天昊．"一带一路"战略中的经济互动策略研究[D]．大连：东北财经大学,2016.

程圩 陕西省决策咨询委员会委员、陕西省社会科学院研究员

陕西省风险投资测度与影响因素研究

郑又源　亓志强　王奕丹

摘要　扩大与丝绸之路沿线国家和国内省份间的科技交流合作、促进科技成果转化是陕西省践行丝绸之路经济带战略的一个重要方面，而风险投资又是现代经济中促进科技成果转化的一个重要抓手，本研究通过对陕西省风险投资规模的测度及其影响因素的分析，为促进陕西省科技成果转化、打造科技创新中心提供了有价值的参考建议。

本研究通过天眼查软件系统，搜索并选取了 154 家陕西风险创投企业和 812 起风险投资事件。通过对这些风险投资机构成立时间分布、注册资本情况、系谱关系以及其对外投资数和对外投资额的统计和分析，探究陕西风险创投企业的发展现状，发现陕西省风险投资机构的数量呈逐年增加的趋势，目前形成了以国有资本为主导，省、市两级政府以及中央直属高校及科研院所所属的投资机构为主要参与主体，七大投资系谱为骨干的行业结构。通过对陕西省风险投资事件的数量、地域偏好、投资规模、行业分布的分析，发现陕西省投资事件数量的逐年递增、局部波动的趋势，风险投资机构的本地偏好明显，投资企业行业分布广泛且集中性强。

基于获取的统计数据，本研究进一步对影响陕西风险投资规模的因素进行了实证分析，结果显示：风险投资机构及被投企业的规模等内部特征因素与风险投资规模显著正相关，高校科研院所类的风险投资机构更偏好投资规模较小的投资；商务服务业的企业更受风险投资的青睐；国务院颁布的《创业投资企业管理暂行办法》对高校科研院所背景的风险投资机构具有影响，这种影响使得此类风险投资机构更偏好于开展规模更小的投资，而且这类风险投资机构投资偏好的形成完全是由《创业投资企业管理暂行办法》所致；《陕西省促进科技成果转化若干规定》对西安市属的风险投资机构具有影响，这种影响使得此类风险投资机构更偏好于开展规模更大的投资；《陕西省促进科技成果转化若干规定》的颁布显著扩大了风险投资机构对科技推广和应用服务业的投资规模。

关键词 陕西；风险投资；投资规模；测度；影响因素

一、引　言

陕西是古丝绸之路的起点，自 2013 年 9 月习近平总书记提出共建"丝绸之路经济带"战略构想以来，陕西省委省政府紧密结合陕西实际，确立了"打造丝绸之路经济带新起点、建设内陆改革开放新高地"的基本定位，着力打造交通商贸中心、科技创新中心、产业合作中心、文化旅游中心、区域金融中心等"五大中心"。为了打造丝绸之路经济带科技合作的新起点，陕西已于 2016 年成立了丝绸之路经济带技术转移中心，并且从 2016 年开始，借助丝绸之路国际博览会暨中国东西部合作与投资贸易洽谈会的契机举行科技成果交易展，以扩大与丝绸之路沿线国家和国内省份间的科技交流合作，推动区域科技合作，促进成果转化。

在现代市场经济中，实现科技成果转化离不开金融的支持，风险投资则是促进科技成果产业化最为有效的"催化剂"。陕西省省市两级政府也非常重视风险投资工作，牵头出资成立了多家风险投资机构，目前已经形成了以国有风投资本为主导，民间风投资本充分参与的行业格局。一个地区风险投资的规模和结构在很大程度上决定了这个地区科技转化能力的高低，因此准确测算我省风险投资的规模，并分析其结构分布特征，对于了解我省的科技成果转化能力具有重要的参考意义。目前，已经有多家专业机构对我国各地区的风险投资活动进行了统计测算，但是结果却不尽准确，据中国科学技术发展战略研究院发布的《中国创业风险投资发展报告

2017》的测算，全陕西仅有 11 家风险投资机构，经过我们的前期调研查证，此结论远远低估了我省风险投资行业的体量规模和发展水平。因此，准确测算我省风险投资的规模，同时分析我省风险投资行业的结构特征，总结我省风险投资的发展模式，对于我省科技成果转化工作以及丝绸之路经济带科技合作都具有重要的意义。在对我省风险投资进行测度的基础上，进一步对影响风险投资的因素进行分析，可以为我省风险投资政策的制定及优化提供重要参考依据。

本研究分为两个部分：第一部分为陕西省风险投资规模测算分析，这部分研究主要对陕西省风险投资机构和风险投资事件进行了统计测算，通过使用"天眼查"软件，统计了陕西省内 154 家风险投资机构的成立时间、注册资本规模以及投资情况，分析了陕西省风险投资机构的"系谱"关系，统计了陕西省内风险投资事件发生的时间、数量、投资的行业分布以及投资标的企业的专利情况，测算了陕西省各年风险投资规模的区间。第二部分为陕西省风险投资影响因素研究，这部分研究基于对风险投资机构和事件的测算结果，通过实证的方法，从政策、经济、风险投资机构特征和被投企业特征四个方面分析了影响陕西省风险投资的因素，重点分析了国家层面和陕西省层面的政策对其他影响因素的调节效应。

本研究的主要贡献在于：第一，本研究对陕西省风险投资机构和投资规模的统计测算为基础性研究，其统计数据是课题组成员通过使用专业的企业信息查询软件搜集的第一手信息，这些信息经过课题组的反复查证、筛选，具有较高的可信度，是了解我省风险投资行业状况的基础性材料。第二，本研究对陕西风险投资机构的"系谱"进行了分析，这对于了解陕西风险投资行业的结构特征，陕西主要风险投资机构的行业地位，它们彼此之间以及与其他风险投资机构之间的关系具有重要意义。第三，本研究在公开的实际投资数据不完全的情形下，参考风险投资行业内的一般估值水平，通过合理设定估值系数，估计出了实际投资数额的上下限，并以此为据测算陕西风险投资业的投资规模的区间范围。第四，本研究分析了国家层面和陕西省层面风险投资政策的间接效应，即这些政策通过哪些其他因素对陕西的风险投资活动造成怎样的影响，这可为省级决策部门政策的制定提供参考。

二、陕西省风险投资测算分析

(一) 测算范围的界定

根据全美风险投资协会的定义，风险投资是由职业金融家投入到新兴的、迅速发展的、具有巨大竞争潜力的企业中的一种权益资本。从广义上讲，风险投资泛指一切具有高风险、高潜在收益的投资；狭义的风险投资专指以高新技术为基础，生产与经营技术密集型产品的投资。在中国实践中，一般将风险投资等同于创业投资。因此，本研究所测算的风险投资的范畴涵盖陕西省内的创业投资、天使投资和高新技术产业投资，具体测算对象为风险投资机构与风险投资活动。

1. 风险投资机构的统计测算范围

本研究统计测算的风险投资机构主要包括在陕西省内注册的，在企业名称或主营业务介绍中明确说明有风险投资、创业投资、天使投资和高新技术产业投资的投资机构。除此之外，陕西省各级政府和职能部门为了促进科技成果转化，在省内成立了一批科技投资公司和孵化器公司，这类公司专职对科技型企业进行投资或直接以科技成果为依托提供创业资本，也具有风险投资的性质，因此，科技投资公司和孵化器也属于本研究统计测算的范围。

目前，风险投资机构的运作模式主要有直接投资模式、投资基金模式和混合模式三种模式。直接投资模式就是风险投资机构作为出资人直接对企业进行投资，该模式中风险投资机构既是出资人也是投资管理人。投资基金模式是指投资机构作为发起人，通过募集资金的方式设立一个具有法人资格的风险投资基金公司(或合伙企业)专门行使出资人职责，发起成立基金的投资机构自身(或指定特定的风险投资管理机构)专门行使投资管理职责。混合模式则是风险投资机构既进行直接投资也设立风险投资基金的模式。由于在投资基金运作模式下，投资机构发起设立的风险投资基金具有法人资格且是投资活动的直接出资人，其本身也是风险投资机构，故风险投资基金也属于本研究测算的范畴。本研究测算的风险投资基金一方面包括省内专职风险投资机构发起设立的投资基金，另一方面包括金融控股公司、资本管理公司在陕设立的，主要投资于高新技术产业或战略性新兴产业的，明显具有风险投资性质的基金。

本研究统计测算的是 2018 年 4 月 1 日之前有实际投资行为的风险投资机构(基金)，统计的内容为风险投资机构的名称、注册资本、成立时间、组织形式、所有制类型、实际控制人、投资项目数等，测算的内容为陕西省内风险投资机构的数量以及风险资本的规模总量。同时，根据统计的各风险投资机构的具体信息，梳理各风险投资机构之间的关系，划分陕西省内风险资本的"系谱"。

2. 风险投资活动的统计测算范围

本研究统计测算的风险投资活动是陕西省内风险投资机构的投资事件。本研究统计的投资事件主要包括对高新技术产业和战略新兴产业的实体投资，不包括金融投资以及其他产业的投资。由于部分风险投资机构采用投资基金的运作形式，故许多投资事件为投资设立风险投资基金或参股其他风险投资机构，这些投资虽然属于金融投资，不属于直接的风险投资活动，但是本研究对投资或参股其他风险投资机构(基金)的投资事件也进行了统计，其原因是一方面便于梳理各风险投资机构之间的关系，另一方面可以衡量风险投资机构的实际投资范围及其影响力。

本研究统计测算的风险投资活动为 2018 年 4 月 1 日前的投资事件，统计的内容包括投资对象的信息(企业名称、注册资本、所属行业等)和投资事件的信息(投资时间、投资数额、持股比例等)，测算的内容为陕西省历年风险投资的项目数量、投资规模总量、被投资企业上市的数量(含新三板上市)、被投资企业注册专利总数。

(二) 统计测算工具与方法

由于风险投资行业涉及大量商业秘密，我们只能通过搜索查询公开信息进行统计测算。本研究使用"天眼查"商业信息查询软件作为搜索统计风险投资机构和投资事件的工具。"天眼查"软件是一个类似搜索引擎的查询系统,据该软件的运营商介绍,"天眼查"系统收录了 8000 万家以上的企业信息,信息较为全面,涵盖企业工商信息、投资信息、招聘信息以及著作权、专利、商标、企业新闻等,全部信息数据均由全国企业信用公示系统的公开数据经智能算法汇总而来。利用"天眼查"系统,我们采用关键词搜索法和关联信息搜索法相结合的方法进行相关信息的查询与统计,具体的方法是:第一步,我们以陕西为地域搜索范围,以风险投资、创业投资、创新投资、天使投资、科技投资、高新技术产业投资、战略新兴产业投资(包括节能环保、信息技术、生物、高端装备制造、新能源、新材料等产业投资)作为关键词,搜索名称或主营业务中包含上述关键词的企业,筛选出有多项对外实体投资且投资对象的实际控制人彼此之间无明显关联的企业,这些企业即为本研究初步统计的风险投资机构;第二步,根据这些风险投资机构的对外投资情况统计投资事件,对于投资于实体企业的投资事件直接纳入风险投资活动统计,而对于投资于其他风险投资机构(基金)的投资事件,若其投资对象为陕西所属,则将该投资对象加入风险投资机构统计;第三步,根据投资事件中被投资实体企业的股东信息,搜索其他投资于该企业且为陕西所属的风险投资机构,将其加入风险投资机构统计;第四步,对统计新增的风险投资机构按第一步的条件标准进行筛选,然后重复第二步对其投资事件进行统计。统计流程如图 1 所示。

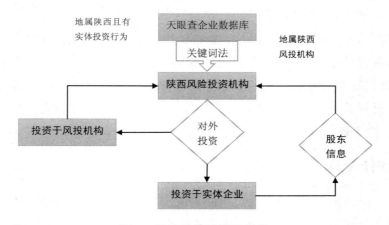

图 1　风险投资统计流程图

(三) 陕西省风险投资机构统计分析

陕西具有良好的区位优势、科技优势、人才优势，拥有众多高等院校、科研机构和科技企业，同时具备较强的金融辐射力，拥有发展高新技术产业的潜力和积淀。"十一五"以来，陕西省通过实施"13115"等科技创新工程，自主创新能力稳步提高，高技术产业规模逐步扩大，产业聚集效应初步显现。"十二五"时期，陕西继续扩大高技术产业规模，着力推进自主创新基础能力建设，增强自主创新能力已成为我省高技术产业发展的战略基点和调整高技术产业结构、转变产业增长方式的中心环节。目前，陕西已基本形成以西安、杨凌两个国家级高新技术开发区为龙头的高新技术开发带。随着陕西高新技术产业的发展，风险投资业也展现出广阔的发展空间。我们通过"天眼查"软件系统，总共查找搜索到了陕西154家风险投资机构，并对这些风险投资机构进行了统计分析。

1. 成立时间分析

对风险投资企业、创业投资企业成立时间的分析，可以反映该地区风险投资、创业投资行业的发展轨迹，同时也能反映该地区高新产业的发展状况。因此，我们针对样本中的陕西154家风险投资机构的成立时间进行分析，分析结果如图2所示。

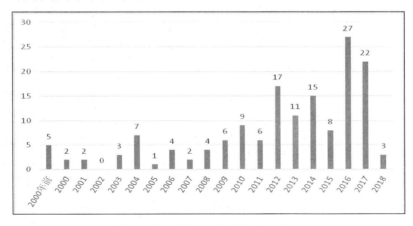

图2　陕西投资企业成立时间统计

由图 2 统计结果可知，陕西大部分风险创业投资企业的成立时间集中于 2009—2017 年，并呈现出逐年增长的态势。2009 年恰好是国务院正式提出发展战略性新兴产业的元年，在此背景之下，陕西作为科技大省，促进培育战略性新兴产业的发展必然成为全省科技工作的一项重要内容，其中，通过建立风险投资机构促进培育相关产业的企业就成了一项必不可少的措施。除了国家战略的推进作用之外，新一轮科技创新浪潮的推动以及陕西省教育资源和科研实力的积淀也为陕西高新技术产业的快速发展奠定了良好基础，这也就对风险投资行业产生了巨大的需求。

2. 注册资本分析

注册资本直接反映了风险投资机构的投资能力和风险承担能力，我们对样本中的风险创投企业的注册资本规模进行了统计，表 1 列出了资本规模排名前十的风险投资企业(西安高技术军民融合产业投资基金合伙企业(有限合伙)、西咸新区风险投资有限公司、陕西西科天使叁期商务信息咨询合伙企业(有限合伙)三家企业并列第九位)。

表 1　陕西资本规模排名前 10 的风险投资企业

位次	机构名称	注册时间	注册资本/万元
1	西安经开金融控股有限公司	2012.3	500 000
2	陕西空港新城创新投资有限公司	2017.3	205 000
3	陕西西咸金融控股集团有限公司	2012.11	200 000
4	陕西安康高新产业发展投资(集团)有限公司	2010.8	130 280
5	西安航天新能源产业基金投资有限公司	2011.1	100 100
6	西安曲江文化产业风险投资有限公司	2009.12	100 000
7	西安航天基地创新投资有限公司	2009.7	90 000
8	西安高新技术产业风险投资有限责任公司	1999.2	65 800
9	西安高技术军民融合产业投资基金合伙企业(有限合伙)	2016.11	50 000
9	西咸新区风险投资有限公司	2017.9	50 000
9	陕西西科天使叁期商务信息咨询合伙企业(有限合伙)	2017.9	50 000
10	西安军民融合创新投资有限公司	2014.4	40 000

由表 1 可见，陕西资本规模排名前 10 的风险投资企业全部集中于西安市，西安市是陕西省风险投资机构的聚集区，经过我们的统计，90%以上的风险投资机构注册地位于西安市。经过我们的统计，样本中风险创投企业的注册资本额平均约为 20 621 万元，其中注册资本额最高的为西安经开金融控股有限公司，其注册资本额达到 500 000 万元；注册资本额最低的企业为陕西省创业投资引导基金管理中心，其注册资本额仅为 100 万元。

3. 系谱关系分析

较为大型的风险投资企业在其实际运作中，往往采用成立多个子公司，母公司与子公司、子公司之间相互持股的方式。该机构一方面可以在保持对公司控制权的基础上尽量多地吸纳外来资金，另一方面还可以吸纳更多的专业人才，形成关系网络，这样不仅加强了风险投资机构对信息的获取和处理能力，而且还可以将投资失败对整体公司带来的影响最小化，降低风险，保持企业的稳定运行。

在对风险投资机构之间关系的分析中，我们发现陕西的风险创投企业之间存在互相持股、协同投资的系谱关系，风险投资机构通过这些关系形成了一个风险投资集团。因此，我们通过选取几个较有影响力的风险创投企业，对以其为中心的风险投资系谱进行分析，梳理由系谱关系形成的风险投资集群，从而从宏观上对陕西风险投资企业之间的联系以及风险投资机构的行业地位进行了解。

1）西交大系

西交大系风险投资集团以西安交大资产经营公司为核心。西安交大资产经营公司于 2006 年 12 月 29 日在西安市高新技术开发区工商局注册成立，注册资本 1.34 亿元，西安交通大学是其唯一股东。资产公司成立后，西安交通大学已将其所持有的所有全资企业、控股企业、参股企业的股权或无偿划转到资产公司，或委托其管理。

如图 3 所示，西交大系由 13 个风险创投企业组成，该系谱中西安交通大学作为最终控制人，以西安交大资产经营公司为核心，衍生出多个具有风险投资职能的科技园公司、孵化器、文化投资公司和教育投资公司。西交大系谱中子公司与母公司的相互持股关系简单明确，形成了具有两级的参股/所属结构的风险投资集团。西交大系风险投资集团的投资对象较为广泛，主要以高新技术为主，也包含对文化创意领域的投资，不同种类的风险创投活动分别由不同职能的子公司进行投资运作。

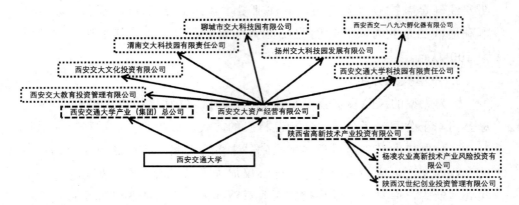

图 3 西交大投资集团系谱图

2) 西高投系

西高投系风险投资集团以西安高新技术产业风险投资有限责任公司为核心。西安高新技术产业风险投资公司成立于 1999 年，注册资本 6.58 亿元，实际控制人为西安高新技术产业开发区管委会(股比大于 85%)。截至 2017 年末，西高投公司管理的资产规模已超过 110 亿元，累计投资项目二百多个，成功推出 28 个项目。

如图 4 所示，西高投系由 12 家风险创投企业组成，以西安高新技术产业风险投资有限公司为中心，衍生出多家位于多个层级且彼此相互持股的风险投资机构。在西高投公司衍生出的众多风险投资机构中，既包含由其参股或控股的风险投资公司，也包含由其发起设立的风险投资基金，这些风险投资公司和风险投资基金与西高投公司一起形成了一个关系复杂，并呈网络化结构的风险投资集团。西高投系谱内衍生机构不仅相互持股，而且与系谱之外的西安科技投资有限公司、西安高新产业投资有限公司、陕西省高新技术产业投资有限公司等其他省属、市属大型风险投资公司共同参股的次级风险投资机构。西安高新技术产业风险投资有限公司在陕西风险投资行业中深耕多年，具有很深的行业嵌入性，关系网络广泛而复杂，以其为核心的西高系风险投资集团是一个具有高度开放性的风险投资系谱，与系谱之外的投资机构联系紧密。

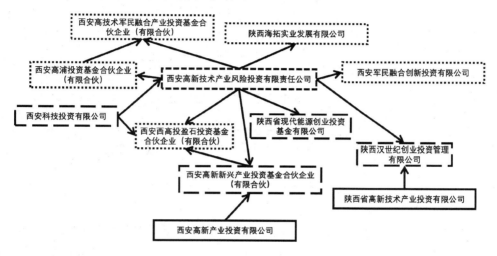

图 4　西安高新投资集团系谱图

3）航天基地系

航天基地系风险投资集团以西安航天基地创新投资有限公司为核心，西安航天城投资发展集团有限公司是整个系谱的最终控制人。西安航天基地创新投资有限公司成立于 2009 年，注册资本 9 亿元，其控股股东为西安航天城投资发展集团有限公司。西安航天城投资发展集团有限公司是由西安国家民用航天产业基地组建的国有独资企业，成立于 2007 年 5 月，注册资本 22.5 亿元，公司旗下现有全资、控股、参股公司 23 家，为西安航天城开发建设作出了重要贡献。

如图 5 所示，航天基地系由 18 家企业组成，西安航天基地投资集团作为系谱的最终控制人，以西安航天基地创新投资有限公司为核心，衍生出多个位于不同层级且彼此相互持股的风险投资机构。与西高投系一样，航天基地系谱内的衍生企业同时包含风险投资公司和风险投资基金两类，且各个衍生单位之间也呈现出网络化的持股结构，关系较为复杂。西安航天基地系风险投资集团主要以国家级陕西航天经济技术开发区为依托，以军工、航天企业为主要投资对象，具有较为鲜明的行业特征。

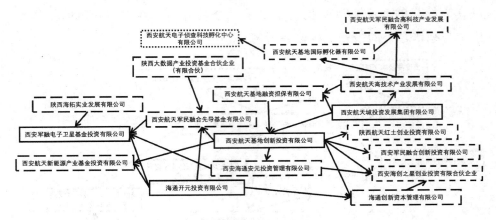

图 5　西安航天基地投资集团系谱图

4) 陕西金控系

陕西金控系风险投资集团以陕西金融控股集团有限公司为核心。陕西金融控股集团有限公司成立于 2011 年 11 月 3 日，是经陕西省人民政府批准设立的国有大型骨干企业，注册资本 33 亿元。截至 2016 年底，总资产215 亿元，净资产 89 亿元，拥有一级企业 35 家。目前共管理产业基金 7支，总规模约达 211 亿元。

如图 6 所示，陕西金控系结构极为庞大，表面上由多个小投资公司集体构成，但是彼此之间关系紧密且极其复杂，受篇幅影响，图中仅展示其中一部分。陕西金控系的核心陕西金融控股集团并不是专职的风险投资机构，而是一个大型的综合投资机构，其控股的诸多小型投资群有许多专司风投之职。陕西金控系在陕西风险投资行业的影响力之大、涉及面之广在陕西可谓首屈一指，其控股/参股出的风险投资机构众多，且都为资本过亿的大型机构，其投资范围覆盖战略性新兴产业的全部领域以及高新技术产业的绝大多数领域，投资对象不仅包括中小型的高新技术企业，也包括投资规模与风险均较大的技术密集兼资本密集型企业。

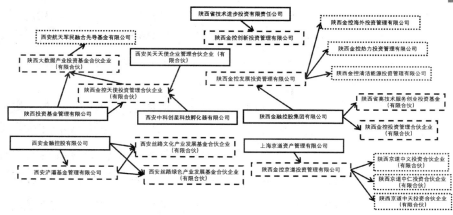

图 6　陕西金控投资集团系谱图

5) 西科系

西科系风险投资集团以西安中科创星科技孵化器有限公司为核心，以西安中科光机投资控股有限公司作为整个系谱企业的最终控制人。西安中科光机投资控股有限公司是中科院西安光机所专业从事经营性资产运营管理和高科技企业投资孵化等职能的全资控股公司。目前，西科控股代表研究所持有并经营管理着 40 余家高科技企业的股权。西科控股下设的西安中科创星科技孵化器有限公司，是由中科院西安光机所联合社会资本发起创办的专业从事高新技术产业孵化+创业投资的国家级一站式硬科技创业投资孵化平台。中科创星成立了全球首家专注于硬科技成果产业化的天使基金——"西科天使"基金，总规模约 51 亿元。目前已孵化培育了 228 余家硬科技企业，市值 200 亿元。

如图 7 所示，西科系的组织结构较为明晰，主要由西安中科光机投资控股有限公司进行注资，建立西安中科创星科技孵化器有限公司，再下设陕西西科天使投资管理有限公司和西安中科创星创业投资管理有限公司，并由这三家企业管理下属的多家投资企业，形成三层结构。

6) 科控系

科控系风险投资集团以陕西科技控股集团有限责任公司为核心。陕西科技控股集团有限责任公司成立于 2014 年 10 月 17 日，是经陕西省人民政府批准设立的国有独资集团公司，注册资本 9 亿元人民币。集团全资子公司 14 家，参股企业 6 家，截止 2016 年年末，科控集团拥有职工 3023 人，资产规模 29.31 亿元，以优先股方式投资 47 家科技中小企业，金额近 7000 万元；联合社会资本，针对科技企业股权融资需求，设立运作 12 只创业风险投资子基金，总规模 37.5 亿元，已投资超过 160 家科技企业。

图 8 仅展示了部分科控系结构的一部分，科控系谱内也存在多家机构呈相互持股的网络状结构，但是由于层级较少，结构也较为简单。科控系的层级结构分为三层：第一层为整个科控系风险投资集团的核心陕西科控投资集团，陕西科技控股集团有限责任公司通过注资陕西科控投资管理有限公司，形成系谱层状结构中的第二层，其余下属的风险投资子基金形成第三层。这些子基金有的由第一层的科控集团持股，有的由第二层的科控管理公司持股，有的与其他同位于第三层的子公司相互持股。

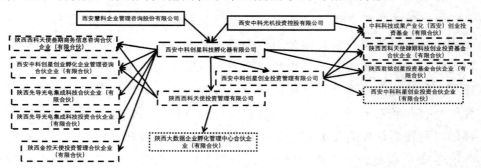

图 7　中科光机投资集团系谱图

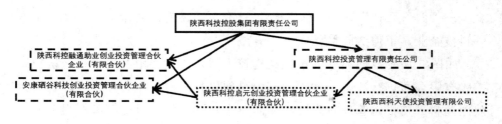

图 8　陕西科控投资集团系谱图

7) 工研院系

工研院系风险投资集团以工业技术研究院为核心。西北工业技术研究院成立于 2005 年 12 月，是陕西省政府支持成立的两个工业技术研究院之一。工研院下属的陕西亿创科技产业投资有限公司是西北工业技术研究院全资注册的有限责任公司，主要从事科技成果转化项目投资、投资项目及资产的管理与经营、投资管理咨询及评估等业务。公司于 2008 年 11 月注册成立，西北工业技术研究院股权比例为 100%。2008 年 12 月，为培育和扶持军民融合高新技术中小企业，西北工业技术研究院成立西安易创军民两用科技工业孵化器有限责任公司，2011 年 12 月被科技部认定为"国家级科技企业孵化器"，并于 2007 年着手成立易创加速器，为具有一定规模的高成长性企业提供创新服务模式。

如图 9 所示，工研院系的组织形式与科控系相似，层级结构分为三层：第一层为整个工研院系风险投资集团的核心西北工业技术研究院，西北工业技术研究院通过注资陕西亿创科技产业投资有限公司和西安易创军民两用科技工业孵化器有限责任公司，形成系谱层状结构中的第二层，其余下属的风险投资公司和子基金形成第三层，并相互持股。

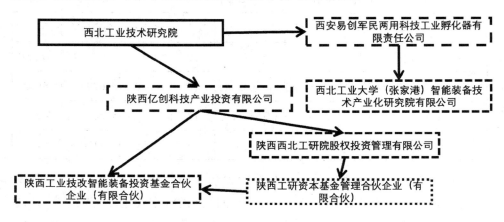

图 9   西北工研院投资集团系谱图

4. 投资项目分析

1) 投资企业数分析

投资企业数是企业参与投资企业的数量，可以反映出企业的投资实力和对外投资的活跃度。参投企业数越高、投资总额越大的企业，其对该地区投资的贡献也就越大，对其他较小的风险创投企业的投资行为也会产生一定的影响。在本研究中，我们提取了陕西154家样本风险投资企业中对外投资数排名前十的企业并对其相关数据进行了统计，如表2所示。

表 2　投资总数前十机构

机构名称	投资总数	实业占比	投资数额/万元	平均投资额/万元
陕西西科天使叁期商务信息咨询合伙企业(有限合伙)	67	1.00	2567.8	53.5
西安中科光机投资控股有限公司	44	0.95	15176.1	446.4
西安高新技术产业风险投资有限责任公司	43	0.74	50750.3	1371.6
陕西西科天使企业管理合伙企业(有限合伙)	39	0.97	3404.1	97.3
西安高新技术产业开发区创业园发展中心	37	0.86	6876.8	245.6
陕西省高新技术产业投资有限公司	35	0.89	34739.4	1286.6
西安科技投资有限公司	28	0.79	3574.4	162.5
陕西先导光电集成科技投资合伙企业(有限合伙)	18	1.00	639.1	58.1
陕西大数据企业孵化管理中心合伙企业(有限合伙)	17	1.00	664.9	47.5
西安航天新能源产业基金投资有限公司	16	0.88	21174.5	1512.5

如表2所示，陕西风险创投行业较为活跃的企业主要集中于上文所述的几大系谱中。投资数排名前十的企业的目标投资企业主要为实业，对风投机构基金的投资相对较少。其中，西安高新技术产业风险投资有限责任公司、陕西省高新技术产业投资有限公司、西安航天新能源产业基金投资有限公司、西安中科光机投资控股有限公司四家机构累积投资额较大，达到亿元级别。

2) 投资规模分析

本次选取的陕西154家风险投资机构共向周边的风投基金以及科创企业投资812家，其中披露投资数额的633家，累计投资达1 604 795万元。

本研究所统计的 154 家风险创投企业中，投资总额位居前十的风险投资机构如表 3 所示。

表 3   投资规模前十企业

机构名称	投资总数	风投基金	高新企业	总出资/万元	平均出资/万元
西安国创新能源投资管理合伙企业(有限合伙)	1	0	1	962 500.0	962 500.0
西安航天基地创新投资有限公司	14	9	5	61 140.2	5095.0
陕西西咸金融控股集团有限公司	4	4	0	58 900.0	14 725.0
西安高新技术产业风险投资有限责任公司	43	11	32	50 750.3	1371.6
陕西省高新技术产业投资有限公司	35	4	31	34 739.4	1286.6
西安高浦投资基金合伙企业(有限合伙)	1	1	0	26 000.0	26 000.0
西安高新新兴产业投资基金合伙企业(有限合伙)	3	3	0	22 000.0	11 000.0
西安航天新能源产业基金投资有限公司	16	2	14	21 174.5	1512.5
陕西亿创科技产业投资有限公司	16	5	11	17 015.5	1063.5
陕西远望达创业投资集团有限公司	3	0	3	16 192.0	5397.3

结合我们对企业系谱的分析不难看出，表 3 所列的企业大部分都在我们统计的风险投资系谱中，并在企业系谱中占据相对重要的地位。

3) 系谱投资规模分析

结合上面对陕西风险创投企业的系谱分析，我们以各大系谱为单位，统计并分析了各大系谱对外投资规模，具体情况如表 4 所示。

如表 4 所示，西高投系风投集团总对外投资额最高，达到 133 643.9 万元，而西科系风投集团对外投资的企业数量最高，共 168 家。综合各投资系谱的投资额和投资数量，西高投系、航天基地系、金控系和西科系这四大风险投资集团为陕西规模较大、投资额和投资量最广的风险投资集群。

表 4 系谱投资规模分析表

系谱	明细	投资数	投资额/万元	总投资数	总投资额/万元
西交大系	西安交通大学科技园有限责任公司	13	3766.3	48	38505.7
	陕西省高新技术产业投资有限公司	35	34 739.4		
西高投系	西安科技投资有限公司	28	3574.4	123	133643.9
	西安高浦投资基金合伙企业(有限合伙)	1	6000		
	西安高技术军民融合产业投资基金合伙企业(有限合伙)	1	375		
	西安高新技术产业风险投资有限责任公司	43	50 750.3		
	西安西高投盈石投资基金合伙企业(有限合伙)	1	55		
	西安高新新兴产业投资基金合伙企业(有限合伙)	3	22 000		
	陕西省现代能源创业投资基金有限公司	10	8149.8		
	西安军民融合创新投资有限公司	1	8000		
	陕西省高新技术产业投资有限公司	35	34 739.4		
航天基地系	西安航天新能源产业基金投资有限公司	16	21 174.5	47	106823
	陕西大数据产业投资基金合伙企业(有限合伙)	1	17.3		
	西安航天军民融合先导基金有限公司	1	15 000		
	西安航天基地创新投资有限公司	14	61 140.2		
	西安海通安元投资管理有限公司	2	70		
	陕西航天红土创业投资有限公司	7	970.8		
	西安军民融合创新投资有限公司	1	8000		
	西安海创之星创业投资有限合伙企业	5	450.2		

系谱	明细	投资数	投资额/万元	总投资数	总投资额/万元
金控系	西安航天军民融合先导基金有限公司	1	15 000	13	17 221.6
	陕西大数据产业投资基金合伙企业(有限合伙)	1	17.3		
	陕西金控创新投资管理有限公司	3	600		
	陕西金控清洁能源投资管理有限公司	1	300		
	陕西省高技术服务创业投资基金(有限合伙)	7	1304.3		
西科系	西安中科科星创业投资合伙企业(有限合伙)	3	25.3	168	19 861.1
	西安中科光机投资控股有限公司	44	15 176.1		
	西安中科创星创业投资管理有限公司	4	500		
	陕西大数据企业孵化管理中心合伙企业(有限合伙)	17	664.9		
	陕西西科天使叁期商务信息咨询合伙企业(有限合伙)	67	2567.8		
	西安中科创星创业孵化企业管理咨询合伙企业(有限合伙)	15	287.9		
	陕西先导光电集成科技投资合伙企业(有限合伙)	18	639.1		
科控系	陕西科控融通助业创业投资管理合伙企业(有限合伙)	2	1000	7	1531.1
	陕西科控投资管理有限责任公司	5	531.1		
工研院系	西安易创军民两用科技工业孵化器有限责任公司	2	2775	23	20111
	西北工业大学(张家港)智能装备技术产业化研究院有限公司	5	320.5		
	陕西亿创科技产业投资有限公司	16	17 015.5		

(四) 陕西省风险投资事件统计分析

1. 风险投资事件数量分析

我们对陕西省风险投资的投资事件进行了统计，截至 2018 年 4 月，陕西省的风险投资事件总计 812 起，其中投向风险投资企业 179 起，占投资总数的 22.04%，投向实业企业 633 起，占投资总数的 77.96%。在这 633 家实业企业中有 442 家位于陕西省，占实业总数的 72.7%，如图 10 所示。

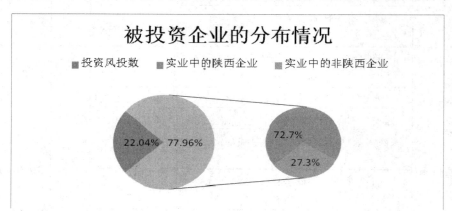

图 10 陕西省风险投资企业的被投资企业分布情况

从我们统计的数据可以看出，陕西省的风险投资活动中，以投资于实体经济的直接风险投资活动为主，占比达四分之三以上，投资于其他风险投资机构的间接风险投资比例不足四分之一。而从风险投资事件的投资地域来看，70% 以上的投资投向了本地企业，风险投资的本土偏好明显。

如图 11 所示，在我们统计的 812 起风险投资事件中，披露投资时间的事件共计 809 起，对投资时间进行年度分析，2000 年到 2012 年，每年的风险投资发生量处于一个较低的水平，在 20 家附近波动，从 2013 年开始，投资数量开始迅速增加，涨幅较去年达到了 124%，并开始逐年以递减的速度增加，到 2017 年已经达到最大，较前一年增长的增长率为 1%，共计 158 家企业。从我们统计的数据可以看出，陕西省风险投资企业的投资数量随着时间的增加整体数量呈现逐年递增的趋势，并于近两年逐渐趋于稳定，尽管整体上波动频繁，但是陕西的风险投资企业仍趋向于增加其对外投资。对于披露投资时间的 809 家被投资实业企业和风险投资公司，我们对其数量的变化进行针对性的分析，如图 12 所示。

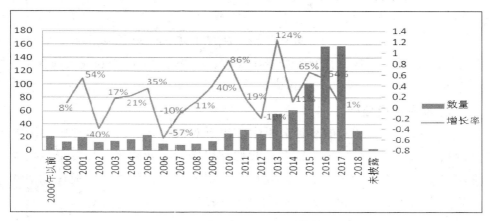

图 11　1996—2018 每年被投资企业数量及同比增长率

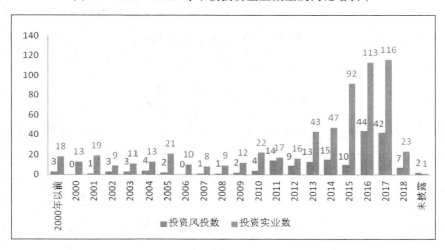

图 12　1996—2018 年每年被投资企业类别和数量统计

　　针对我们统计的 179 家被投资的风险投资企业进行时间分析，从 2000 年到 2010 年，企业数量连续维持在一个较低的水平，每年不超过 4 家企业；2010—2011 年企业数量有了较大幅度的增加，增长率达到了 250%；从 2011

年到 2015 年，企业数量相对稳定；2016 年起，企业数量有了显著的增长，2016 年有 44 家风投企业被陕西的风险投资企业投资，增长率达到了 340%，2017 年的投资数量略有减少，是 43 家。

针对我们统计的 633 家被投资的风险投资企业进行时间分析，从 2000 年到 2012 年，企业数量连续维持在一个较稳定的水平，年均 16 家企业；从 2012 年到 2013 年企业数量有了较大幅度的增加，增长率达到了 169%；从 2012 年到 2017 年，企业数量持续增加，并于 2017 年达到最大，有 116 家企业。

2. 投资规模分析

在对每年投资总额的统计分析中，由于对被投资的实业企业的实际投资额只有部分企业被披露，因此，我们利用借助企业的名义投资额对被投资实业企业的投资额进行估计，我们将采用区间估计的方法，通过分别计算其投资总额的下限和上限，以求对实际投资总额区间进行计算。

计算投资总额下限时，对于已知实际投资额 $a_i(i=1,2,3,\cdots,n)$ 的实业企业 $A_i(i=1,2,3,\cdots,n)$，对其数据不做处理；对于未知实际投资额 $b_j(j=1,2,3,\cdots,m)$ 且名义投资额 C_j 已知的实业企业 $B_j(j=1,2,3,\cdots,m)$，令其实际投资额 $b_j=C_k(k=1,2,3,\cdots,m;\ j=1,2,3,\cdots,m)$，那么，投资总额下限的计算公式为

$$投资总额下限 = \sum_{i=1}^{n} a_i + \sum_{j=1}^{m} b_i$$

计算投资总额上限时，对于已知实际投资额 $a_i(i=1,2,3,\cdots,n)$ 的实业企业 $A_i(i=1,2,3,\cdots,n)$，对其数据不做处理；对于未知实际投资额 $b_j'(j=1,2,3,\cdots,m)$ 且名义投资额 C_j 已知的实业企业 $B_j(j=1,2,3,\cdots,m)$，令其实际投资额 $b_j'=C_kR(k=1,2,3,\cdots,m;\ j=1,2,3,\cdots,m)$，其中，$R$ 指的是同行业企业中实际投资额和名义投资额的最大比。那么，投资总额上限的计算公式为

$$投资总额上限 = \sum_{i=1}^{n} a_i + \sum_{j=1}^{m} b_j'$$

(注：由于受异常值影响可能导致估计的区间不准确，因此为了保证结果的有效性，结合风险投资行业估值的一般水平，我们将大于 10 的 R 值舍弃；同时，为了确保估计的上限大于等于下限，对于无法求出 R 值的行

业，令 R=1。)

对投资金额的下限进行统计整理和年度分析，陕西省风险投资企业对于实业的投资总额变化趋势如图 13 所示。从 1996 年到 2018 年总的投资金额下限为 1 274 568.066 万人民币。2000—2009 年期间，投资总额有较大程度的波动，但由于整体上前期一直趋于一个较低的发展态势，年均仅6728 万元；2010—2016 年投资额开始出现明显的增长，期间有小幅波动，但是总体呈现递增态势，这 7 年间的年均投资额达到了 23 613 万元，投资额增加了 3.51 倍。2017 年的风险投资规模出现爆发式增长，达到 1 015 526万人民币，是 2016 年的 22.67 倍。

图 13　1996—2018 年每年投资总额的下限及其增长率

对投资金额的上限进行统计整理和年度分析，陕西省风险投资企业对于实业的投资总额变化趋势如图 14 所示。从 1996 年到 2018 年总的投资金额上限为 6 926 697.462 万人民币。2000—2013 年期间，投资总额整体上趋于一个较稳定的发展态势，年均仅 14 852.86 万元，在此期间于 2009 年有了较大的波动，较 2008 年变化了 1057.9%。2014—2016 年投资额开始出现明显的增长，期间有小幅波动，但是总体呈现递增态势，2017 年的风险投资规模出现了爆发式增长,达到 6 384 427 万人民币,是 2016 年的 62.2倍。

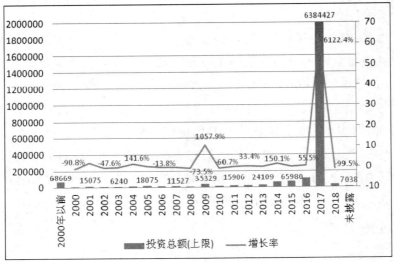

图 14   1996—2018 每年投资总额上限及增长率

3. 实体行业的统计分析

对被投资企业的行业分布进行研究，可以反映陕西省的风险投资企业对于投资行业的偏好程度和投资力度。针对其投资行为涉及 37 个行业进行分析，分析结果如图 15 所示。

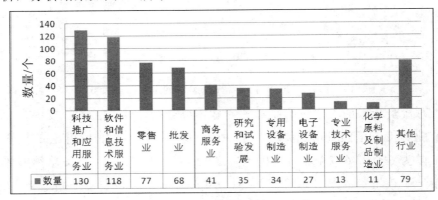

图 15   被投资实业企业各行业数量统计

截至 2018 年 4 月，被投资实业企业按投资行业细类划分，陕西省风险投资项目主要集中在科技推广和应用服务业、软件和信息技术服务业、零售业这三大行业，集中了 51.3%的项目。科技推广和应用服务业是各行业中最受投资青睐的行业，投资科技推广和应用服务业、软件和信息技术服务业、零售业的企业数量分列前三位，分别为 130、118 和 77 家，分别占被投资的实业企业的 20.5%、18.6% 和 12.2%。

以投资总额的下限为计算标准，那么这三个行业的投资额分别为 35 962.859 12、51 912.829 96 和 28 933.250 79 万元，分别占实业投资总额的 2.82%、4.07% 和 2.27 %。三者的投资总额共计 116 808.9 万元，共占实业投资总额的 9.16%。

以投资总额的上限为计算标准，那么这三个行业的投资额分别为 65 930.165 61、115 746.849 4 和 79 621.227 34 万元，分别占实业投资总额的 0.95%、1.67% 和 1.15 %。三者的投资总额共计 261 298.242 3 万元，共占实业投资总额的 3.77%。

4. 专利统计

在技术型企业中，专利代表了企业的核心竞争力，是价值创造的关键，是企业快速成长的保证，因此，企业专利成为中小型企业获取风险投资的关键因素。企业专利与企业获取风险资本是一种互为因果的关系：企业拥有专利会吸引风险投资；风险投资进入之后又会促进企业的研发活动，创造专利。为了后续研究的便利，在此，我们对风险投资事件发生前后，被投资企业的专利总数分别进行统计，结果如图 16 所示。

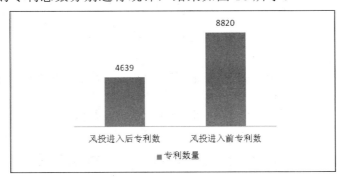

图 16 被投资实业企业各阶段专利个数统计

对目前的陕西省风险投资企业的被投资实业企业进行分析，其专利数共计 13 464 个，其中，披露投资时间的案例 13 459 起，风投进入前专利总计 4639 个，进入后专利总数 8820 个，分别占专利总数的 34.45%和 65.51%，而风投进入后企业申报专利数是风投进入前的 1.9 倍。

从风险投资前后的专利数量比较可以看到，实业企业在引入风投后，具有了较引入风投之前更丰富的企业价值和文化，增强被投资企业的创新创造能力并将其转化成企业自身的知识产权，从而带动企业的良性发展。

对被投资实业企业的行业的专利数量进行分析，从图 17 中可以看出，在风投进入前，电子设备制造业、其他制造业和科技推广、应用服务业在专利数量方面具有优势，分别为 1139、731 和 591 个，分别占风投进入前专利总数的 24.55%、15.76%和 12.74%，共计 53.05%；在风投进入后，软件和信息技术服务业、专用设备制造业和电子设备制造业在专利数量方面位列前三，分别为 1807、1175 和 1050 个，分别占风投进入后专利总数的 20.49%、13.32%和 11.90%，共计 45.71%。

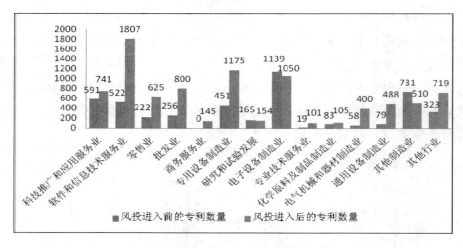

图 17　被投资实业企业不同行业各阶段专利个数统计

三、陕西省风险投资影响因素分析

(一) 研究背景与文献回顾

党的十九大报告提出：加快建设创新型国家，加强对中小企业创新的支持，促进科技成果转化。国际经验表明，风险投资是支持培育创新型中小企业发展的关键力量，是促进科技成果转化的催化剂。风险投资机构的投资决策行为直接决定了其对科技创新支持的方式、力度和结构，因此研究风险投资机构的投资决策行为有着十分重大的现实意义。

经过第一部分的研究，我们得到了有关陕西风险投资机构和投资事件的详细数据。基于此数据披露的信息，我们可以对影响风险投资规模的因素进行分析。此分析不仅拥有数据基础，具有现实的可行性，而且还有助于决策部门了解陕西省风险投资的发展规律和特点，为我省风险投资政策的制定提供重要参考。从已有的文献来看，对于风险投资影响因素的研究主要分为外部环境因素对风险投资的影响和风险投资内部特征的影响两个方面，下面将从这两个方面对文献进行梳理，以期对后续的研究提供依据和参考。

1. 外部环境对风险投资的影响

对于外部环境对风险投资的影响，国外学者主要从政治、经济、社会和文化等宏观层面进行研究。Bygrave 和 Timmons(1992)对美国风险投资的外部环境进行了全面的考察，提出了包含政府政策环境、文化/社会价值环境、机构环境和地区环境的四因素外部环境模型。Kortum 和 Lerner(1998)则认为科学技术成果和创业精神是美国风险投资发展的重要原因。Gompers 和 Lerner(1998)在对 1969—1994 年美国风险投资的发展进行研究后得出：经济增长率、政府的相关政策、研发投入、税收、利率等因素都会影响风险投资的发展。Jeng 和 Wells(2000)对 21 个国家 10 年的风险投资发展状况进行考察后认为，IPO、GDP、劳动力市场刚性、私人养老基金和政府项目等因素都会对风险投资的发展产生重要影响。Schoefer 和 Leitinger(2002)以东欧国家为研究样本，提出了包括经济、法律、社会和创业精神四个方面的风险投资支撑环境分析框架，并建立风险投资环境支撑指标体系。Romain 和 Pottelsberghe(2003)则在理论上分析确定了三个影响风险投资需求和供给的因素：宏观经济环境、技术机会和创业环境，并且以 16 个 OECD 国家 1990—1998 年的数据为样本，对其进行了实证检验。Félix 等(2007)以欧洲 23 国 1992—2003 年的数据为样本，发现贸易销售也是影响风险投资的一个重要外部因素。但是，Cherif 和 Gazdar(2011)在对影响风险投资的宏观因素进行分解研究时，发现 GDP 增速、研发支出对风险投资具有显著的正向影响，但是贸易销售的影响并不显著。Carvell 等(2013)基于 1960—2010 年美国的年度数据，采用向量自回归方法研究了风险资本流动与经济发展、资本市场估值及资本市场筹资活动之间的关系，脉冲响应函数分析表明：GDP 冲击对风险资本的流动的影响是永久性的，而资本市场的估值对风险资本流动的影响则是相当短暂的，此外，资本市场筹资活动也会对风险投资的流动产生影响。Groh 和 Wallmeroth(2016)以 118 个国家 2000—2013 年的数据为样本，发现并购活动、对投资者的法律保护、创新、知识产权保护、腐败程度、企业税率以及失业率对风险投资活动都有显著的影响，影响程度因国家而异。

国外学者对于法律与制度环境对风险投资的影响较为关注，大量的文献集中于此领域。Stipp(2002)认为对风险投资家和风险投资企业权利的法律保护对于风险投资市场的整合有着至关重要的作用，因此加强风险投资法律建设和执行力度是十分必要的。Leleux 和 Surlemont(2003)发现不同的法律体系对风险投资的影响具有很大差异，英美法系的普通法比大陆法系的民法更有利于对风险投资者的保护。Nowak(2004)通过对德国风险投资发展的历程的研究，指出风险投资市场效率的很大程度上取决于法律制度的改善，尤其是公司治理机制和股东保护方面的条款的完善。Amour 和 Cumming(2006)以 15 个国家 14 年的数据作为研究样本，比较了风险投资在募集、投资和退出环节的经济和法律决定因素，发现自由主义的破产法刺激了创业者对风险投资的需求，完善的法制环境和强劲的资本市场一样对风险投资的发展具有重要作用。Bottazzi(2009)发现在优良的法律体系保护下，风险投资家会对标的企业提供更多的非契约支持；在风险投资家决定其投资行为时，投资者法律体系的完善程度比标的企业的质量更为重要。Cumming 等(2010)研究发现法律结构、法律渊源和会计准则会对风险投资的治理结构产生很大影响，良好的法律环境会促进风险投资的发展；特别地，腐败会对风险投资产生很大的负面效应。Cherif 和 Gazdar(2011)的研究结果也显示廉洁程度对风险投资有显著的正面影响。Li 和 Zahra(2012)

研究了正式制度对风险投资活动水平的影响，结果显示正式制度对风险投资活动有正向影响，风险资本家对不同文化背景下正式制度提供的激励有不同的反应，这种激励效应在风险规避和集体主义社群中更弱。Grilli 等(2018)基于 18 个欧洲国家的纵向数据，研究了正式制度和非正式制度对风险投资活动的影响，研究发现社会资本作为一种非正式制度，其对风险投资的影响虽然是通过结构化的正式制度间接实现的,但是此影响是显著的。

国内学者对于风险投资外部环境影响的研究内容和结论与国外学者相似，但是国内学者的研究更多以专著形式出现，更偏重于政策建议。辜胜阻等(1999)认为风险投资催生的是高新技术产业，而高新技术产业关系到国家政策应当引导、扶持的风险投资行业。李月平和王增业(2002)认为创业风险投资与法律、政策、制度、文化、人才、市场环境等因素密切相关。刘德学和樊治平(2002)则从科技与产业基础、技术与资本市场、基础性环境三方面构建了风险投资外部环境评价体系，并给出了静态和动态的综合评价方法。陈德锦和蔡莉(2003)将风险投资的外部支撑环境分为物质支撑环境、制度支撑环境和文化支撑环境三个层面。蔡莉等(2007)分析了科技环境对风险投资的影响，并基于其分析结果将科技环境分为"培育性科技环境"和"自发性科技环境"两类，比较了两类科技环境对风险投资支撑的差异。刘欣和王宗萍(2009)认为应当专门针对风险投资制定完整统一的税收制度来促进其发展，建议允许风险投资企业通过缩短折旧年限、提高折旧率的方法减少纳税所得额，允许风险投资企业以获利年度的所得税抵补亏损年度的亏损。谢元涛(2014)从风险投资的收益和成本角度对税收优惠政策促进风险投资进行了经济学分析，认为税收优惠能降低风险投资的风险，并能使风险投资数量增加。

2. 内部特征因素对风险投资的影响

国外学者对于风险投资的内部特征因素的研究主要集中于风险投资家和创业者的个人特征对风险投资决策的影响。Hsu(2007)发现创业者的创业经历增加了其获得风险投资的可能性。在互联网产业，拥有博士学位股东的创始人团队更易获得风险资本的青睐。Dimov 等(2007)研究了风险投资管理团队金融专业知识与投资决策之间的关系，并且分析了风险投资机构的行业地位对此关系的调节作用，结果显示风投管理团队金融知识与投资比例负相关，这种负相关关系在行业地位较高的风投机构中较弱。Batjargal(2007)以俄罗斯和中国为例，研究了二元关系与人际信任对于风险投资项目推荐和投资决策的影响，研究结果显示：项目推荐人与风险投资家及企业的关系、项目推荐人与风险投资家的人际信任对投资决策有正向影响；中俄在制度、社会和文化方面的差异对项目推荐的影响很小；人际信任对俄罗斯风险投资家的投资决策有正向影响。Annaleena 和Tomas(2007)研究了风险投资家的风险感知和专业经历的差异是否导致了差异化的投资和风险规避策略，研究结果显示：专业经历驱动着风险投资家对风险的感知和投资组合的风险程度，风险投资家对代理风险与市场风险的感知越明确，投资者会愿意承担更多的风险。Patzelt 等(2009)分析了高层管理团队(TMT)的组成如何影响风险投资组织的投资组合策略选择，结果显示：风投高管团队中科学、工程教育背景或有创业经验的成员比例越高，则该风投越关注于企业初创期的投资；风投高管团队中管理教育背景的成员越多，则该风投越注重跨行业分散投资；风投高管团队的国际经验越多，则该风投的投资地域范围越广。Knockaert 等(2010)研究了影响风险投资家对高校衍生公司投资态度的因素，公共投资部门的参与、风险投资家对企业活动的涉入程度以及风险投资家的学术经历和财务经验对风险投资家的投资态度有正向影响，而风险投资家的创业经验则对投资态度有负向影响。Gimmon 和 Levie(2010)应用人力资本理论和信号理论，以以色列技术孵化器项目中 193 个高科技初创企业为样本，探讨了创业者特征对吸引外部投资的影响，结果显示创始人的业务管理专长和学术地位会吸引外部投资。Petty 和 Gruber(2011)的研究认为风险投资的决策准则在不同的投资估值阶段具有差异，并且投资组合及管理时间对风险投资决策具有重要影响。Bertoni 等(2015)以 846 个风险投资人在 1994—2004 年间对七个欧洲国家中 737 家高科技创业企业所做的 1663 笔风险投资为样本数据，通过使用变换的巴拉萨指数，分析了独立风投、公司下属风投、银行下属风投和政府风投投资特征及其投资标的企业的特征，结果表明，欧洲不同类型的风险投资机构在投资专业化模式上有显著差异，这种差异在政府风投和私人风投之间尤为明显。

国内学者的研究角度与国外学者类似,主要集中于创业者特质与风险投资企业的特征,但是侧重点有所不同,更多侧重于分析政治关系、所有制背景等中国特征的影响。杨建东等(2010)指出创业者的特质、社会网络关系尤其是政治关系对于风险投资是否参与投资具有重要影响。周伶等(2014)对影响企业获得风险投资的特质因素进行了研究,研究结果显示知名企业的从业经验和海外经验对企业获得风险投资有显著的正向作用。余琰等(2014)分析了风险资本的所有制特征对其行为的影响,即国有风险资本的投资行为特征,发现国有风险投资企业在投资行为上并没有体现政策初衷,并且在扶持创新上并未表现出明显的价值增加作用。

3. 已有文献对本研究的启示

由以上对国内外风险投资决策影响因素研究的综述,我们可以梳理得出:在外部环境因素对风险投资决策的影响方面,已有研究主要涉及经济(经济增长、资本市场、研发投入、税收、利率)、法律(法系、法律结构、对投资者的法律保护)、制度(会计准则、廉洁程度、社会资本)、文化(风险规避、集体主义)、政策(政府扶持政策、税收优惠政策)等五个维度,国内外的学者均注意到了经济维度影响因素的重要性并做了较为深入的研究,国外学者较侧重于法律、制度、文化方面的研究,在此领域做了较为细致的研究。国内学者则侧重于政策方面的研究,结合中国实际,提出了许多政策建议。在内部特征因素对风险投资决策的影响方面,已有研究主要涉及风险投资机构的特征因素(行业地位、隶属关系、所有制特征)、风险投资家/管理者的个人特征因素(专业知识、学历、专业背景、工作经历、风险管理能力)、创业者的个人特征因素(创业经历、学历、学术地位、管理能力、政治关系)三个维度的研究,此外,还涉及风险投资者与创业者关系、风险投资阶段等因素的研究。国外学者关注的因素涉及面较为广泛,而国内学者更多地关注所有制特征、创业者政治资源等中国特征因素的影响。

国内学者在风险投资决策影响因素中尝试纳入了许多中国特征因素,这对我们的研究有着重要的启示作用。本研究在分析外部环境因素影响时将纳入国家层面和陕西省层面的政策因素,重点分析陕西省在国有资本为主导的模式下,相关风险投资的政策对风险投资机构的投资行为有何影响。

(二) 研究设计

1. 研究方法

本部分将采用计量分析的方法进行研究,通过前面统计整理的一手数据对各个可能对陕西省风险投资产生影响的因素进行多元回归分析,分析各因素作用的显著性、方向及大小。分析的重点在于分析各层面政策因素对陕西风险投资的影响,因此我们不仅分析政策因素的直接作用,而且分析其间接作用。间接作用的一种常见形式就是调节效应,即政策因素可能调节其他因素对风险投资的影响,因此我们在回归分析中将加入政策变量与其他因素变量的交互项,用以刻画政策因素对风险投资的间接影响。在回归分析中,我们采用逐步回归的分析步骤,首先分析各因素对风险投资的直接影响,然后逐步纳入政策变量与其他不同类别因素变量的交互项,以分析政策因素的调节效应。

2. 变量选择

我们选取陕西境内风险投资事件中的实际投资额作为因变量,并根据前文对文献的梳理从外部环境和内部特征两个方面确定影响风险投资额的因素变量即自变量。对于外部环境变量,我们将其分为宏观政策变量和宏观经济变量两大类;对于内部特征变量,我们将其分为风险投资机构特征变量和被投资企业特征变量两大类。

宏观经济政策变量是本部分分析的重点,对于国家层面的政策措施,我们参考了罗国锋(2012)的观点,我们将国务院 2005 年 11 月 15 日颁布的《创业投资企业管理暂行办法》(以下简称《管理办法》)作为国家关于风险投资行业发展做出的重大政策安排,因此我们设置虚拟变量 0-1 来衡量政策,0 代表《管理办法》发布之前,1 代表《管理办法》发布之后。对于陕西省层面的政策措施,我们对陕西省有关政策进行了梳理,考虑到我省风险投资以国有资本为主导、以促进科技成果转化为主要目标的运作模式,并且综合考虑政策的时效性、影响力以及分析的可操作性,将 2016 年 9 月 23 日颁布的《陕西省促进科技成果转化若干规定》(《陕九条》)作为陕西省关于风险投资行业发展做出的重大政策安排，我们还是通过设置虚拟变量 0-1 来衡量政策，0 代表《陕九条》发布之前，1 代表《陕九条》发布之后。在宏观经济因素方面，我们参考 Jeng 和 Wells(2000)、Cherif 和 Gazdar(2011)的研究，综合考虑变量的代表性和数据的可得性，选取 GDP 和研发投入作为宏观经济影响因素的变量。

在风险投资机构特征方面，我们参考了 Bertoni 等(2015)的思路并结合陕西省的特点，陕西的风险投资机构划分为省属、西安市属、科研院所及高等院校所属以及其他四类，并且用 3 个 0-1 变量来衡量不同风险投资机构的属性。此外，我们还使用风险投资机构的注册资本来衡量其规模特征。在被投资企业特征方面，考虑到企业的行业异质性问题，我们按工商信息对被投资企业进行行业分类，分类以前面所统计的被投资企业实际情况为依据，包括科技推广和应用服务业、软件和信息技术服务业、零售业、批发业、商务服务业、专用设备制造业、研究和实验发展业、计算机通信和其他电子设备制造业以及其他行业九大类，分别用 8 个 0-1 变量来衡量。除此之外，我们还用被投资企业在风投进入之前的专利数和被投资企业的注册资本分别来衡量其技术特征和规模特征。

变量的符号和名称如表 5 所示。

表 5　变量名称及符号

变量名称	符号	单位
风险投资额	Invest	万元
《管理办法》	$Policy_1$	
《陕九条》	$Policy_2$	
陕西省国内生产总值	GDP	亿元
陕西省研发投入	R&D	亿元
风险投资机构类别	$Captype_i$	
风险投资机构注册资本	Capsize	万元
被投资企业行业类别	Ind_j	
被投资企业专利数	Patent	个
被投资企业注册资本	Size	万元

3. 实证模型

根据以上确定的变量，我们可以建立如下计量模型：

$$
\text{Invest} = \alpha + \beta_1 \text{Policy}_1 + \beta_2 \text{Policy}_2 + \beta_3 \text{GDP} + \beta_4 \text{R\&D} + \sum_{i=1}^{3} \gamma_i \text{Captype}_i + \text{Capsize}
$$

$$
+ \sum_{j=1}^{8} \delta_i \text{Ind}_j + \beta_6 \text{Patent} + \beta_7 \text{Size} \tag{1}
$$

模型(1)用于测算各因素对风险投资额的直接影响，此外我们还需测算政策因素对风险投资额的间接影响，即政策变量对其他因素变量作用的调节效应，这需要在模型(1)的基础之上加入政策变量与其他因素变量的交互项。在交互项的设置上，我们考虑到政策可能对不同类型的风险投资机构和不同行业类型的企业发挥不同程度的作用，即政策因素对风险投资机构类型特征效应以及被投企业行业特征效应的发挥起到调节作用，我们在模型(1)的基础上加入政策变量与风投机构类别变量、被投企业行业类别变量的交互项，如模型(2)所示：

$$
\text{Invest} = \alpha + \beta_1 \text{Policy}_1 + \beta_2 \text{Policy}_2 + \beta_3 \text{GDP} + \beta_4 \text{R\&D} + \sum_{i=1}^{3} \gamma_i \text{Captype}_i + \beta_5 \text{Capsize}
$$

$$
+ \sum_{j=1}^{8} \delta_j \text{Ind}_j + \beta_6 \text{Patent} + \beta_7 \text{Size} + \sum\sum_{i=1}^{3} \varphi_i \text{Policy} \times \text{Captype}_i
$$

$$
+ \sum\sum_{j=1}^{8} \phi_i \text{Policy} \times \text{Ind}_i \tag{2}
$$

(三) 样本数据与描述性统计

此分析所用样本数据的容量为 276，其中陕西省国内生产总值和陕西省研发投入数据来源于国家统计局，风险投资额、风险投资机构类别、风险投资机构注册资本、被投资企业行业类别、被投资企业专利数、被投资企业注册资本的数据全部来源于前面所统计的在 2000—2017 年间披露实际风险投资额的风险投资事件，总计 276 件。样本数据的描述性统计如表 6 所示。

表6 样本描述性统计

变量	最大值	最小值	中值	均值	标准差
Invest	20 000.00	0.00	141.99	788.51	1954.33
$Policy_1$	1.00	0.00	1.00	0.80	0.40
$Policy_2$	1.00	0.00	0.00	0.10	0.30
GDP	21 898.81	1804.00	17 689.94	13 700.76	6803.28
R&D	481.60	49.50	366.80	295.29	144.56
$Captype_1$	1.00	0.00	0.00	0.15	0.36
$Captype_2$	1.00	0.00	0.00	0.24	0.43
$Captype_3$	1.00	0.00	0.00	0.36	0.48
Capsize	333 000.00	100.00	10 000.00	22 203.82	32 256.54
Ind_1	1.00	0.00	0.00	0.14	0.35
Ind_2	1.00	0.00	0.00	0.20	0.40
Ind_3	1.00	0.00	0.00	0.11	0.31
Ind_4	1.00	0.00	0.00	0.14	0.35
Ind_5	1.00	0.00	0.00	0.07	0.25
Ind_6	1.00	0.00	0.00	0.06	0.24
Ind_7	1.00	0.00	0.00	0.07	0.25
Ind_8	1.00	0.00	0.00	0.05	0.22
Patent	332.00	0.00	0.00	6.95	33.89
Size	100 000.00	3.85	1118.00	4295.04	9803.23

(四) 实证结果与分析

我们按照逐步回归的方法，分别对模型(1)和模型(2)进行了回归分析，在对模型(2)进行回归分析的过程中，我们又对不同类别的交互项进行了逐步回归分析，首先，单独分析了政策变量对风险投资机构类别特征变量的调节效应；其次，单独分析了政策变量对被投资企业行业特征变量的调节效应；最后，同时分析了政策变量对两类特征变量的调节效应。实证分析结果如表7所示。

表 7 方程回归结果

	方程 1	方程 2	方程 3	方程 4
常数项	−403.2962	−196.9571	−255.2425	−197.5107
$Policy_1$	−86.3187	−143.3994	−138.6189	−69.6594
$Policy_2$	512.2234	−57.1715	−193.6767	−495.4853
GDP	0.3233	0.3272	0.2896	0.3051
R&D	−14.2670	−13.9195	−12.6626	−12.9516
$Captype_1$	291.9161	6.5870	248.6700	81.8833
$Captype_2$	151.9704	−18.5028	13.4269	−1.4488
$Captype_3$	−668.3426**	1484.3010	−596.1380**	1702.1130
Capsize	0.0101**	−0.0007	0.0107***	0.0008
Ind_1	940.8796**	677.9747*	389.9783	259.0354
Ind_2	516.2544	530.1636*	478.0647	498.5931
Ind_3	122.3665	114.2520	45.6107	50.93917
Ind_4	477.9796	250.3207	455.3497	243.1166
Ind_5	1325.8080***	1351.200***	1256.5900***	1303.7490*
Ind_6	567.5191	663.6624	561.9564	635.0477
Ind_7	589.6002	629.6800	568.7038	598.5370
Ind_8	198.7216	806.1248	98.3701	665.2987
Patent	2.0315	−5.8807	3.0851	−4.3230
Size	0.0986***	0.0942***	0.0959***	0.0923***
$Captype_1 \times Policy_1$		572.7631		423.6353
$Captype_2 \times Policy_1$		373.3034		215.1267
$Captype_3 \times Policy_1$		−2209.4930*		−2348.1670*
$Captype_1 \times Policy_2$		−1130.8450		−677.4518
$Captype_2 \times Policy_2$		7415.1990**		6696.5130***
$Captype_3 \times Policy_2$		−109.5275		−302.9419
$Ind_1 \times Policy_2$			3730.9920***	2915.792***
F-statistic	8.8821***	10.1524***	10.1543***	12.8051***
Adjusted R^2	0.3403	0.4440	0.3874	0.4712

注：*、**、***分别表示 10%、5%、1%显著性水平。

从方程 1 的回归结果可以看出，政策因素对风险投资数额的直接影响并不显著，GDP、R&D 投入等宏观经济变量对风险投资数额的影响均不显著。在风险投资机构特征因素方面，高校科研院所所属的特征对风险投资规模有显著的负向影响，这个结果说明高校科研院所类的风险投资机构更偏好投资规模较小的投资；风险投资机构的资本规模对风险投资数额有着显著的正向影响，但是这个影响的量十分微小，风险投资机构的资本规模平均增加 1 亿元才能在风险投资项目中增加 1 万元的投资。在被投资企业特征因素方面，科技推广和应用服务业和商务服务业的行业特征对风险投资规模有显著的正向影响，这个结果说明科技推广和应用服务业和商务服务业更受风险投资的青睐；被投资企业的资本规模对风险投资数额有显著的正向影响，被投企业平均 1 亿元规模的资本可吸引 10 万元的投资。方程 1 回归结果整体显著，但是拟合优度较低，仅为 0.34，且本研究关注的政策变量对风险投资规模的影响不显著，需要进行进一步的分析。

方程 2 中加入了政策变量与风险投资机构类别变量的交互项，交互项总共两类六项，分别用于衡量国家级政策《管理办法》以及省级政策《陕九条》对风险投资机构类别特征的调节效应。回归结果显示：高校科研院所的特征变量与国家级政策变量的交互项系数显著为负，这说明国务院颁布的《管理办法》对高校科研院所背景的风险投资机构具有影响，这种影响使得此类风险投资机构更偏好于开展规模更小的投资；省、市特征变量与国家级政策变量的交互项系数不显著，这说明《管理办法》对省、市所属风险投资机构的投资规模影响不明显；西安市属特征变量与省级政策变量的交互项系数显著为正，这说明《陕西省促进科技成果转化若干规定》对西安市市属的风险投资机构具有影响，这种影响使得此类风险投资机构更偏好于开展规模更大的投资；省属特征变量以及高校科研院所所属特征变量与省级政策变量的交互项系数不显著，说明《陕西省促进科技成果转化若干规定》对省属风险及高校科研院所所属风险投资机构的投资规模影响不明显。方程 2 在加入高校科研院所的特征变量与国家级政策变量的交互项之后，之前高校科研院所的特征变量系数的显著性由显著变为不显著，这说明高校科研院所特征效应的发挥完全受到国家政策因素的调节，即陕西境内高校科研院所背景的风险投资机构偏好规模较小的投资完全是由《管理办法》所致。此外，风险投资机构资本规模系数的显著性由显著变为不显著，被投资企业行业特征变量中软件和信息技术服务业特征变量的系数由不显著变为显著，这些变化既无经济意义，也无政策意义，更多可能是一种统计现象，在此不做特别分析说明。其余变量的显著性均未发生变化。方程 2 回归结果整体显著，且拟合优度较方程 1 有所提高，模型解释能力加强。

方程 3 中加入了政策变量与被投资企业类别变量的交互项，交互项总共两类十六项，分别用于衡量国家级政策《管理办法》以及省级政策《陕九条》对被投企业行业类别特征的调节效应。回归结果显示在十六个交互项变量的系数中只有科技推广和应用服务业特征变量与省级政策变量的交互项系数显著为正，其余均不显著，为节省篇幅，我们只披露系数显著的交互项的相关信息，并对其进行分析。科技推广和应用服务业特征变量与省级政策变量的交互项系数显著为正说明《陕西省促进科技成果转化若干规定》的颁布显著地增加了风险投资机构对科技推广和应用服务业的投资规模。方程 4 同时加入政策变量与风险投资机构类别变量、被投资企业类别变量的交互项，除了科技推广和应用服务业特征变量的系数变化不显著外，其余回归结果与方程 2、方程 3 的差别不大，在此不再赘述。

四、研究结论

通过对陕西省风险投资机构和风险投资活动的测算，得出以下结论：

陕西风险投资机构的数量在 154 家左右，其数量总体呈现逐年递增的趋势，其中 2016 年成立风险投资机构 27 家，2017 年成立 22 家。陕西风险投资机构资本规模差异较大，注册资本最高可达 50 亿元，最低仅为 100 万元，平均注册资本规模约为 20 621 万元。陕西的风险投资机构以国有资本为主导，以省、市两级政府以及中央直属高校及科研院所所属的投资机构为主要参与主体，形成了以西安交通大学资产经营公司为核心的西交大系、西安高新技术产业风险投资公司为核心的西高投系、西安航天基地创新投资有限公司为核心的航天基地系、陕西金控集团为核心的金控系、西安中科创星科技孵化器公司为核心的西科系、陕西科技控股集团为核心的科控系以及西北工业技术研究院为核心的工研院系等七大风险投资集团。纳入统计的 154 家陕西风险投资机构累计投资企业 812 家，累计名义投资额达 1 604 795 万元；在七大风险投资集团中，西科系风投集团对外投资的企业数最多，共计 168 家；西高投系风投集团总对外投资额最高，达到 133 643.9 万元。

根据统计结果，截至 2018 年 4 月，陕西省内共发生风险投资事件总计 812 起，投资事件数量在逐年递增，其中，2016 年发生风险投资事件 113 起，2017 年发生风险投资事件 116 起；在对实体企业的投资中，有 72.7%投向陕西企业，投资本地的偏好明显。风险投资规模呈现整体逐年递增、局部波动的发展趋势，而 2017 年突然呈现爆发式增长，根据对其累计总额的区间估计，1996—2008 年 4 月陕西风险投资的实际累计总额规模在 1 274 568 万元至 6 926 697 万元之间。陕西风险投资事件的行业分布广泛且集中性强，其中科技推广和应用服务业是各行业中最受投资青睐的行业。

通过对影响陕西省风险投资规模因素的分析，得出以下结论：

政策因素和宏观经济因素等外部环境因素对陕西省风险投资规模的直接影响不明显，但是风险投资机构及被投企业的规模等内部特征因素与风险投资规模显著正相关；高校科研院所类的风险投资机构更偏好投资规模较小的投资；商务服务业的企业更受风险投资的青睐。政策因素对风险投资规模的直接影响虽不明显，但是其通过调节其他影响因素作用的发挥而产生的间接影响却是明显的：

(1) 国务院颁布的《管理办法》对高校科研院所背景的风险投资机构具有影响，这种影响使得此类风险投资机构更偏好于开展规模更小的投资，而且这类风险投资机构投资偏好的形成完全是由《管理办法》所致。

(2) 《陕西省促进科技成果转化若干规定》对西安市属的风险投资机构具有影响，这种影响使得此类风险投资机构更偏好于开展规模更大的投资；《陕西省促进科技成果转化若干规定》的颁布显著地增加了风险投资机构对科技推广和应用服务业的投资规模。

参考文献

[1] Bygrave, William D, Timmons J A. Venture Capital at the Crossroads: Fulfilling the Promise of the New Organization[M]. Harvard Business Review Press, 1992, 234-267.

[2] Kortum S, Lerner J. Does Venture Capital Spur Innovation?[J]. Nber Working Papers, 1998, 28(01):1-44.

[3] Gompers P A, Josh Lerner. Concentrated Corporate Ownership: The Determinants of Corporate Venture Capital Success: Organizational Structure, Incentives, and Complementarities[J]. Nber Working Papers, 1998(6):17-54.

[4] Jeng L A, Wells P C. The determinants of venture capital funding: evidence across countries[J]. Journal of Corporate Finance, 2000, 6(3):241-289.

[5] Peter Schoefer, Roland Leitinger. Framework for Venture Capital in the Accession Countries to the European Union[J]. Ssrn Electronic Journal, 2002.

[6] Romain A, Pottelsberghe B V. The determinants of venture capital: A Panel Data Analysis of 16 OECD Countries[J]. Iir Working Paper, 2003.

[7] Félix E G S, Pires C P, Gulamhussen M A. The Determinants of Venture Capital in Europe — Evidence Across Countries[J]. Journal of Financial Services Research, 2007, 44(3):259-279.

[8] Cherif M, Gazdar K. What Drives Venture Capital Investments in Europe? New Results from a Panel Data Analysis[J]. Journal of Applied Business & Economics, 2011, 12: 122-139.

[9] Carvell S A, Kim J Y, Ma Q, et al. Economic and capital market antecedents of venture capital commitments (1960–2010)[J]. International Entrepreneurship & Management Journal, 2013, 9(2):167-182.

[10] Groh A P, Wallmeroth J. Determinants of Venture Capital Investments in Emerging Markets[J]. Emerging Markets Review, 2016, 29: 104-132.

[11] Stipp D. China's biotech is starting to bloom.[J]. Fortune, 2002, 146(9):126-130.

[12] Leleux B, Surlemont B. Public versus private venture capital: seeding or crowding out? A pan-European analysis[J]. Journal of Business Venturing, 2003, 18(1):81-104.

[13] Nowak E. Investor Protection and Capital Market Regulation in Germany[J]. Social

Science Electronic Publishing, 2004:425-450.

[14] Armour J, Cumming D. The legislative road to Silicon Valley[J]. Oxford Economic Papers, 2006, 58(4):596-635.

[15] Bottazzi L, Rin M D, Hellmann T. What is the role of legal systems in financial intermediation? Theory and evidence[J]. Social Science Electronic Publishing, 2009, 18(4):559-598.

[16] Cumming D, Schmidt D, Walz U. Legality and venture capital governance around the world[J]. Journal of Business Venturing, 2010, 25(1):54-72.

[17] Cherif M, Gazdar K. What Drives Venture Capital Investments in Europe? New Results from a Panel Data Analysis[J]. Journal of Applied Business & Economics, 2011, 12(3):122-139.

[18] Li Y, Zahra S A. Formal institutions, culture, and venture capital activity: A cross-country analysis[J]. Journal of Business Venturing, 2012, 27(1):95-111.

[19] Grilli L, Mrkajic B, Latifi G. Venture capital in Europe: social capital, formal institutions and mediation effects[J]. Small Business Economics, 2018:1-18.

[20] 辜胜阻, 李正友, 刘入领. 我国政府在科技风险投资中的角色[J]. 投资研究, 1999(12):20-23.

[21] 李月平, 王增业. 风险投资的机制和运作[M]. 经济科学出版社, 2002:5-6.

[22] 刘德学, 樊治平. 风险投资运作机制与决策分析[M]. 东北大学出版社, 2002:22-23.

[23] 陈德棉, 蔡莉. 风险投资: 运行机制与管理[M]. 经济科学出版社, 2003(1):98-99.

[24] 蔡莉, 于晓宇, 杨隽萍. 科技环境对风险投资支撑作用的实证研究[J]. 管理科学学报, 2007, 10(4):73-80.

[25] 刘欣, 王宗萍. 风险投资中税收政策的国际经验及借鉴[J]. 未来与发展, 2009(3):94-97.

[26] 谢元涛. 促进风险投资的税收优惠政策经济学分析[J]. 齐鲁珠坛, 2014, 23(1):73-76.

[27] Hsu D H. Experienced entrepreneurial founders, organizational capital, and venture capital funding[J]. Research Policy, 2007, 36(5):722-741.

[28] Dimov D, Shepherd D A, Sutcliffe K M. Requisite expertise, firm reputation, and

status in venture capital investment allocation decisions[J]. Journal of Business Venturing, 2007, 22(4):481-502.

[29] Batjargal B, Batjargal B. Network Triads: Transitivity, Referral and Venture Capital Decisions in China and Russia[J]. Journal of International Business Studies, 2007, 38(6):998-1012.

[30] Annaleena Parhankangas, Tomas Hellström. How experience and perceptions shape risky behaviour: Evidence from the venture capital industry[J]. Venture Capital, 2007, 9(3):183-205.

[31] Patzelt H, Knyphausen-Aufseß D Z, Fischer H T. Upper echelons and portfolio strategies of venture capital firms[J]. Journal of Business Venturing, 2009, 24(6):558-572.

[32] Knockaert M, Wright M, Clarysse B, et al. Agency and similarity effects and the VC's attitude towards academic spin-out investing[J]. Journal of Technology Transfer, 2010, 35(6):567-584.

[33] Gimmon E, Levie J. Founder's human capital, external investment, and the survival of new high-technology ventures[J]. Research Policy, 2010, 39(9):1214-1226.

[34] Bertoni F, Colombo M G, Quas A. The patterns of venture capital investment in Europe[J]. Small Business Economics, 2015, 45(3):543-560.

[35] 杨建东, 李强, 曾勇. 创业者个人特质、社会资本与风险投资[J]. 科研管理, 2010, 31(6):65-72.

[36] 周伶, 郭戎, 王乃磊. 影响企业获得风险投资的特质因素研究[J]. 中国软科学, 2014(11):105-114.

[37] 余琰, 罗炜, 李怡宗, 等. 国有风险投资的投资行为和投资成效[J]. 经济研究, 2014(2):32-46.

[38] 罗国锋. 中国风险投资透视[M]. 经济管理出版社, 2012:24.

郑又源　西安电子科技大学经济与管理学院讲师、博士
亓志强　西安电子科技大学经济与管理学院本科生
王奕丹　西安电子科技大学经济与管理学院本科生

附录　投资机构一览表

机构名称	注册时间	注册资本/万元	公司类型	控股股东/基金管理人
陕西省高新技术产业投资有限公司	1999.9	21 000	有限责任公司(非自然人投资或控股的法人独资)	陕西金融控股集团有限公司
陕西金控创新投资管理有限公司	2012.8	1000	其他有限责任公司	陕西省技术进步投资有限责任公司
陕西省现代能源创业投资基金有限公司	2012.12	28 000	其他有限责任公司	陕西煤业化工集团有限责任公司
陕西省高技术服务创业投资基金(有限合伙)	2014.3	未公开	有限合伙企业	陕西金融控股集团有限公司
西安高新技术产业风险投资有限责任公司	1999.2	65 800	其他有限责任公司	西安高新技术产业开发区管理委员会
西安西高投瑞石投资基金合伙企业(有限合伙)	2017.8	未公开	有限合伙企业	西安高新技术产业风险投资有限责任公司
西安西高投盈石投资基金合伙企业(有限合伙)	2017.9	未公开	有限合伙企业	西安高新技术产业风险投资有限责任公司
西安高浦投资基金合伙企业(有限合伙)	2017.9	未公开	有限合伙企业	西安高新技术产业风险投资有限责任公司
陕西西科天使企业管理合伙企业(有限合伙)	2013.1	12 730	有限合伙企业	西安关天西咸投资管理有限公司
西安高新新兴产业投资基金合伙企业(有限合伙)	2016.3	未公开	有限合伙企业	西安高新技术产业风险投资有限责任公司
西安高技术军民融合产业投资基金合伙企业(有限合伙)	2016.11	50 000	有限合伙企业	西安高新技术产业风险投资有限责任公司
西安高新盈创智造股权投资基金合伙企业(有限合伙)	2016.12	10 000	有限合伙企业	西安高新盈峰创业投资管理有限公司

机构名称	注册时间	注册资本/万元	公司类型	控股股东/基金管理人
西安军民融合创新投资有限公司	2014.4	40 000	其他有限责任公司	西安投资控股有限公司
西安科技投资有限公司	2001.7	6000	其他有限责任公司	西安市生产力促进中心
西安航天基地创新投资有限公司	2009.7	90 000	其他有限责任公司	西安航天高技术产业发展有限公司
西安高新技术产业开发区创业园发展中心	1999.12	10 000	全民所有制	西安高新技术产业开发区管理委员会
西安海创之星创业投资有限合伙企业	2014.12	5200	有限合伙企业	海通创新资本管理有限公司
陕西德鑫资本投资有限公司	2010.7	10 000	其他有限责任公司	陕西省创业投资引导基金管理中心
西安航天新能源产业基金投资有限公司	2011.1	100 100	其他有限责任公司	海通开元投资有限公司
西安航天军民融合先导基金有限公司	2016.4	15 000	其他有限责任公司	海通开元投资有限公司
西安海通安元投资管理有限公司	2014.6	500	其他有限责任公司	西安恒信资本管理有限公司
陕西航天红土创业投资有限公司	2010.6	10 000	其他有限责任公司	深圳市创新投资集团有限公司
西安睿达投资有限合伙企业	2014.11	957.5	有限合伙企业	孙亦欧
西安智信投资管理有限公司	2010.3	1000	有限责任公司(自然人投资或控股)	周存兴
陕西先导光电集成科技投资合伙企业(有限合伙)	2016.8	12 000	有限合伙企业	陕西科迈投资管理合伙企业(有限合伙)
陕西亿创科技产业投资有限公司	2008.11	4000	有限责任公司(非自然人投资或控股的法人独资)	西北工业技术研究院
陕西韵杰创业投资有限公司	2016.2	6200	其他有限责任公司	胡滨
陕西华宇创业投资有限公司	2010.9	10 000	其他有限责任公司	陕西华宇实业有限公司
陕西安康高新投资管理有限	2016.3	200	其他有限责任公司	陈帆

机构名称	注册时间	注册资本/万元	公司类型	控股股东/基金管理人
公司				
安康高新科技产业发展有限公司	2016.8	3000	有限责任公司(国有独资)	陕西安康高新产业发展投资(集团)有限公司
西咸新区风险投资有限公司	2017.9	50000	有限责任公司(非自然人投资或控股的法人独资)	陕西西咸金融控股集团有限公司
西安西交科创股权投资合伙企业(有限合伙)	2016.2	6000	有限合伙企业	西安熙信科创资本管理合伙企业(有限合伙)
西安交通大学科技园有限责任公司	1996.12	11 421.85	有限责任公司	西安交大资产经营有限公司
陕西科控融通助业创业投资管理合伙企业(有限合伙)	2017.3	43 300	有限合伙企业	陕西科控启元创业投资管理合伙企业(有限合伙)
陕西科控投资管理有限责任公司	2016.2	2000	有限责任公司(法人独资)	陕西科控控股集团有限责任公司
杨凌东方富海现代农业生物产业股权投资企业(有限合伙)	2011.6	8550	有限合伙企业	黄金
西安曲江文化产业风险投资有限公司	2009.12	100 000	有限责任公司(法人独资)	西安曲江文化产业投资(集团)有限公司
西安曲江美霖天合文化产业投资合伙企业(有限合伙)	2017.9	未公开	有限合伙企业	西安曲江美霖资产管理有限公司
西安尔湾投资有限合伙企业	2014.9	9200	有限合伙企业	邓宪法
陕西曲唐投资管理有限合伙企业	2016.4	20 000	有限合伙企业	西安景曜投资管理有限公司
西安景曜投资管理有限公司	2016.4	500	其他有限责任公司	西安曲江文化产业风险投资有限公司
西安曲江美霖资产管理有限公司	2013.1	2300	其他有限责任公司	西安书霖影视文化传媒有限公司

机构名称	注册时间	注册资本/万元	公司类型	控股股东/基金管理人
西安岁丰风险投资有限责任公司	2001.4	500	有限责任公司(自然人投资或控股)	程阿明
西安经开金融控股有限公司	2012.3	500 000	其他有限责任公司	西安经开城市投资建设管理有限责任公司
陕西国翼投资有限公司	2004.5	1000	有限责任公司(自然人投资或控股)	罗永强
陕西金控清洁能源投资管理有限公司	2016.9	10 000	其他有限责任公司	陕西金控发展投资管理有限公司
陕西金控天使投资管理合伙企业(有限合伙)	2016.1	未公开	有限合伙企业	西安关天天使企业管理合伙企业(有限合伙)
陕西大数据产业投资基金合伙企业(有限合伙)	2016.11	未公开	有限合伙企业	
陕西西科天使投资管理有限公司	2014.11	1000	其他有限责任公司	西安中科创星科技孵化器有限公司
西安中科创星创业孵化企业管理咨询合伙企业(有限合伙)	2015.4	5000	有限合伙企业	陕西西科天使投资管理有限公司
陕西西科天使叁期商务信息咨询合伙企业(有限合伙)	2015.9	50 000	有限合伙企业	陕西西科天使叁期商务信息咨询合伙企业(有限合伙)
陕西大数据企业孵化管理中心合伙企业(有限合伙)	2015.1	2100	有限合伙企业	
陕西安康高新产业发展投资(集团)有限公司	2010.8	130 280	有限责任公司(国有控股)	安康市人民政府国有资产监督管理委员会
陕西西咸金融控股集团有限公司	2012.11	200 000	其他有限责任公司	陕西西咸新区发展集团有限公司
源贷码财富管理投资股份有限公司	2013.11	10 000	股份有限公司(非上市、自然人投资或控股)	陈洪涛

机构名称	注册时间	注册资本/万元	公司类型	控股股东/基金管理人
陕西富迪嘉信投资有限公司	2013.1	2000	有限责任公司(自然人投资或控股)	何海鹏
西安春藤成长投资有限公司	2016.4	4000	有限责任公司(自然人投资或控股)	刘时兵
西安霖禾创业投资管理合伙企业(有限合伙)	2017.1	未公开	有限合伙企业	刘时兵
陕西空港新城创新投资有限公司	2017.3	205 000	有限责任公司(非自然人投资或控股的法人独资)	陕西省西咸新区空港新城开发建设集团有限公司
西安火炬创业投资有限公司	2011.11	10 000	其他有限责任公司	西安晨阳创业投资有限公司
陕西神木创业投资有限公司	2013.1	20 000	有限责任公司(国有独资)	神木县国有资产运营公司
西安晨阳创业投资有限公司	2011.6	5000	其他有限责任公司	周存兴
陕西富晨创业投资管理有限公司	2008.3	8000	有限责任公司(自然人投资或控股)	肖水亮
陕西金河科技创业投资有限责任公司	2010.7	17 000	其他有限责任公司	西安蓝溪科技投资控股有限公司
陕西省创业投资引导基金管理中心	2009.4	100	内资企业法人	陕西省工程咨询中心
陕西国兴创业投资有限公司	2013.5	10 000	其他有限责任公司	袁小锋
洛南县工业园区创业投资有限责任公司	2013.5	10 000	其他有限责任公司	洛南县财政局
西安正茂创业投资集团有限公司	2006.4	5200	其他有限责任公司	陕西秦乾林地开发有限公司
西安蓝博湾创业投资股份有限公司	2006.3	3100	股份有限公司	西安淼城市场投资有限公司
陕西省生物医药创业投资基金(有限合伙)	2012.11	25 000	有限合伙企业	陕西和泰生物医药投资管理企业(有限合伙)
陕西德诚创业投资有限公司	2009.7	3000	有限责任公司(自然	高学政

机构名称	注册时间	注册资本/万元	公司类型	控股股东/基金管理人
			人投资或控股)	
西安瑞鹏创业投资管理有限合伙企业	2012.2	未公开	有限合伙企业	冯涛
陕西省航空高技术创业投资基金(有限合伙)	2012.9	25 300	有限合伙企业	西安瑞鹏创业投资管理有限合伙企业
陕西高端装备高技术创业投资基金(有限合伙)	2013.6	25 000	有限合伙企业	
西安汇乙创业投资有限公司	2006.11	3000	有限责任公司(自然人投资或控股)	张强
陕西省新材料高技术创业投资基金(有限合伙)	2014.3	25 500	有限合伙企业	
陕西省节能环保创业投资基金(有限合伙)	2013.12	25 200	有限合伙企业	
陕西科技创业投资管理有限公司	2012.9	500	其他有限责任公司	深圳市聚创中小企业研究院有限公司
陕西科技创业投资企业(有限合伙)	2014.11	未公开	有限合伙企业	陕西工业技术研究院
西安国海景恒创业投资有限公司	2013.11	5000	其他有限责任公司	国海创新资本投资管理有限公司
陕西省义禧循环经济高技术创业投资基金(有限合伙)	2012.4	31 310	有限合伙企业	
陕西增材制造创业投资基金(有限合伙)	2015.2	25 000	有限合伙企业	陈军
陕西省新能源汽车高技术创业投资基金(有限合伙)	2015.3	28 500	有限合伙企业	陕西金融控股集团有限公司
陕西金泰创业投资有限公司	2006.9	5000	有限责任公司(自然人投资或控股)	翟源彪
顶华通路价值创业投资(西安)企业	2009.3	未公开	非公司外商投资企业(中外合作)	西安高新控股有限公司
西安普明创业投资有限责任	2007.1	1200	有限责任公司(自然	蒋家岭

机构名称	注册时间	注册资本/万元	公司类型	控股股东/基金管理人
公司			人投资或控股)	
陕西远望达创业投资集团有限公司	2012.2	3000	有限责任公司(自然人投资或控股)	唐华初
西安软银天悦创业投资管理合伙企业(有限合伙)	2012.1	未公开	有限合伙企业	上海观禾览正投资管理有限公司
西安软银天安创业投资合伙企业(有限合伙)	2012.2	未公开	有限合伙企业	西安投资控股有限公司
陕西供销合作发展创业投资合伙企业(有限合伙)	2015.12	40 000	有限合伙企业	陕西供销知守基金管理有限公司
陕西馨美创业投资有限公司	2011.12	3000	有限责任公司(自然人投资或控股)	张培和
陕西科控启元创业投资管理合伙企业(有限合伙)	2017.1	未公开	有限合伙企业	卢道真
西安中科创星创业投资管理有限公司	2017.5	1000	有限责任公司(法人独资)	西安中科创星科技孵化器有限公司
西安中科科星创业投资合伙企业(有限合伙)	2017.1	未公开	有限合伙企业	彭敏
陕西大同创业投资有限公司	2016.3	5000	有限责任公司(自然人投资或控股)	赵健华
陕西大同朝阳股权投资中心(有限合伙)	2017.6	未公开	有限合伙企业	孙景新
陕西华秦永和投资管理有限公司	2014.4	500	其他有限责任公司	陕西广电华通投资控股有限公司
陕西韩义金融创新创业投资基金合伙企业(有限合伙)	2018.1	未公开	有限合伙企业	
西安创业园投资管理有限公司	2003.7	3000	有限责任公司	杨蓓
西安高新盈峰创业投资管理有限公司	2016.11	1000	其他有限责任公司	盈峰资本管理有限公司
西安信恒创业投资合伙企业	2013.7	4800	有限合伙企业	王琦

机构名称	注册时间	注册资本/万元	公司类型	控股股东/基金管理人
(有限合伙)				
西安国创新能源投资管理合伙企业(有限合伙)	2017.2	未公开	有限合伙企业	陕西国开旅游产业基金管理有限公司
陕西立人创业科技园有限公司	2004.5	1000	其他有限责任公司	陕西立人投资有限公司
陕西西电科大博信科技投资发展有限公司	2004.12	800	其他有限责任公司	陕西立人投资有限公司
中农科创投资股份有限公司	2010.4	5000	股份有限公司(非上市)	银川经济技术开发区投资控股有限公司
陕西广泽投资管理集团有限公司	2004.1	5600	其他有限责任公司	王斌
陕西金资长乐新材料投资基金合伙企业(有限合伙)	2017.9	未公开	有限合伙企业	罗刚
西安西交一八九六孵化器有限公司	2016.11	300	其他有限责任公司	西安永原科技管理咨询有限公司
安康高新德中新材料投资有限公司	2011.1	1000	有限责任公司(国有独资)	安康高新技术产业开发区财政局
杨凌示范区创新创业园发展有限公司	2012.1	22 030	有限责任公司(国有独资)	杨凌示范区国有资产监督管理局
陕西易千新能源投资管理有限公司	2005.1	1000	其他有限责任公司	陕西兴业投资管理有限公司
陕西金控京道投资管理有限公司	2015.1	3000	其他有限责任公司	上海京道资产管理有限公司
西安西户投资控股有限公司	2014.8	5000	有限责任公司(自然人投资或控股)	胡选利
西安国家航空产业基金投资管理有限公司	2009.5	5000	有限合伙企业	北京丹特股权投资中心(有限合伙)
陕西恒丰投资管理有限公司	2000.11	1000	有限责任公司(自然人投资或控股)	吴新潮
陕西省集成电路产业投资基	2016.8	未公开	有限合伙企业	西安高新技术产业风险

机构名称	注册时间	注册资本/万元	公司类型	控股股东/基金管理人
金(有限合伙)				投资有限责任公司
西安协创投资管理合伙企业(有限合伙)	2014.7	未公开	有限合伙企业	张刚琦
陕西天地行投资有限公司	2007.11	1000	有限责任公司(自然人投资或控股)	白涛
西安华睿文泰投资管理合伙企业(有限合伙)	2014.11	未公开	有限合伙企业	黄小龙
西安汇创投资管理合伙企业(有限合伙)	2016.1	未公开	有限合伙企业	兰学会
西安熙信科创资本管理合伙企业(有限合伙)	2016.1	未公开	有限合伙企业	西安汇创投资管理合伙企业(有限合伙)
陕西电子信息产业投资管理有限公司	2016.5	20000	有限责任公司(法人独资)	陕西电子信息集团有限公司
西安军融电子卫星基金投资有限公司	2016.5	42 010	其他有限责任公司	西安航天军民融合先导基金有限公司
陕西证泰基金投资管理有限公司	2014.9	23 000	有限责任公司(自然人投资或控股)	代珍珍
西安经发创新投资有限公司	2004.9	5000	其他有限责任公司	深圳市创新投资集团有限公司
西安鼎鑫投资有限公司	2017.1	1000	有限责任公司(法人独资)	陕西奥达教育投资有限公司
西安合创投资管理合伙企业(有限合伙)	2012.9	未公开	有限合伙企业	王德茂
西安互盈投资管理有限公司	2017.7	500	有限责任公司(自然人投资或控股)	司飞飞
西安鼎盛医药投资合伙企业(有限合伙)	2017.4	未公开	有限合伙企业	陕西鼎盛杰作股权投资管理中心(有限合伙)
西安务本投资合伙企业(有限合伙)	2018.1	未公开	有限合伙企业	邹阳春
西安大秦防务投资管理有限	2017.7	3000	有限责任公司(自然	骆晓东

机构名称	注册时间	注册资本/万元	公司类型	控股股东/基金管理人
公司			人投资或控股)	
陕西原创科技投资有限公司	2003.8	3000	有限责任公司(自然人投资或控股)	冯勇
西安青科创投资有限公司	2017.8	20 000	有限责任公司(法人独资)	青科创实业有限公司
西安西交科创投资管理有限公司	2016.2	500	其他有限责任公司	西部优势资本投资有限公司
陕西融创投资(集团)有限公司	2000.11	6600	有限责任公司(自然人投资或控股)	李剑锋
陕西神光创新科技投资有限公司	2017.7	5000	其他有限责任公司	战心雅
西安红土创新投资有限公司	2008.6	10 000	其他有限责任公司	深圳市创新投资集团有限公司
韩城市新兴产业创业投资基金合伙企业(有限合伙)	2016.6	未公开	有限合伙企业	
韩城韩义信远投资管理有限公司	2017.12	21 000	其他有限责任公司	陆复斌
西安科创亿达投资管理合伙企业(有限合伙)	2017.1	未公开	有限合伙企业	邓明科
西安中科光机投资控股有限公司	2012.6	6584.26	有限责任公司(法人独资)	中国科学院西安光学精密机械研究所
中商环球投资控股有限公司	2018.1	18 800	有限责任公司(法人独资)	中安宏信科技发展有限公司
西安关天西咸投资管理有限公司	2012.3	150	有限责任公司(自然人投资或控股)	宋军
西北工业大学(张家港)智能装备技术产业化研究院有限公司	2014.1	5000	有限责任公司	西安易创军民两用科技工业孵化器有限责任公司
西安易创军民两用科技工业孵化器有限责任公司	2008.12	500	有限责任公司(法人独资)	西北工业技术研究院

机构名称	注册时间	注册资本/万元	公司类型	控股股东/基金管理人
西安伯乐科技孵化器有限公司	2016.6	750	其他有限责任公司	河南西亚斯咨询服务有限公司
陕西德龙循环经济投资有限公司	2010.1	10 000	有限责任公司(非自然人投资或控股的法人独资)	陕西循环经济工程技术院
陕西嘉盛投资有限公司	2004.3	5000	有限责任公司(自然人投资或控股)	鹿宁
陕西汇丰资产管理有限公司	2004.9	500	有限责任公司(自然人投资或控股)	鹿宁
西安集成电路设计专业孵化器有限公司	2003.3	1300	其他有限责任公司	西安市集成电路产业发展中心
西安初创空间科技孵化器有限公司	2015.1	555.6	其他有限责任公司	西安中科光机投资控股有限公司
陕西创众智慧企业孵化器有限公司	2012.4	500	有限责任公司(自然人投资或控股)	张宏波
西安丝路融豪投资控股集团有限公司	2010.2	20 000	有限责任公司(自然人投资或控股)	许战红
西安保德信投资发展有限责任公司	1998.2	10 000	有限责任公司(自然人投资或控股)	屈向军

商会企业参与"一带一路"建设的需求与建议

——对陕商会员企业的调查研究

王林雪　方雯　耿童童　高秉元

摘要　在"一带一路"建设中如何更好地发挥商会的功能作用，为会员企业提供满意的服务，是值得调查研究的重要问题。本文针对陕商商会的会员开展问卷调查，分析研究了会员企业对参与"一带一路"建设的认识和服务需求，针对存在的不足和问题，提出了进一步强化商会功能与作用，更好地服务企业参与"一带一路"建设的若干对策建议。

关键词　商会；参与"一带一路"；调查研究；需求与建议

一、研究背景

商会是由某一行业或地区的工商企业自发组成的民间社会团体，代表该行业或地区企业的共同利益，与政府及外界交往，为会员企业发展提供服务，并用国家法律和政府规章来约束和规范会员企业的行为，使市场活动正常运行和发展。改革开放以来，陕西省商会在社会发展的大背景下蓬勃发展，在服务会员企业的同时，也为推动区域间的经济文化交流发挥了显著作用。

2018 年是改革开放 40 周年，也是习近平总书记提出"一带一路"倡议五周年。陕西作为"一带一路"倡议的核心区域和重要节点，承担着我国向西开放的支撑任务。"一带一路"建设为陕西注入越来越强的发展动能，陕西省商会作为政府与市场间的第三方，正大力促进我省企业与东南亚、南亚、中亚、西亚北非、中东欧、东亚等72个"一带一路"倡议所覆盖的国家和地区的对外贸易。

"一带一路"倡议的重要机遇下，陕西省各类商会的中坚作用日益凸显，积极为企业发展搭建平台，已逐渐成为政府服务职能的补充，成为企业在陕西省扎根发展、抱团取暖的重要支持力量。现阶段，研究我省商会在发展过程中存在的不足并探讨相应对策，具有重要且深远的意义。

首先，有助于落实带领企业"走出去"的战略目标。商会既是公民社会的一个组成部分，又是社会治理的一方主体。推动商会及会员企业"走出去"是对接国家"一带一路"战略的必然选择，是促进区域外向型经济发展的客观需要，也是商会及会员企业自身发展壮大的重要途径之一。

其次，有助于促进企业升级转型及对外贸易能力。我省企业在"走出去"的过程中不断地适应国外未知的市场环境，更加能激发企业创新发展的基因，促进企业在"一带一路"过程中实现自身的更新换代及应对市场风险能力。在国家政策引导下，绿色、健康、可持续地发展。

再次，有助于会员企业融入"一带一路"建设。商会对于"一带一路"的整体认知优于企业的认知，从学习政策到对政策的解读方面，商会占有一定优势。通过商会的宣传和引导，可促使企业深度参与"一带一路"建设，提升省内企业的整体竞争力。

为了深入了解商会在组织企业成员参与"一带一路"方面的做法、企业会员的需求与期望、存在的问题和不足，我们以陕商商会的企业会员为对象开展了问卷调查。希望通过调查研究，为我省商会的健康发展提供建议。

二、调查研究的设计

本项研究的技术路线为：采用问卷调查方法，辅助以实地调研，现场收集商会会员企业对商会发展的意见和建议。系统分析调研的数据结果，提炼出陕西省内企业对商会的认识和需求，以及企业对"一带一路"的了解和需求，研究"一带一路"战略背景下我省商会发展存在的典型问题，并提出相应对策。

调查问卷的结构分为三个部分：

(1) 基本信息。调查企业层面如规模、性质、所属行业等基本信息；调查企业目前参加商会的基本状况，如参与商会个数、承担角色。

(2) 企业对商会的认识和需求。其中包括商会会员企业对商会的认识、企业对商会的一般性需求和主导性需求。研究企业加入商会目的，希望商会组织何种活动以及希望商会多组织考察哪些"一带一路"倡议覆盖区域等问题；研究企业对商会提出的主导性需求。针对融资、品牌推广、技术创新、人才引进、管理咨询、组织培训等六大难题，希望商会提供什么样的现实帮助。

(3) 企业对"一带一路"的了解和需求。其中包括企业对于"一带一路"的认知情况与相关需求。研究企业在"一带一路"境外投资中所面临的主要风险、境内外可能面临的主要困难、希望省政府及相关部门如何协助我省企业在"一带一路"建设中的发展。

本项研究的样本数据主要来自陕商商会会员企业，从样本来源上保证研究结果的效度。通过现场发放、电子问卷的形式，收回问卷155份，有效问卷146份，有效率为94.2%。样本的数量和分布符合研究需要。采用SPSS22.0统计软件，对所回收问卷的数据进行处理与分析。问卷的描述性统计结果概括见表1。

根据表1，所调查企业的规模多集中在100人左右，所占比例约61%；在企业性质方面，民营企业占比近3/4，明显高于其他性质企业，一定程度上反映出民营企业是商会的主体；所调查企业覆盖了大部分行业，占比前三的是建筑业(15.8%)、制造业(12.3%)和农林牧副渔业(12.3%)；从企业承担角色来看，担任商会会长和副会长职位的企业占比达1/3，担任常务理事和理事的企业比例为41%，一般会员单位的企业占比不到1/4。可见，大部分企业在商会担任着一定职位，承担较重要的角色。

表1　调查问卷的描述性统计结果

		频率	有效百分比/(%)
企业规模	50人以下	52	35.6
	50～100人	37	25.3
	101～150人	10	6.8
	151～200人	12	8.2
	200人以上	35	24.0
企业性质	国有企业	10	6.8
	集体企业	2	1.4
	股份制企业	26	17.8
	民营企业	101	69.2
	中外合资企业	7	4.8
所属行业	农林牧渔业	18	12.3
	采矿业	6	4.1
	制造业	18	12.3
	电力、热力、燃气、水生产和供应业	7	4.8
	建筑业	23	15.8
	批发和零售业	11	7.5
	交通运输、仓储和邮政业	3	2.1
	住宿和餐饮业	8	5.5
	信息传输、软件和信息技术服务业	8	5.5
	金融业	6	4.1
	房地产业	12	8.2
	租赁和商务服务业	7	4.8
	科学研究和技术服务业	7	4.8
	其他	12	8.2
企业在商会担任的职位	会长单位	15	10.3
	副会长单位	37	25.3
	常务理事单位	30	20.5
	理事单位	30	20.5
	一般会员单位	34	23.3

三、调查研究结果及分析

(一) 对商会的认识和需求的结果及分析

本部分研究陕西省商会的会员企业对商会的认识及其对商会的需求。对商会的需求分为一般性需求和主导性需求。其中，主导性需求是根据企业最希望商会解决自身何种难题的调查结果归纳而得。将调查研究结果直观概括为表 2。

表 2　企业对商会的认识和需求的研究结果

调查内容	问　项	排名前 3 的统计结果/占比
Ⅰ　企业对商会的认识		
	ⅰ　加入商会的主要目的	a. 扩展人脉/67.7%
		b. 增加品牌宣传途径/60.1%
		c. 获取信息/58.5%
	ⅱ　所在商会组织较多的活动类型	a. 专题交流会/53.7%
		b. 企业家联谊/49.6%
		c. 投资洽谈/35.8%
Ⅱ　企业对商会服务的一般性需求		
	ⅰ　希望商会多组织何种类型的活动	a. 企业家联谊/53.8%
		b. 专题交流会/53.7%
		c. 投资洽谈/49.6%
	ⅱ　如果商会组织"一带一路"倡议所覆盖的区域考察,最希望考察哪些地区	a. 中东欧/50.4%
		b. 东亚/41.3%
		c. 南亚/40.7%
	ⅲ　希望以何种方式了解所在商会信息	a. 微信群/54.9%
		b. 商会网站/37.7%
		c. 短信/27.9%
	ⅳ　希望商会帮助解决企业自身哪些难题	a. 投融资/51.6%
		b. 品牌推广/49.5%
		c. 技术创新/41.5%

调查内容	问 项	排名前3的统计结果/占比
III 企业对商会服务的主导性需求		
	i 针对投融资,最希望商会提供何种服务	a. 联络政府相关部门支持/63.6% b. 提供担保公司等机构的融资推介/48.8% c. 推进相关联企业交易合作/41.3%
	ii 针对品牌推广,最希望商会提供何种服务	a. 提供品牌推广资源和渠道/60.3% b. 建立专门品牌推广平台/56.1% c. 组织行业间的交流对接/45.7%
	iii 针对技术创新,最希望商会提供何种服务	a. 寻求技术创新合作者/39.8% b. 知识产权保护/38.1% c. 组建专家人才库/38.1%
	iv 针对人才引进,最希望商会提供何种服务	a. 促进会员单位之间人力资源的交流共享/60.9% b. 为企业提供猎头服务/30.9% c. 定期召开专场人才招聘/30.5%
	v 针对管理咨询,最希望商会提供何种服务	a. 法律协助和权益保障/58.0% b. 企业发展战略规划/45.5% c. 营销策划/33%
	vi 针对组织培训,最希望商会提供何种服务	a. 涉外经营管理实务知识的培训/55.3% b. 响应"一带一路"倡议的"走出去"战略培训/44.7% c. 政策法规培训/38.6%

由表 2 可知，企业希望商会经常组织的活动为企业家联谊、专题交流会、投资洽谈，偏好通过微信群、商会网站等渠道获取商会信息。如果商会组织"一带一路"所覆盖地区的考察，企业最希望考察的区域为中东欧地区，可见，我省企业"走出去"的具体位置还是以欧洲内陆为主，陕西省是通往东欧和中欧国家的重要中枢地区，地理位置靠近导致了这一偏好。

根据企业希望商会帮助解决什么难题这一问项，统计得出投融资、品牌推广、技术创新、人才引进、管理咨询、组织培训等六个方面，它们的占比均达到 30%以上，表明这六个方面是企业当前对商会的主导性需求，希望商会协助企业自身解决这些方面的问题。

研究发现，企业对商会的主导性需求主要表现为：联络政府相关部门获得支持、为企业品牌推广提供资源和渠道上的服务、寻求技术创新合作者、促进会员单位之间人力资源交流共享、提供法律协助和权益保障、组织涉外经营管理实务知识培训。

(二) 对"一带一路"了解和需求的结果分析

本部分研究内容为陕西省商会的会员企业对"一带一路"的了解及相关需求。对需求的调查，主要是调查企业希望陕西省地方政府应加强哪些方面，践行鼓励并支持企业参与"一带一路"建设的倡议。将调查研究结果直观概括为表 3。

根据表 3，不难发现，大部分企业参与到"一带一路"投资建设中的意愿偏向强烈，反映出企业对于"一带一路"建设跃跃欲试，希望抓住这一契机，发展国际贸易促进自身升级。在"一带一路"背景下企业境外投资，主要关注的是政策风险、法律风险和市场风险。"一带一路"建设是政策驱动型的社会市场建设活动，政策的引导和调整对于整个市场环境而言起着决定性的作用。企业建设"一带一路"等同于"摸着石头过河"，先驱留下来的经验很少，市场风险无处不在。由于不同地区经济、政治、文化的差异，企业对外经贸活动可能面临较强的法律风险。对当地政策法律不够了解，很可能导致国际商事争端。企业在境内可能遇到的首要困难是融资难，资金获取及流动不足，限制企业持续、稳定地开展对外贸易活动。

表3 企业对"一带一路"了解和需求的研究结果

调查内容	问 项	排名前3的统计结果/占比
I 企业对"一带一路"的了解与参与愿望		
	i 参与到"一带一路"投资建设中的意愿强度	a. 非常强烈/35.0%
		b. 比较强烈/30.8%
		c. 中等强度/30.0%
	ii "一带一路"背景下企业境外投资的参与状况	a. 有打算近期参与/61.9%
		b. 已经参与/23.1%
		c. 暂未打算近期参与/15.0%
	iii 在境外投资建设中,企业关注的主要风险	a. 政策风险/54.0%
		b. 法律风险/41.6%
		c. 市场风险/36.3%
	iv 如果开展对外经贸合作,企业在境外可能遇到的主要困难	a. 对当地政策法律不够了解/23.8%
		b. 语言沟通困难/17.3%
		c. 当地局势不稳定/11.3%
	v 如果开展对外经贸合作,企业在境内可能遇到的主要困难	a. 融资难/60.9%
		b. 海关报关流程繁杂/43.5%
		c. 行政审批项目多/40.2%
II 企业对"一带一路"的需求		
	i 希望陕西省地方政府鼓励企业参与 ii "一带一路"建设中应该加强哪些方面的工作	a. 提供财税、金融、保险等政策支持/55.3%
		b. 提供国际商事争端预防及处理的咨询服务/44.7%
		c. 利用高层互访和多边会晤,积极宣传推介陕西商会与会员企业/42.9%

研究显示，在参与"一带一路"建设中，企业希望陕西省地方政府提供财税、金融、保险等政策支持、提供国际商事争端预防及处理的咨询服务、利用高层互访和多边会晤，积极宣传推介陕西省商会与会员企业。陕西省地方政府鼓励企业在"一带一路"背景下"走出去"，不断寻找新的合作点和利益增长点，需通过具体行动，如提供政策支持、咨询服务、宣扬陕西文化等，为企业融入"一带一路"建设增加助力。

四、陕西省商会组织发展及成员企业参与"一带一路"建设方面存在的问题

商会作为一种重要的非政府组织形式，在经济发达和市场成熟地区非常活跃，是该地区的企业家、专家、政府管理者集聚互动的平台。商会架起了会员企业之间、企业与当地政府间沟通、合作、对话的桥梁，并促进了多方交流合作，为地区企业赢得了更多、更长远的发展机会。在我国经济发达的珠江三角洲和长江三角洲地区、"一带一路"倡议所覆盖的东南亚等地区，商会的发展较成熟，充分发挥了联络同根企业、同乡企业、同类企业的作用。相比之下，陕西省商会的发展整体上不够成熟，依然面临较严重的问题和不足。

根据调研，"一带一路"战略背景下，我省商会发展存在的问题主要体现在职能定位、对外宣传、管理的专业性水平、组织高质量交流活动等四个方面。

(一) 商会对自身的职能定位不清晰，限制其发展步伐

现阶段陕西省商会的职能和作用，很大程度上仍取决于政府的赋权和资源分配。虽然政府相关部门已将一些运作与服务职能交给商会行使，但这一职权的转移更多是从分派工作的角度出发，尚未充分考量如何加强商会的功能建设、让商会在非公经济管理和服务中发挥第三方服务作用。部分商会虽然基于市场和自身发展需要而发起设立，但不少商会的发起人、

商会负责人凭同乡情谊和同行感情设立商会,对商会的使命愿景、设立目的、运作管理、长远发展等缺乏系统思考,没有准确清晰的职能定位,将阻碍商会职能的有效发挥,导致部分商会功能不完善、权威性不足,限制商会及会员企业在"一带一路"建设中的发展步伐。

(二) 商会对外宣传的力度不够,境内外影响力较弱

与经济发达地区的浙江省、福建省商会相比,陕西省商会在国外、国内的宣传力度均不够,部分商会对融入"一带一路"发展战略的重视程度不够,没有很好地抓住市场与政策的利好机遇,对外宣传我省企业的优势。由于商会自身前期不重视宣传活动,因此在"一带一路"倡议所覆盖地区的影响力和话语权较弱。当前,尽管地方政府竭力为省内商会摇旗呐喊、协助宣传,但是宣传力度有限,宣传效果亦有时停滞。陕西省商会在境内外影响力较弱,一定程度上不利于省内企业开展对外投资贸易活动。

(三) 商会内部管理的专业性水平较低,治理机制不完善

陕西省各类商会的发展水平参差不齐,商会内部管理的不平衡性比较突出。多数商会的章程存在内容简单、粗略问题,对涉及商会正常运转的重大决策、理事会运转、监督机构设置、商会主要管理人员改选等问题基本没有相应的制度设计。

部分商会创新能力不够强,服务社会、服务会员的思路、办法、手段还比较单一。然而,即使是发展水平较高的商会,也存在着治理机制不完善的问题;部分商会缺乏内部监督机制,仅设置会员大会和理事会两个机构,没有参照公司法的要求,设计监督机构,会员大会如何有效发挥监督作用的机制也不健全。

(四) 商会组织高质量的企业间、企业与政府间交流较少,信息通道作用受阻

经调查,陕西省商会多数未有效发挥平台作用,没有充分利用自身资源,频繁组织会员企业间、企业与政府间、商会间的合作交流。大部分商

会都只是通过微信群、QQ 群这一手段，发布有关组织交流合作的公告和新闻，发挥自身信息通道作用。然而，信息"发出去"并不代表信息"被理解"，因此，对会员企业而言，商会的信息功能较难"被使用"。尽管多数商会建立了网站，但更新企业交流会等信息不及时，有时甚至是在企业交流会结束后，才将信息公布于网站，极大地阻碍了商会信息通道的作用。

五、促进商会在"一带一路"背景下健康发展的对策

(一) 明确商会的重要性与职能定位

商会不是新生事物。商会的产生和发展大致与资本主义发展的早期阶段同步，它是市场经济体系中的重要一环。改革开放以后，随着经济体制和政治体制改革的深入，"全能政府"向"有限政府"过度，政府的角色逐渐由服务的提供者转变为服务的管理者，市场经济中的"两只手"——政府"看得见的手"和市场"看不见的手"，都存在着失灵的可能，这就需要商会这类非政府组织的"第三只手"适时出手帮助填充和弥补。在此条件下，商会的应运而生是必然的。因此，在一个健全的市场体系中，政府、企业、商会三者缺一不可。

随着"一带一路"战略的实施，陕西省商会在与地方政府、社会组织的沟通与协调中越来越应显示出优势，应成为企业扎根西部发展、抱团取暖的重要支撑。当下，我省商会在企业发展中，发挥着聚集人脉、商脉和财脉等三方面的基础性作用，正成为一种促进社会经济发展的重要力量。"一带一路"背景下，陕西省商会的职能定位主要反映在以下两点：

第一，商会是一种介于地方政府和企业之间的社会团体，是为促进企业进步和发展而上通下达、协调配合的桥梁。由于经济社会发展过程中需要政府和工商界双方的积极性，因此需要商会这样的组织奔走于政、商两界。

第二，商会既是全球化市场经济体制的载体，又是现代社会公共管理

领域必不可缺的涉及多方利益的共同体。商会要服务于经济，更要服务于社会。它既可以调节会员企业的利益关系，维护市场经济运行，也可以通过约束公共权力运行的方式，服务于经济主体和公共生活秩序，更多地为会员寻求安全保障和信息共享的机会。

(二) 培育并宣传商会在"一带一路"建设中的信息、金融、法律 等服务功能

地方政府应充分营造适合商会发展的政治、经济、社会和文化环境，为商会的广阔和长远发展提供助力。具体而言，地方政府需着力培育并宣传商会在"一带一路"建设中的信息、金融、法律等服务功能。

1. 发展"一带一路"共享共建平台，培育并宣传商会的信息服务功能

利用共享平台促进"一带一路"沿岸国家贸易的开展、促进投资的开展。陕西省企业应充分发挥地理优势，与相近的"一带一路"倡议所覆盖国家和地区的经济发展高度融合，不断深化互利共赢的共享理念，共同推进"一带一路"战略落地。

地方政府应大力促进商会企业发展"丝路电商"，培育商会在大数据、云计算、人工智能等方面的服务能力；通过高层会晤等宣传商会这一信息平台，提高商会在对外合作交流中的影响力，改善企业参与"一带一路"建设的市场环境。

2. 支持商会开展符合"一带一路"融资原则与资管新规下的投融资活动，培育并宣传商会的金融服务功能

地方政府应鼓励并支持商会开展符合"一带一路"融资原则与资管新规下的投融资活动。可联合多家银行为商会会员企业提供融资服务，包括动产质押融资和拆借担保融资。动产质押融资是会员企业将货物存放在政府指定的场所，经银行授信，即可凭仓单向银行借款。拆借担保融资是指在商会的会员企业之间贷款融资，借款企业将质物存放在政府指定的场所，由政府负责监管并为借款企业进行担保，出资企业放款给借款企业的融资模式。

3. 协助商会提供"一带一路"国际商事争端预防服务和企业境外投资法律服务，培育并宣传商会的法律服务功能

地方政府应组织相关专家及人员，培育商会具有提供"一带一路"背景下国际商事争端的预防服务以及企业境外投资的涉外贸易法律服务的能力。例如，省政府组织西北政法大学国际法教授、西安交通大学国际贸易专业教授、法律界知名专家，在商会定期开展"一带一路"建设中的涉外贸易合作的法律知识讲座。吸纳职业律师加入商会，为会员企业提供法律咨询服务。此外，省政府及相关部门可鼓励并支持在我省扎根的外籍人员，尤其是来自"一带一路"倡议所覆盖地区的人员加入商会，聘请他们担任志愿者，定期为会员企业的对外经济、文化交流活动提供咨询。

(三) 提升商会的管理专业性水平

商会应重视自身管理水平的提升，提高商会的人才管理、财务管理、组织管理的专业性。如此一来，商会将能提高自身能力，更有利于吸引高层次人才。

1. 提升商会的人才管理水平

选举合适的人才担任商会的管理者，形成良性的人才选拔机制，使得商会能够在优秀的管理者带领下发挥最大价值，而非流于形式；针对"一带一路"建设，可成立专门的工作小组，选拔具有对外贸易知识的高级管理人员，担任商会参与"一带一路"建设的组织者。

2. 提升商会的财务管理水平

商会具有非营利特性，应建立完善的财务制度，适时评估资金的运作及其效果。具体可从以下三个方面展开：

(1) 编制专业、详细的财务报告并公开。

(2) 以注册的商会组织为依据，地方政府应适当放松对参与"一带一路"建设企业的税收政策，对于非营利性质的商会活动应予以免税，提高商会活动的积极性。

(3) 政府或第三方机构应定期对商会的活动和财务进行审查，并利用互联网做好信息公开工作，提高公信力。

3. 提升商会的组织管理水平

建立商会完善的治理结构和完整的制度框架，形成良好的组织运作体系，具体如下：

(1) 健全商会治理机制，如健全会议制度、办事制度、财务制度、培训制度、调研制度等。严格按章程和规章制度办事，实行民主决策、民主监督和民主管理，避免因主观因素造成内耗，最大程度提高商会运作效率，使得商会管理有制可循、可依。

(2) 健全商会自律机制。建立商会内部监督和评估管理办法，定期对商会自身运行进行检查、评估，对发现的问题进行及时弥补改正。针对"一带一路"战略，可以组织会员进行专门的研讨会，邀请专家分析和解读政策本质，制定适合商会成员的"一带一路"发展战略。

(四) 支持商会开展企业间、企业与政府间、商会间的交流与合作活动

充分了解会员企业的需求，按照轻重缓急进行需求排序。然后仔细分析商会的经费情况、人力资源情况、外部环境情况和优势、劣势，把最应该、最急迫并能够办成、办好的事项列为首选任务，有针对性地组织实施会员间、企业与政府间、商会间的交流与合作活动，力求满足商会和会员企业发展的实际需求。

根据会员需求举办商会活动，应注意从人才引进、技术创新、品牌推广、管理咨询和组织培训等方面着手。促进会员企业之间人力资源的交流共享，为企业人才引进提供渠道；寻找技术创新合作者，做好知识产权保护，组建专家人才库；提供品牌推广资源和渠道、建立专门品牌推广平台、组织行业间的交流对接服务；举办各类展销会、演示会或洽谈会，创新可持续发展的服务方式，树立起商会的品牌知名度、知晓度和美誉度，着力提升商会的竞争力和社会地位；为企业提供发展战略策划、法律援助、权益保障和营销策划等咨询服务；大力实施会员企业经营管理、政策法规培训和"走出去"战略的培训。

商会除了应多组织企业间交流外，还应重视企业与政府间、商会与商

会之间的交流。企业与政府之间的交流，要分工明确并实施社会责任，以"一带一路"战略为特色的商会，要经常组织企业和政府对相关政策、需求进行解读和学习；商会与商会之间要明确其在市场中的地位和功能，对自身建设要有清醒的认识，不单单是商会内部的信息得到了流通，而且要促使陕西省各商会之间实现密切合作，共同推进商会与商会间的互通有无、齐头并进。

在组织交流合作信息方面，由于微信群是企业获取商会信息的重要途径，商会应利用好这一社交软件，大力打造具有价值的微信公众平台，定期传播和分享企业成功融入"一带一路"战略的经验和途径，团结会员企业参与到商会的共享共建中来；及时更新商会网站，将商会网站定义为企业了解行业和会员动态的窗口，每天更新最新的咨询信息，让信息和活力在商会中流动起来。高质量交流活动的开展，可有效实现商会会员"抱团取暖"、商会之间"互利共赢"、企业与政府间"合作共赢"。

(五) 建立商会发展的容错纠错机制

目前还没有专门针对商会组织、行业协会等社会团体的社会组织法，地方政府应有的放矢地对商会的发展进行监管。要深入贯彻落实党的十九大精神和习近平总书记"三个区分开来"的重要要求，根据中共中央办公厅《关于进一步激励广大干部新时代新担当新作为的意见》及相关规定，结合我省商会实际，为商会健康发展提供制度的保障。具体而言，可建立商会发展的容错纠错机制。

商会发展的容错纠错机制是指在地方政府相关部门、商会及企业管理者在改革创新、干事创业的过程中，主观上出于公心、担当尽责，客观上由于不可抗力、难以预见等因素，或者因工作失误，造成不良影响和损失的行为，予以减轻或免除相关责任，允许及时纠正错误。容错纠错机制的适用范围及条件、容错认定程序、免责减责范围、澄清保护、组织保障等方面的具体内容，还需地方政府详细调查研究后确定。**参考文献**

[1] 陈磊. 行业协会商会脱钩改革亟需立法保障. 法制日报，2015 年 12 月 1 日.

[2] 贾霄锋，马千惠. 经济新常态下我国商会融入"一带一路"战略探析. 重庆理工

大学学报(社会科学)，2017 年第 2 期.

[3] 汤蕴懿. 商会如何在"一带一路"中发挥作用. 中国商人，2017 年第 3 期.

[4] 张科，蓝海林. 商会的概念界定与理论解释. 商业现代化，2006 年第 6 期.

[5] 蒋海军. 我国商会主动参与丝路建设的问题与策略. 中国产经，2018 年第 4 期.

[6] 闫海潮. 公共治理视角下行业协会商会研究——现状、反思与展望. 北京交通大
     学学报：社会科学版，2017 年第 4 期.

王林雪　西安电子科技大学经济与管理学院教授
方　雯　　西安电子科技大学经济与管理学院讲师、博士
耿童童　西安电子科技大学经济与管理学院博士生
高秉元　西安电子科技大学经济与管理学院博士生